中国住房租赁市场：现状、发展路径和影响因素

张 东 马学诚 等 编著

中国财经出版传媒集团
中国财政经济出版社

图书在版编目（CIP）数据

中国住房租赁市场：现状、发展路径和影响因素 / 张东，马学诚等编著. --北京：中国财政经济出版社，2020.11

ISBN 978-7-5223-0102-0

Ⅰ. ①中… Ⅱ. ①张… ②马… Ⅲ. ①住宅市场-租赁市场-研究-中国 Ⅳ. ①F299.233.5

中国版本图书馆 CIP 数据核字（2020）第 189068 号

责任编辑：蔡 宾　　　　责任校对：张 凡

封面设计：陈宇琰

中国住房租赁市场：现状、发展路径和影响因素

ZHONGGUO ZHUFANG ZULIN SHICHANG：XIANZHUANG

FAZHAN LUJING HE YINGXIANG YINSU

中国财政经济出版社 出版

URL：http：//www.cfeph.cn

E-mail：cfeph@cfeph.cn

社址：北京市海淀区阜成路甲 28 号 邮政编码：100142

营销中心电话：010-88191522 编辑部门电话：010-88190666

天猫网店：中国财政经济出版社旗舰店

网址：https：//zgczjjcbs.tmall.com

北京财经印刷厂印刷 各地新华书店经销

成品尺寸：175mm×240mm 16 开 23 印张 439 000 字

2020 年 12 月第 1 版 2020 年 12 月北京第 1 次印刷

定价：58.00 元

ISBN 978-7-5223-0102-0

（图书出现印装问题，本社负责调换，电话：010-88190548）

本社质量投诉电话：010-88190744

打击盗版举报热线：010-88191661 QQ：2242791300

前　言

从住房的购置和租赁两大基本交易方式来讲，住房市场由住房购买市场和住房租赁市场构成，这两个市场相互关联，相互作用，共同支撑着整个住房市场乃至整个房地产市场的运行。因此，住房购买市场与住房租赁市场的发展是否协调，客观上对整个住房市场乃至整个房地产市场的健康平稳发展构成重要影响。然而，从我国住房市场的发展历程看，住房租赁市场的发展明显滞后。鉴于此，我国政府在2017年前后开始实施大力发展住房租赁市场的宏观调控举措，这不仅抓住了我国房地产市场特别是住房市场的短板，而且明确提出促进房地产市场健康平稳发展需要建立一个重要的长效机制。积极推进我国住房租赁市场的发展，既能有效促进房地产市场特别是住房市场健康平稳的可持续发展局面的形成，又能有效促进国民经济和社会发展中诸多问题的化解，意义十分重大。

但是，发展住房租赁市场是一个系统工程，既涉及宏观经济与社会发展进程、人口户籍政策、城市化和社区治理水平等外部条件，又涉及房地产市场态势、住房制度、住房投资、住房金融和住房保障等内部机制的健全和运行效率，只有切实把握住房租赁市场的规律，才能有效推进其发展进程。我国近两年虽然出台了一系列促进住房租赁市场发展的政策措施，但其系统性、有效性等还有很大改善空间。事实上，如何进一步把握住房租赁市场规律，有效推进其在我国的发展进程，已成为当前亟待解决的重大课题。正是根据这一实际情况，中南财经政法大学金融学院"双一流"建设项目《中国投资发展报告2019—2020》选择了《我国住房租赁市场：现状、发展路径和影响因素》作为研究主题，希望通过对我国住房租赁市场既往发展情况的系统梳理，对目前的发展痛点和难点的寻找、对今后发展目标和路径的明晰化，对影响今后发展的因素分析以及对国际经验的借鉴等研究，为进一步科学认识和运用我国住房租赁市场的规律，切实有效地推进我国住房租赁市场发展进程，提供一些粗浅的意见。

本报告由张东教授拟定研究主题和框架结构，并与马学诚一同完成统稿总纂等工作，各部分的研究和撰稿分工如下：第一章张东、李晓曼、杨卓煜；第二章张东、温锐、李胤贤、马学诚；第三章张东、马珮文、邓凤怡、陆雅怡、毛周慧、陈亮宇；第四章袁南南、孙雯、赵瑶、彭加华、项磊；第五章卢建新、李蓉、罗悦纯；第六章卢建新、刘会娜、赵慧玲；第七章卢建新、王婷；第八章吴焕军、魏亚楠；第九章杨巧、肖宁、谢雨婷；第十章王凌云、任思臣、张文锦、王婷；第十一章王凌云、李碧玉；第十二章吴焕军、乐韵。

本报告得以付梓出版，和许多领导、前辈及同仁的大力支持是分不开的。感谢中南财经政法大学金融学院和投资系的领导们对发展报告的关心与支持，感谢张中华教授、韩旺红教授、谢进城教授和聂名华教授等对本报告的指导，感谢中南财经政法大学金融学院“双一流”项目建设机制的支持。

衷心感谢中国财政经济出版社为本书出版付出的辛勤劳动！感谢众多参考文献的作者，正是他们出色的研究，才使我们获得了许多宝贵的信息和资料。

囿于编者的学识和能力，报告中可能还存在舛误和不足，深望学界前辈、同仁及广大读者不吝批评赐教！

目 录

中国住房租赁市场的演变过程

第一节　半殖民地半封建时期的中国住房租赁市场（1840—1949 年）

一、中国早期住房租赁市场的萌芽（1840—1910 年）

（一）社会背景

这一时期的清政府采取“闭关锁国”政策，严格限制对外经济、文化、科学等方面的交流。与工业革命后的西方国家相比，中国的整体国力及发展水平均落后于西方国家。1840 年鸦片战争爆发，西方帝国主义国家侵入中国，中国由此从封建社会转变为半殖民地半封建社会。

1842—1860 年，在西方帝国主义列强的侵掠下，清政府被迫陆续将广州、福州、厦门、宁波、上海、天津、汉口等 16 个沿海及内地城市开辟为通商口岸，并相继在上海、广州、天津、汉口等城市划立外国人居住的“租界”。这些城市位于水陆交通要冲，此前已有经济发展的基础，而近代海港和铁路运输业的发展更促进了城市的经济发展，提供了新的就业机会。尤其是在租界区内，经济畸形发展，人口迅速膨胀。1860—1895 年，在“洋务运动”的影响下，清政府兴建了官办军事工业以及与之相配套的官督商办企业和纯商办企业，这些企业主要分布在上海、天津、广州、汉口、南京、福州等大城市。“洋务运动”及其近代工业的兴起是对西方文明的主动吸纳，是大城市发展的又一契机。1896—1905 年，沙俄、日本先后在中国东北地区修筑铁路，哈尔滨、沈阳、长春、大连等铁路经过的城市逐渐兴起。

西方帝国主义列强的经济活动带动了相关城市的发展，中国人也意识到“落后即挨打”，并主动吸纳西方先进的科学技术、思想观念和管理体制。在内因外因的共同作用下，到1910年，上海、天津、汉口已成为中国中部和北部最主要的商埠城市，特别是原来人烟稀少的租界区逐渐发展成为居住人口和经济活动密集的地区。

（二）住房租赁市场发展概况

19世纪后期，上海、天津、汉口等城市的租界扩张和人口膨胀导致了前所未有的住房需求，房地产业应运而生，产生了中国早期住房租赁市场的萌芽。

上海租界区的人口膨胀以及住宅房地产业的兴起是最具有代表性的例子。1853年“小刀会”起义，江浙城乡富户和难民逃入上海租界区，引起当时租界人口剧增。1855年，租界内的华人由原来的500人增至20 000人以上。1860—1862年，太平天国运动兴起，“太平军”进军上海，四乡及江浙一带的地主、富绅及官僚涌入上海租界，租界人口剧增至30万，一度达到50万①。租界人口剧增带来住房需求的旺盛。然而当时租界内的住房很少，于是外侨纷纷在租界内廉价租用或购得的土地上投资建造成排的简陋木屋，用于出租牟利。这种成排的木屋以“里”命名，到1860年，上海的英美租界内已有“里”8740幢②。1865—1866年，公共租界和法租界的人口合计占上海总人口的12.5%，而租界面积只占全市面积的0.57%③，土地供应严重不足。面对如此旺盛的住房需求，公共租界的地价在1865年内暴涨了几十倍，开发经营房地产因此成为当时最赚钱且最没有风险的买卖。在上海，租界内的外国资本家、中国富商、官僚、买办为主的上层居民往往居住在自己建造、购买或租住的豪华住宅里，而中层居民的收入只够租住较小的住宅或住宅中的一两个单间，下层居民只能租住在简陋低级的住宅区、工厂建造的宿舍以及城郊的棚户区。

房地产业的兴起不仅促进了城市住宅建设，也成为地方财政收入的主要来源。以上海为例，租界当局财政收入的一大半依赖房捐、地税。这种房地产经营方式很快传到了武汉、天津等城市。但在东北地区，城市主要依托铁路附属地发展，建筑及人口密度很低，住宅有铁路当局统筹，尚未出现出租或出售的房地产开发与经营。

综上，在半殖民地半封建时期，租界区人口的高度集中与分化产生了大量的、急迫的、多样化的住房需求，房地产业应运而生，城市住宅建设由自然经济下分户自建、自给自足的传统方式向商品经济下的市场化方式转变，由房地产商统一投资，成片兴建，分户出租或出售，中国出现了早期的住房租赁市场萌芽，其中以上海、

① 朱剑城．旧上海房地产业的兴起［M］．上海市政协文史资料委员会、旧上海的房地产经营（上海文史资料选辑第14辑）．上海人民出版社，1990

② 王绍周，陈志敏．里弄建筑［M］．上海科学技术文献出版社．1987

③ 唐振常．上海史［M］．上海人民出版社，1989

天津、武汉等城市最具代表性。

二、中国早期住房租赁市场发展的重要时期（1911—1937 年）

（一）社会背景

1911—1912 年年初，辛亥革命推翻了清政府的统治，结束了中国两千多年的封建君主专制制度，沉重打击了西方帝国主义的侵略势力，为民族资本主义的发展创造了有利的条件。在 1937 年抗日战争全面爆发之前，中国民族资本主义发展迅速，尤其是上海、天津、武汉等商埠城市，以及哈尔滨、大连、青岛等被外国侵占的城市。

1914—1918 年，第一次世界大战席卷欧、亚、非三大洲，不少外国企业主回国，给了中国民族工业一次发展机会。第一次世界大战结束后，部分城市进入了更加繁荣兴盛的发展阶段。1927 年，南京国民政府成立，结束了北洋军阀的统治，社会相对稳定，经济得到发展，城市人口也普遍快速增加。1931 年“九·一八事变”之后，日本占领了全东北，建设了伪满洲国的政治中心长春，工业中心沈阳、哈尔滨，港口城市大连，军事基地牡丹江、旅顺等，青岛虽在 1922 年被中国政府收回，但其在经济上和政治上仍受日本控制。

受世界第一次大战及内乱的影响，上海、天津、武汉等商埠城市的经济更为发达，城市人口加速增长；哈尔滨、长春、沈阳、大连、青岛等北方城市在被沙俄、德国以及日本占领期间，城市经济逐渐得到发展，人口逐渐增多。

（二）住房租赁市场发展概况

1. 以上海、天津、武汉为代表的商埠城市

上海人口在 1914 年第一次世界大战前，已增加到近 200 万人，1927 年达 264 万人，1936 年达 380 万人，平均每年增加 8 万—9 万人①；天津市区总人口在 1936 年达到 125 万②；武汉三镇市区常住人口在 1935 年达到 129 万③。这 3 个城市人口增长如此之快的原因在于租界区的安全稳定性。当时军阀混战，社会动荡，但租界区的社会环境相对安全稳定，于是军阀官僚、地主富豪、清代遗老贵族纷纷进入租界区避难，他们的资产则存入银行或用于投资房地产。随着城市经济发展、人口膨胀，地价、房价持续上升，特别是租界区内的人口膨胀速度与住房增长速度极不相称。

---

① 张松．近代上海城市特征分析［M］．北京：中国建筑工业出版社，1993

② 罗澍伟．近代天津城市史［M］．北京：中国社会科学出版社，1993

③ 皮明庥．近代武汉城市史［M］．北京：中国社会科学出版社，1993

以上海为例，1930 年公共租界的人口是 1901 年的近 3 倍，住宅数量仅为 1901 年的 1.8 倍，而 1930 年公共租界的房租为 1901 年的 8 倍多[①]。

在经济发展、人口增多、房租上涨的同时，城市内居民的收入差距也在不断变大。上层居民拥有大量财富，居住在自建、租住或购买的豪宅里，有部分也会参与房地产投资。中层居民往往把住房支出压到最低，剩下的收入用来贴补家用。底层居民入不敷出，少部分只能够租住住房的单间，于是有居民以出租住房为生；剩下的底层居民大多是工人和难民，他们住在棚户区或根本没有住房。

2. 以哈尔滨、长春、沈阳、大连、青岛为代表的北方城市

北方城市因铁路的修筑而兴起，逐渐由原来只有几万人的小城镇发展为有几十万人口、完整规划、出现大量新建筑的北方大城市。随着城市人口的逐渐增多，房地产开发和经营活动也逐渐活跃起来，但房地产开发规模远比不上上海、天津、武汉等商埠城市，居民的居住条件也有很大差异。例如，曾经被沙俄占领的哈尔滨，中东铁路当局给职工建造的职工住宅建筑密度低，环境舒适，但许多华人雇工只能在市区各处搭建棚户，居住条件极为简陋。除由铁路当局建造的职工住宅以外，普通市民的住宅建设都是由当时铁路附属地的军政署派人划定地块，租赁给个人建造，其中地块又可分为用于自住或用于出租。在 1914—1922 年青岛被日本人占领期间，新辟的供中国人和下层日本平民居住的市街，都是由房产主在城市当局放租的市街中建造，然后出租。

3. 城市政府的介入

1927 年，南京国民政府成立以后，各个城市设立新的城市政府。城市政府中一般设工部局主管城市建设，更多地从不同角度介入城市建设和住宅建设，如规范房屋租赁、规划和兴建新居住区、治理棚户区、建设平民住宅等。城市政府的住宅建设活动在商埠城市如上海、天津、武汉、广州、厦门，政治中心南京和收复后的青岛等城市都有不同体现。

综上，1911—1937 年抗日战争全面爆发之前的这段时间是中国早期住房租赁市场发展的重要时期，住房租赁市场范围越来越大，房地产投资主体种类越来越多，城市政府开始介入住房租赁市场。市场上除由房地产商投资建造的用于自住或出租的住宅以外，还有工厂和企业为工人和职员建设的用于出租的住宅，以及城市政府介入市场建设的低租金住宅。

---

① 罗志如．统计表中之上海［M］．南京：国立中央研究院，1932

三、中国早期住房租赁市场的凋零期（1938—1949年）

（一）社会背景

1931—1945年，日本人发动侵华战争，中国北部、东部、南部大片国土沦陷，城市遭到战争的严重破坏。在1945年抗日战争结束之后至1949年新中国成立之前，受解放战争影响，城市继续遭受破坏。

（二）住房租赁市场发展概况

1938年国民政府从南京迁都到重庆，并制订了以工业为建设重点的西南建设计划。因人口和工业的内迁，西南地区的城市重庆和成都经济逐渐发展起来，建筑活动也随之活跃。在战乱期间，上海和天津的租界区不受外界战乱影响，许多富商纷纷迁入租界避乱，租界人口再一次激增，住房需求旺盛。

对于城市中的普通居民来说，由于战争的破坏、建筑活动的停滞以及难民的涌入，城市住房十分紧缺，并且大部分居民收入降低，支付房租的能力下降。城市住房拥挤，且出现大量棚户。以上海为例，据1947年的统计（上海社会科学院经济研究所城市经济组，1962），全市有棚户5万余户。

综上，除上海和天津的租界不受战乱影响以及重庆和成都得益于国民政府的迁入，其人口增长、住房市场活跃之外，由于抗日战争和解放战争对城市的破坏，中国建筑活动基本停滞，居民收入降低，支付房租的能力下降。

第二节　社会主义计划经济时期的中国住房租赁市场（1949—1978年）

一、城市住房供给制度的初步建立（1949—1957年）

（一）公有房地产的形成（1949—1953年）

在中华人民共和国成立之前，城市住宅所有制以私有制为主。以武汉市为例，

1949 年私有房屋占城市房屋总量的 84.32%[①]。

新中国成立以后，根据 1949 年 5 月《中国人民解放军公告》和 9 月《中国人民政治协商会议共同纲领》，1951 年中央人民政府政务院《关于没收战犯、汉奸、官僚资本家和反革命分子的财产的指示》和《关于没收反革命犯罪财产的决定》等政策、法令和文件，新政府接管、没收了大批帝国主义、官僚资本家、战犯、汉奸、反革命分子在城市占有的土地和房地产[②]。另外，政府还接收了外国侨民在新中国成立前在城市中购置的房地产[③]。根据 1950 年 11 月政务院第 58 次政务会议通过的《城市郊区土地改革条例》[④]，国家陆续接收了一些城市郊区的土地，在此基础上形成了新中国成立初期的公有房地产。

在公有房地产管理方面，早在 1948 年 12 月 20 日，中共中央就颁发了《关于城市中公共房产问题的决定》，设立了城市公共房产管理委员会，下设公房管理处，统一管理分配城市中一切公有房屋[⑤]。在城市住房的所有权和租金问题上，根据 1949 年 8 月公布的《关于城市房产、房租的性质和政策》[⑥]，当时政府对城市居民、个体劳动者和工商业者的私有房产采取的是保护措施。政府明确承认和保护私人住房的所有权，允许、鼓励私房出租，同时对房屋租赁进行管制。

（二）私有房地产的公有化（1953—1957 年）

1953 年 6 月，中央政治局提出了党在社会主义过渡时期的总路线：要在十年到十五年或者更多一些时间内，基本上完成国家工业化和对农业、手工业、资本主义工商业的社会主义改造。1952 年 2 月，党的七届四中全会批准了党在社会主义过渡时期的总路线。1954 年，中国开始资本主义工商业社会主义改造。私营房地产属私营商业范围，因此，根据中央的要求，实行房地产业公私合营。需要指出的是，公私合营是企业的合营，是企业的所有制形式的变化，而非房地产的所有制的改变，即当时国家对城市私人住房所有权还是承认和保护的。

随着过渡时期的结束，中国进入社会主义时期，开始加速全面实施社会主义公有制。1956 年，在完成工商业社会主义改造后，中央启动了对私有出租房屋的社会主义改造运动。改造范围限于当时被界定为生产资料的私有出租房屋，自用住房属于生活资料，不纳入改造范围。1956 年 1 月 18 日，中共中央批转《关于目前城市私有房产基本情况及进行社会主义改造意见》，提到私房改造的形式有五种："（一）由国家

① 蔡德容．中国城镇住宅体制改革研究［M］．北京：中国财政经济出版社，1987

② 毕宝德．中国地产市场研究［M］．北京：中国人民大学出版社，1994

③ 陈方南．新中国城市土地政策评析［J］．东北师大学报，2006

④ 王先进．土地法全书［M］．长春：吉林教育出版社，1990

⑤ 吕俊华，彼得·罗，张杰．1840—2000 中国现代城市住宅［M］．北京：清华大学出版社，2003

⑥ 关于城市房产、房租的性质和政策［N］．人民日报（新华社信箱），1949－08－12

经租，即由国家进行统一租赁、统一分配使用和修缮维护，并根据不同对象，给房主以合理利润。在此基础上，合理地调整租金，取消一切中间剥削和变相增租的不合理现象。（二）公私合营，根据各个城市的实际情况，对原有的私营房产公司和某些大的房屋占有者，可以组织统一的公私合营房产公司，进行公私合营。（三）工商业占有的房屋，可以随本行业的公私合营进行社会主义改造。他们出租的、与企业无关的房屋可由国家经租。（四）对于除了自住外尚有小量房屋出租的小房主，及暂时还不能纳入国家经租的其他房主也须加强管理，使私人房屋出租必须服从国家政策，服从政府关于租金、房屋修缮等的规定。（五）一切私人占有的城市空地、街基等地产，经过适当的办法，一律收归国有。”随着全国范围内城市房地产公有化进程的推进，公有制在城市房地产所有制形式中的比例逐渐增加。

（三）城市住房福利分配制度与投资建设制度的建立（1949—1957 年）

在新中国成立初期经济基础薄弱、生活资料匮乏的情况下，新政府对于干部和部分城市居民沿袭了供给制或半供给制的办法，将消费品的供给分为若干等级，以保证基本消费品的供给。住宅也是供给的内容之一。

工业化政策开始实施以后，城市执行低工资、低消费政策，住房由国家和公有企事业单位掌握和分配，根据经济运行情况及时调整。1948 年底成立的城市公共房产管理委员会，下设公房管理处，统一管理和分配城市公有房产。1956 年中央成立城市服务部，下设城市房地产管理局，管理国家手里的公房。住房虽然实行了租金制，但是住房仍然不是一种生活消费品。到 50 年代中期，社会经济得到一定恢复。1955 年，国务院发布了《国家机关工作人员全部实行工资制和改行工资制的命令》，规定从 1955 年 7 月起，国家机关工作人员中实行的包干制一律由货币工资取代。同时，还出台了相应的《中央国家机关住用公家宿舍收租暂行办法》。各地的住房租金也按照国家干部的房租标准进行了调整，但是这种调整的主要趋势是降低租金。

住房实行低租金制有利于政府完全掌握住房供应，住房的产量、标准、消费量、分配等都由政府决定，可以根据经济运行情况及时调整，职工在控制消费的政策下，一直领取低工资，其中也包含很少一部分的住房消费。住房分配制和低工资结合，逐步形成了以低房租为特征，看似无偿分配的住房制度。

在城市住房建设方面，随着计划经济体制逐步建立，这段时期的新建城市住房基本由国家投资。国家通过当地的城市住房管理部门或通过城市企业承担住房投资、建设和修复、分配、保养和维修和日常管理。各个单位成立专门机构负责建设各自的职工住房，资金由上级拨款，土地由国家无偿划拨。“一五”计划后期，为了保证重工业优先发展，国家开始压缩非生产性基本建设的投资规模。作为非生产性建设的城市住房建设，其投资规模在 1955 年明显下降，占当年基建总投资的比例不到 8%。

二、城市住宅建设为重工业发展让路（1958—1965 年）

“大跃进”及“人民公社化”（1958—1960 年）和经济调整（1961—1965 年）时期

1958 年 5 月中共八大二次会议通过了“鼓足干劲、力争上游、多快好省地建设社会主义”的社会主义建设总路线，开始了经济建设的“大跃进”和人民公社的社会实验。在“大跃进”期间，中央提出一系列不符合实际的口号，例如“十五年赶超英国”“二三十年赶超过美国”，致使原本以重工业为主的经济结构更不平衡。

1958—1960 年“大跃进”期间，为了扩大生产，国民收入用于积累的比例大幅增加，非生产性积累大幅下降，因此这一时期城市住房投资比例陡降。同时城市重工业发展对劳动力的需求大幅增加，大批农村劳动力加入工业生产的大军，一方面导致农业劳动力的减少、农业生产的削弱和粮食供应的紧张，另一方面城市中也聚集了更多需要享受工资和福利的职工。最终导致城市职工的实际收入降低，城市人口的生活水平大幅下降，因此政府再次调低房租。

“大跃进”和人民公社化运动给国民经济造成巨大破坏，因此政府于 1961—1965 年开始对国民经济进行调整，调整工作的主要内容包括：压缩和减少基本建设规模和项目、调整农业生产；精简城市人口；减少城镇数量。随着调整工作的展开，国民经济逐步恢复，在实事求是的态度下也带来了住宅发展中一个相对理性、平稳的阶段。

三、“文化大革命”时期城市住宅建设的停滞与恢复（1966—1978 年）

“文化大革命”时期（1966—1976 年）及改革开放前期（1976—1978 年）

“文化大革命”于 1966 年开始，并很快席卷全国，造成社会、政治秩序的严重混乱，城市建设进入了全面停滞时期。

1964 年 4 月，国家计委提出了《第三个五年计划（1966—1970）的初步设想》，提出：第三个五年计划的基本任务是按照农、轻、重的顺序，在“三五”期间大力发展农业，按不高的标准基本上解决人民的吃穿用，兼顾国防建设，加强基础工业，相应发展运输业、商业、文化、教育、科学研究等事业。1964 年 4 月 5 日，中央工作会议通过了李富春《关于第三个五年计划初步设想的说明》，提出“第三个五年计划把大力发展农业、解决吃穿用问题，放在首要地位”。这样的设想对城市住房来说是一次发展机会。但是 1965 年 9 月 18 日至 10 月 12 日，中央工作会议通过了

《关于第三个五年计划安排情况的汇报提纲》，《提纲》提出“第三个五年计划必须立足于战争，从准备大打、早打出发，积极备战，把国防建设放在第一位，加快三线建设，逐步改变工业布局”。我国城市住房失去了发展机会，住房建设活动基本停滞。1967 年，国家房产管理局被撤销，城市建设管理部门的职能日益萎缩。

直至 20 世纪 70 年代初，邓小平主持中央工作后，政府开始重视城市建设中的严重问题，着手恢复城市规划的制订和审批工作，加强了建设管理，情况得到一定改善。

第三节　改革开放后的中国住房租赁市场（1979—1998 年）

一、城市住房体制改革的萌芽和试点（1979—1984 年）

1978 年 12 月召开的十一届三中全会掀开了中国经济建设的崭新篇章。十一届三中全会针对新中国成立以来“左”的思想泛滥，确定了“解放思想、实事求是、团结一致向前看”的指导思想，提出停止“以阶级斗争为纲”的口号，把全党工作的着重点和全国人民的注意力转移到社会主义现代化建设上来，改革同生产力迅速发展不相适应的生产关系和上层建筑。城市住房发展也呈现出新的发展趋势。

1980 年初，《红旗》杂志刊发《怎样使住宅问题解决得快些》一文，推动了房改理论界及实践部门对住房属性的大讨论，使住房所具有的商品属性得到明确界定，统一了对住房制度改革的可能性和必要性的认识。同年 4 月邓小平就建筑业和住宅问题发表谈话时称：“关于住宅问题，要考虑城市建筑住宅、分配房屋的一系列政策。城镇居民个人可以购买房屋，也可以自己盖。不但新房子可以出售，老房子也可以出售。可以一次付款，也可以分期付款，10 年、15 年付清。住宅出售以后，房租恐怕要调整。要联系房价调整房租，使人们考虑到买房合算。因此要研究逐步提高房租。房租太低，人们就不买房子了。……将来房租提高了，对低工资的职工要给予补贴。”这明确提出了我国城市住房制度改革的总体构想，指出住房的总目标是走商品化的道路。

（一）住房商品化试点

住房商品化试点最初以现有公房出售和投资建设公房出售为主要形式。1978 年，我国开始出售住房的试点工作。西安、南宁、柳州、桂林、贵州等市试行国家投资建设公房出售给居民，按建筑面积的售价为120—150元/平方米。由于当时职工收入水平和房租水平较低以及售房的有关政策不配套，居民认为买房不比租房合算，从而导致开始登记订购的人不少而标价后实际购买的人不多；沈阳则试行了现有公房出售给居民。

1980年6月，国务院转批了《全国基本建设工作会议汇报提纲》，正式宣布将实行住宅商品化的房改政策。1981年末，在新成立的城乡规划和环境保护部的支持下，中国房屋建设公司成立。1982年中国房屋建设公司将郑州、常州、沙市和四平四城市作为计划扩大范围的试点城市，开始实行向城镇居民补贴出售公有住房试点，即政府、单位、个人各负担1/3的“三三制”售房。1984年10月，国务院批转了城乡建设环境保护部《关于扩大城市公有住房补贴出售试点的报告》，国务院批准了房屋建设公司在80多个城市的经营，包括3个中心城市——北京、上海和天津。

（二）投资建设主体多元化

1978年开始，国家开始拓宽住房建设的投资渠道。除了中央外，也发挥地方企业和个人的积极性，财政拨款、企业自筹和个人投资为城市住房资金的来源。其中，企业自筹发展成主要力量，占城镇住房投资的60%—70%。个人投资主要是个人资金购买单位和房地产公司的商品房，也有职工直接投资建设住房的。个人投资增长很快，1980年个人投资占住房投资的1.6%，1983年增加到7%[①]。这段时期，住房投资比例迅速上升。

投资建设主体的多元化带来了住房建设制度的变化，原来的国家统一建设形式被打破，单位自建和私人建房出现。

（三）城市化进程加快

这段时期是新中国成立以来城市化水平增长最快的时期。1978年城镇人口比例为17.92%，到了1984年，城镇人口占总人口的23.01%。城市化水平的快速提高意味着城市住房需求的迅速增加。1978—1984年中国城镇人口比例变化如图1-1所示。

二、城市住房体制改革的推进（1985—1991年）

1985年9月23日，中国共产党全国代表大会通过《中共中央关于制定国民经济和社会发展第七个五年计划的建议》，《建议》在“经济建设的战略布局和主要方针”部分提出：“积极推行城镇住宅商品化。加快民用建筑业的发展，使建筑业成

---

① 吕俊华，彼得·罗，张杰．1840—2000中国现代城市住宅［M］．北京：清华大学出版社，2003

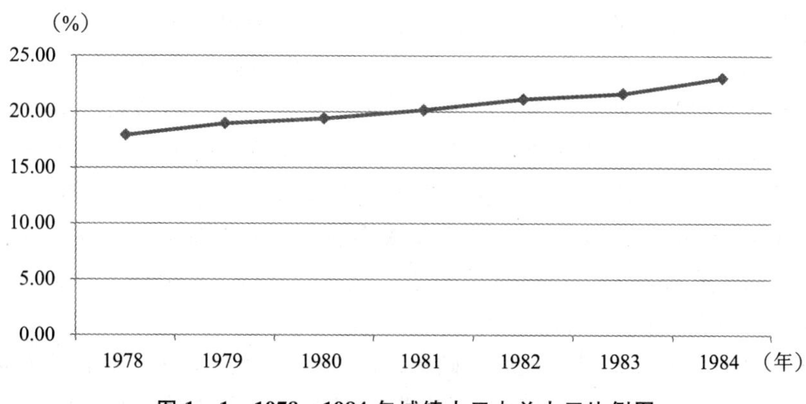

图 1-1　1978—1984 年城镇人口占总人口比例图

数据来源：国家统计局。

为我国国民经济的支柱产业。长期以来，我国对城镇住宅实行统建统配的政策，收取的房租很低。这种方法不仅不利于住宅问题的解决，而且加重了国家的财政负担，使民用建筑业失去生机和活力，造成城镇居民的购买力片面集中在耐用消费品方面。必须尽快提出一套比较成熟的办法，使住宅商品化这项重大政策逐步付诸实施。”

1986 年 1 月，中央政府成立了国务院住房制度改革领导小组，并从属于建设部、国家计委。财政部、中国人民银行、劳动人事部、国家物价局、国务院发展研究中心和社会科学院等部门选调人员组成领导小组办公室，设立城市建设部，作为改革和试点的办事机构。

1988 年 1 月，第一次全国住房制度改革工作会议召开。国务院秘书长陈俊生在会上宣布：“从今年开始，住房制度改革正式列入中央和地方的改革计划，在全国分期分批展开；住房制度的改革办法是实现住房商品化；基本构思是提高房租，增加工资，鼓励职工买房。”

（一）提租补贴

1985 年，住房制度改革从“三三制”售房转向租金制度改革的研究和设计。1985 年国务院组建了租金改革领导小组，并组织力量进行调查研究，先后提出“暗贴改明贴”和“明贴暗贴并存，新房新办法，旧房老办法”两种改革方案，但两种方案迫于资金压力和缺乏有效的配套改革措施均未能实施。

1986 年，国务院住房制度改革领导小组制定了新的住房改革，并选定唐山、烟台、蚌埠、常州 4 个城市进行住房制度改革试点。1986 年 3 月，烟台成首个试点城市，实施了“提租发券，空转起步”的改革方案。其基本内容是，把房租提高到按折旧费、维修费、管理费、投资利息和房产税 5 项因素构成的租金水平，同时按工资的一定比例发给职工住房券，全市的提租总额与所发券总额相等。住房大就多交房租，住房券金额不够的用现金补齐，住房小的少交房租，住房券的结余可用于购买新房。“空转”是指发给职工的住房券没有资金作后盾，产权单位通过职工交租收回住房券，住房券返回发券单位后继续向职工发券。改革的结果是单纯把暗贴改为明贴，不增加国家与企业的负担，不增加产权单位收入，但是可以初步理顺国家与职工关系，谁住房多谁交租多，在一定程度上抑制了不合理的住房要求。1987 年 7 月，全国城镇住房制度改革试点工作座谈会召开，原则确立烟台的计划在武汉、石家庄、兰州、重庆等 12 个城市扩大试点，接着，蚌埠、唐山和沈阳部分大企业的住房制度改革方案也相继出台。

1988 年 2 月，在总结试点经验基础上，国务院印发了《关于在全国城镇分期分批推行住房制度改革的实施方案》。方案肯定了试点城市的做法和经验，确定了房改的目标、步骤和主要政策，标志着我国住房制度改革进入了以提租为主要任务的阶段。到 1990 年全国共有 12 个城市、23 个县镇出台了提租补贴为主要内容的住房制度改革方案，公房租金水平从每平方米使用面积 0.08—013 元提高到 1.2 元左右。

（二）住房商品化向全国范围扩大

到 1985 年底，试点出售住房中相当部分是补贴出售，据统计，在试点的地方补贴出售的新建住房占了接近一半。1986 年 3 月，城乡建设环境保护部发出了《关于城镇公房补贴出售试点问题的通知》，恢复了按住房的建造成本全价出售的办法。1988 年 2 月出台了《国务院办公厅关于转发国务院住房制度改革领导小组鼓励职工购买公有旧住房意见的通知》，指出要采取积极措施，包括售价优惠、低息贷款等，加快出售公有旧住房。1988 年 9 月，党的十三届三中全会召开，中央政治局在会议报告中提出“加快出售公房、逐步实现住房私有化”。然而在实践中，各地为了加快出售公房，实行了很低的优惠价，实质上是以低价福利售房取代租售并举的配套改革，既不利于住房机制转换，也不利于国家回收资金。据不完全统计，1988 年 1 年全国共出售旧公房 654 万平方米，每平方米回收资金 65.7 元。1988 年 6 月和 12 月，国务院两次下文制止低价销售的做法。

1989 年底，我国房改开始实行增量改革。鉴于福利分房根深蒂固，改革会受到既得利益者的抵触，因此从新增住房入手，在新房的建、售、租方面实行新政策，然后对腾出的旧公房进行改革，可以减少阻力。1991 年 6 月，国务院发出《关于继续积极稳妥地进行城镇住房制度改革的通知》（国发〔1991〕30 号），要求将现有公房租金有计划、有步骤地提高到成本租金；按市场价和标准价出售公房；实行新房新制度，对新竣工的公房和迁出腾空的旧公房，实行新房新租、先续后租、优先出售或出租给无房户和住房困难户的新制度。1991 年 11 月 31 日《关于全面推进城镇住房制度改革的意见》实施，“坚持租、售、建并举的原则，形成一个提高租金、促进售房、回收资金、推动建房的良性循环”。根据中央精神，各地政府的房改方案陆续开始实施，房改从试点城市推向全国。

（三）城镇化进程继续加快

这段时期，我国城镇人口继续保持增长态势。据中国统计年鉴显示，城镇人口由1985年的25 094万人增加到了1991年的31 203万人，城镇人口占总人口比例由23.72%增加到26.94%。

三、城市住房体制改革的深入（1992—1998年）

1992年邓小平南巡讲话及中共十四大胜利召开之后，中国经济体制改革的目标被确立为建立和完善社会主义市场经济体制，由此，城市住房制度改革的方向也基本明了。

（一）国有企业改革

国有企业改革是经济体制改革的核心。1992年，国务院制定和颁布了《全民所有制工业企业转换经营机制条例》，把企业制度改革作为促进经济稳定发展、维护社会安定的重要改革内容。1993年11月，中共十四届三中全通过了《中共中央关于建立社会主义市场经济体制若干问题的决定》，这一决定明确指出我国国有企业的改革方向是建立“适应市场经济和社会化大生产要求的、产权清晰、权责明确、政企分开和管理科学”的现代企业制度，要求通过建立现代企业制度，使企业成为自主经营、自负盈亏、自我发展、自我约束的法人实体和市场竞争主体。

由于改革开放前，我国的住房供给在总体上由国家主导，但具体到每个居民的住房供给还是由企事业单位组织分配。因此，国有企业改革是住房供给制度改革的需要。随着国企改革的深入，企业社会管理职能的剥离，职工的住房不再由单位完全包下，职工住房供给一步步被推向市场。

（二）城镇住房制度改革

1994年7月，国务院颁发了《国务院关于深化城镇住房制度改革的决定》（国发〔1994〕43号），这一决定明确了我国城镇住房制度改革的根本目的，确立了坚持配套、分阶段推进的政策。城镇住房制度改革的根本目的是建立与社会主义市场经济体制相适应的新的城镇住房制度。该《决定》要求“把各单位建设、分配、维修、管理住房的体制改变为社会化、专业化运行的体制；把住房实物福利分配的方式改变为以按劳分配为主的货币工资分配方式；建立以中低收入家庭为对象、具有社会保障性质的经济适用房供应体系和以高收入家庭为对象的商品房供应体系；建立住房公积金制度；发展住房金融和住房保险，建立政策性和商业性并存的住房信贷体系；建立规范化的房地产交易市场和发展社会化的房屋维修、管理市场，逐步实现住房资金投入产出的良性循环，促进房地产业和相关产业的发展”。

《决定》指出：“近期的任务是全面推行住房公积金制度，积极推进租金改革，稳步出售公有住房，大力发展房地产交易市场和社会化的房屋维修、管理市场，加快经济适用住房建设，到20世纪末初步建立起新的城镇住房制度，使城镇居民住房达到小康水平。”

1. 住房公积金制度建立

1991年4月，上海市学习新加坡公积金制度，在全国最先颁布了《上海市公积金暂行办法》。随后，1992年7月1日，北京市开始实施《北京市住房公积金制度实施办法》。1994年7月，我国开始全面推行住房公积金制度。到1997年底，全国31个省累计公积金达800亿元①。

2. 租金改革

《国务院关于深化城镇住房制度改革的决定》指出，“各地要根据实际情况制定并公布2000年以前租金改革规划”。加大租金改革力度要“在职工家庭合理住房支出范围内”，“要与当地居民的收入水平相适应，要根据物价指数控制目标统筹安排”。“对一些租金负担有困难的职工，政府和单位给予帮助”。不过，“有条件的市（县）或单位，应结合实际情况，较快实现向成本租金和市场租金的过渡”。

3. 个人商业性住房贷款制度建立

早在20世纪80年代初，作为住房商品化试点的郑州、常州、沙市和四平4个城市已经向个人提供过住房贷款，但规模较小。直到1991年6月，《关于继续积极稳妥地进行城镇住房制度改革的通知》提出“开展个人购房建房储蓄和贷款业务，实行抵押信贷购房制度，从存贷利率和还款期限等方面鼓励职工个人购房和参加有组织的建房”。住房信贷业务起步，各项住房信贷政策出台。1991年建设银行和工商银行成立了房地产信贷部，办理个人住房信贷业务，并制定了职工住房抵押贷款管理办法。

1994年《国务院关于深化城镇住房制度改革的决定》对个人购房贷款的首付比例、贷款利率、贷款期限及计息方式等作了规定。1995年8月，央行颁布了《商业银行自营住房贷款管理暂行办法》，规定个人住房抵押贷款的贷款利率按同期固定资产贷款利率减档执行。1997年，央行的《个人担保住房贷款管理试行办法》对1995年的暂行办法在贷款期限和利率上作了一定修正。

① 朱剑红．房改，你真要改吗？［N］．人民日报，1998－09－20

4. 稳步出售公房

《国务院关于深化城镇住房制度改革的决定》提出了继续稳步出售公房的方针，明确了售房价格要逐步从标准价过渡到成本价。当年的标准价要根据各市（县）职工上年平均工资增长的水平、单位发给的住房补贴和资助职工建立的住房公积金年增长水平确定，一年一定；新房负担价与双职工家庭年平均工资的倍数要逐步提高，2000 年以前达到 3.5 倍。

购房方式分为一次付款和分期付款。

第四节　停止住房实物分配后的住房租赁市场（1998—2016 年）

一、在住房购买市场大发展的同时住房租赁市场未受到重视

在这个阶段，住房市场化和商品化快速发展，实物分配的停止促进了房地产业迅速发展，2000—2009 年住宅竣工套数与商品房平均售价上涨均超过 1 倍，特别是在 2000—2004 年之间，为了抵制东南亚金融危机的冲击，加快住房市场化发展，将房地产业作为国民经济的支柱产业来刺激住房消费，保证经济的增速。然而房价迅速上涨也会带来一些问题，为居民带来购房压力，2004 年“非典”过后，国家进行了房地产市场的调控，抑制投资过热，房价增速也渐渐放缓。

在住房公积金制度不断完善和推广后，住房公积金贷款相较于商业贷款而言，其利率低、贷款期限长的优势更加鼓励了居民的个人住房消费。缴存了住房公积金的职工，可以在其购房、建造、翻修、大修自住住房时，向住房公积金管理中心申请贷款，可以很好地将居民潜在的住房需求转化成为有效需求，提供资金支持，提高其住房可支付能力，刺激住房消费的需求，也会进一步加快房地产业的发展。尽管公积金管理机构的建立以及《住房公积金管理条例》的颁布让住房公积金制度逐步规范并为广大的住房消费者带来了福音，然而面对上涨过快的房价，这种助力的作用受到了局限，尽管公房租赁的租金也在不断提高，但是相对于高昂的房价来说，租赁房屋反而是他们的次优等选择①。

虽然房地产业在这段时间发展火热，却更多地偏向了住房出售市场。比如经济

① 杨俊．中美房屋租赁法律制度比较研究［C］．西南财经政法大学硕士论文．2007

适用房的推出是为了满足中低收入家庭的居住需求，其价格被政府控制，利润控制在3%以下，但是却只售不租，这种重售轻租的情况一直持续，住房租赁市场显得一片沉寂。2000年我国住房租赁比仅有20.55%，到2010年仅上升了0.5个百分点，而2000年住房自有率为74.1%，远高于西方发达国家。当城市经济越发达时，其较高的房价会带来居住压力，因此人们更多选择租房，从而住房的自有率会降低。这段时间住房租赁市场也是自由发展，没有形成一定的规范。

关于租金方面，这几年来，北京、上海以及河北、山西、辽宁、江苏、安徽、江西、河南、宁夏等省和自治区的部分城市出台了调租方案，使得租金水平有了大幅度地提高。在2000年，全国公有住房平均租金标准达到使用面积每平方米1.75元。其中35个大、中城市的公共住房平均租金标准由1999年的1.67元调整到了2.20元，提高幅度约为32%，租金调整使得当地居民消费价格指数上涨约0.37个百分点。1999—2000年间，住房租赁指数价格直线上升，由102.4上升到114.2，这也反映了1998年我国房改政策对住房租赁市场的供需结构带来了巨大的影响，当住房实物分配停止，大部分公有住房也逐渐被出售，很多买不起商品房和公有房的人只能选择租房，租赁需求急剧扩大。同时，供给的不足使得租金上升，2000—2002年，住房租赁市场的需求逐步得到消化，租金价格逐步回归到合理水平。2002—2006年间，租金价格水平都处于比较平稳的状态，这是因为我国住房分配货币化的改革进行得比较顺利，租赁需求转化为购房需求，很多人通过购房解决了住房需求，并且住房保障体系也逐步建立，所以此时租赁市场的供需结构处于平衡状态。2007年租金价格水平又迎来了新一轮的上涨，这是由于2007年全国房地产市场供求两旺，房价涨幅水平创新高，购房需求在受到抑制后转化为租房需求，租金水平随之提高。2008—2009年，美国次贷危机引发全球金融危机，全球经济低迷，我国房地产市场也陷入低迷，租金水平有所回落。

然而在这个阶段，房屋租赁的重点和大力发展对象放到了保障性住房租赁上，表现为非营利性质的廉租房，主要面对的租赁群体也是城市中的低收入家庭，其租金也是政府决定，低于市场租赁价格标准。截至2006年底，全国657个城市已经实行廉租房政策的有512个，占比77.9%，仍然有145个城市没有实行廉租房政策。用于廉租房政策的资金为23.4亿元，其中财政预算安排资金12.1亿元，土地出让净收益3.1亿元，公积金增值收益4.7亿元，社会捐赠以及其他资金3.5亿元。已经开工建设和收购廉租房5.3万套，建筑面积达293.68万平方米，累计已有54.7万户低收入家庭通过住进廉租房而改善了居住条件，包括领取住房租赁补贴的家庭16.7万户，实物配租家庭7.7万户，租金核减的家庭27.9万户以及其他方式改善家庭2.4万户。审计署对北京、天津、山西等19个省市2007—2009年的廉租房保障情况和2008年第四季度以来中央投资补助的棚户区改造情况进行了审计调查，重点调查了 32 个地级以上的城市。调查结果显示：2007—2009 年，保障资金增长 6.25 倍，保障总户数增长 2.58 倍。19 个省市筹集廉租房保障资金 1038.8 亿元，获得棚户区改造中央补助资金 54.43 亿元。重点调查的 32 个城市筹集廉租房保障资金为 448.65 亿元，其中：中央补助资金 67.25 亿元，占 14.99%；从土地出让净收益和住房公积金增值收益中安排 296.76 亿元，占 66.15%；地方各级财政安排 54.47 亿元，占 11.70%；其他渠道筹集资金 32.14 亿元，占 7.16%。2007 年以来，19 个省市加大廉租房保障投入，制定了相关规范性文件，明确了廉租房保障工作目标，推动了廉租房工作的顺利开展。19 个省市筹集的廉租房保障资金由 2007 的 88.61 亿元增加到 2009 年的 642.26 亿元，增长了 6.25 倍；保障总户数由 69.03 万户增加到了 246.93 万户，增长了 2.58 倍。至 2009 年年底，重点调查的 32 个城市中，有 27 个城市廉租房保障范围由享受低生活保障的住房困难家庭扩大到了低收入住房困难家庭[①]。这些数据也表明保障房的保障群体范围迅速扩大，使得更多低收入家庭能够享受到保障性政策，缓解住房压力（如表 1 – 1 所示）。

表 1 – 1　　2006—2009 年全国廉租房政策实施情况比较

年份	全国城市总数	全国已建立廉租房政策的城市总数	全国资金投入/亿元	全国受保障家庭户数/万户
2006	657	512	23.4	54.7
2007	657	657	94	95
2008	657	657	7 300	250
2009	657	657	1 500	260

数据来源：国家建设部网站。

二、公租房制度开始起步

（一）政策情况

2010 年 12 月 1 日，住房和城乡建设部颁布了《商品房租赁管理办法》（建保〔2010〕6 号），加强了商品房屋租赁管理和规范商品房屋租赁行为，唤醒了沉睡多年的住房租赁制度。这一《办法》自 2011 年 2 月 1 日期施行，目的在于更好维护房屋租赁双方当事人的合法利益，是当时关于住房租赁最完备的一部法规。《办法》明确了国务院住房和城乡建设主管部门负责全国房屋租赁的指导和监督工作，加强

① 廉租房建设还要堵多少漏洞［DB/OL］，人民网

了政府部门在市场房屋租赁关系中的职责。这部规章针对房屋租赁的现状，创造性地规定了严禁用于租赁的房屋范围：（一）属于违法建筑的；（二）不符合安全、防灾等工程建设强制性标准的；（三）违反规定改变房屋使用性质的；（四）法律、法规规定禁止出租的其他情形。为了保障承租者的基本居住权，规定了用以出租的住房应当以原设计的房间为最小出租单位，人均租住建筑面积不得低于当地人民政府规定的最低标准，并且厨房、卫生间、阳台和地下储藏室不得出租供人员居住等。

2016 年 6 月，国务院办公厅发布《关于加快培育和发展住房租赁市场的若干意见》，提出要以建立租购并举的住房制度为主要方向，健全以市场配置为主、政府提供基本保障的住房租赁体系。支持住房租赁消费，促进住房租赁市场健康发展，到 2020 年，基本形成供应主体多元、经营服务规范、租赁关系稳定的住房租赁市场体系，基本形成保基本、促公平、可持续的公共租赁住房保障体系，基本形成市场规则明晰、政府监管有力、权益保障充分的住房租赁法规制度体系，推动实现城镇居民住有所居的目标。

2010 年是公共租赁住房的元年，大批相关规范性文件和部门规章以及政策言论在这一年密集发布。2010 年 1 月 7 日，国务院办公厅发布了《关于促进房地产市场平稳健康发展的通知》，明确要求各个城市需要增加限价商品房、经济适用房、公共租赁房的供应，并且在 2010 年 4 月 17 日颁布了《关于坚决遏制部分城市房价过快上涨的通知》，对于房价过高、上涨过快的地区，要大幅度增加公共租赁住房的供应。2010 年 6 月 8 日，住房和城乡建设部、发改委、财政部、国土资源部、中国人民银行、国税总局、银监会联合发布了《关于加快发展公共租赁住房的指导意见》，提出大力发展公共租赁住房是完善住房供应体系、培育住房租赁市场、满足城市中等偏下收入家庭基本住房需求。《意见》从租赁管理、房源筹集、政策支持、监督管理等方面加以规定，深刻阐述了加快发展公共租赁住房的重要意义，提出将新就业和外来务工人员纳入保障住房体系的意见，要求各地区制订公共租赁住房发展规划和年度计划，并纳入 2010—2012 年保障性住房建设规划和“十二五”住房保障规划。

2011 年 9 月 28 日，国务院办公厅出台《关于保障性安居工程建设和管理的指导意见》，首次在国家规范性文件中明确将公共租赁住房作为保障性安居工程的重点，强调大力推进以公共租赁住房为重点的保障性安居工程建设。

2013 年 5 月 18 日，国务院批转发展改革委《关于 2013 年深化经济体制改革重点工作的意见》，指出“健全保障性住房分配制度，有序推进公共租赁住房、廉租房并轨”。2013 年 12 月 2 日，住房城乡建设部、财政部、国家发改委联合印发《关于公共租赁住房和廉租房并轨运行的通知》，明确从 2014 年起各地公共租赁住房和廉租住房并轨运行。

2014 年 3 月 10 日，财政部出台《关于做好公共租赁住房和廉租房住房并轨运行有关财政工作的通知》，要求各地财政部门从整合地方政府资金、做好廉租补贴发放、盘活存量、严格资金管理等方面积极做好公共租赁住房和廉租房并轨运行有关财政工作。2014 年 7 月 8 日，住房城乡建设部出台意见，要求各地进一步做好公共租赁住房和廉租房并轨运行有关管理工作。自此，“两房”统称“公共租赁房”，简称“公租房”。同时，意见中提出要创新融资机制，多方筹集资金，落实民间资本参与公共租赁住房建设的各项支持政策。

（二）市场效应情况

根据 CREIS 的数据（如图 1 – 2 所示），2011 年我国房屋租赁市场规模为 0.66 亿元，之后逐年上涨，2014 年市场规模已经达到了 1.05 万亿元，而 2016 年已经接近 1.4 万亿元。在租金方面，根据中国房地产指数系统显示，2016 年 12 月我国 10 大城市套租金平均水平为 3 085 元/套，据此推算全国套租金约为 1 652 元/套。而 2016 年我国城镇人均可支配月收入为 2 801 元，租金收入比在 20% 上下浮动，低于发达国家水平。国内一线城市的租金规模在全国范围较大，上海与北京租金分别为 1 204 亿元、886 亿元，但是与国际一线城市如洛杉矶和纽约上千亿美元年租金规模相比，仍然存在差距。这个阶段我国租赁市场的租金价格并不高，一线城市租金与二、三线城市租金差异较大，其主要原因在于人均可支配收入及房价等因素。租金的高低与房价的高低密不可分，这也反映了租赁市场与房地产市场互相影响的关系。并且从租赁市场的需求结构来看，租赁人口一部分是大量的流动人口，另一部分是户籍所在地的人口以及部分保障人口，其中流动人口带来的租房需求占绝对主力。据统计局公布的数据，2016 年末全国流动人口总规模为 2.45 亿人。根据国家人口计生委发布的《中国流动人口发展报告》，2013 年流动人口家庭中租住私房的比例为 67.3%。庞大的流动人口数量带来租房需求，推动租赁市场的发展。流动人口虽带来了大量的租房需求，但租赁市场的发展还要看供求比的大小。租赁人口过多会导致租赁房屋供给缺失，租赁市场供不应求。相反，租赁房屋数量大，但没有足够的租赁人口会导致库存量的增加，不利于租赁市场的发展。通过租房人口占比与租赁房屋占比能在一定程度上反映房屋租赁市场的发展情况。与国际上其他发达国家相比，我国租赁人口占比为 12%，而房屋占比为 18%，房屋库存依然较大。而英国、日本及美国等发达国家其租赁人口占比和房屋占比基本持平，租赁市场相对平稳，库存较少（如图 1 – 3 所示）。虽然近两年房屋租赁市场在国家政策引导下蓬勃发展，但与发达国家仍有较大差距。但从另一方面看，我国一线城市如上海、北京、深圳等，其租赁人口远远超过租赁房屋的数量，租房市场供不应求。相对于国际一线城市如东京、旧金山等，其房屋占比均大于租赁人口占比，房屋租赁市场存在较大库存（如图 1-4 所示）。这个阶段我国房屋租赁市场尚不发达，但是一线城市租赁市场发展空间巨大。

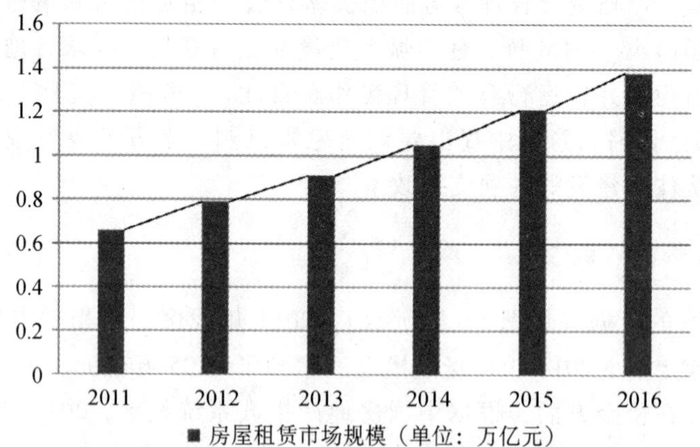

图 1-2　2011—2016 年我国房屋租赁市场规模

数据来源：CREIS 数据库。

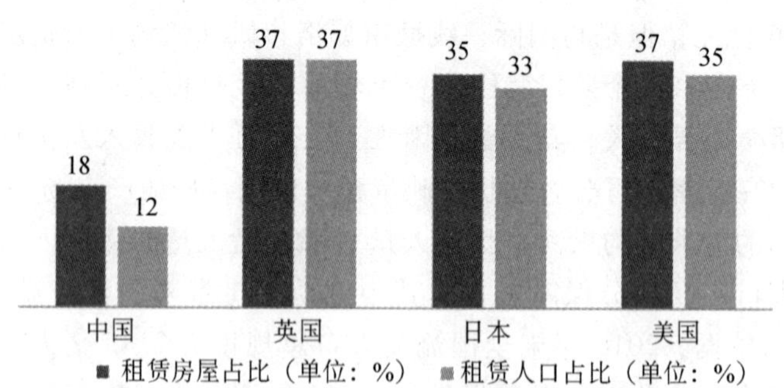

图 1-3　我国与其他发达国家城市租赁人口与租赁房屋占比对比

数据来源：CREIS 数据库。

在保障房体系建设过程中，之前的阶段是以经济适用房与廉租住房为主，会存在两个"夹心层"的问题：存在着不满足廉租住房申请标准、又买不起经济适用房的"夹心层"；以及买不起商品房、但又不具备申请经济适用房的中低收入"夹心层"。并且多年的实践证明，地方政府与中央政府目标存在偏离现象，尽管中央政府出台了许多鼓励措施积极推进廉租住房制度的实施，然而在地方进行廉租住房制度落实过程中，则更加看重当地的经济发展，不会重点建设廉租住房，这就会导致廉租住房的供不应求，保障性目标没有达到。于是，在公共租赁住房法律制度出台之前，我国住房保障体系实则是以经济适用房为主。住房保障制度实质上是以产权

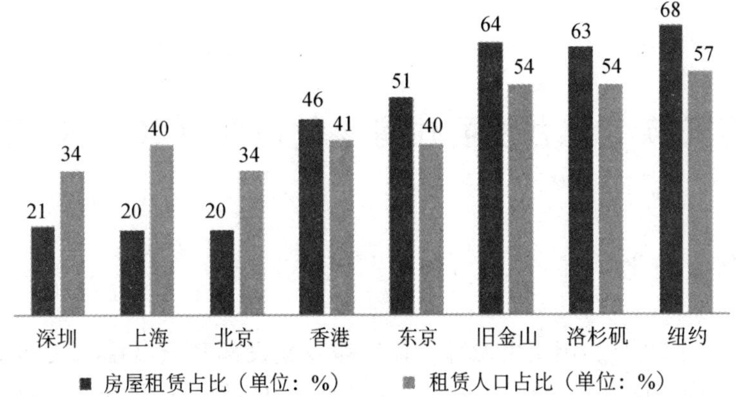

图 1－4　我国一线城市与国际一线城市租赁人口与租赁房屋占比对比

数据来源：CREIS 数据库。

方式实现住房保障，将居住权等同于产权，这也加大了中低收入群体在住房消费方面的支出。但是住房保障制度的实质内容应该是保障居住权而不是产权，即解决是否有房住的问题，这个问题可以通过租借方式来实现。租借方式不仅仅可以解决保障供应与保障需求之间错配的问题，还可以防止有更高支付能力的家庭因购买住房产权的需求和追求资产升值的投资性购房需求的介入，能够提高住房保障政策的有效性①。公共租赁房在“十二五”期间的建设成效明显，极大地改善了城市住房困难群体的居住状况，全国累计开工建设公租房（含廉租房）1 359 万套，建成 1 086 万套，基本实现当时城镇低保家庭应保尽保。2016 年全国新入住公租房 266 万户，截至 2016 年年底，已经有 1 126 万户家庭住进了公租房。人口规模大、净流入人口多的城市的公租房需求更大，公租房房源规模也更大。截至 2016 年年底，重庆是我国公租房累计配租数最多的城市，累计建成投用公租房 1 488 万平方米、配租 21.4 万套，满足了 58 万城镇低收入群体的住房问题。北京和上海也提供了大量的公租房，其中北京累计竣工公租房 10.3 万套、配租 9.9 万套，上海累计供应公租房约 10.5 万套，入住约 8.6 万套。

① 贾康，刘军民．中国住房制度改革问题研究：经济社会转轨中“居者有其屋”的求解［M］．北京：经济科学出版社，2007

第五节　大力发展住房租赁时期（2017 年至今）

一、政策制度变化

2017 年 8 月 28 日，国土资源部、住房城乡建设部联合出台了《利用集体建设用地建设租赁住房试点方案》，《方案》提出要增加租赁住房供应，缓解住房供需矛盾冲突，构建租购并举的住房体系，建立健全房地产健康平稳发展的长效机制，国土资源部会同住房城乡建设部，根据地方自愿，确定第一批在北京、上海、广州、武汉等 13 个城市开展利用集体建设用地建设租赁住房试点。

2017 年 7 月广州市率先提出了“租售同权”，公布了《广州市加快发展住房租赁市场工作方案》，《方案》提出保障“租购同权”，赋予符合条件的承租人子女享有就近入学等一系列公共服务权益。2017 年 9 月上海市出台了《关于加快培育和发展本市住房租赁市场的实施意见》，详细阐明上海市常住居民租房居住者享有基本公共服务的内容。同月北京市正式颁布《关于加快发展和规范管理本市住房租赁市场的通知》，重点保障京籍无房家庭子女享受义务教育的权利，而对于非京籍的家庭，则要求按照北京市关于非京籍人员子女接受义务教育的具体规定来办理义务教育。

2018 年 9 月 20 日，国务院颁布了《关于完善促进消费体制机制，进一步激发居民消费潜力的若干意见》，要求发展住房租赁市场特别是长期租赁市场，总结推广租赁试点经验，在人口净流入的大中城市加快培育和发展住房租赁市场，加快推进租赁市场立法，保护租赁利益相关方合法权益，并且强调住房租赁不仅仅是保证中低收入居民基本居住条件的方式，也是激发居民消费潜力的重要内容。

二、市场效应情况

2017 年 9 月 27 日至 10 月 31 日，中国人民大学中国调查与数据中心电话调查实验室针对 4 个一线城市（北上广深）的住房租赁市场进行调查，以 4 个城市 18 岁及以上常住人口为总体目标，截取了调查结果的部分数据进行展示，详见表 1 – 2。

表 1－2 **常住人口当前住房产权情况** 单位:%

类型		自己或家人拥有产权	从市场上租的房子	政府公租房/廉租房	单位提供的宿舍、周转房
北京	常住人口	60.7	26.2	1.5	11.6
	户籍人口	80.6	9.6	2.1	7.8
	外来人口	26.7	54.7	0.4	18.2
上海	常住人口	63.8	27.3	1.4	7.5
	户籍人口	87.0	6.4	1.8	4.8
	外来人口	28.8	58.9	0.7	11.6
广州	常住人口	60.3	27.3	1.1	11.3
	户籍人口	83.1	10.3	1.2	5.5
	外来人口	23.1	55.0	0.9	21.0
深圳	常住人口	33.2	55.6	1.6	11.6
	户籍人口	64.8	27.2	2.3	5.7
	外来人口	16.2	67.8	1.2	14.8

调查数据结果表明，在一线城市中，北上广三地超过 1/4 的常住人口租房居住，深圳更是超过了一半。一线城市的房价持续走高，政府对房地产市场也在不断调控。每年都有大量的新增劳动人口涌入一线城市，租赁住房越来越被人们接受和选择。但是在一线城市住房租金带来的压力也较大，广州和深圳都有近 1/4 的租户房租支出占家庭总收入的比例达 30% 及以上，属于住房支付困难；上海有约 30% 的租户属于住房支付困难；北京租户住房支付困难比达到了 45% 左右。并且深圳和北京都有超过 10% 的租户房租支出占家庭收入的百分比在 50% 及以上，属于重度住房租赁支付困难。由此看来一线城市中存在大量比例的常住人口选择租房，也存在着较大的租房压力（如表 1－3 所示）。

表 1－3 **房租支出占家庭收入比例及租金的均值与中位数**

	月租金占家庭收入百分比（%）			月租金（元）	
	30% 以下	30%—50%	50% 以上	中位数	均值
北京	55.8	28.9	15.3	2 000	2 774
上海	70.8	23.9	5.4	2 000	2 465
广州	76.3	15.1	8.5	1 100	1 619
深圳	76.0	13.3	10.8	1 200	1 863

根据相关数据①显示，2018 年在全国一、二线城市中，有 13 个城市的房租上涨幅度超过了 20%，其中成都房租上涨了 30.98%，深圳上涨了 29.68%，重庆、西安、天津、合肥等二线城市，房租涨幅全部超越北上广，而北京和广州的涨幅也均超过 20%。2018 年 7 月房租的飙升更是疯狂，按照平均月租金排序，北京、深圳、上海已经分别达到了 92.33 元/平方米、78.3 元/平方米、74.48 元/平方米。这也就意味着在两三个月时间里，国内一线城市 1 套 100 平方米的住房平均房租已经从 5 000—7 000 元迅速上涨到了 7 000—10 000 元。我爱我家前副总裁胡景晖向媒体表示②，他认为以自如、蛋壳公寓为代表的长租公寓运营商为了扩大规模，以高于市场价格的 20%—40% 在争抢房源，人为抬高收房价格。而且这些长租公寓经过重新装修，N+1 出租模式加剧了租房价格的上涨。住房租赁市场在这一阶段得到了大力发展，受到了国家重点关注，长租公寓呈现出爆发式发展，机构品牌大量涌现。截至 2018 年上半年，国内已注册超过 500 家长租公寓机构，我国排名前 30 的房地产商中，已有 2/3 以上在这一领域有所布局。并且国内的 REITs（房地产房托投资基金）和长租公寓也形成了良好的桥梁，为长租公寓发展的融资提供了新渠道。2017 年 10 月 13 日，上交所通过了国内首单租赁住房类 REITs——保利新派公寓。2018 年上半年，自如、蛋壳等大型长租公寓机构模仿美国最大的出租公寓运营商 EQR（Equity Residential Properties）进行多轮大规模融资。美国发行的 REITs 收益率约为 13%，而国内为 7%，处于中等水平。但是国内的长租公寓发展仍然处于初步阶段，存在政策法规不健全、管理效率不高等问题，仍然需要不断探索。

“租售同权”政策在各个城市试点后，带来了一定积极的影响。首先是推进了人才的合理流动，西安、武汉、南京等城市纷纷打响了人才争夺战，为了吸引和留住人才，当地政府在住房政策方面绞尽脑汁。而一线城市北上广深房价高居不下，刚毕业的毕业生也产生了“逃离北上广”的想法。而“租售同权”政策的出台，为他们带来了希望，租房也能享受到与购房相同的公共服务，租房者的合法权益得到保障，包括在医疗、子女教育、社会保险等公共资源方面，这缓解了处于奋斗期的年轻人的购房压力。其次，租售同权有利于进一步优化社会的资源配置。住房是物与权的集合，所以不仅仅有居住属性，居住之外的很多东西也与之挂钩，比如说当地的户籍、子女的教育等。又因为住房具有较好的保值升值能力，很多投资者会选择投资住房并通过房价上涨而获利。而中低收入的家庭买房又存在困难，贫富差距便越来越大，产生了社会不公平现象；特别是“学区房”，其高昂的价格更是令普通居民难以承受。而租售同权可以使得租房者与购房者享受同等入学的权利，这样有利于教育的公平，解决租房者子女的上学问题。最后，租售同权能够稳定房价，

① 7 月全国城市房租价格均上涨，11 城房租平均涨幅超 20% [N]. 证券日报，2018-08-24

② 我爱我家副总裁胡景晖朋友圈发文，因为众所周知的原因. 网易财经，2018-08-19

且有利于房地产市场的健康发展。租售同权之后，会有更多居民选择租房来满足基本居住需求，这样可以很好地缓解炒房热这一现象，使得住房供给更多匹配居住需求而不是投机需求，有利于保持房价的稳定，租赁市场也会得到大力发展，形成促进房地产市场健康发展的长效机制。

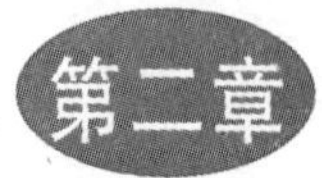

中国住房租赁市场的现状和特点

第一节　住房租赁市场供需现状

一、我国住房租赁市场供给端

（一）住房租赁供给主体

在我国住房租赁市场中，住房租赁供应主体主要包括住房租赁机构、个人和政府3类。

1. 住房租赁机构

住房租赁机构一般是指采用规模化运营方式、提供统一装修租赁住房的企业，简言之即直接提供住房租赁产品的企业。就运营目的来看，可分为非营利性租赁企业和营利性租赁企业。非营利性租赁企业主要包括国有房地产开发企业、国有投融资企业等，其进入租房市场不以营利为主要目的，主要在租房市场发挥压舱石和稳定器的重要作用。营利性租赁企业主要是指通过市场化的手段获取房源进而开展住房租赁业务的企业。

一直以来，我国租房市场以个人房东为主，专业化程度不高，住房租赁企业供应占比较低。据易居研究院测算，目前我国住房租赁企业管理的公寓不超过200万间，住房租赁企业的出租面积在租房市场中的占比约为2%，最集中的城市也不到5%。截至2018年年末，我国营利性住房租赁机构按照参与主体主要分为房地产开发商、房地产中介、酒店和创业公司4类，各类主体具备不同的特点（如表2－1）。

表 2 - 1　　国内营利性住房租赁机构参与主体发展情况

房地产开发商	房地产中介	酒店	创业公司
万科（泊寓）	链家（自如）	铂涛（窝趣）	魔方公寓
龙湖（冠寓）	我爱我家（相寓）	华住（城家）	YOU +
招商（壹栈）	世联行（红璞）	首旅（雅住）	蛋壳公寓
旭辉（领寓）	同策（舒格）	住友（漫果）	青客公寓

资料来源：各公司官网。

分别以房地产开发商、房地产中介、酒店和创业公司为主要参与主体的住房租赁机构，在融资、房源获取、获客能力、装修改造、运营等方面具都具有各自的优劣势。

（1）房地产开发商。以房地产开发商为背景的住房租赁企业凭借其母公司的影响力，在融资、房源获取、装修改造方面具有较大优势。房地产企业相对于其他主体，其具备的融资渠道最多，多采用重资产的方式获取房源，房地产企业能够通过招拍挂制度获取自持物业和低价的纯租赁地块，并且也能通过收并购获得合适的存量物业。

截至 2018 年年末，根据各公司官网（部分信息来自公司 2018 半年报或第三季度报告），以房地产开发商为背景的住房租赁机构以重资产集中式为主要模式，但万科、龙湖等企业也采用轻资产模式加快规模扩张的速度。从开业规模的角度看，受限于重资产集中式的劣势，整体规模不大，行业前三分别为万科泊寓、龙湖冠寓以及旭辉领寓，分别运营 6 万、5.3 万、5 万间，其中万科在 2018 年年末已储备房源达 23 万间（如表 2 - 2 所示）。

表 2 - 2　　截至 2018 年年末部分房企的住房租赁布局

房企	住房租赁品牌	模式	现有规模	未来目标
万科	泊寓	重资产 + 轻资产集中式	布局 35 城，累计获取房源超 23 万间，累计开业超 6 万间，开业 6 个月以上项目平均出租率约 92%	未来 3 年建设 30 万间以上的长租公寓
龙湖地产	冠寓	重资产 + 轻资产集中式	布局 30 余城，已开业 5.3 万余间，整体出租率为 50.1%，其中，开业 3—6 个月的项目出租率为 70.2%，开业超过 6 个月的项目出租率为 87.4%	2020 年计划开业超过 20 万间，租金收入超 30 亿元；目标出租率 88% ~ 90%，成熟期 35% 毛利率，12% ~ 15% 净利率

续表

房企	住房租赁品牌	模式	现有规模	未来目标
旭辉地产	领寓	重资产集中式	布局国内 5 大区域 20 城 + 日本东京，管理规模 5 万间	2019 年布局北美、欧洲 8 万间；2020 年核心布局城市委托管理、重资产收购 14 万间筹备上市；2020 年 20 万间，IPO 上市
碧桂园	BIG +	重资产集中式	布局 6 城 3 万间，在建 2.1 万间，已开业 2 000 间，开业 3 个月以上出租率 91%（2018 年第 3 季度末）	未来 3 年在一、二线城市及其周边地区发展 100 万间
招商蛇口	壹栈、壹间、壹堂	重资产 + 轻资产集中式	布局国内 13 个城市，长租公寓近 2.4 万间，管理规模总计约 98 万平方米	中短期实现全国重点城市品牌落地，10 万间；未来通过收购兼并加速扩张，规模达到 100 万间

资料来源：各公司官网，公司公告。

（2）房地产中介。在住房租赁市场发展早期，房地产中介与房东之间只是委托代理关系，房产中介帮助房东匹配租客，最终租约签订仍是房东和租客之间的行为，中介只是收取中介费。在这一模式下，中介的主要价值在于减轻房东和租客之间的信息不对称。但由于房源标准化程度低，房东和租客之间的匹配效率依然不高，并且匹配后的纠纷概率较大。房产中介自身开展住房租赁业务时，通常采用轻资产模式，扮演二房东的角色，从原房东处租来房源，再转租给租客。

以房产中介为背景的住房租赁企业可直接借助母公司长期以来积累的房东和房客资源，通过与现有房东进行谈判，具有房产中介背景的住房租赁企业能够较快获得大量的分散式租赁物业。具有房产中介背景的住房租赁企业可以通过线下大量实体店以及线上平台来获得大量流量，并且这些流量租房通常目的性较为明确，成功转化为自有住房租赁品牌客户的可能性较高。但与房企类似，具有房产中介背景的住房租赁企业在物业的运营方面缺乏经验。

根据各个公司官网上的信息，截至 2018 年年末，房地产中介参与住房租赁市场的品牌主要包括链家旗下的自如、我爱我家旗下的相寓、世联行旗下的红璞等，均采用轻资产的模式。其中，以轻资产分散式为主的链家自如、我爱我家相寓相较于其他住房租赁参与主体，规模优势大，截至 2018 年年末，自如和相寓分别运营 70 万、60 万间房源，并且仍在积极扩张（如表 2－3）。

表 2-3　　截至 2018 年年末部分房地产中介的住房租赁布局

房地产中介	住房租赁品牌	模式	布局城市	管理规模
链家	自如	轻资产分散式 + 集中式	布局北上广深等 9 个城市	自如房屋 70 万间，其中自如寓（集中式长租公寓）9 座，服务近 200 万租客
我爱我家	相寓	轻资产分散式 + 集中式	北上杭等 14 个城市	在管房源已达 30 万套，60 万间，累计服务 200 万业主、500 万租客，全国平均出租率为 94.9%
世联行	红璞	轻资产集中式	布局北上广深等 30 个城市	公司运营项目 191 个，签约量 3 万间，上线运营超过 8 000间，运营半年以上项目实现出租率 90% 以上

资料来源：各公司官网，公司公告。

（3）酒店。以酒店为背景的住房租赁企业能够借助集团资源获得存量物业改造出租的机会，但相比于房地产企业和房产中介，其可利用的资源相对逊色。具有酒店背景的住房租赁企业在内部物业的获取上与原本的酒店业务存在竞争：交通位置出色的物业作为酒店每平方米能取得更高的收益，而交通位置较差的物业改造成租赁物业后，在经营上也存在不小的困难。在优势方面，具有酒店背景的住房租赁企业能够借助集团在装修采购供应链和住宿管理运营的资源，在控制成本的同时，提供较高品质的运营服务。

根据各个公司官网上的信息，截至 2018 年末，国内三大连锁型酒店集团华住、首旅和锦江旗下都拥有各自的住房租赁品牌，均采取轻资产集中式的模式。与其他住房租赁参与主体相比，其管理规模偏小（如表 2-4 所示）。

（4）创业公司。创业公司相较于其他主体而言，在融资、房源获取和获客环节处于相对劣势，在装修改造和运营环节也没有取得明显优势。但创业公司发展差距较大，发展较好的一些创业公司凭借其较强的团队执行力以及领导团队经营思路灵活、决策迅速的优势，已经具备较大的管理规模，抢占先发优势。

表 2-4　　截至 2018 年年末部分酒店的住房租赁布局

酒店	住房租赁品牌	模式	布局城市	管理规模
铂涛（锦江股份）	窝趣公寓	轻资产集中式	北上广深等 8 个城市	2 000 间房间
如家（首旅酒店）	雅住公寓	轻资产集中式	北上广深等 19 个城市	超过 6 000 间，拥有逗号公寓、青巢公寓、逗号之家 3 条产品线
华住	城家公寓	轻资产集中式	北上广深等 9 个城市	布局 100 多家物业，1 万间房间

资料来源：各公司官网。

截至 2018 年年末，根据各品牌的官网，创业公司通常会采用轻资产的模式，在分散式和集中式的选择上并没有明显侧重。魔方公寓作为轻资产集中式的代表，房间量约 4 万间；蛋壳公寓在近年来发展迅速，采用分散式模式，管理规模达到近 50 万间（如表 2-5 所示）。

表 2-5　　截至 2018 年年末主要住房租赁创业公司布局情况

品牌	成立时间	模式	管理规模
魔方公寓	2009 年	轻资产集中式	布局 20 个城市，2017 年底房间量近 4 万间，6 万余名住户，开业 3—6 个月的门店，出租率为 90%~95%
YOU +	2012 年	轻资产集中式	开业 8 个城市，22 个门店
蛋壳公寓	2015 年	轻资产分散式	布局北上广深等 10 城市，管理规模近 50 万间
青客公寓	2012 年	轻资产分散式	布局 7 个城市，10 万间房源

资料来源：各公司官网。

2. 个人出租

长期以来，我国租房市场都以个人房东提供的房源为主，个人为获取房租收益将空闲的房屋出租。根据嗨客调研测算，当前我国 66% 的租赁房源集中在个人手中，个人房源在装修改造、租后获取服务等方面都难以得到保障，我国房屋租赁市场规模化、集约化程度较低，这也是承租者的承租体验受到影响的主要原因之一。

链家研究院对北京租户进行的一项调查显示，现有租赁房屋配套老旧、功能差是42.5%受访租客遇到最多的问题；其次分别有37.8%和31%的租客租期太短需要频繁更换房屋以及遭遇业主违约；其他问题包括社区环境、管理差，合租人群混乱，二房东多收费、不退押金，租后维修责任不明等（如图2－1所示）。

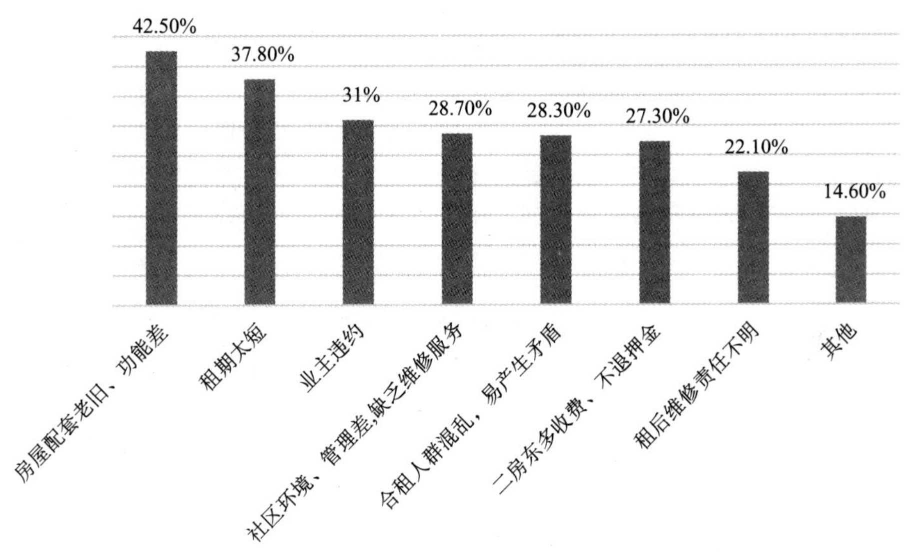

图2－1　北京租赁市场现存问题

资料来源：链家研究院。

3. 政府

政府作为住房租赁市场的供给端，主要供给的产品有公租房、廉租房，主要目的是满足低收入居民的基本居住需求。除此之外，一些地方政府为吸引外来人才，推出了人才房。政府租赁房的供给模式一般为政府独立或与社会资本合作，购买存量商品房或自建住宅作为租赁房源。近年来，为实现去库存及发展住房租赁市场的目标，地方政府开始试点将库存商品房转化为公租房的模式。根据住建部公开资料显示，截至2018年底，3 700多万困难群众住进公租房，累计近2 200万困难群众领取公租房租赁补贴。公租房保障为维护社会和谐稳定，推进新型城镇化和农业转移人口市民化，增强困难群众幸福感和安全感发挥了积极作用。

（二）供给产品

目前，我国房屋租赁市场的供给产品主要包括个人房东提供的私人住房，房屋租赁机构提供的长租公寓以及政府提供的保障性租赁住房。

1. 长租公寓

我国的长租公寓兴起于2010年前后，租赁行业经过七八年的发展，在大量资本涌入后进入沉淀期。根据链家研究院公布的资料显示，截至2016年年底，我国公寓行业中规模较大的企业超1 000家，公寓运营房屋数量约200万间，住房租赁市场年金规模约410亿元，品牌公寓渗透率约4%。我国前十大公寓企业持有房屋数量约52万间，在全国租赁房屋中占比约0.5%，而美国占比为7%，日本是31%左右，对比国际水平，我国大型公寓管理企业仍有市场空间。

由于租赁需求集中，市场空间大，品牌公寓的成立及拓展区域均集中于一线城市和热门的二线城市。其中一线城市公寓数量占比约60%，约120万间，租金规模约324亿元。二线及其他城市以杭州、南京、苏州及西安为代表，公寓数量占比约40%，运营公寓数量约80万间，年金规模约86亿元（如表2-6所示）。

表2-6　一、二线城市长租公寓数量分布

城市	长租公寓占比/%
上海	19
北京	16
广州	12
深圳	12
西安	5
杭州	10
南京	6
苏州	6
其他	14

资料来源：链家研究院。

2. 保障性租赁住房

2007年，国家开始对现有的住房制度进行调整和改革，将住房制度的重心转化为关注低收入人群的住房保障需求。截至目前，我国主要的保障性租赁住房主要包括廉租房公租房以及共有产权房，其特点如表2-7所示。

表2-7　我国保障性住房特点

保障方式	保障对象	保障方式	保障标准	保障主体和筹资方式
廉租房	符合城镇居民最低生活保障标准且住房困难的家庭	廉租房的分配形式以租金补贴为主，实物配租和租金减免为辅	由城市人民政府根据当地家庭平均住房水平及财政承受能力等因素统筹研究确定	市、县政府负责，省级政府给予资金支持，中央给予资金补助

续表

保障方式	保障对象	保障方式	保障标准	保障主体和筹资方式
公租房	城镇中等偏下收入的住房困难家庭、新就业无房职工、城镇稳定就业的外来务工人员等	对低保、低收入住房困难家庭和分散供养特困人员，可以实物配租为主、租赁补贴为辅；对中等偏下收入住房困难家庭，可以租赁补贴为主、实物配租为辅	实物配租公租房单套建筑面积原则上控制在60平方米以内	市、县政府负责，引导社会资金投入，省级政府给予资金支持，中央给予资金补助
共有产权房	中低收入住房困难家庭购房	地方政府让渡部分土地出让收益，低价配售给符合条件的保障对象家庭所建的房屋	个人与政府按照产权比例7:3或5:5进行购买	政府将原来供应经济适用房划拨的土地改为出让，将出让土地与划拨土地之间的价差、政府给予经济适用住房的优惠政策，显化为政府出资，形成政府产权

资料来源：中央政府网，住建部。

3. 租赁地块政策

政府层面也意识到住房租赁市场供需不平衡的情况。2016年底中央经济工作会议首次提出“房子是用来住的，不是用来炒的”概念。十九大报告中进一步强调房住不炒概念，并提出加快建立多主体供给、多渠道保障、租购并举的住房制度。各级地方政府同样积极响应出台的各项政策，特别是《利用集体建设用地建设租赁住房试点方案》中的13个试点城市，均已出台各自的租赁住宅供应计划或短期、长期发展计划，具体情况如表2－8所示。

表2－8　　13个试点城市租赁住宅供应计划

城市	租赁住房供应计划	商品住房供应计划
北京	1 000万平米，50万套（2017—2021年）	6 000万平方米，150万套（2017—2021年）
上海	1 700万平方米，约70万套（2016—2020年）	5 500万平方米，约170万套（2016—2020年）
沈阳		2 377.9万平方米（2017—2021年）

续表

城市	租赁住房供应计划	商品住房供应计划
南京	2018 年，租赁住房用地占比不低于 30%	5 150 万平方米（2017—2021 年）
杭州	新增租赁住房总量占新增商品住房总量的 30%（2018—2020 年）	2 755 万平方米（2017—2021 年）
合肥	2018 年，租赁住房供应不低于 15% 比例	5 000 亩（2019 年）
厦门	2018 年底前在各园区内及周边建设配套不少于 10 万平方米、2 000 间租赁公寓	1 500 万平方米（2017—2021 年）
郑州	2020 年前，国有租赁平台企业持有的住房租赁房源占全市增量的 20%；国有土地新建租赁住房达到 3.8 万套；集体土地新建租赁住房达到 5 000 套；利用自有土地新建租赁住房达到 5 000 套；新增公租房实物配租 30 000 户；新建特色租赁小区住房达到 5 000 套	
武汉	2018 年通过多种方式筹集租赁住房不少于 3 万套（间），约 100 万平方米	
广州	825 万平方米，15 万套（2017—2021 年）	3 200 万平方米，75 万套（2017—2021 年）
佛山	2020 年前新增不少于 10 万套的租赁用房	
肇庆	2020 年成功建设运营首批集体租赁住房项目	1 503.35 万平方米（2017—2021 年）
成都	截至 2021 年，租赁住房保有量 151 万套	住宅用地 4 583 万平方米，城镇住宅用地 3 916 万平方米（2017—2021 年）

资料来源：各市政府官网公布。

4. 问题

（1）房源供给总量不足。在住房租赁需求不断上涨的一线城市和热门二线城市，租赁房屋供给严重不足。与此同时，住房市场上存在不少房源处于空置状态，这进一步加剧了供给不足问题。从数据上看，2013 年我国城镇地区整体住房空置率为 22.4%，北京、上海的住房空置率相对较低，但远高于国际标准的 5%~10%。①

（2）规模化专业租赁机构发育不足，品牌渗透率低。目前我国专业租赁机构及房源供给占比极低，对住房租赁市场影响甚微。2016 年，机构化租赁企业主力长租公寓的市场占有率仅为 4%，远低于发达国家的机构化运营占比。此外，在现有政

① 西南财经大学中国金融调查与研究中心．城镇住房空置率及住房市场发展趋势，2013 年

策及市场环境下，短期内很难培育出大量的专业化租赁机构。在我国的包租模式下，长租公寓在高拿房、高装修成本以及较高税收的重压下，资金成本进一步压缩了微薄的利润，行业盈利举步艰难。

（3）供给结构错配。在供需矛盾下，供给结构的错配仍不可被无视，具体表现在房源品质、租金水平、户型、支付方式、租期等方面的错配。房源品质的错配主要体现在出租房屋内部设计和配套设施不能满足租客对居住品质的需求。根据住建部对16个城市的抽样调查，出租房屋中，商品房的占比不到50%，大部分租赁住宅为老式公房、拆迁安置房、农村自建房、保障性住房，这些租赁住房水、电、热等配套实施不足，房屋老旧，房屋设计不能满足居住需求（如图2－2所示）。

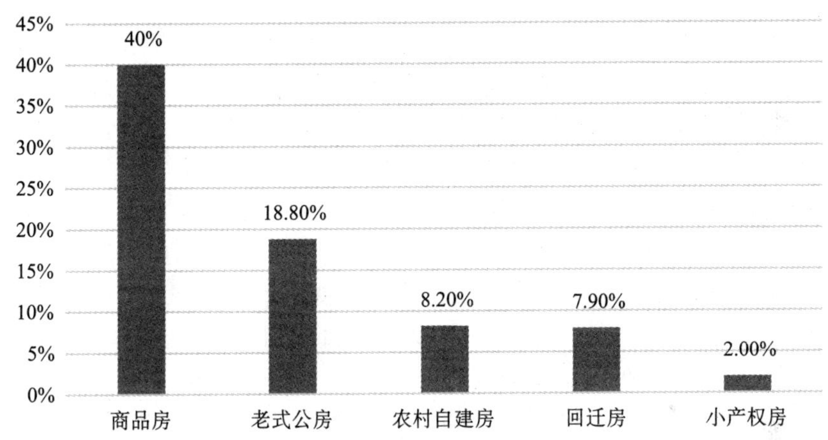

图2－2　我国主要城市租赁住房类型结构

资料来源：链家研究院。

（4）保障性租赁住房存在资金缺口，土地供应匮乏。由政府提供的保障性租赁住房在建设上的问题主要体现在资金存在缺口、土地供应匮乏等方面。在资金方面，目前我国的保障性住房融资渠道单一，资金来源只能通过政府的财政支出。由于公共建设性住房资金回笼期限较长，一般需要10—20年，同时因缺乏相应配套机制来保障参与资本的收益，我国保障性住房建设项目很难有效吸引市场以及社会资本的广泛参与。公共住房的建设用地来源供给是我国保障性住房建设中供给端的另一大瓶颈。由于地方土地拆迁，收储的成本不断提升，并且由于公共住房建设前期环节较长，地方政府需要依靠商业化的土地转让所得来覆盖前期大量的资金投入，这也相应地造成了保障性住房土地的供应相对匮乏。

二、我国住房租赁市场需求端

（一）住房租赁需求主体

根据我爱我家的数据统计，2017 年我国租赁房屋人口为 1.97 亿人。按照租赁的需求特征，租赁需求主体主要包括住房特困户、以进城务工为主的流动人口、高校毕业生、棚改迁居民以及因子女上学所产生的租赁需求。除此之外，个人的住房偏好、置业年龄的推迟等也会产生一定的租房需求。

1. 住房特困户

住房特困户是指城镇居民中住房存在困难的低收入者，这类群体没有能力购买住房，只能依靠租房满足其居住需求。政府为解决这类群体的住房需求，为其提供了公租房和廉租房等。租金水平在这类群体对租房的需求上起主导作用，低廉的租金是其主要考虑因素。

2. 流动人口

2018 年，我国常住人口城镇化率为 59.58%，处于城镇化加速发展阶段。伴随城市化率的持续提升，整体流动人口规模将维持持续增长（如图 2－3、图 2－4 所示）。根据《中国流动人口发展报告》的数据统计，租住私房是流动人口解决居住需求的首选，流动人口在居住地选择租住私房的比例高达 67.3%，购房的比例为 8.6%，其他方式（宿舍、工地工棚、生产经营场所）租住比例为 23.8%。

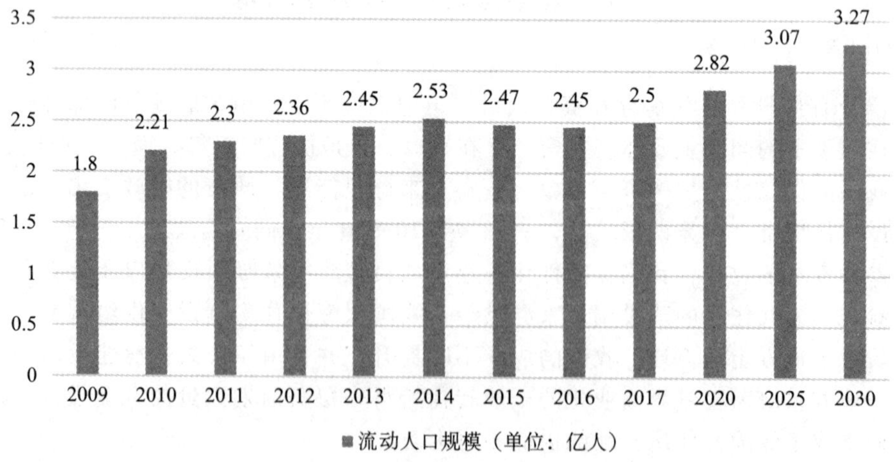

图 2－3　我国 2009—2030 年流动人口规模

数据来源：《中国流动人口发展报告》。

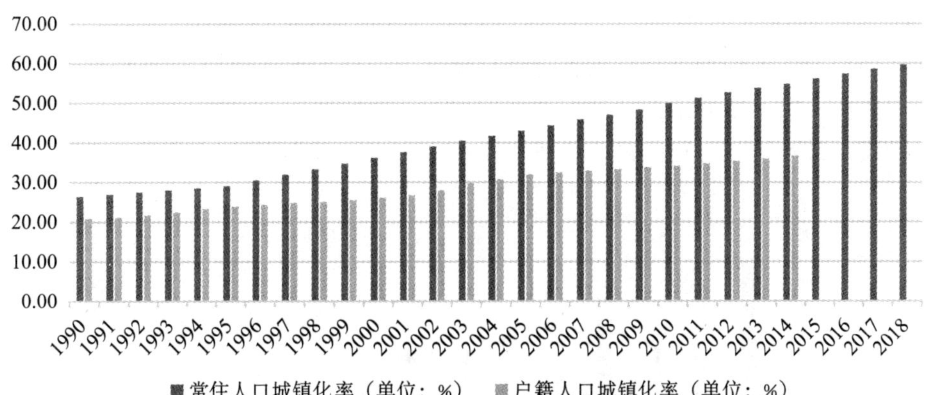

图 2-4　我国 1990—2018 年城镇化率示意图

数据来源：Wind。

3. 高校毕业生

我国高校毕业生的数量呈逐年递增的趋势，高校毕业生的增量成为各个城市重要的租房需求增量，这在北上广深一线城市和部分重点二线城市尤为明显。我国人口出生率自 20 世纪 80 年代末至 20 世纪 90 年代初的“婴儿潮”后开始逐步回落；但是另一方面，在全国范围内接受高等教育的人口比例在持续提升（见图 2-5）。从教育部数据分析来看，高等教育毛入学率从 20 世纪 90 年代初低于 5% 的水平，上升至当前 42.7% 的水平，两方面因素对冲后，未来高校毕业生人数可维持较为稳定的增速水平。

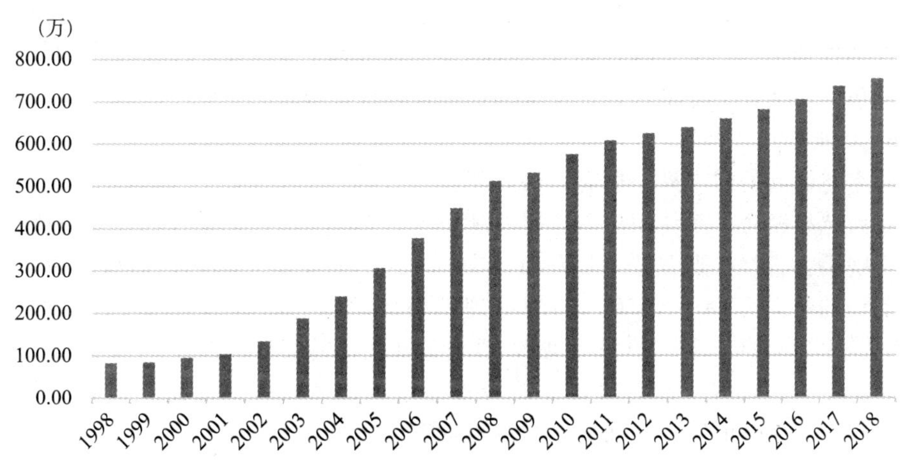

图 2-5　1998—2018 年我国普通高校毕业生人数

数据来源：Wind。

4. 子女上学。

随着社会对下一代教育的重视程度越来越高，很多家长选择在子女就读学校附近租房陪读，以便更好地照顾子女监督其学习，这使得一些城市重点学校周边的住房租赁需求大幅增长，也拉高了学校周边的租金水平（如图 2－6 所示）。

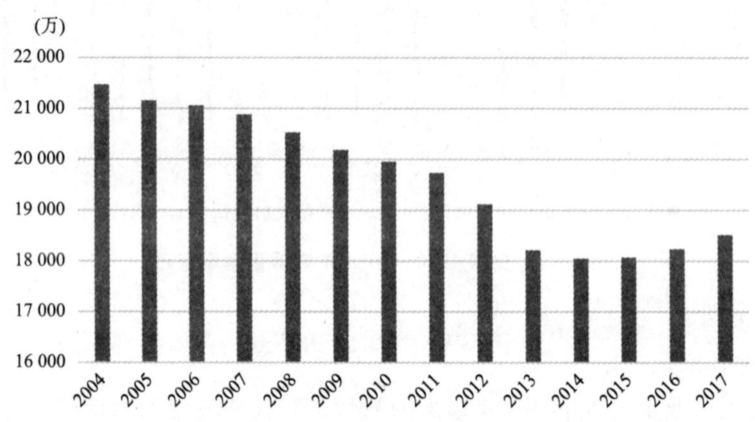

图 2－6　2004—2017 年我国小学和中学在校生人数

数据来源：Wind，教育部。

5. 棚户区改造和拆迁

棚户区改造是中国政府为改造城镇危旧住房、改善困难家庭住房条件而推出的一项民生工程，其根本目的是改善群众的居住条件，兼顾完善城市功能、改善城市环境。拆迁是根据城市建设规划要求和政府所批准的用地文件，依法拆除建设用地范围内的房屋和附属物，将建设用地范围内的单位和居民重新安置，并对其所受损失予以补偿的法律行为。棚户区改造和拆迁所涉及的人员在过渡期内会产生租赁需求，这包括户主需要租房过渡，原本的一些租客也要搬家。

6. 其他

除上述提到的需求外，还有一些其他原因，如一些有能力买房的人出于自身住房偏好而选择租房、个体租赁消费周期延长等，都会直接或间接产生住房租赁需求。例如，晚婚会直接推迟置业年龄，如今我国居民结婚年龄不断延后，根据我国民政局所统计的数据，2007 年 20—24 岁办理结婚登记的公民占结婚总人口比重最多，占 39.2%；2017 年 25—29 岁办理结婚登记的公民占结婚总人口比重最多占比 36.9%。由于“成家”是首次置业的最重要推动因素，因此晚婚导致置业年龄推迟，延长个体租赁时间，从而间接增加租赁需求。

（二）空间结构

以城镇化为主要驱动因素，加之大中专毕业生异地置业，我国每年都进行着大规模的人口流动，流动人口是租赁市场的基础。从不同城市级别划分上看，一、二线核心城市是租房需求的主要容纳区域。根据各个城市的城市年鉴中对流动人口的统计以及《中国流动人口发展报告》的数据，一线城市租赁人口约占全国比例的11%，二线城市为16%。流动人口的庞大数量以及核心城市对于人口的吸引，共同创造出庞大的租房需求市场。

根据各城市统计局披露的我国70个大中城市城区常住人口的数据，2005—2016年间广州、上海、重庆、北京、郑州、深圳、杭州等一线城市和热点二线城市城区常住人口增量超过300万人，襄阳、吉林、大理、济南、北海等城市城区常住人口数增量为负，大多城市城区常住人口数均保持稳健的增长势头（如图2－7、图2－8所示）。

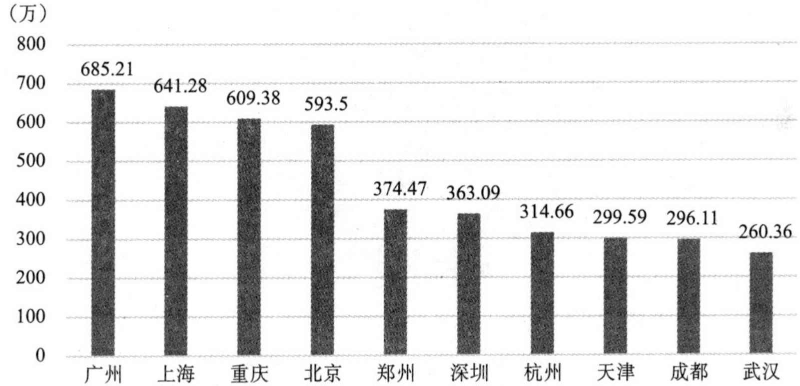

图2－7　2005—2016年我国主要城市城区常住人口增长前十的城市

数据来源：各市统计年鉴。

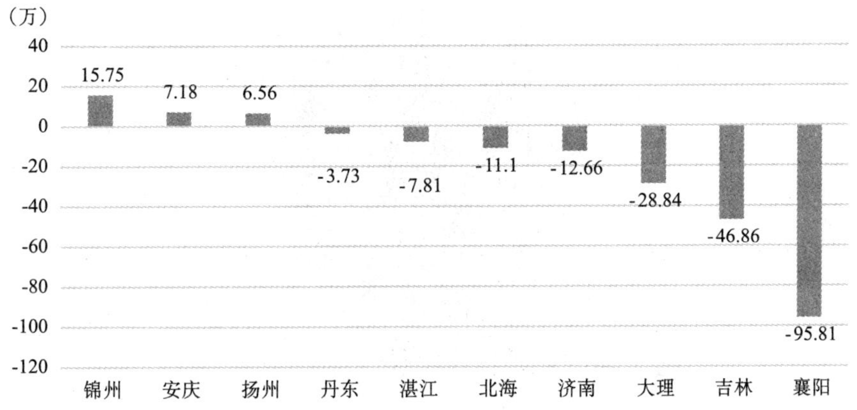

图2－8　2005—2016年我国主要城市城区常住人口增长后十的城市

数据来源：各市统计年鉴。

（三）需求的产品

由于租赁人口收入、住房偏好等不同，对租赁房屋的需求也不同，根据第一财经商业数据中心联合巴乐兔快乐租房平台发布的《2018 年轻人租房大数据报告》，在租房用户中，近 70% 的租客为 90 后和 95 后，他们大多初入职场，处于经济的考虑，选择合租的比例超过 80%（如图 2－9、图 2－10、图 2－11 所示）。

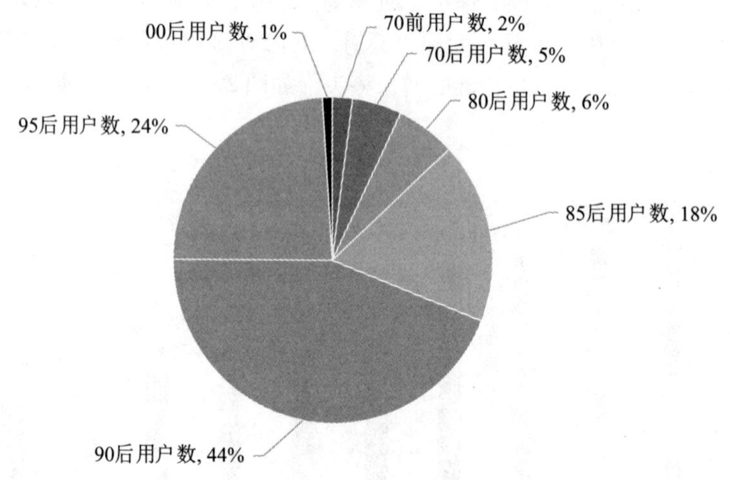

图 2－9　我国租房人群年龄分布

数据来源：巴乐兔大数据。

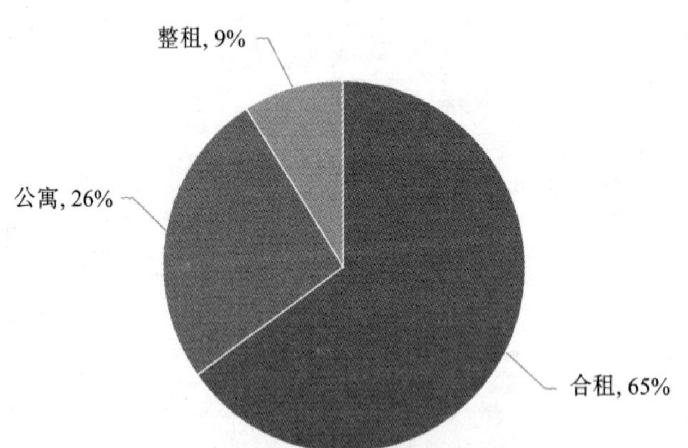

图 2－10　最近 1 年我国不同类型租房订单占比

数据来源：巴乐兔大数据。

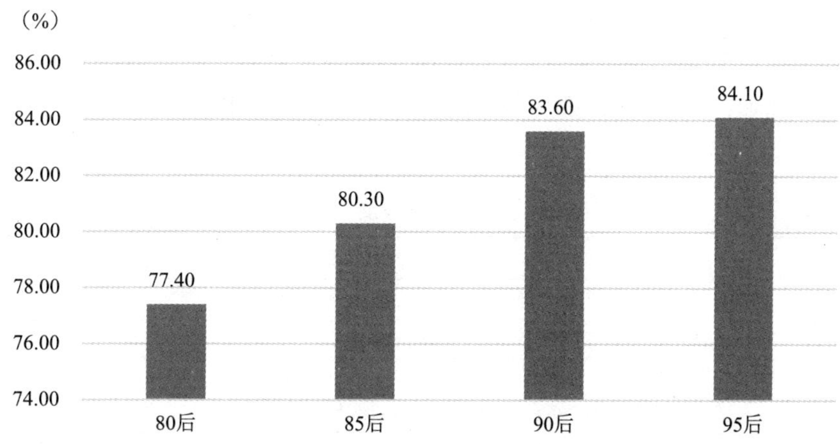

图 2-11 我国不同年龄段租房人群中合租用户的比例

数据来源：巴乐兔大数据。

根据《2018 年轻人租房大数据报告》显示，在众多影响租房需求的因素中，租金是租客选房最重要的因素，其次依次是交通、治安、周边配套设施等因素（如图 2-12 所示）。

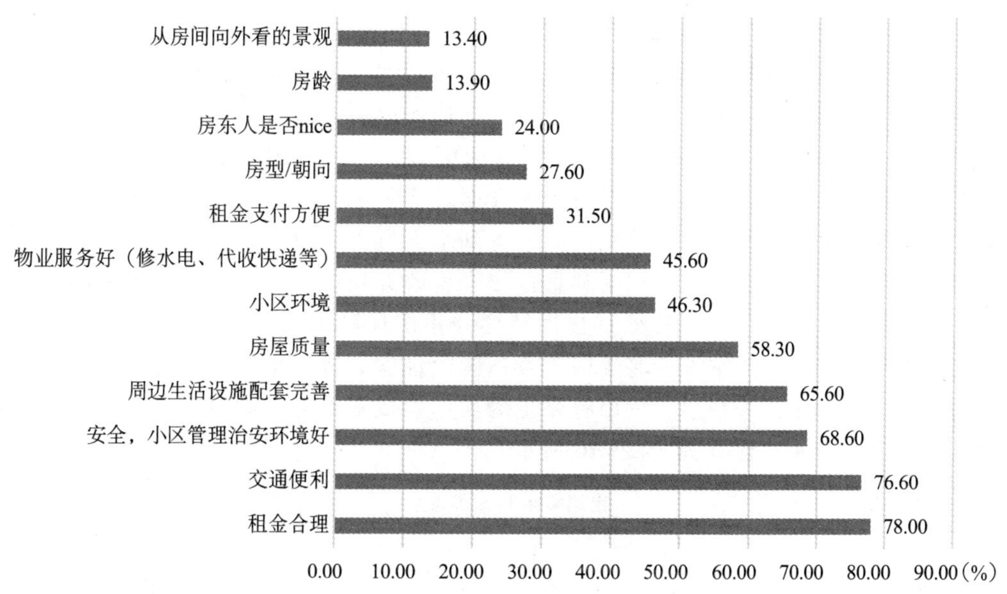

图 2-12 租房人群租房考虑的因素

数据来源：巴乐兔大数据。

在租客期望租期与实际租期方面，据链家研究院的一项调查显示，期望租期与实际租期完全吻合的租客占比较低。对于期望签租 1—2 年的租客来说，59.1% 的租客期望租期与实际租期相吻合。除此之外，租客期望租期与实际租期完全吻合的租客占比均不超过50%。部分希望短租的租客被迫接受长租，部分希望长租的租客不得不短租。比如，23.3%的被访租客期望签约5—10年长租，但被迫签约2—3年的短租（如表2-9所示）。

表2-9　　租赁比配程度　　单位：%

实际租期	期望租期					
	1年以内	1—2年	2—3年	3—5年	5—10年	10—20年
1年以内	47.4	12.3	8.7	1.6	3.3	8.8
1—2年	40.4	59.1	39.7	18.9	16.7	11.8
2—3年	7.8	20.6	34.9	35.4	23.3	14.7
3—5年	3.2	5.8	13.9	34.6	26.7	8.8
5—10年	0.8	1.6	2.8	6.3	26.7	8.8
10—20年	0.3	0.5	0	3.1	3.3	47.1

资料来源：链家研究院。

（四）需求端政策激励

2016年6月3日，国务院出台《关于加快培育和发展住房租赁市场的若干意见》指导文件，明确提出以建立购租并举的住房制度为主要方向，健全以市场配置为主、政府提供基本保障的住房租赁体系，支持住房租赁消费，促进住房租赁市场健康发展。《意见》中对租房需求者政策方面的激励主要体现在税收减免、公积金支持、公共服务均等化、公租房货币化等方面。《意见》提出个人的租金支出将被纳入个税改革税前扣除部分，但我们应该看到个人所得税改革是一项长期工程，短期落地可能性不大，且与住房按揭利息抵扣个税政策相似，高收入和高租金的区域会更加受益于这一政策。《意见》提出转变公租房保障形式，推进公租房货币化，实物保障和租赁补贴并举，借鉴美国等发达国家经验。货币租金补贴是住房保障主要的政策手段，相比公租房，货币补贴更为灵活、成本更低，同时也有益于部分库存高企城市的去库存化（如表2-10所示）。

表2-10　　我国需求端政策激励

政策	主要内容
税收减免	对个人承租住房的租金支出，结合个人所得税改革，统筹研究有关费用扣除问题。
公积金支持	落实提取住房公积金支付房租政策，简化租房提取要件、提高提取审核效率。
公共服务均等化	非本地户籍承租人可按照《居住证暂行条例》等有关规定申领居住证，享受义务教育、医疗等国家规定的基本公共服务。住建部称将立法明确“租售同权”，租房与买房居民享同等待遇。

续表

政策	主要内容
公租房货币化	推进公租房货币化。转变公租房保障方式，实物保障与租赁补贴并举。支持公租房保障对象通过市场租房，政府对符合条件的家庭给予租赁补贴。完善租赁补贴制度，结合市场租金水平和保障对象实际情况，合理确定租赁补贴标准。

资料来源：中华人民共和国中央人民政府网、住建部。

关于公积金支持方面，中华人民共和国住房和城乡建设部、中华人民共和国财政部、中国人民银行于 2015 年 1 月 20 日印发并实施《关于放宽提取住房公积金支付房租条件的通知》，简化租房提取要件、提高提取审核效率，旨在保障住房公积金缴存职工合法权益，改进住房公积金提取机制，提高制度有效性和公平性，促进住房租赁市场发展。公积金支付房租政策，北京、上海等一线城市已经落地实行，具备大量人口流入的二线省会城市也将快速落实，这会有效缓解个人尤其是年轻人的房租支出压力。

三、住房租赁市场供需状况

（一）全国供需总量匹配，但地域性供需不平衡

从供求数量上看，供需总量匹配，地域需求不平衡。从总量上看，测算出的 2018 年租赁需求为 1.75 亿人，按 3.1 人/户的数据计算所得的户数需求完全可以被现有存量租赁住房 1 亿套满足。但从地域需求上看，三、四线城市的供给拉高了全国的平均供给水平，部分发达的一、二线城市租赁住房的供给仍存在缺口。

如北京租赁人口约 731 万人，租赁房屋数量大约是 300 万间，租赁缺口大约是 431 万间折合 220 万套；上海、深圳的租赁缺口也分别为 586 万间和 223 万间。从 2017 年 8 月到 2018 年 2 月，链家新增租赁房源连续 7 个月环比下降，目前租赁新增供给仅为 2017 年高峰的 50%。租赁新增房客比（新增客源与新增房源的比值）进一步扩大，房客比由 2017 年年末的 1.9 上升到 2018 年年初的 2.4，租赁房源供给不足进一步加剧。

（二）供求结构不匹配

我国租赁需求多层次，但供应房源相对于租赁需求较单一。

其一是租赁住房户型错配。由于租客群体的特殊性，其需求主要集中在价格低廉的小户型。数据显示，全国租房户型需求主要集中在一居室和二居室，需求占比达 74%，四居室及以上的整租需求仅占 6%；租赁价格接受度近 40% 集中在 1500 元

以下。目前，一居室供不应求，两居室供需基本平衡，三、四居室供过于求，但近年来新增的租赁住房以大户型居多，与实际需求有差距，导致合租、分租等现象较为普遍。

其二是规范的、高性价比的租赁供应有限。房源供给来源、中介机构、市场参与者数量很多，但质量不高，有进一步调整的空间。当前住房租赁市场的一个突出矛盾是大量的廉价供应，特别是合租与单间供应掌握在二房东手中，占比通常在40%~50%。问题在于这部分供应不规范、不稳定，加之政府周期性的监管，导致这部分供应不是被抑制，就是被清理，带来的直接结果往往是对这部分房源有需求的人群要么选择规范的市场上的房源，住得更贵；要么选择城市边缘的房源，住得更远，或者住得更隐蔽。

其三是区域错配。租赁需求主要集中在交通便利、配套完善的核心城区，但是这里的房源质量往往偏差，“老破小”居多，无法满足不断升级的青年白领需求。

其四是租期错配。目前不规范的住房租赁市场中，包租转租现象频繁，由此导致租期错配。据链家研究院的1项调查显示，期望租期与实际租期完全吻合的租客占比较低。针对期望签租1—2年的租客来说，59.1%的租客期望租期与实际租期吻合，除此之外，两者完全吻合的租客占比均不超过50%。部分希望短租的被迫接受长租，部分希望长租的不得不短租。例如，23.3%的被访者期望签约5—10年长租，却被迫签约2—3年短租。

四、住房租赁市场空间测算

测算住房租赁市场空间，关键在于租房人口规模测算。我们分别从住房自有率和流动人口规模两个角度进行测算，两种方法测算的结果均显示，在不考虑通货膨胀的情况下，我国租赁房每年成交总额高达1.8万亿~1.9万亿元。

（一）住房自有率法

年度住房租赁市场总规模

=通过租赁解决住房需求总户数×平均每户月租金×12

=（人口总量×租赁住房人口占比/家庭平均规模）×平均每户月租金×12

1. 通过租赁解决住房需求的人口占比

住房自有率指居住在产权自有房屋的人口比例。尽管住房自有率假定有房者居住在自己的房屋里，忽略掉有房但是仍旧租房的群体。考虑到未来房地产税改革增加持有成本、房屋居住属性回归、租赁市场完善和租赁观念推广，这部分人口占比将进一步降低，因此可基本忽略。

通过租赁解决住房需求人口占比

=（城镇化率 - 住房自有率）×（1 - 有效需求漏损率）

=（85% - 63.4%）×（1 - 25%）= 16.2%

参考城镇化水平和房地产市场较为成熟的发达国家，可以确定我国未来合理的住房自有率水平。20 个主要发达国家住房自有率中位数（为避免极值影响）为 63.4%，考虑到发达国家统计时将农村产权也纳入住房自有，我们将这部分扣除（发达国家城镇化率为 85%，故应扣除农村产权占比为 15%），估算出我国城镇化和租赁房市场达到发达国家水平时，城镇常住人口中住房产权非自有的比率为 21.6%。在城镇常住人口中，有约 25% 比例的人口没有形成有效住房需求，将其定义为需求漏损率。住房需求漏损，主要包括农民自带房入城、单位产权住房、长期寄住亲友家庭等（具体测算过程较复杂，如想了解详情请联系方正地产团队）。因此，真正通过租赁解决住房需求的人口占比为 21.6% ×（1 - 25%），即 16.2%（如图 2 - 13 所示）。

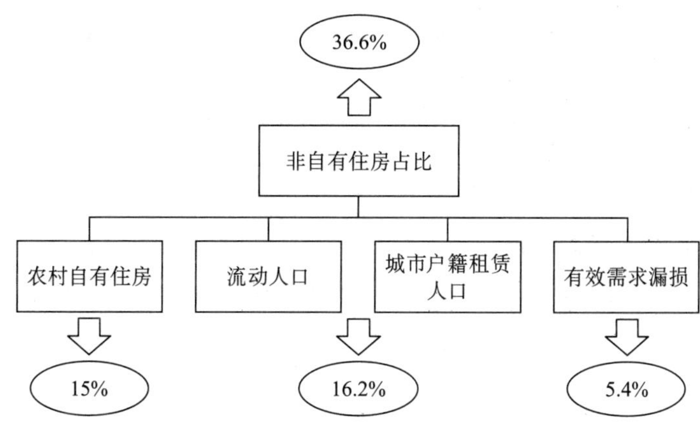

图 2 - 13　通过租赁解决住房需求的人口占比

2. 每年租赁市场规模

每年租赁市场规模

= 总人口 × 通过租赁解决住房需求人口占比/平均家庭规模 ×（每户月租金 ×12）

=（14.5 亿人 ×16.2%/3.1 人/户）×（2 000 元/月 ×12 月/年）= 1.8 万亿元/年

根据国务院印发的《国家人口发展规划（2016—2030 年）》，我国人口峰值将在 2030 年达到 14.5 亿人。平均家庭规模方面，虽然随着城市化推进家庭规模有缩小趋势，但是放开二孩政策将有效对冲这一趋势，因此采用 2015 年年末全国平均家庭规模为 3.1 人/户。全国平均每户月租金，采用世联行的统计数据 2 000 元/月（如表 2 - 11 所示）。

表 2－11 年度租赁市场总规模

通过租赁解决住房需求人口占比	(1－63.4%)－(1－85%)－(36.6%－15%)×0.25＝16.2%
通过租赁解决住房需求总户数	(14.5 亿人×16.2%)/3.1 人/户＝0.7 577 亿户
年度住房租赁市场总规模	0.7 577 亿户×2 000 元/户/月×12 月＝1.8 万亿元/年

（二）流动人口法

年度住房租赁市场总规模

＝（全国流动人口/平均家庭规模）×平均每户月租金×12

＝（2.45 亿人/3.1 人/户）×2 000 元/月×12 月/年

＝1.9 万亿元/年

《中国流动人口发展报告 2016》数据显示，截至 2016 年年底，我国流动人口有 2.45 亿人，而 2015 年我国平均家庭规模为 3.1 人/户，故 2016 年年末全国流动人口总户数为 0.79 亿户（0.79＝2.45/3.1），因此测算出我国年均租赁市场规模为 1.9 万亿元（1.9＝0.79×0.2×12），这与我们根据租房人口规模测算出的基本一致。

2016 年末全国流动人口户数

＝2016 年末全国流动人口（亿人）/2015 年全国平均家庭规模（人/户）

＝2.45/3.1＝0.7903（亿户）

户均房租＝2.4（万元/户/年）

年度住房租赁市场总规模

＝2016 年末全国流动人口户数×户均房租＝1.9（万亿元/年）

第二节　住房租赁市场价格

一、平均租金水平

如图 2－14 所示，35 个大中城市平均租金在经历了 2017 年租金下降阶段后，2018 年租金上涨主要集中在上半年，增长速度较快，2019 年趋于稳定且出现小幅度租金回落。虽然未来城镇居民人均可支配收入增速可能进一步放缓，这会对租金水平形成压制，但人口流动和政策利好的驱动又会对租金提升构成利好。综合考虑，我们保守假设租金水平每年以 6% 的速度稳步上升，2025 年我国租金水平有望达到 821 元/月/人。

2019年3月，北京、上海、广州、深圳四大一线城市住宅平均租金分别为34.18、37.67、52.41、80.93元/平方米/月。2017年一线城市房租出现较大程度的下滑，之后呈现上涨态势，且涨幅不断增加。在经历2018年7—8月的租房高峰期后，进入9月份租金均有较大程度的下滑或趋稳（如图2－15所示）。如图2－16所示，一线城市平均租金同比在2018年达到历史高位20.44%之后，平均租金同比处于下降趋势。2018年租金同比涨幅较高，有部分原因是因为四大一线城市2017年房租均出现了明显下滑，较低的基数导致了涨幅提升。2019年第一季度整体租金增长速度放缓。

截至2019年5月二线城市平均租金达到30.01元/平方米/月，2019年初平均租金处于缓慢下降趋势。2017年和2018年上半年，二线城市平均租金一直处于上升趋势，且增长速度较快，平均租金同比自2018年11月达到峰值19.67%后，呈不断下降趋势，平均租金增速放缓，租金水平趋于稳定。

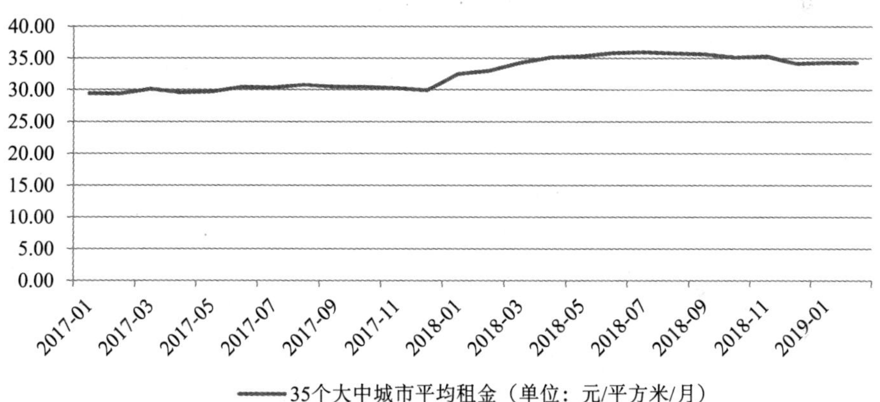

图2－14　35个大中城市平均租金

二、租赁价格指数

如图2－17所示，全国住房租赁价格指数在经历了2017年平稳的低谷阶段后，2018年上半年逐渐上涨至峰值117.4，后半年趋于平稳，有小幅回落的趋势。如图2－18所示，一线城市住房租赁价格指数在2018年呈现不断上涨的趋势，而二线城市租赁价格指数则呈现小幅度回落，2018年下半年趋于平稳。

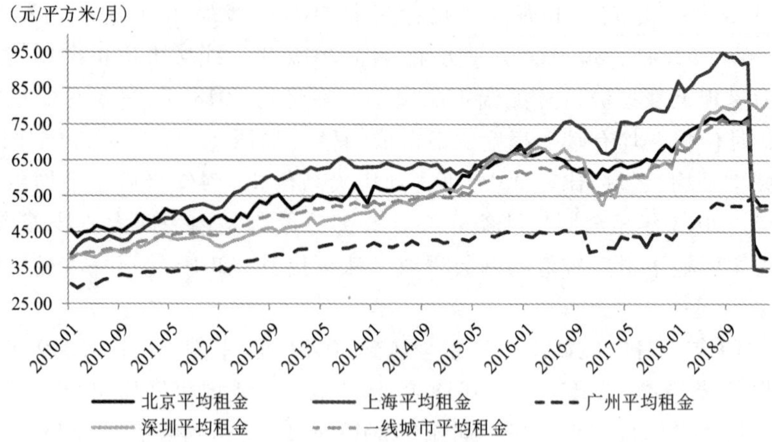

图 2－15　一线城市平均租金

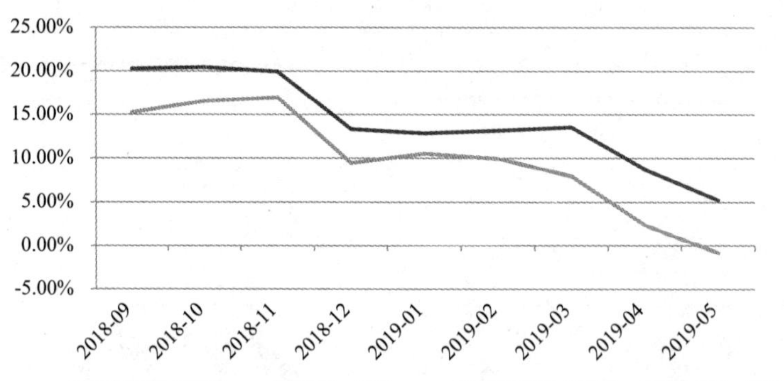

图 2－16　一、二线城市平均租金同比

数据来源：Wind。

图 2－17　全国住房租赁价格指数

数据来源：贝壳研究院。

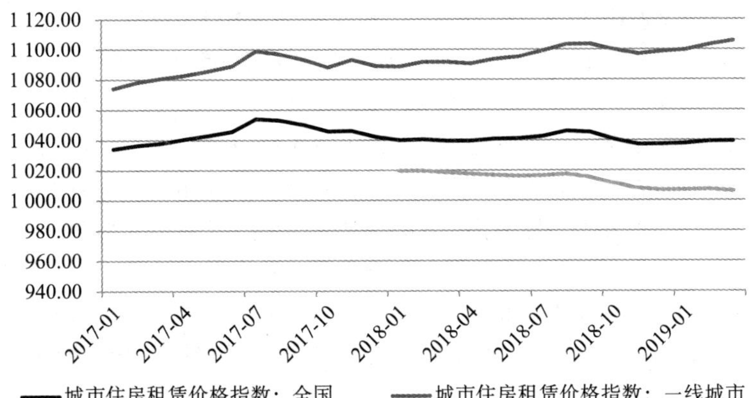

图 2-18　一、二线城市住房租赁价格指数

根据行业发布的《2019 年 5 月中国城市租赁价格指数报告》显示，2019 年 5 月，中国城市租赁价格指数为 1 039.9 点，较 4 月份上升 0.3 点，环比上涨 0.03%，同比跌幅 0.08%。全国租赁交易价格指数在 4 月份微弱同比反弹之后，5 月再次出现下跌。而在环比方面，租赁价格指数则保持了相对稳定的上涨势头，自 2018 年 12 月份止跌回涨以来，已经连续第 6 个月上涨。

从 35 个主要城市来看，5 月份一线城市的租赁价格指数继续保持上涨的态势。北京、上海、广州无论环比还是同比，都呈上涨态势，而深圳同比也继续保持上涨，只是环比在 5 月份出现小幅下调。除北上广深之外，上涨梯队领先的是乌鲁木齐和大连，其 2019 年 5 月的租赁价格指数也已经悄然超过了杭州、成都、南京、重庆这样的热点二线城市。

35 个城市中，共有 7 个城市指数环比上涨，比 4 月份减少 1 个。5 月租赁价格环比上涨的城市分别为：上海（0.63%）、青岛（0.51%）、乌鲁木齐（0.45%）、北京（0.34%）、杭州（0.28%）、广州（0.10%）和大连（0.04%）。在同比方面，35 个城市中，共有 9 个城市的租赁价格指数同比出现上涨，这一数字与 4 月份持平。其中，大连（3.52%）、乌鲁木齐（3.49%）和深圳（2.70%）涨幅领先，其他上涨的城市还包括：北京（2.31%）、成都（1.22%）、上海（0.81%）、广州（0.49%）、杭州（0.20%）和重庆（0.19%）。城市租赁价格指数相对稳定。

三、租金与房价的背离

自 1998 年我国实施住房制度改革以来，房价一路攀升，其中以一线城市为甚。其中北京商品住宅均价从 2007 年的 11 850 元/平方米，涨到 2016 年的 35 322 元/平方米，年度最高涨幅达 39%；上海则从 2006 年的 9 655 元/平方米涨到 2016 年的 38 356元/平方米，年度最高涨幅 35%；而深圳则从 2005 年的 6 964 元/平方米涨到 2016 年的 53 454 元/平方米，最高涨幅达 60%。

一边是高企的房价，另一边是不及房价增速的租金增速，这样导致的后果是买房成本与租房成本之间差距越来越大，直接体现在月供与租金的差值不断拉大。以北京国兴家园一套 90 平方米住房为例，2009 年月租金为 4 100 元，月供为 8 667 元，月供是月租金的 2.11 倍；2017 年月租金为 13 000 元，月供为 35 708 元，月供是月租金的 2.75 倍。也就是说，为得到相同的居住体验，通过购房所付成本是通过租房所付成本的 2.75 倍。两者相比较下，租房意愿会因此得到加强。（如图 2－19、图 2－20 所示）

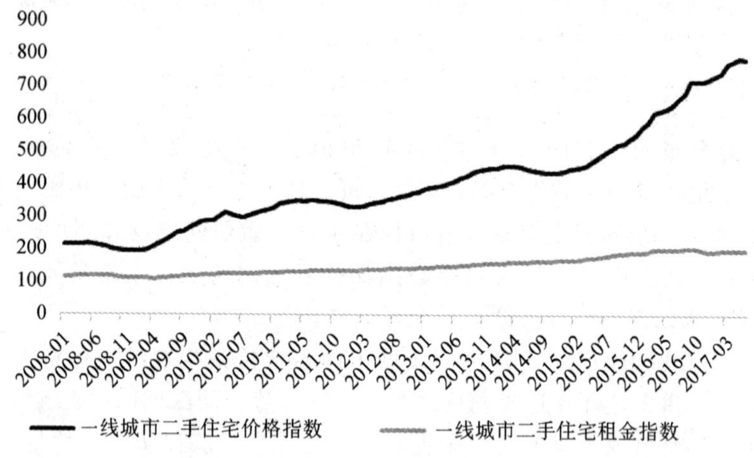

图 2－19　一线城市价格指数与租金指数

资料来源：Wind、方正证券研究所。

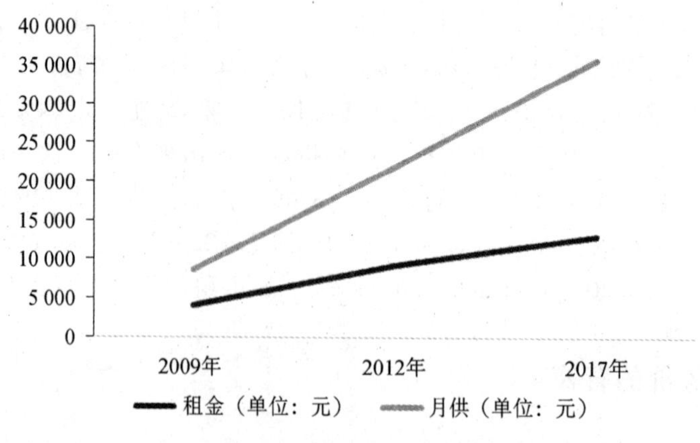

图 2－20　租金月供差值逐渐拉大

资料来源：城市房产网、搜房网、方正证券研究所。

从租售比角度来讲，我国一线城市租售比远低于国际都市，以北京1/587的租售比为例，同期的纽约、伦敦、莫斯科、巴黎、东京，租售比分别为北京的2.4倍、2.6倍、2.6倍、2.0倍、2.3倍（如图2－21所示），与国际都市差距悬殊的租售比表明，在我国，尤其是一线城市房价高企的大背景下，租金与房价产生较大背离，部分居住需求从购房市场外溢到租房市场。

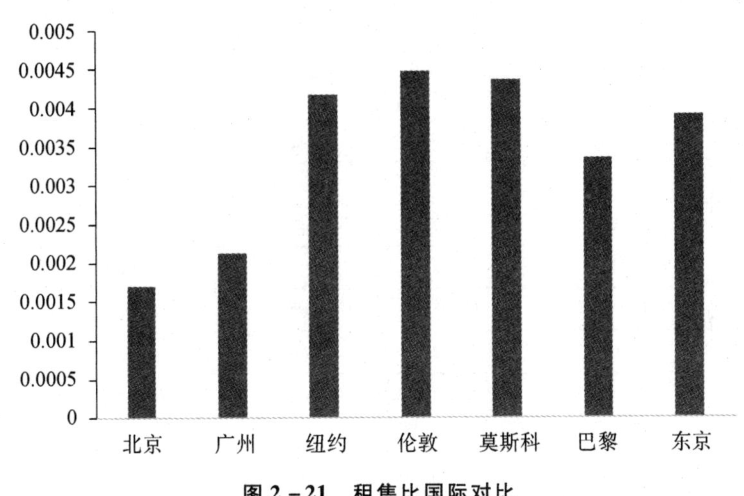

图2－21　租售比国际对比

四、36个大中城市租金收入比分析

鉴于住房租赁市场主要集中于大中城市，使用2017年和2018年中国36个大中城市平均租金、城镇居民人均可支配收入测算租金收入比，人均住房建筑面积以全国平均值30平方米为标准，年平均租金采用同年度12个月城市平均租金的算术平均值。

租金收入比 ＝（平均租金×人均住房建筑面积）/人均可支配收入

表2－12和图2－22中租金收入比为城市平均租金与平均可支配收入之比，表示中等收入者的租金负担能力，而非高收入者和低收入者的租金负担能力。

表2－12　　36个大中城市租金收入比　　单位：%

城市	2017年	2018年	城市	2017年	2018年
北京	43.32	42.74	济南	19.23	19.81
上海	37.25	39.70	青岛	19.56	21.17
广州	27.70	33.06	郑州	27.76	36.02

续表

城市	2017 年	2018 年	城市	2017 年	2018 年
深圳	40.80	43.30	武汉	23.56	24.03
天津	26.17	26.79	长沙	18.58	20.26
石家庄	20.19	21.02	南宁	27.02	30.02
太原	25.96	26.26	海口	31.22	32.87
呼和浩特	15.91	17.28	重庆	25.64	29.94
沈阳	18.40	21.15	成都	22.11	25.60
大连	25.70	27.77	贵阳	23.76	25.59
哈尔滨	29.38	33.13	昆明	21.25	22.63
南京	24.60	24.97	西安	21.49	25.42
杭州	28.66	28.85	兰州	30.09	28.72
宁波	18.56	18.45	西宁	25.25	25.33
合肥	20.60	23.82	银川	17.07	18.93
福州	27.65	29.55	珠海	26.22	24.96
厦门	28.26	26.11	长春	30.85	22.39
南昌	20.43	20.70	乌鲁木齐	21.17	23.78

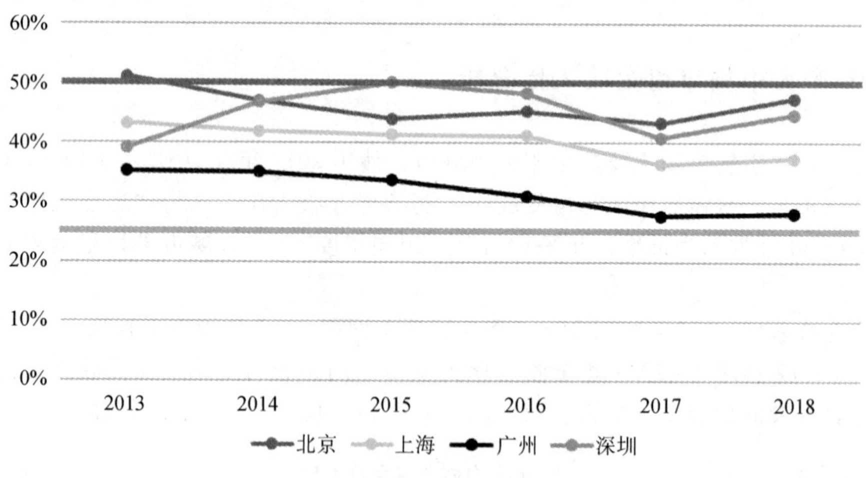

图 2－22　2013—2018 年 H1 租金收入比

数据来源：东北证券，Wind。

基于当前中国国情，租金收入比以 25% 为基准值，低于此值视为租金压力较小，在 25%～30% 之间认为租金压力偏高，当超过 30% 时认为租金较高，租金压力大。

从表 2－12 和图 2－22 可以看出，从 2013 年以来，北上广深其租金收入比一直远超国际公认的合理租金收入比 25%。但是在其后几年，租金收入比并未有明显上升，一直控制在 50% 以内。在 2017 年，一线城市租金水平回撤导致了租金收入比的下降，2018 年租金收入比处于增长趋势。北京、上海、广州、深圳租金收入比分别为 42.74%、39.70%、33.06%、43.30%，四大一线城市租金收入比均超过 30%。可见广州的租金压力相比其他一线城市要小，未来仍具有上升空间，而北京、深圳其租金压力已较大，未来上升空间有限，若出现快速上升则更需要政策干预。一线城市在划定人口红线的同时，也一再强调产业升级。虽然未来人口的净流入规模将会有所下降，但人均产能将上升。伴随着人均可支配收入、消费能力的增长，未来一线城市房租将会保持上涨态势。

非一线城市中，天津、太原、大连、杭州、福州、厦门、南宁、重庆、兰州、西宁租金收入比处于 25%～30% 区间，租金偏高；海口租金收入比高于 30%，租金压力非常大。郑州 2017—2018 年发生租金增长速度明显高于人均可支配收入增长速度，租金收入比大幅度增长，租金支付压力大。

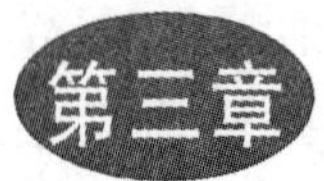

中国当前住房租赁市场的“痛点”及其排序

第一节 引 论

一、研究背景

自住房制度改革以来，我国住房租售市场就一直处于发展不平衡的状态。其中，住房租赁市场长期处于边缘地位，其发展的重要性被严重低估。但在当前我国房价畸高的情况下，政府逐渐意识到发展住房租赁市场的重要意义，并希望通过引导住房租赁来降低购房需求、减少住房支出，从而推动我国房地产市场长效机制的建立。自“十三五”规划出台以来，中央和地方政府陆续发布了一系列有关发展住房租赁市场的文件，旨在解决住房租赁市场现存的突出问题，加快构建租售并举的住房市场。

二、研究目的

（一）梳理我国住房租赁市场现存的“痛点”

长期以来，我国住房租赁市场发展缓慢，市场“痛点”不能得到及时解决并逐渐积压，导致当前市场中问题重重，乱象频发。

从宏观角度来看，市场供需不匹配问题较为突出，存量房未得到有效利用，长租公寓等机构性租赁住房和公租房等保障性住房仍存在巨大拓展空间。

从租赁个体角度来看，租赁双方行为未得到有效规范：房东哄抬租金或故意隐瞒信息；房东出于个人利益考虑，私下交易而不去相关部门进行合同备案；交易一方对住房进行违规改造，造成极大安全隐患；交易一方毁约，导致租赁关系稳定性差。

从租赁机构行为角度看，传统住房租赁中介服务质量良莠不齐，“黑中介”问题时有发生；而新兴长租公寓企业虽发展较为迅速，但依然受到房源获取困难、融资成本高、资金回收慢等问题的制约。同时，由于部分长租公寓企业的违规行为，房屋的装修质量得不到保证，租客隐私等屡遭侵犯，过度金融化更是使得爆仓新闻层出不穷。

从政府角度来看，目前造成我国住房租赁市场发展落后的主要原因在于法律法规的不健全与职能机构监管的缺失。国家虽然已经意识到发展住房租赁市场的重要性，但从政策制定、发行到最终落地，仍是一个较为缓慢的过程。此外，在保障性住房方面，申请廉租房的条件过于严苛、廉租房供给量不足等问题也亟待解决。

通过上述四个角度的简要分析可知，我国住房租赁市场尚存在诸多痛点，这些痛点均在不同程度上制约着市场的发展，故本研究期望尽可能全面地对这些痛点进行归纳与梳理，以对市场整体情况拥有全面的了解与认识。

（二）对市场痛点进行疼痛程度排序

由上述分析可知，我国住房租赁市场存在的痛点过于繁杂，在短时间内无法全部解决。因此，需要找出这些痛点中更为疼痛的问题，并率先解决。然而，当前市场各参与主体对于应该先解决哪些痛点还缺乏统一的认识，故本研究期望对这些痛点进行疼痛程度排序，找出那些紧迫度更高的市场痛点。

（三）探究当前政策重点与市场痛点疼痛程度排序的符合度

自“十三五”规划出台以来，中央政府在《十九大报告》《政府工作报告》《关于完善促进消费体制机制，进一步激发居民消费潜力的若干意见》等多部重要文件中强调培育和发展住房租赁市场。但就目前国家已经出台的相关政策而言，这些政策的关注重心是否与房东、租客、住房租赁机构等其他市场主体一致，是否优先解决了疼痛程度较高的痛点等问题尚缺乏相应的研究。因此，本研究将通过对比政府文件组别与文献、网络新闻、政府文件三组别的频率数据，对这一问题进行分析与探究。

（四）为住房租赁市场政策提供意见参考

通过调研，本研究将得出我国住房租赁市场痛点的疼痛程度排序与当前政策重心与市场痛点排序符合度这两大重要结论。在此基础上，提出合理的政策建议，为解决市场现存的突出问题提供绵薄之力，以期加快构建租售并举的住房市场。此外，本研究所得结论也可为政府今后制定政策提供参考依据。

三、理论依据

（一）市场成长周期理论

市场成长周期理论将市场的发展概括为幼稚期、成长期、成熟期、衰退期四个阶段。在不同阶段，市场都会呈现出这一阶段独有的特征与痛点，且这些痛点内部都存在着一定的规律。抓住这些特征，找准这些痛点及其内在规律，将有利于更快地解决市场存在的问题。

目前，我国住房租赁市场仍处于发展的幼稚期阶段，具有发展规模较小、产品服务不成熟、市场监管不到位等诸多缺陷，而这些缺陷就是我们所要研究的痛点。因此，我们需要对当前市场的痛点进行完整地梳理，分阶段逐步解决这些问题，从而使我国住房租赁市场尽早走出幼稚期。

（二）媒体信息传递理论

媒体信息传递理论是指基于媒体所具有的信息传递功能，从而反映出社会或市场中具有时效性的信息与状况。发展住房租赁市场作为时下的热点话题，必然广受学者、新闻媒体和政府的关注。因此，我国住房租赁市场存在的痛点必然会是相关文献、网络新闻和政府文件反复提及的内容。并且媒体重复提及某一信息的次数越多，这一信息的重要性越大。故本研究采用统计关键词出现频率的方式度量不同痛点的疼痛程度，同时设计四组不同的信息来源，以增强结果的可靠性。

（三）矛盾论

矛盾有主与次之分，在复杂事物自身包含的矛盾中，必然有一种矛盾对事物的发展起着决定性作用，这种矛盾叫作主要矛盾。正是由于矛盾有主次之分，我们在解决矛盾时也应善于集中力量抓重点，才能更高效地达成目的。

住房租赁市场的痛点也有主次之分，痛点的疼痛程度就是其矛盾程度的体现。为将疼痛程度转化为可进行数量计算的指标，在本研究中，我们用各个关键词的出现频率作为不同痛点疼痛程度的衡量标准。通过对市场痛点的排序，我们可以找出当前我国住房租赁市场的主要矛盾，从而推动市场不断完善并加速发展。

四、文献综述

（一）国内文献综述

关于我国住房租赁市场现存的痛点，国内学者已进行了一系列的研究与总结，这些研究方向与内容多与租购并举、租赁企业发展、房源供给侧与政府相关举措等方面有关。李宇嘉（2016）从政策背景入手，强调住房供应错配问题的重要性，同时指出机构租赁应发挥压舱石作用。黄燕芬、王淳熙、张超、陈翔（2017）着重分析我国住房租售市场发展不平衡的原因，总结国际经验，提出以“租购同权”作为突破口，促进“租售并举”，从而建立住房租赁市场发展的长效机制。孔德营（2018）从我国住房租赁市场供给结构入手，分别分析了公共租赁住房、租赁企业运营项目、居民散租的市场发展现状和主要问题，提出健全市场供应体系、落实相关支持政策的解决措施。张华强、王江波、石海峰（2018）对我国金融支持住房租赁市场模式进行系统梳理并分析存在的不足，在借鉴各国住房租赁市场金融支持模式的基础上提出发挥政府主导作用、开发住房租赁信贷品种与金融创新的改革措施。易宪容、郑丽雅（2019）以住房租赁市场的本质与核心为出发点，阐述了当前我国租金定价不合理的原因，提出政府从加大财政投入、价格管制与取缔“租金贷”等方面入手，以保证中国住房租赁市场的持续发展。

由此可见，目前国内众多学者关于住房租赁市场的研究多为对某几个市场问题的分析，对痛点进行总体分类的意识不够清晰，同时缺少对各痛点紧迫度的比较研究。少数讨论我国住房租赁市场全部痛点的文献多运用主观判断或对其他资料进行整合的方法确定市场存在的缺陷，而缺乏具体数据与计算的支持，在研究方法上存在一定的局限性。故本研究将在以往学术成果的基础上对我国住房租赁市场痛点的研究进行深化，以期得到更为科学的痛点分类，并进行疼痛程度排序，以弥补相关研究的空白。

（二）国外文献综述

通过对国外学者研究成果的整理与归纳，发现国外相关研究多集中在租金与租赁双方关系对房屋租赁市场的影响，突出了两者的重要性。Job Taiwo Gbadegesin（2016）对出租人与承租人之间的违约行为进行调查，得出转租契约与短租契约是导致违约最重要的因素。Sock－Yong Phang（2010）基于欧洲成熟租赁市场的经验，认为完善的法律框架可以保障租赁的稳定性、租户的可负担性、房东的盈利性和房屋的安全性。Tandel 等人（2016）以印度出租房供应量大量下降为典型案例，认为合理化租金管制方法可有助于激励租赁行业的投资，并可减少对房地产市场的需求。Cadstedt, Jenny（2010）考察了租户在住房政策制定的立场，提出政府应承认私人租赁权，将租户视为城市公民，并明确房东和租户在住房合同下的权利与义务，减少房东与租户的冲突，保障双方合法权益。

根据上述文献研究内容来看，国外研究成果注重研究方法设计的科学性，多运用数理模型，并结合大量典型案例。在内容上，对房屋质量、住房租赁机构与融投资等因素对租赁市场影响的探讨较少，且多为对单一痛点进行的客观性阐述。而考虑到我国住房租赁市场成熟度低的特殊情况，系统性梳理房屋租赁市场痛点并对痛点的急迫性进行分析更有利于加快我国住房租赁市场的发展。因此，本研究将吸收国外文献中的方法设计经验，结合我国市场现实需要，进行实证研究。

第二节　数据来源与分析

一、调查问卷

本次问卷调查共发放问卷 1 278 份，其中 1 202 份为有效问卷。下面将对有效样本问卷进行数据统计与分析。

（一）地区与就业状态

在全部调查参与者中，来自东部地区的占比 58.22%，来自中部地区的占比 34.43%，西部地区占比 7.36%。将受调查者按职业状态进行划分，其中工作稳定者居多，占 68.86%，这一比例与社会中全体成员的职业状态基本符合。

（二）了解情况与参与情况

在 1 278 份问卷总样本中，76 人对住房租赁市场完全不了解，故对这 76 份问卷进行无效处理。在 1 202 份有效问卷中，比较了解及了解较少的人数较多，分别占 42.57% 和 47.56%。受访者中参与过住房租赁交易的人数占比达 60.88%。参与过的人数占比较高主要是因为出于调查结果有效性的考虑，在进行调研时尽量向有过租赁经历的群体发放问卷。

（三）问卷内容结果统计

1. 你认为我国住房租赁市场中房屋质量问题最突出的表现是？（单选）

统计结果表明两个选项的统计结果差异不大。56.65%的人认为我国住房租赁市场中房屋质量问题最突出的表现是设施陈旧，条件较差。结合部分受访者的访谈回答，他们普遍认为由于出租房屋被频繁转租，且租户居住时对房屋不加以爱护，房东又不愿花费资金进行修整，导致市场中存在大量条件较差的房屋。选择另一选项的受访者则指出，房东为了自身利益，可能会在缺乏有关部门准许的情况下，随意改造或扩建房屋，使租户承担安全风险。

2. 你认为我国住房租赁市场中的市场结构不平衡问题最突出的表现是？（至多选两项）

数据显示，公租房等保障性住房较少、存量房未有效利用、市场供给与需求不匹配3项问题占比相当，均在45%左右。许多受访者表示，公租房这类保障性住房并不在其考虑范围内，一方面申请希望渺茫，另一方面公租房在地段、交通条件等方面不能满足他们的需要。23.94%的受访者选择了长租公寓等机构性租赁住房较少这一选项。目前我国长租公寓仍处于发展初期，且主要是在一、二线城市布局，普通民众对其了解不足，故选择此项者最少。

3. 你认为我国住房租赁市场中的租赁关系问题最突出的表现是？（至多选两项）

数据表明，64.95%的人认为租赁双方地位与权益不对等是租赁关系问题最突出的表现。过半数受访者认为租赁关系稳定性差的现象较为突出，他们表示一般情况下租户不会提前解约，房东也只有在想要涨租时才会借口解约。35.68%受访者选择双方信息不对称。未选择这一选项的受访者表示，在确认租房前都会去实地看房，比较明显的信息和问题都会暴露出来。

4. 你认为我国住房租赁市场中的住房租赁机构（中介、长租公寓等）规范问题最突出的表现是？（至多选两项）

从调查数据可知，66.35%填写者认为服务质量参差不齐是住房租赁机构规范问题最为突出的表现。受访者表示，住房租赁机构在规模、服务范围上各不相同，提供的服务质量也不尽相同，但只要是通过正规途径，一般不会遇到“黑中介”。收费不合理及存在不规范行为这两项占比均在36%左右。收入较低的受访群体表示，出于花费的考虑，他们一般不会通过中介找房，而是托熟人介绍，或借助专门的租房信息交流群。而通过中介租房的受访者认为，中介收取的费用还处于接受范围内。综上可知，在机构规范问题中，由于存在实地看房等过程，关于房屋本身的问题较少，比较突出的问题集中在中介机构方面，因此如何规范中介机构服务问题应重点关注。

5. 你认为我国住房租赁市场中的制度支持体系问题最突出的表现是？（至多选4项）

数据显示，选择保障性住房申请条件严苛以及租客在基本公共服务方面与买房者未享有同等待遇者居多，分别占43.51%和46.79%，这表明我国在租户的利益保障方面仍然有所欠缺。为了孩子上学而选择租房的受访者表示，如果租房能实现在入学方面与购房享有相同的保障，是十分理想的。但部分低收入群体表示，由于租房与买房的花费不同，享受的权益不同也是可以理解的，对于他们而言，房租才是最关键的问题。此外，由于保障房的受众范围有限，保障性住房种类（37.72%）、退出机制（33.49%）、申请条件（43.51%）、补贴制度（28.01%）这4项问题的被选次数略低。

6. 在我国住房租赁市场现存的7个主要问题中，你认为需要解决的迫切性更高的是？（至多选4项）

这一问题是从宏观方面对上述问题的总结。由结果可知，50.23%的人认为解决我国房屋质量问题最为迫切，随后是租金问题（48.98%）。究其原因，房屋质量与租金是与租客的租房体验最为相关的两大痛点。租赁关系问题（41.78%）、住房租赁机构规范问题（41.31%）以及市场结构不平衡问题（40.06%）三者迫切程度几乎相同，而制度支持体系问题（29.11%）以及投融资问题（17.84%）的迫切度较低。综上可知，质量、租金这类与民众生活更为贴近的微观问题受关注度较高，而投融资这类宏观问题受关注度较低。

二、爬虫网调

（一）运用CiteSpace软件确定关键词

CiteSpace是一款可视化文献分析软件，能够以数据库中检索出的文献为基础，以直观的可视化形式显示一个学科或知识域在一定时期内发展的趋势与动向。本研究利用这一软件的词频与共词分析功能，以中国知网平台上关于住房租赁市场的文献为样本进行共词网络构建，形成可视化图谱。通过对由CiteSpace得到的关键词进行整理与调整，最终确定了本研究的痛点关键词。

由于软件性能限制，本次共词网络构建样本总量为5 500篇文献，获取共词205个，筛除无效共词132个，最终得到有效共词73个（如图3-1所示）。

随后对73个有效共词进行分类整理，在尽可能避免含义重合的前提下，将所有共词分为七类，即我国住房租赁市场的七大痛点问题：房屋质量问题、租金问题、租赁关系问题、机构规范问题、制度支持体系问题、投融资问题（如图3-2所示）。由于篇幅限制，本文不再对关键词的具体选取过程展开描述。

（二）根据痛点关键词获取频率数据

1. 中文文献

为获取各痛点关键词在中文文献中出现的频率数据，本研究根据预先设定好的

图 3－1　总样本共词网络图

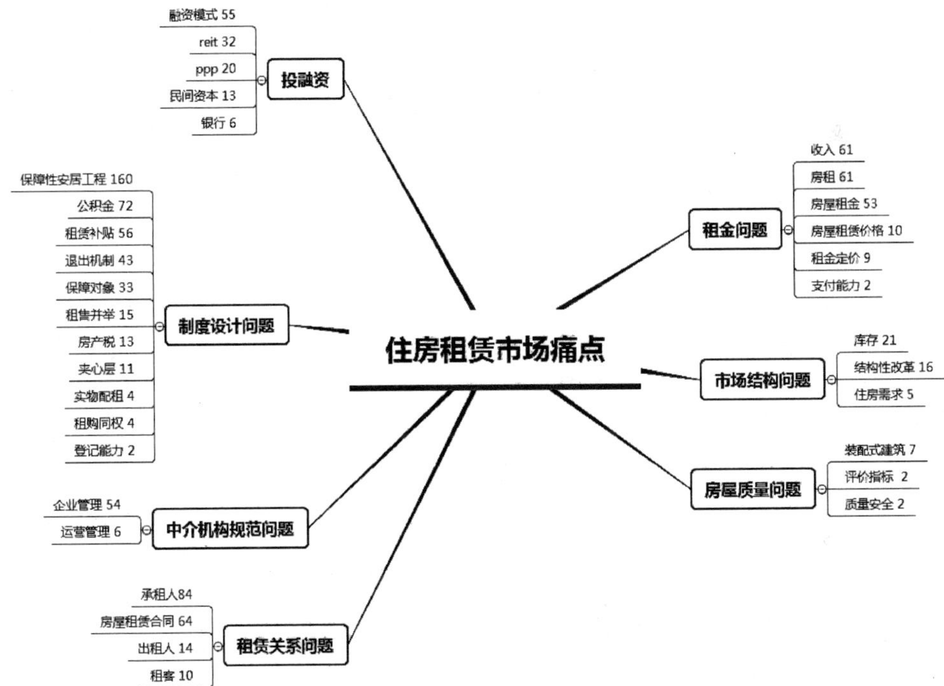

图 3－2　主要痛点关键词导图

七个痛点设计了相应的限定条件，并借助中国知网的高级检索和数据导出功能得到符合需要的有效数据。此外，由于2003年以前符合检索条件的文献数量极少且差别细微，难以反映出研究趋势的变化，故本研究统一设定时间限制，仅针对发表时间在2003年1月1日到2019年2月4日之间的文献进行统计。

（1）总样本。

限定条件：主题为住房租赁 or 租赁住房 or 住房租赁市场 or 房屋租赁

检索结果：10 026 条

结果如图 3－3 所示。

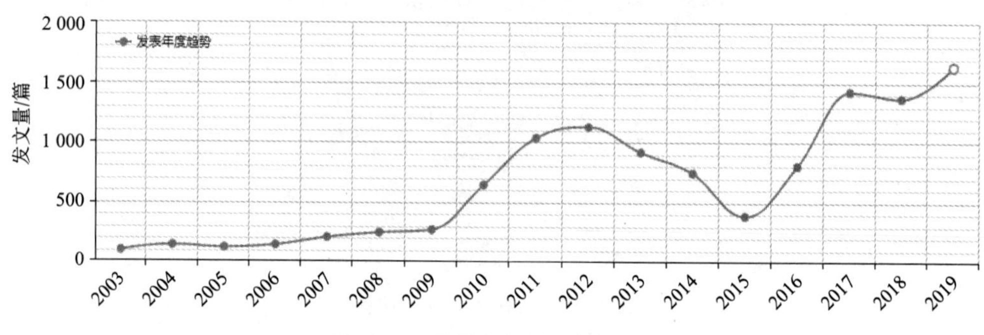

图 3－3　总样本文献发表年趋势

（2）总样本下的关键词检索。

限定条件：全文含设施 or 质量 or 安全 or 装修

检索结果：4 318 条

结果如图 3－4 所示。

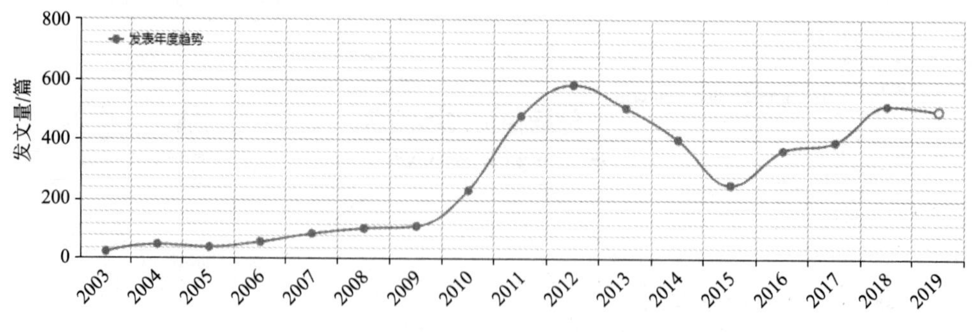

图 3－4　检索房屋质量问题所得文献发表年趋势

限定条件：全文含市场结构 or 供给 or 存量 or 库存

检索结果：3 673 条

结果如图 3－5 所示。

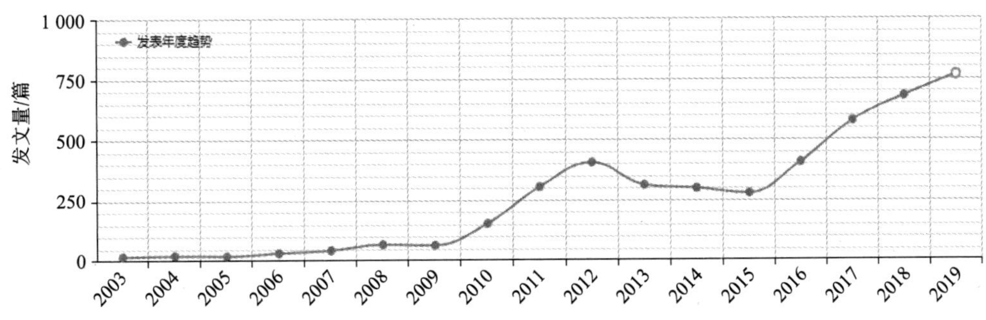

图 3－5　检索市场结构问题所得文献发表年趋势

限定条件：全文含租金 or 房租 or 租房价格 or 限价

检索结果：6 630 条

结果如图 3－6 所示。

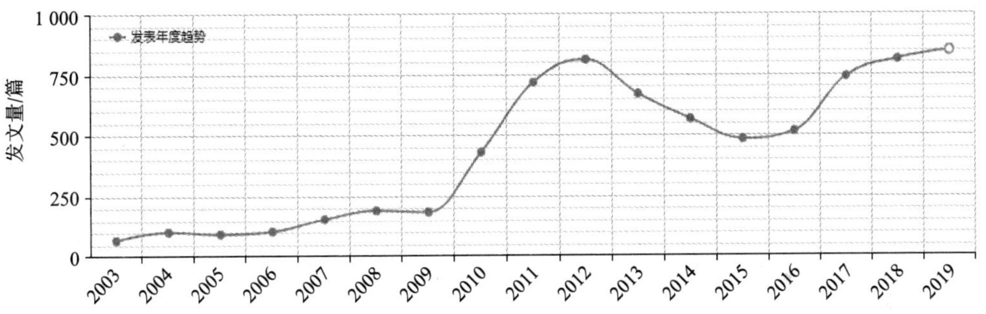

图 3－6　检索租金问题所得文献发表年趋势

限定条件：租赁关系 or 租赁双方 or 违约 or 地位

检索结果：8 766 条

结果如图 3－7 所示。

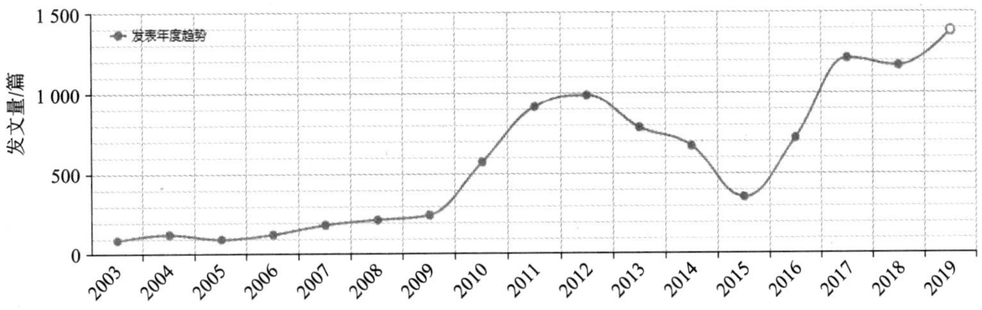

图 3－7　检索租赁关系问题所得文献发表年趋势

限定条件：全文含（租赁机构 or 中介 or 企业）and（收费 or 费用 or 规范 or 虚假 or 服务）

检索结果：4 863 条

结果如图 3－8 所示。

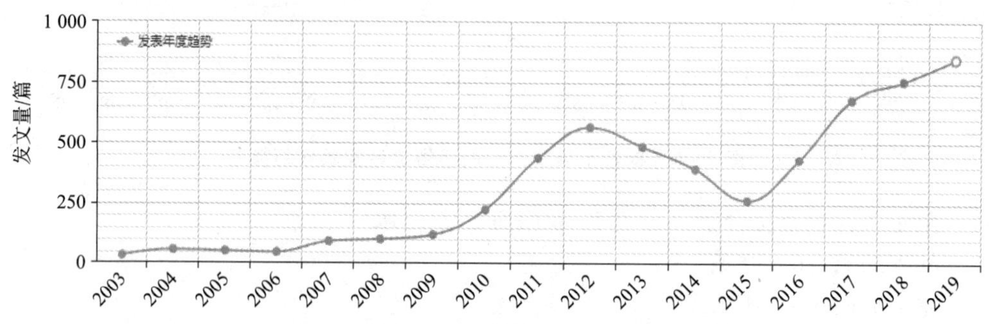

图 3－8　检索机构规范问题所得文献发表年趋势

限定条件：全文含融资 or 资本 or 资金 or ppp or REITs

检索结果：4 990 条

结果如图 3－9 所示。

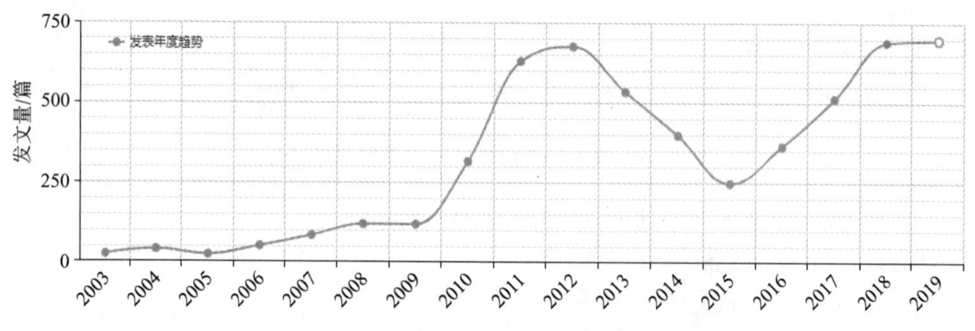

图 3－9　检索投融资问题所得文献发表年趋势

限定条件：全文含（制度 or 机制 or 政策）and（申请 or 公积金 or 补贴 or 房产税 or 同权）

检索结果：4 463 条

结果如图 3－10 所示。

（3）检索结果汇总（如表 3－1 所示）。

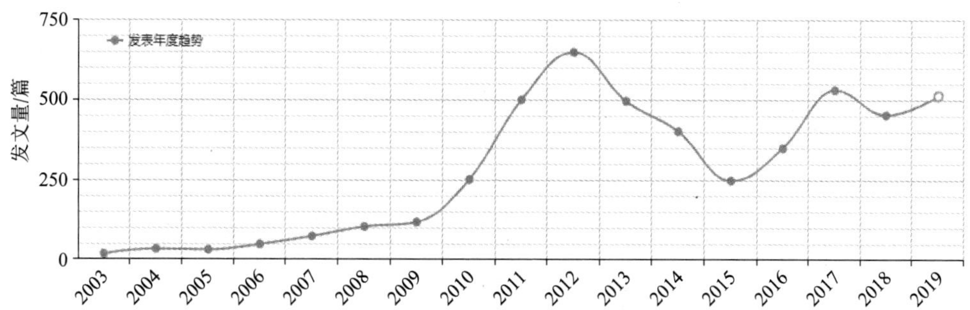

图 3－10　检索制度支持体系问题所得文献发表年趋势

表 3－1　中文文献检索结果汇总表

痛点关键词	次数/条	频率/%
房屋质量	4 318	43.07
市场结构	3 673	36.63
租金	6 630	66.13
租赁关系	8 766	87.43
机构规范	4 863	48.49
投融资	4 990	49.77
制度支持体系	4 463	44.51
总样本	10 026	—

2. 政府文件（中央）

（1）总样本。

限定条件：主题为住房租赁 or 租赁住房 or 住房租赁市场 or 房屋租赁

发布机构主要为：国务院 or 住房和城乡建设部 or 国土资源部 or 财政部 or 国家发展和改革委员会

检索结果：153 条

（2）总样本下的关键词检索。

限定条件：全文含设施 or 质量 or 安全 or 装修

检索结果：121 条

结果如图 3－11 所示。

限定条件：全文含结构 or 供给 or 存量 or 库存

检索结果：95 条

结果如图 3－12 所示。

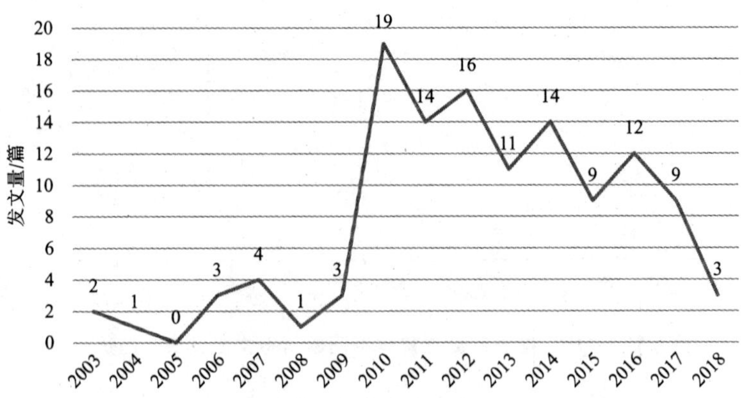

图 3－11　检索房屋质量问题所得文件发布年趋势

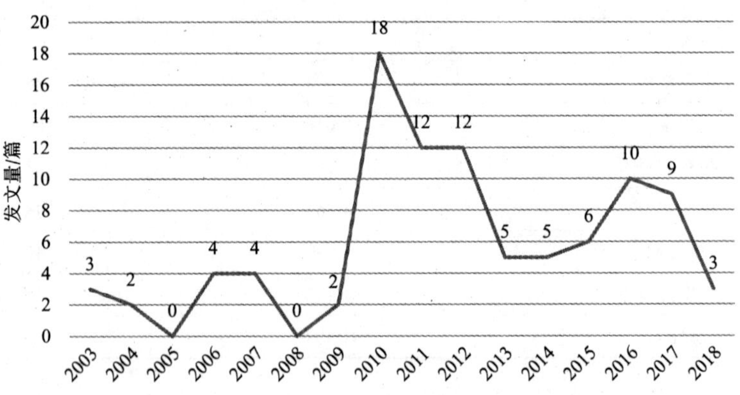

图 3－12　检索市场结构问题所得文件发布年趋势

限定条件：全文含租金 or 房租 or 租房价格 or 限价

检索结果：48 条

结果如图 3－13 所示。

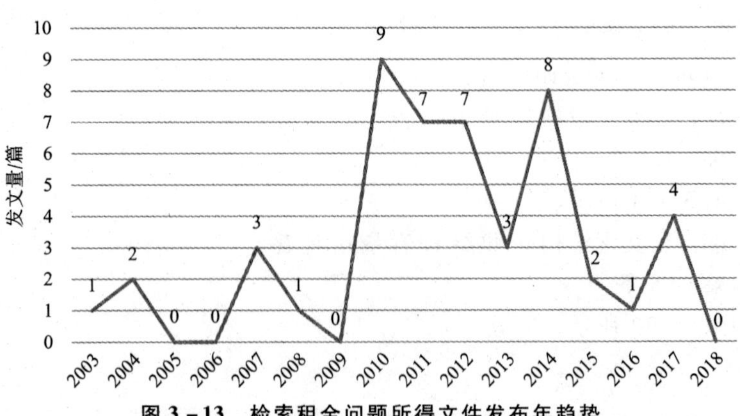

图 3－13　检索租金问题所得文件发布年趋势

限定条件：全文含租赁关系 or 租赁双方 or 违约 or 地位
检索结果：98 条
结果如图 3－14 所示。

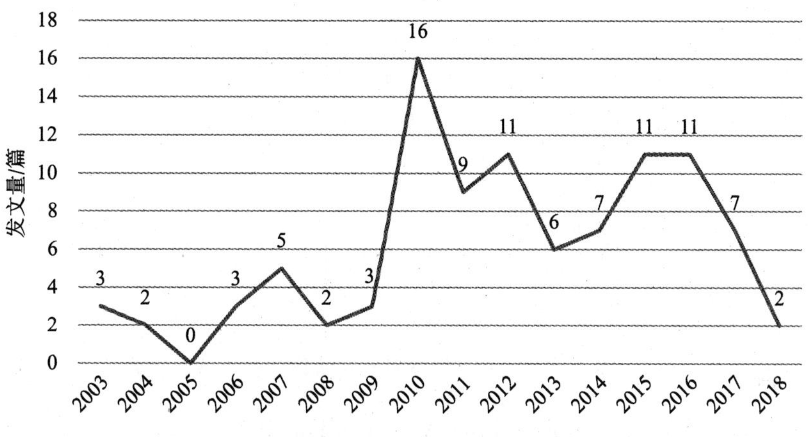

图 3－14　检索租赁关系问题所得文件发布年趋势

限定条件：全文含（租赁机构 or 中介 or 企业）and（收费 or 费用 or 规范 or 虚假 or 服务）

检索条件：28 条

结果如图 3－15 所示。

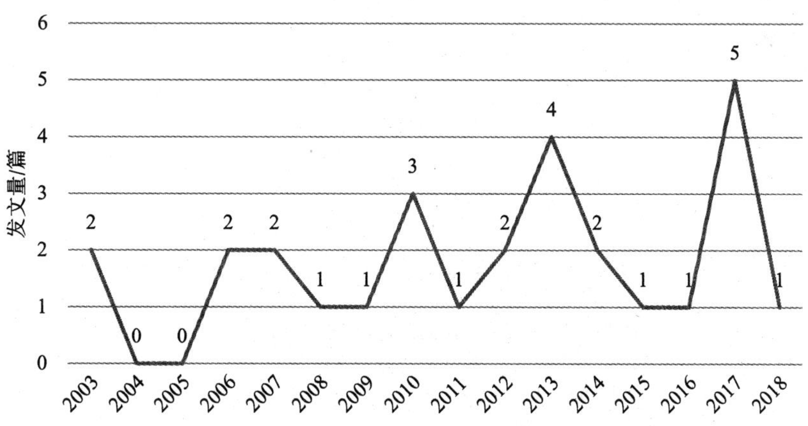

图 3－15　检索机构规范问题所得文件发布年趋势

限定条件：全文含（制度 or 机制 or 政策）and（申请 or 公积金 or 补贴 or 房产税 or 同权）

检索结果：128 条

结果如图 3－16 所示。

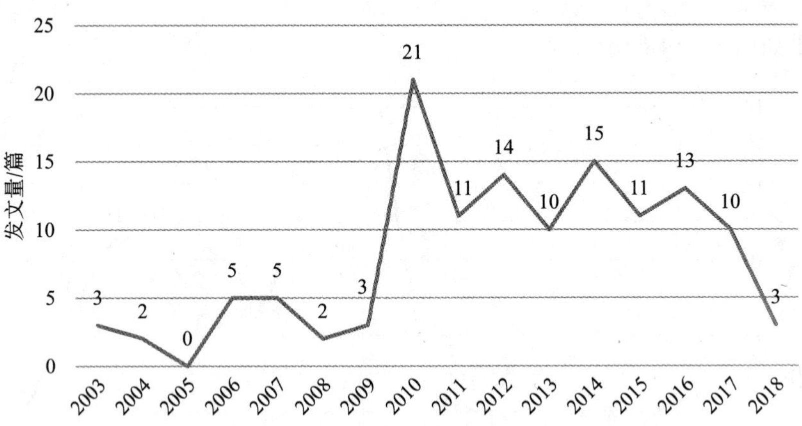

图 3－16　检索制度支持体系问题所得文件发布年趋势

限定条件：全文含融资 or 资本 or 资金 or ppp or REITs

检索结果：82 条

结果如图 3－17 所示。

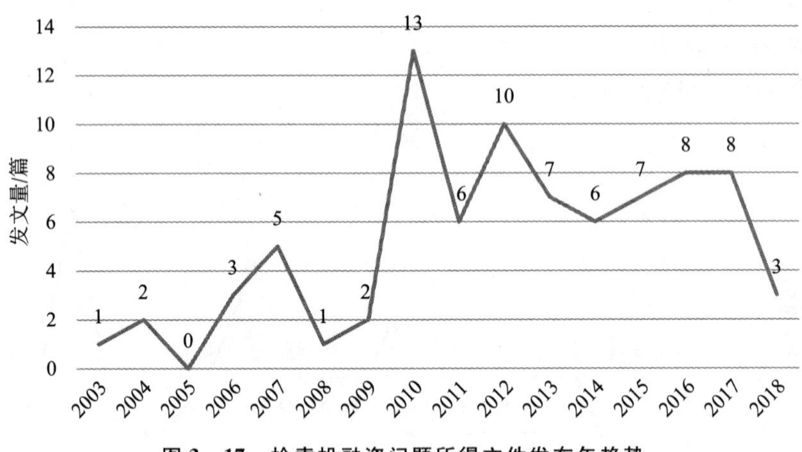

图 3－17　检索投融资问题所得文件发布年趋势

（3）检索结果汇总（如表 3－2）。

表 3－2　　政府文件检索结果汇总表

痛点关键词	次数/条	频率/%
房屋质量	121	79.08
市场结构	95	62.09

续表

痛点关键词	次数/条	频率/%
租金	48	31.37
租赁关系	98	64.05
机构规范	28	18.30
投融资	128	83.66
制度支持体系	82	53.59
总样本	153	—

3. 网络新闻

考虑到所需数据的权威性问题，选取了新华网和人民网这两大国内权威新闻网站作为数据爬取对象，以痛点关键词为限定条件，对从2003年起发布的新闻进行了爬取与统计。经数据去重处理，总计爬得新闻总样本19 154条，表3－3、表3－4、表3－5是所得数据的具体情况。

表3－3　　人民网数据爬取结果

痛点关键词	次数/条	频率/%
房屋质量	8 282	47.11
市场结构	5 132	29.19
租金	9 702	55.18
租赁关系	7 478	42.53
机构规范	4 365	24.83
投融资	8 167	46.45
制度支持体系	5 010	28.50
总样本	17 581	—

表3－4　　新华网数据爬取结果

痛点关键词	次数/条	频率/%
房屋质量	977	62.11
市场结构	1 016	64.59
租金	1 281	81.44
租赁关系	1 251	79.53
机构规范	955	60.71
投融资	998	63.45
制度支持体系	887	56.39
总样本	1 573	—

表 3－5　　人民网与新华网数据加总结果

痛点关键词	次数/条	频率/%
房屋质量	9 259	48.34
市场结构	6 148	32.10
租金	10 983	57.34
租赁关系	8 729	45.57
机构规范	5 320	27.77
投融资	9 165	47.85
制度支持体系	5 897	30.79
总样本	19 154	—

第三节　模型构建与分析

一、模型构建

（一）方差分析模型

1. 数据来源

基于我国住房租赁市场的七个痛点关键词，分别获取各关键词在各信息平台出现的频率与调查问卷中被选择的频率，从而构成本次调研的基础数据。其中，信息平台的文件包括中国知网中文文献、政府机构官方文件、人民网与新华网相关新闻。

2. 变量说明（如表 3－6 所示）

表 3－6　　模型中变量说明

变量代码	变量内容
i	数据来源编号
j	痛点编号
A_1	中文文献
A_2	政府文件
A_3	新闻

续表

变量代码	变量内容
A_4	调查问卷
B_1	房屋质量
B_2	市场结构
B_3	租金
B_4	租赁关系
B_5	机构规范
B_6	投融资
B_7	制度支持体系
X_{ij}	第 i 个数据来源中的第 j 个痛点出现频率

3. 模型构建

方差分析模型是用于检验两组或两组以上样本的均值是否具备显著性差异的数理统计方法。本课题运用此模型，鉴别不同的数据来源渠道对于痛点关键词出现频率有无显著影响及影响大小。当影响对样本集产生的作用较为明显时，表明样本数据的随机性越大，应赋予较小权重，反之亦然。

要鉴别某个可控因素 A 对结果的影响大小，可保持其他所有可控因素不变，只改变因素 A，从而观察结果的变化。本研究中数据来源与痛点内容这两个因素均会对关键词频率产生影响，而我们需要研究的是数据来源不同对痛点频率产生的影响程度，故下面将固定痛点编号，以排除这一因素的干扰，仅计算由数据来源这一因素造成的频率数值差异。

定义频率数据的平均值为：

$$\overline{x_j} = \frac{1}{4}\sum_{i=1}^{4} x_i \tag{式 3.1}$$

由于本项目预先设定了 7 个痛点，故需将 7 组数值重复代入上述计算公式，即令 j = 1，2，3，…，7，分别求得每个痛点的平均值（如表 3 – 7 所示）。

表 3 – 7　　不同数据来源的痛点频率平均值与变差平方和

关键词	数据来源/%				
	中文文献	政府文件	新闻	调查问卷	频率平均值
房屋质量	43.07	79.08	48.34	54.41	56.22
市场结构	36.63	62.09	32.10	42.60	43.36
租金	66.13	31.37	57.34	52.08	51.73
租赁关系	87.43	64.05	45.57	44.43	60.37

续表

关键词	数据来源/%				
	中文文献	政府文件	新闻	调查问卷	频率平均值
机构规范	48.49	18.30	27.77	43.93	34.62
投融资	49.77	83.66	47.85	18.97	57.56
制度支持体系	44.51	53.59	30.79	30.95	39.96

下面计算每个数据来源组别的总变差平方和：

$$\overline{S_i^2} = \frac{1}{7}\sum_{j=1}^{7}(x_{ij} - \overline{x_j})^2 \quad （式 3.2）$$

$\overline{S_i^2}$刻画了数据来源不同对频率数据造成的影响大小，这一数值越大，说明影响越显著，随机性越大，应赋予其较小权重（如表 3－8 所示）。

表 3－8　　不同数据来源的总变差平方和

数据来源	中文文献	政府文件	新闻	调查问卷
总变差平方和	0.019585412	0.041177374	0.008218588	0.019894622

4. 模型结果

由公式 3－2 计算可知，不同信息来源所应赋予的模糊权重排序结果为：

新闻 > 中文文献 > = 调查问卷 > 政府文件

故下面将依据这一模糊权重排序对痛点关键词频率数据进行进一步处理，以获得最终的综合排序结果。

（二）AHP 层次分析法

1. 模型简述

考虑到学者、政府、群众、新闻媒体这 4 类主体对于市场痛点的观察角度不同，所获取的频率数据样本必然存在差异。基于由方差分析模型得出的 4 组数据样本所应赋予权重的模糊排序，本研究将依据 AHP 层次分析法进一步计算出 4 组样本的具体权重，从而求出综合频率数据，并依此得到疼痛程度排序。

2. 模型构建

在确定数据具体权重时，为尽可能减少性质不同的诸指标之间相互比较的困难，先对各指标进行两两比较，并按其重要程度评定等级。a_{ij}为要素 i 与要素 j 重要性的比较结果，由两两比较结果构成的矩阵称为判断矩阵，判断矩阵具有如下性质：

$$a_{ij} = \frac{1}{a_{ij}} \quad （式 3.3）$$

判断矩阵元素 a_{ij} 的标度方法，如表 3－9 所示。

表 3－9　　九级分度法判断框

标度	定义	说明
1 同等重要	两样本相比较	两样本差异性一致
3 稍微重要	两样本相比较	两样本差异性较小
5 明显重要	两样本相比较	两样本差异性稍大
7 重要得多	两样本相比较	两样本差异性明显大
9 极端重要	两样本相比较	两样本差异性极端大
2、4、6、8	两样本相比较	表示上述判断的中间值
倒数	反比较	若样本 i 与样本 j 相比较得到判断 a_{ij}，则样本 j 与样本 i 相比较得到判断 $1/a_{ij}$

根据方差分析模型所得出的总变差平方和，构建判断矩阵，并进行赋值如表 3－10所示。

表 3－10　　数据样本重要性判断矩阵

样本数据	文献	政府文件	新闻	调查问卷
文献	1	3	1/2	1
政府文件	1/3	1	1/5	1/3
新闻	2	5	1	2
调查问卷	1	3	1/2	1

对矩阵的各列求和，从而对各列进行归一化处理。公式如下：

$$b_{ij} = \frac{a_{ij}}{\sum a_{ij}} \qquad (式 3.4)$$

得到的结果构成一个新矩阵，将其命名为矩阵 B，如表 3－11 所示。

表 3－11　　数据样本矩阵 B

样本数据	文献	政府文件	问卷	新闻
文献	0. 230769231	0. 25	0. 227272727	0. 230769231
政府文件	0. 076923077	0. 083333333	0. 090909091	0. 076923077
问卷	0. 461538462	0. 416666667	0. 454545455	0. 461538462
新闻	0. 230769231	0. 25	0. 227272727	0. 230769231

对矩阵的各行求和，得出特征向量，并对特征向量进行归一化处理，即可得出各样本数据的具体权重，公式为：

$$P_i = \frac{b_{ij}}{\sum b_{ij}} \quad (式 3.5)$$

通过公式 3.5 计算得出结果如表 3-12 所示。

表 3-12　4 组别样本数据来源权重表

样本数据来源	权重/%
文献	23.47
政府文件	8.20
网络新闻	44.86
调查问卷	23.47

对判断矩阵进行一致性检验，检验系数 $CR = CI/RI = = (\lambda_{max} - n)/0.9(n-1) < 0.1$，通过一致性检验。

3. 模型结果

下面对 7 个痛点关键词进行综合频率计算，计算公式为：

$$X_j = \sum P_i \times x_{ij} \quad (式 3.6)$$

经计算，7 个痛点关键词的综合频率如表 3-13 所示。

表 3-13　4 组别痛点关键词综合频率表

痛点	频率/%
房屋质量	51.01
市场结构	38.01
租金	56.04
租赁关系	56.64
机构规范	35.65
投融资	44.46
制度支持体系	35.92

故 7 个痛点的疼痛程度由大到小依次排序为：

租赁关系 > 租金 > 房屋质量 > 投融资 > 市场结构 > 制度支持体系 > 机构规范

由于研究需要，下面直接给出文献、新闻和调查问卷 3 个组别频率数据的所占权重与计算结果（如表 3-14、表 3-15 所示）。

表 3-14　　3 组别样本数据来源权重表

样本数据来源	权重/%
文献	14.29
网络新闻	57.14
调查问卷	28.57

表 3-15　　3 组别痛点关键词综合频率表

痛点	频率/%
房屋质量	49.32
市场结构	35.75
租金	57.09
租赁关系	51.22
机构规范	35.35
投融资	39.87
制度支持体系	32.80

二、模型结果分析

（一）总体分析（如图 3-18 所示）

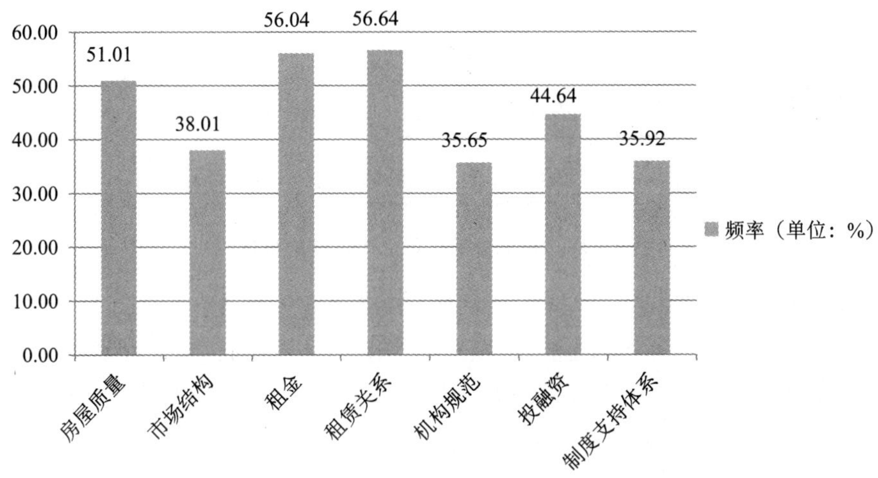

图 3-18　4 组别痛点综合频率柱状图

由图3－18可知，各痛点频率数值的差异不大，其中最高值与最低值约相差20%。7个痛点的综合频率按数值大小，可分为3个梯队。频率大于50%的为第1梯队，符合这一条件的痛点按疼痛程度由高到低排序依次为：租赁关系问题、租金问题、房屋质量问题。频率数值在40%～50%区间内的是第2梯队，符合条件的痛点为投融资问题。频率数值在40%以下的为第3梯队，这一梯队内痛点按疼痛程度由高到低排序依次为：市场结构问题、制度支持体系问题、机构规范问题。

（二）单个痛点分析

由于7个痛点之间是相互联系、相互影响的，下面将对各痛点的成因分别进行详细分析。

1. 租赁关系问题

我国住房租赁市场中的租赁关系问题主要表现为双方信息不对称、权益不对等、租赁关系稳定性差。一般而言，出租人掌握着更多信息，在交易中处于强势地位。一方面，出租人可能故意隐瞒房屋的真实情况，使承租人受到蒙蔽；另一方面，在合同约束力较低的情况下，出租人可能以提前终止合约的方式借机涨租。当然，也存在承租人不履行合约，滞纳房租或提前退租的情况。

从上述分析可以看出，出租人与承租人作为市场中的理性主体，总是会作出更加有利于自己的决策，而这一现象产生的重要原因在于合同对于租赁双方的约束力不够。当前，政府也在积极推行统一的住房租赁合同示范文本，落实房屋租赁合同登记备案制度。合约的备案与遵守在很大程度上依赖于签约双方的诚信意识和契约精神，因此，政府部门应加大租赁双方的违约成本，尽可能规范当事人行为（如图3－19所示）。

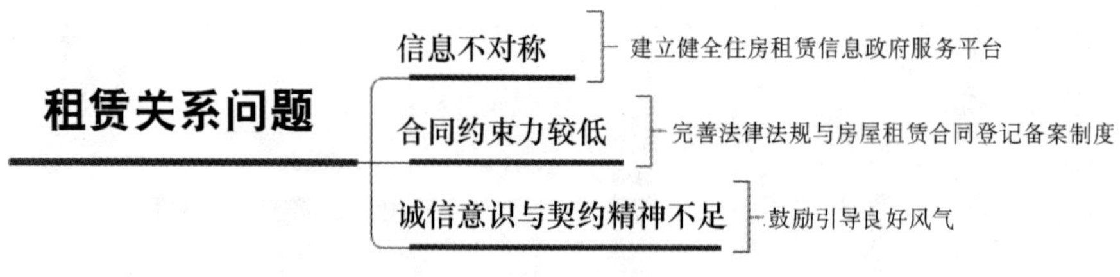

图3－19　租赁关系问题成因及措施分析

2. 租金问题

租金对于整个市场的影响是十分广泛而深刻的。一方面，租金高低直接影响着消费者的租房需求大小。通常而言，租房群体经济能力有限，租金是影响他们租房选择的重要因素，过高的租金将使潜在需求难以转化为有效需求，造成房屋空置，资源浪费。另一方面，租金高低影响着租赁机构与企业的积极性。以长租公寓为代表的租赁机构通过新建房屋或改造二手房，进行统一出租与管理。从这一角度来看，企业要想盈利，需要收取较高的租金以支付建造成本或装修成本。在利益驱动下，长租公寓机构市场出现了恶性竞争等问题，涌入住房租赁行业的各路资本更是成为推高租金的元凶。

但从市场运行层面看，租金上涨这一现象的存在也有一定道理可循。由于土地资源的稀缺性，市场提供的租赁住房数量有限，同时，人口增长、房价飙升等因素推动着住房租赁需求的增加，从而导致住房租赁市场供不应求。此外，旧房改造、拆除“城中村”和小产权房等政策措施减少了租赁房源的供给，同样推动了租金的上涨。

由此可见，租金上涨并不是租金问题的本质，租金涨幅过快，超过了租房群体的承受能力，才是这一痛点的根源所在。国家大力发展住房租赁市场的初衷之一即是通过租赁市场与买卖市场的相互制约，实现两个市场价格的相对平衡。自遏制房价政策出台以来，在房价相对平稳的同时，一线城市房租大涨。因此，租金问题的背后也有机制作用的原因。此外，房产税等相关税收设计也在一定程度上推动了租金的上涨（如图 3－20 所示）。

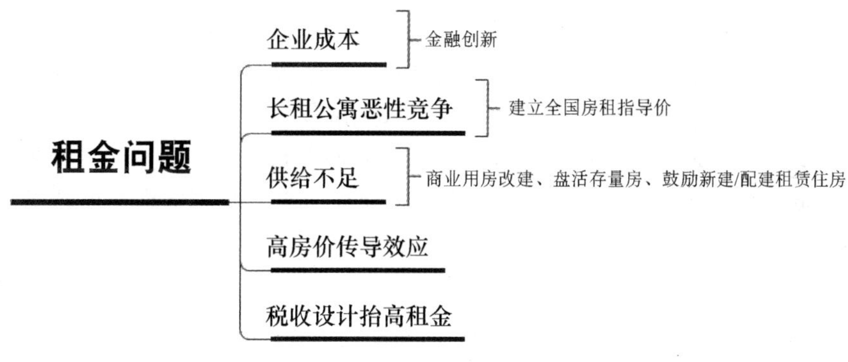

图 3－20　租金问题成因及措施分析

3. 房屋质量问题

中国青年报社社会调查中心曾于 2016 年进行过 1 项关于租房安全感的调查，调查结果显示，仅 26.2% 的受访者认为所租的住房有安全感。受访者租房的不安全感来自门窗设施不安全（63.0%）、水电设施老旧（58.4%）、入室偷盗行为（54.0%）。可见，我国租赁住房在安全、质量等方面确实存在较大隐患。

随着人民生活水平的提高，居民对租赁住房的要求也逐渐提高。然而，由于我国住房租赁市场所提供的房源大多设施落后，环境陈旧，甚至存在安全隐患，已不能满足租客不断升级的需求。而长租公寓虽然经过统一装修，在质量上有了较大提高，但仍存在“甲醛超标”等质量安全问题（如图 3－21 所示）。

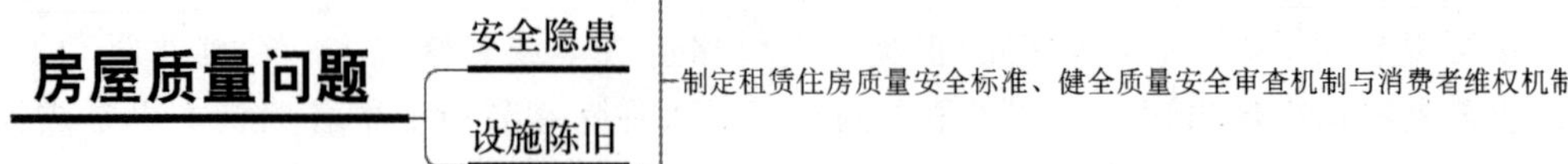

图 3－21　房屋质量问题成因及措施分析

4. 投融资问题

当前我国住房租赁市场可以分为保障类租赁住房和市场类租赁住房，这两类市场的发展均离不开金融的支持。

保障类租赁住房的融资主体通常是市政府所属平台或下辖公司，其融资方式包括信贷、信托、私募债、PPP 等，但总体来说，公租房融资的主力还是当地政府财政支出。市场类租赁住房的投融资问题是指完全市场化运作的公司在进行项目开发时，如何获得周转资金。长租公寓作为目前我国房地产市场中的新兴行业，便是此类公司的代表。

按照长租公寓的运营模式，企业前期需投入大量资金，同时以出租形式回收成本又意味着资金回收速度较慢，企业盈利空间有限。由于投融资问题直接影响到市场规模和供给质量，因此政府非常重视这一问题的解决。2015 年住建部的文件中就明确提出要积极推进房地产信托投资基金试点工作，此后的相关文件中也多次指出要向住房租赁企业提供金融支持。但由于相关金融创新产品起步较晚，目前发展仍不完善，且对发行企业要求较高，故中小型企业的融资渠道相对狭窄，主要还是通过商业贷款。且由于融资成本较高，即使贷到款，企业仍存在资金链断裂的风险（如图 3－22 所示）。

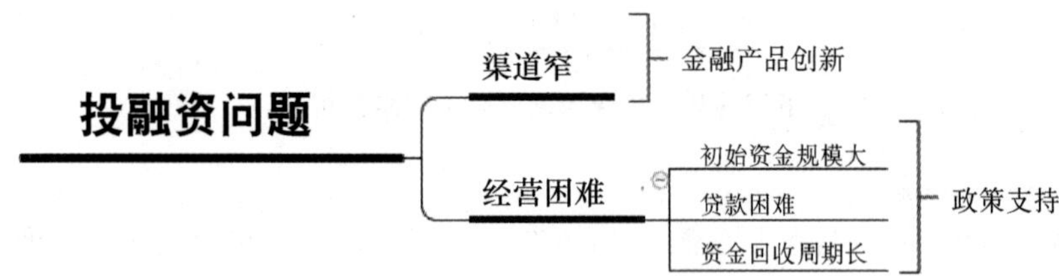

图 3－22　投融资问题成因及措施分析

5. 市场结构问题

我国房地产市场存在着明显的“重售轻租”特征，自身结构问题较为突出，主要有供给不足与供需不匹配两大表现。

居民自有住房是我国住房租赁市场最主要的供给来源，除此之外，各地政府也会向特定的困难群体提供保障性质的租赁住房。随着市场发展，专业性住房租赁机构纷纷进入市场，并通过集中改造或建设的方式向市场提供了增量房源。但考虑到市场中不断扩张的需求，特别是一、二线城市，供给端仍显乏力。

目前，我国租客群体对环境质量、配套设施和交通等条件都有着更高的要求，而市场提供的房源显然无法满足这些需求。此外，市场中的房屋种类较为单一，绝大多数为传统散租房源，机构性质与保障性质的租赁住房数量都十分有限，难以满足不同群体对于房屋的差异化诉求（如图 3－23 所示）。

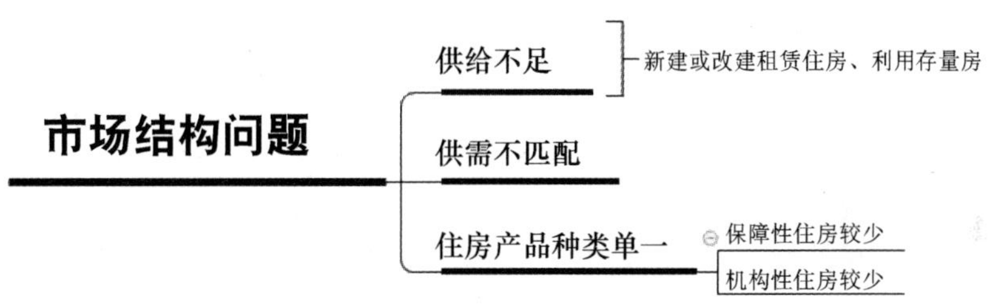

图 3－23　市场结构问题成因及措施分析

6. 制度支持体系

我国住房租赁市场一直处于落后的发展状态，因此相关制度设计存在许多不合理之处。

受传统观念的影响，中国人普遍希望拥有一套属于自己的住宅。政府为鼓励更多人选择租房，提出了“租售同权”的概念，保障持有居住证的租房者同样能享受到义务教育、就业服务、卫生服务等国家规定的基本公共服务。尽管推行这一政策是为了保护租户的权益，提高其租赁地位，但在执行过程中仍然困难重重。

在保障性租赁住房制度中，公租房的准入、退出机制存在缺陷。就准入机制而言，不同形态的保障房的限制条件与目标群体不同，操作流程十分复杂。由于我国金融和税务信息系统不完善、个人信用制度尚未健全，在资格审核的过程中，申请所需的部分证明材料容易弄虚作假，可靠的审核制度的缺失造成保障供给与保障对象之间的偏离。另外，部分申请人在入住后条件好转，可能已不再满足申请条件，但这些信息很难被相关部门及时发现，且即使被发现，通常情况下申请人也不愿自动退出。此外，当前公租房的运营保障能力有限，故政府需转变保障形式，通过发展货币化保障等新的方式提升住房保障水平。

住房公积金制度保障力度有限。住房公积金只对城镇在职职工建立，因此很多中低收入的租房者依旧享受不到公积金带来的优惠。且从许多租房者的亲身经历来看，提取公积金缴纳房租的过程手续繁琐，实现起来相当困难（如图 3－24 所示）。

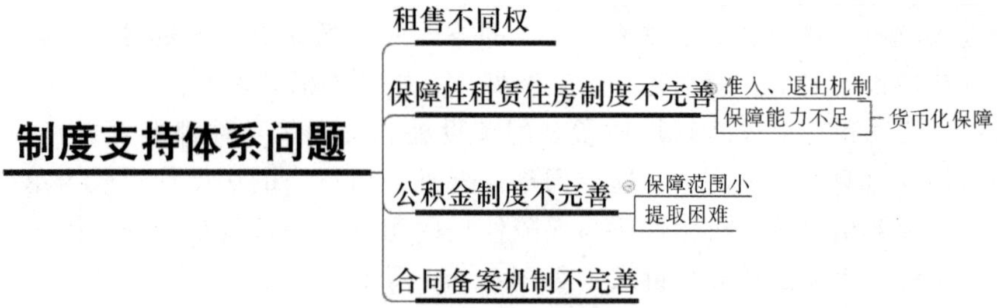

制度支持体系问题
租售不同权
保障性租赁住房制度不完善
准入、退出机制
保障能力不足
货币化保障
公积金制度不完善
保障范围小
提取困难
合同备案机制不完善

图 3-24　制度支持体系问题成因及措施分析

7. 机构规范问题

租赁机构的操作规范问题主要指部分机构所存在的房源信息失真、收费不合理、以不当手段牟利等现象。以长租公寓机构为例，这一模式本应在规范化管理和标准化服务方面有更明显的优势，但由于市场扩张过于迅速，企业在房屋质量、配套设施和服务等方面尚未形成规范的标准，部分企业为了尽快获利，将刚装修完的房屋投入市场，引发了甲醛超标及其他恶性事件被曝光。此外，大量中小型机构的涌入使得租赁机构之间的管理和服务水平参差不齐。这些为促成交易而进行的违法违规行为不仅损害了消费者的利益，更不利于行业的未来发展和良好的市场风气的形成（如图 3-25 所示）。

机构规范问题
利益驱使
制度与监管缺失
行业准入门槛低

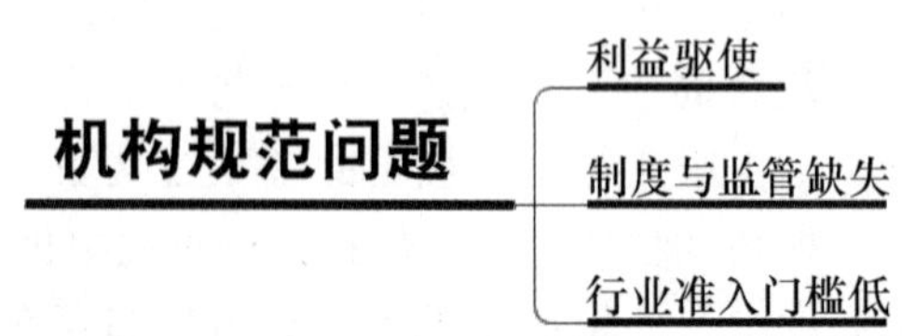

图 3-25　机构规范问题成因及措施分析

（三）政府文件与三组别比较

由图 3-26 可知，文献、新闻与调查问卷三组别加权后的综合频率与政府文件组别存在较大差别。根据表 3-15 中疼痛程度的排序结果来看，三组别和政府文件最明显的差异在于对租金问题和投融资问题的关注度不同。

在三组别排序中租金问题的疼痛程度最高，而在政府文件中仅排第六。这一结果表明专家学者重视对租金问题的研究，网络新闻中对于租金问题的报道较多，且问卷填写者也对租金问题更为关注。正如前文单个痛点分析所述，价格高低受供求关系影响，是市场作用的结果，因此政府在这一问题上可以作为的空间有限。由于

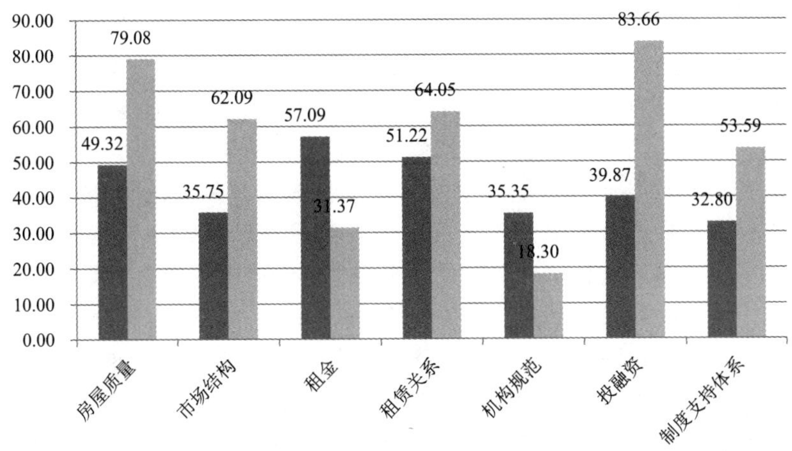

图 3－26　政府文件与三组别频率数据比较

表 3－16　　政府文件与三组别排序结果比较

痛点	三组别排序	政府文件排序
租金	1	6
租赁关系	2	3
房屋质量	3	2
投融资	4	1
市场结构	5	4
机构规范	6	7
制度支持体系	7	5

租金水平受多重因素影响，所以政府对租金的调控可能是间接进行的，例如要求企业自持一定比例的房屋，从而增大市场供给，以达到调控价格的效果。

在三组别排序中，投融资问题排名第四，而在政府文件组别中，疼痛程度最高。从两者之间关系的角度来看，租金问题与投融资问题不能从完全割裂的角度来分析，后者的改善能够有效扩大市场供给，在一定程度上有利于租金问题的解决。由此可见，虽然租金问题在三组别和政府文件组别中差别较大，但这只是由于政府站在宏观角度抓住了更为根源性的问题。

第四节　结论与建议

基于以上研究分析，本文得出的结论如下：

（1）依据媒体信息传递理论，各痛点的疼痛程度可由其被不同媒体提及的频率高低衡量。故由综合文献、政府文件、网络新闻与调查问卷四个组别数据可知，各痛点的疼痛程度由高到低排序依次为：租赁关系问题、租金问题、房屋质量问题、投融资问题、市场结构问题、制度支持体系问题、机构规范问题。

（2）三组别排序与政府排序结果的主要差异表现在租金问题和投融资问题上，学者、新闻媒体与社会群众对于租金问题关注度较高而对投融资问题关注度较低，政府反之。笔者推测，这种差异实际是由不同主体看待问题所站角度不同而造成的。

上述结论给出的政策启示是明显的。第一，集中力量优先解决租赁关系问题、租金问题、租赁房质量问题，对这三大痛点的着重关注将有利于推进我国住房租赁市场趋于成熟。由于短时间内政府的资源与精力是有限的，因此在治理时需合理分配所投入的成本，中央在向地方政府传达政策意图时，需鼓励各级部门将更多的精力放在引导良好租赁关系、调控租金与监管房屋质量上。

第二，针对租赁关系问题，政府应建立健全住房信息政府服务平台、完善合同登记备案制度。住房信息政府服务平台的健全将有助于改善信息不对称问题，从根源上避免由信息不透明而产生的租赁纠纷。而合同登记备案制度的完善则将租赁双方的权利与义务通过法律方式进一步明确，使得双方在解决矛盾纠纷时有据可依。

第三，政府应加强对租金问题的重视，通过经济、法律、行政等多种手段稳定租金增长速度。但考虑到租金问题与其他痛点之间的相互作用关系，租金问题在政府文件中的痛点排序并不能完全说明政府对租金问题关注不够。导致租金问题产生的原因是复杂且多样的，针对本调研列出的主要方面，建议政府尽快建立全国房租指导价，为市场租金水平的确定提供依据；抑制租赁市场中由于恶性竞争以及投机行为而形成的过度泡沫；鼓励闲置商业用房转变为住房，盘活存量房，新增租赁住房，通过增加有效供给的方式稳定租金涨幅。

第四，积极推进租赁住房质量安全标准的制定以及质量安全审查机制、消费者维权机制的完善。在住房消费需求升级的现状下，市场所提供的住房产品质量无法满足消费者要求，是市场中巨大潜在需求未得到释放的重要限制因素之一。政府须从问题源头与监管两方面下手，即制定质量安全标准、建立质量安全审查机制。同时完善租房领域的消费者维权机制，明确房管局、工商部门的权责划分，在质量问题既已产生的情况下，积极协助解决。

第四章 加快中国住房租赁市场发展进程的影响因素

第一节 简要理论分析

从四象限理论出发，住房租赁市场属于物业市场的重要组成部分。租赁住房的价格租金，受到供给因素与需求因素的共同影响。租赁市场的价格会通过资本化反映到资本市场中，从而决定住房销售市场的价格及供求。反过来，住房销售市场的价格影响供求，反作用到租赁市场中。因而，住房的租赁市场与销售市场息息相关，两者的影响因素相互交织。与此同时，金融市场及税费政策会同时影响住房租赁市场与销售市场。具体来看，影响住房租赁市场发展的影响因素主要包括供给因素、需求因素、金融市场及税费政策等几大方面。

一、关于供给因素

（一）土地供给状况

土地资源具有稀缺性。我国现行的土地出让制度主要是招拍挂，城市政府是主要的土地出让方。土地出让的收入是地方政府最主要的财政收入来源之一。政府有权决定土地的供应计划等。城市土地供应计划及土地利用规划决定了一个地区一定时期的土地供应量，规定了土地和房地产的用途，因而成为住房价格的重要决定因素。一方面，土地供应总量决定了可用于住房建设的土地数量，从而决定市场中住房的供给量。在土地供应总量不足或者住宅建设用地不足的情况下，住房供给量容易短缺，进而影响可用于出租的住房数量。另一方面，土地规划利用率如容积率，决定了土地的开发利用程度，也会通过供给数量反映到市场中。因此，土地供给数量或者住宅用地的供给数量不足，不仅会带来市场中住房数量供给不足的状况，而且容易导致土地价格的上涨，从而增加开发商的成本，推高房价，反映到租赁市场上，就表现为租金价格的上涨。城市土地供应计划是政府调控房地产市场的重要工具。政府根据社会经济发展和城市发展的需求，有计划地供给土地，包括土地总量及其结构，避免房地产价格的剧烈波动，使其保持稳中有升的发展趋势，促使房地产业的健康发展。

（二）供给侧改革

经过改革开放 40 年的发展，我国经济发展已经进入“新常态”，住房的需求结构也随之发生变化。随着生活水平的提高，人们对住房的质量和品质等提出了更高的要求。从供给侧来看，无效供给和低端供给较多，有效供给不足，无法满足人们对高品质住房的需求，导致房地产行业供需错配的矛盾加重。一线城市的房价呈现过快增长，原因之一在于一、二线城市的土地供给及房屋容积率受到严格管控，导致房屋供给难以满足许多群体的需求。三、四线城市管控较松，出现房屋空置的现象，面临去库存的压力。表现在租赁市场上，则出现适用于租赁的房屋供给数量明显不足，户型、面积和质量等也与需求端无法匹配。尤其是在一、二线城市，对租赁住房需求量较大的多为务工人员和大学生，他们的需求比较单一，多以一居室的小户型为主。而在房屋的设计和建造过程中，为了迎合购买性需求群体的偏好，多以大户型房屋供给为主。由此产生供给与需求的错配，导致大量的大户型住宅的空置，同时许多需求者又找不到想要租赁的房源，从而不得不采取合租群租的方式，而群租所带来的问题又影响了房屋租赁市场的健康发展。

住房市场的供给侧改革着重体现在政府和企业两个方面。对政府而言，合理控制土地的供应节奏，合理规划房屋的开发结构和规模，有利于优化房地产供需结构，维护供需平衡，从而保障房地产市场特别是住房租赁市场的健康发展。对企业而言，科学调整商品房的供给数量和销售价格，从市场的需求入手，及时了解需求变化，并据此调整市场供给，有利于维护房屋的供需平衡，甚至对于三、四线城市而言，有助于降低房屋库存。此外，不同地域的消费者对住房的需求不同，有些地区的消费者随着生活质量提高，对房屋的安全性、舒适性与质量提出了更高的要求，这就需要企业针对这些需求适当调整产品的供给特点。

（三）住房保障市场的发展

我国的住房租赁市场一直是“二元制”结构，即商品性市场与保障性市场并存。进入住房租赁市场的主要是中低收入家庭，如果房价水平很高，低收入特别是极低收入的家庭，不仅不可能进入购买住房市场，而且也没有能力进入住房租赁市场。对于这部分家庭，政府就得通过建立公租房的方式帮助其解决基本的居住问题。因而，保障性租赁市场直接或间接地影响到商品性租赁市场。现阶段的保障性租赁市场主要是公共住房租赁市场。公共租赁住房的建设由于收益较少而面临着融资困难的问题。保障性租赁市场的建立，主要是针对中等及偏低收入家庭，因而这一租赁市场的建立与完善可以帮助分流一部分商品租赁市场的需求者。保障性租赁市场中，租赁住房供给的增加可能会降低商品性租赁市场的需求，从而降低租金价格。

二、关于需求因素

住房的需求，归根结底是人对住房的需求，是一种引致需求。对于租赁住房而言，主要的需求方有以下几个群体：①由农村流入城市的务工人员。随着城市化进程加快以及大城市经济发展的需要，大量农村劳动力流入城市，但由于其经济基础有限，在城市中购房难以实现，大多数人通过租赁住房解决居住需求。②流入城市的大学生群体。很多大学生在接受高等教育之后留在城市就业，这些刚步入社会的大学生主要通过租房解决居住问题。③城市中的拆迁户。许多城市在扩大规模的过程中，进行旧城拆迁改造，导致一些家庭需要暂时租房进行过渡。因此，人口数量以及人口结构的变化会对住房租赁市场产生重要的影响。例如，城市常住人口的增加，无疑会增加对住房的需求，而一个城市的住房供给，在短期内弹性较小，从经济学理论可知，需求过大必然会增加住房租金。城市中流动人口的比例增加，也同样会增加对租赁住房的需求，从而推高租金，对租赁市场产生影响。

此外，随着经济水平的提高和消费观念的改变，家庭对住房的需求趋向个性化、多样化。除了基本的生活居住需求外，一些家庭提出了更高的要求，例如住房的品质、居住的安全性、便利性和周边的教育状况等。这些高标准和高要求，也从需求端开始影响租赁住房的标准。例如，蛋壳公寓在各大城市营造单身公寓，装修材质追求环保无气味、装修风格则趋向于小清新风格或者温馨的风格等，这些都是为了迎合需求者的品质要求。

三、住房销售市场

根据马克思的地租理论，住房的价格和租金都是房屋价值表现的货币形式，都是对房屋价值的反映。房屋价值的基本形式是房屋的价格，而租金是房价的派生形式，且租金的价格可以根据房屋的价值为基础计算获得。房地产市场均衡的四象限理论也表明，住房的交易与租赁处于同一个住房消费系统中，购买与租赁都能够满足居住的需求。所以，两个市场价格的相对比变化，会分别对销售与租赁市场产生影响。在一定程度上，销售市场与租赁市场存在着替代关系，当销售市场的房价攀升时，会使得一部分家庭由于价格过高而通过住房租赁实现居住需求；如果房价下跌，租房的家庭可能会考虑购房来代替租房。所以，房价的变动会带来住房销售与租赁需求的相互转移。

四、金融市场

商业银行是我国房地产开发企业的主要融资渠道，单一的间接融资以及缺乏直接融资使房地产开发企业对商业银行产生高度的依赖性。对于发达国家而言，资产证券化以及房地产信托投资基金（REITs）是非常重要的直接融资渠道。直接融资使得房地产企业资金回笼时间大大缩短，风险也大大降低，房地产企业能够更好地进行房产开发，从而加快住房租赁市场的发展。房地产属于重资产，资金密集型产业，现金回笼周期长，尤其是住房租赁这类长期持有型物业，现金流投入产出期限错配严重，这是制约市场机构投资租赁的最大障碍。REITs 具有使资金回笼时间缩短的功能，通过发行基于住房租金和物业增值的收益凭证，将租赁住房资产打包出售给投资者，使他们获得稳定而持续的收益。更重要的是，REITs 运营模式能盘活存量物业，提升物业价值。住房租赁供给主体是存量物业，REITs 发起人会聘请受托机构和专业管理机构来进行管理，进一步提升房地产租赁市场的运行效率。这种方式是房地产的主要直接融资渠道之一，也为个人提供了投资房地产的方式，解决了房地产行业资金流动性差的问题。

此外，利率和货币政策等也直接或间接地对住房租赁市场产生影响。一方面，利率的变化会影响住房的供给和需求两个方面。房地产开发企业的融资成本会随着利率的提高而上升，从而影响其住房的供给量；在需求一定的情况下，供给量减少会引起价格的攀升。而价格又会通过资本化率反映到租赁市场上就是租金水平增加，从而对租赁市场产生影响。消费者的购房需求也会因为利率的上升而产生下降的可能性。在供给一定的情况下，需求的下降会带来销售价格的下跌，进而反映到租赁市场中租金水平会下降，从而影响租赁市场。另一方面，货币政策主要表现为货币供应量的变化，其对住房市场也会产生直接的影响。货币供应量的增加和宽松的信贷条件将促进房地产投资的增加和房价的上涨。尤其是当货币供应量超常规的增加引发通胀预期时，通常将导致资产价格的快速上涨。充足的流动性不仅可能导致商品服务的价格上涨，因为更多的货币将进入资产市场，从而也会带来资产价格的上涨。而一旦央行迫于通胀压力开始收紧银根，改变宽松的信贷条件，房地产投资和房地产消费需求将受到抑制，房地产价格将出现调整。住房价格的变化也会通过资本市场与物业市场之间的相关性，直接作用于住房租赁市场。

五、房产税

房产税是国家以房屋作为课税对象向产权所有人征收的一种财产税。对房产征税的目的是运用税收杠杆，加强对房产的管理，提高房产使用频率，控制固定资产投资规模和配合国家房产调控政策，合理调节房产所有人和经营人的收入。房产税采用比例税率，主要的计税依据分为房价和房租两种。以房价为计税依据是以房产的余值为计税依据；没有房产原值为依据的，由房产所在地税务机关参考同类房产核定。以房租为计税依据主要适用于出租的房产。房租指房屋所有权人出租房屋的使用权所得到的租金收入。房产税的增收会增加房产所有人的持有成本，从而降低对购房的需求，进而降低房价。房产税对住房租赁市场的影响主要包括税收效应和供给效应两个方面（孙志刚，2017）。

税收效应方面，根据经济学税收分摊相关原理可知，对某一商品征税是由买方和卖方共同承担，而且双方分担赋税的多少取决于商品需求价格弹性。如果商品的需求价格弹性小，则卖方可以通过提高价格将赋税负担转移给买方，赋税主要由买方承担。如果商品的需求价格弹性大，则卖方不能通过提高价格来将赋税转移给买方，则赋税主要由卖方承担。在住房租赁市场中，住房的需求价格弹性较小，如果增收房产税，房东可以通过提高房租将税收负担转移给租客，赋税主要由租客承担。所以，租金会因房产税带来的税收效应而上涨。供给效应方面，增收房产税会增加产权所有人的住房持有成本。为了降低成本，房产所有人会选择将房屋出租，即一部分房屋会进入住房租赁市场。这会增加住房租赁市场的供给，住房租赁市场的供给曲线向右移动，新的供给曲线与需求曲线相交于新的均衡点，住房租金下降（如图 4－1 所示）。

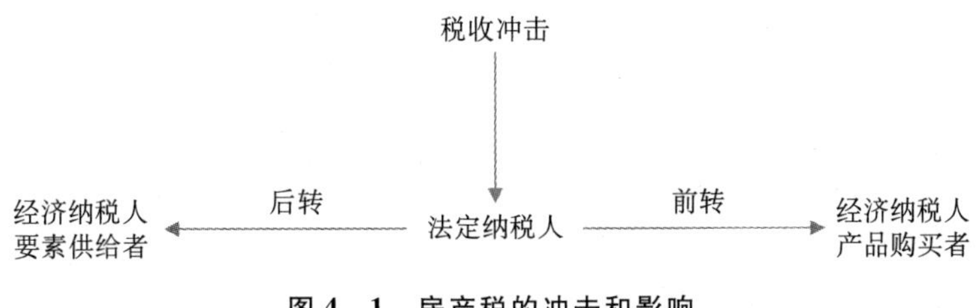

图 4－1　房产税的冲击和影响

六、政策法规

我国目前关于住房租赁市场发展的政策法规主要有住房和城乡建设部 2010 年

12月颁布的《商品房屋租赁管理办法》和2012年7月针对公租房颁布的《公共租赁住房管理办法》、2016年5月国务院办公厅发布的《关于加快培育和发展住房租赁市场的若干意见》以及2017年7月九部委联合发布的《关于在人口净流入的大中城市加快发展住房租赁市场的通知》（以下简称《通知》）。现行的政策法规主要对商品房和公租房进行规范，并且局部加大规范租售同权等住房租赁市场的相关政策，以及加大住房租赁企业金融支持力度，支持发展房地产投资信托基金，建设政府租赁平台交易等。2017年8月国土部和住建部联合发布的《利用集体建设用地建设租赁住房试点方案》（以下简称《方案》），提出了“村镇集体经济组织可以自行开发运营，也可以通过联营、入股等方式建设运营集体租赁住房”，对旧有土地管理法进行突破，进一步规范了房屋租赁市场的相关政策。然而，目前中国社会普遍更倾向于买房，相关的法律法规也大多是关于以家庭居住的户型为主。如《住宅建筑设计规范》中规定“最小套型住宅使用面积不应小于22平方米”，而这明显与租赁房市场的实际不符。地产开发商在对租赁型的住房进行设计建造时，大多以20平方米左右的单居室户型为主。显然，上述规定与租赁房的实际需求不符。所以，为了更好地发展和规范租赁市场，未来还需要更多的与我国租赁市场实际相匹配的政策法规。此外，租赁新政要起到明显的效果，最根本在于提高租赁意愿，在于政策当局能否出台和完善相关政策，保障承租人利益，稳定长期租赁预期。在这一问题上，完善租赁保障政策比推行租售同权更为重要。因为一线城市的公共服务主要是与户口相联系，而户口又和工作机会相关，而不是由房屋所有权决定的，而且诸如北京、上海等一线城市的公共资源有限，公共资源紧张的问题并不是一两个局部的政策就可以解决的。所以，完善租赁政策，保障租赁权益，稳定长期租赁预期，应该是目前相关政策的主要着力点。然而这一系列政策的出台需要一个过程，短期内对于租金和房价的影响会比较小。

第二节　来自数据的实证检验

一、文献综述

（一）关于供给因素

2015年11月以来中央会议多次提出“供给侧改革”的新概念。2017年政府工作报告中再次强调切实推进“供给侧改革”，土地制度改革面临新的机遇。采取多样化供地方式，鼓励以租赁方式或先租后让、租让结合方式供地符合新阶段产业发展的用地需求。在新的土地供给形势下，住房租赁市场也将有相应变化。周志良（2018）运用四象限模型，把上海市住房市场分为住房租赁市场和住房买卖市场，分别探讨上海市土地供给侧结构性改革对土地供给和住房租赁市场、住房买卖市场的影响。结果发现，上海市供给侧土地结构改革后，租金将上涨，而住房土地存量上升，买卖住房量下跌。增加住宅用地，特别是增加租赁住房用地的低价出让，可以使房价下降、租金上升，因此售租比趋于合理化，从而促进房产市场良性发展。周琼与张世龙（2019）从城中村改造、“小产权房”清理、“空心房”拆改等方面对农村集体土地建设租赁房土地供给的可行性进行了分析，进而对郑州、广州等试点城市农村集体土地建设租赁房的实践进行动态分析。研究指出，试点已经形成了各具特色的土地供给方式，有效地推动了农村集体土地建设租赁房的进程。

此外，从供给侧的角度来看，住房市场结构的变化，如租赁住房供给数量的增加会抑制房价的上涨，但具有区域异质性，在东部地区比较显著，中西部城市并不明显（陈卓与陈杰，2018）。并且，房价收入比更高的城市，住房租赁市场比例提高对房价的抑制效果更大。因此，加快培育和发展住房租赁市场可以增加居民住房的选择，推进“租购并举”有助于抑制投机现象，从而帮助构建健康稳定的房地产市场。

（二）关于需求因素

租买结构失衡是制约住房市场健康发展的关键问题，探究其内在作用机理十分必要。培育和规范住房租赁市场，可以和购房市场形成互补效应，完善住房租买选择机制（倪鹏飞，2017）。住房市场租买失衡主要从住房的“消费—投资”属性、影响消费者租买需求的因素以及住房租赁市场的发展状况几个方面来表现。Sebastien（2010）研究了住房消费和投资双重属性的不可分割性导致无法实现家庭消费最优化。虞晓芬（2011）通过实证分析得出居民住房租买偏好的影响因素有经济因素、心理因素和租赁市场的完善程度，认为自有住房比租房享受更多的权利。而况伟大（2012）论证得出，消费需求更多受住房价格、居民收入、人口特征等因素的影响，而投资需求则受住房投资收益、住房使用成本等因素的影响。陈卓与陈杰（2017）提出，租买效用差异、住房及其他金融投资增值预期是影响居民租买选择的主要因素。另外，我国租买结构失衡的动因及作用机理可从租买差异和房价预期两方面进行探讨。相应地，政府应从加强房地产长效机制建设、稳定房地产市场预期两个层面制定相关政策，以期推动我国住房市场租买平衡发展。

近期，王振坡等（2017）提出租买效用差异、住房及其他金融投资增值预期是影响居民租买选择的主要因素，并于2018年通过住房消费需求、投资需求和租买选择的联合建模，对住房租买选择行为中的“消费—投资”动机与群体分异特征进行详细阐述：①家庭住房投资需求远大于消费需求，两者之间的差异是影响住房租买选择的主要因素，但不能完全解释其决策行为；②家庭资产水平及住房自有状态层级越高，其未来住房租买意愿选择更倾向于购房；③房价上涨预期和厌恶型投资风险态度在一定程度上增强了家庭未来住房购买意愿。因此，从深化房地产税收制度改革，剥离非居住性附加功能、拓宽民众金融投资渠道，合理引导房地产市场预期、健全住房租赁市场治理体系，倡导“租买无差异”消费理念等方面提出政策建议。

（三）住房销售市场

从理论上看，住房租赁市场与销售市场息息相关。马克思地租理论等都认为房价与租金处于同一个市场中，租金是房屋的资产红利，房价是未来全部租金的现值之和，两者之间成正比例的关系。所以，房屋价格变动会影响租金的价格变化，反过来，租金变化也会影响到房价变动。实践中，一方面房价与租金价格互为因果且具有推动作用。方毅（2007）利用了1999—2006年季度数据进行分析后提出，全国35个大中城市的房屋销售价格和租金存在长期均衡关系。余华义和陈东（2009）发现房价和房屋租金之间存在正向影响关系，房价上升带动租金上升，租金上升推动房价上升。赵美平与刘永红（2014）基于对2000—2013年季度数据的分析研究提出，房价收入比、房价租金比对房价具有正相关关系。另一方面，房价和租金的关系在不同阶段或者不同地区表现不同。例如，方毅（2007）的结论说明了从局部看，有一些城市的房屋销售价格和租金之间偏离了这种长期均衡关系。李宁（2014）的研究发现，房屋销售市场与租赁市场在长期与短期内都存在现实分隔的情况。住房租赁市场对销售市场的主要影响则表现在“租售同权”实现之后，租赁住房可以满足更多的居住需求，从而减少购房需求，反映到房价中，可能存在抑制房价上涨的情况（胡婉旸，2014）。

（四）金融市场

房地产市场与金融市场的相关性显而易见，近年来金融机构房贷的权重持续增长（高广春，2018）。2017年，放贷余额在各项贷款余额中的权重达26.9%，房贷增额权重则高达40.82%。官方披露的房贷不良率信息显示，房贷在金融机构信贷中一直算是优质资产、“盈利大户”。但从中长期看，需要关注房地产企业融资中过高的信贷集中度风险。从股权融资和债务融资的视角看，房地产企业在金融市场的融资结构主要包括房地产企业信贷、房地产企业信托和房地产企业资本市场融资三大板块。据相关数据，房地产企业债务比例远高于股权比例。房贷余额在2017年房地产企业股权融资比例不足5%，而债务融资中80%以上是信贷融资。所以，房地产企业债务杠杆不仅面临日益加重的去化压力，也面临结构优化压力，而所谓债务结构的优化实际上可以简单地理解为降低房地产企业信贷权重。住房租赁资产证券化作为一种债务融资工具，恰好可以分流房地产企业信贷压力、缓释房地产企业融资中过高的信贷集中度风险。

REITs是以集合社会资金投资于房地产或房地产抵押贷款并获得相关收入为主要目的信托、基金或公司。REITs对作为房地产市场需求方的投资者和供应方的房地产企业，特别是对培育租赁市场具有重要的作用和意义。对处于需求端的投资者而言，投资REITs可获得投资房地产的有效渠道，且回报相对稳定、投资风险较低，且可享有税收优惠。另外，REITs与股票和债券之间的相关性较低，将REITs纳入投资组合，可获得多样化收益。从供应方角度来讲，对处于供应端的房地产企业或持有大量房地产资产的企业，可拓宽其融资渠道，有利于改善资产负债结构，从而改善企业经营状况。另外，在互联网时代，房地产企业的发展趋势是从重资产持有型向轻资产专业服务型转变，而REITs有助于企业的战略转型。

苏虹与陈勇（2016）指出，对于房地产租赁市场，REITs可成为房地产资金特别是长期资金的来源渠道，且其投入方向也符合发展租赁市场这一目标。REITs将所筹集的资金收购住房并出租经营，有助于消化住房市场库存，盘活存量住房并加以有效利用，从而提高资源利用效率和住房租赁市场的活力。同时，REITs对收益率的要求将倒逼经营管理和物业服务质量的提高，为房地产提供更高的附加值，有助于改变我国房地产重售不重租的状况，加快专业租赁机构的培育和发展。

（五）房产税

现有研究对房产税是否会降低房价方面并不存在明确的结论。有学者认为，税收改革具有显著的作用。如张晓琳（2018）、陈西婵（2014）等根据西方经济学理论指出，征收个人住房房产税会增加房产投机者的持有成本，也能抑制投资行为。个人房产税的征收会促使人们理性购房，降低投机性需求，维护房地产行业的正常秩序。同时，征税后，拥有多套房产的投机者有动机出租或出售所持有房产，直接提高空置房的利用率，从而增加市场的有效供应。最后，房产税的征收可减少政府对“土地财政”的依赖，进而降低开发商开发土地的价格，增加房产供给量。根据供需曲线，需求减少，供给增加，住房价格将降低。

另有学者认为，税收改革降低房价作用不明显，反而可能推高租赁价格，降低人们的幸福指数。如畅军锋（2013）通过整理2010—2012年城市房价变化数据，利用描述性统计数据，发现自从2011年1月税改后，上海与重庆市房价并没有应声下降，而是在大约半年后才逐步回落。另外，从2012年5月起，上海、重庆等实行税改的七大一、二线城市房价有反弹的趋势。因此，从长期来看，房产税对抑制房价的作用并不明显。畅军锋同时提出，此结论可能受到其他政策的影响。王家清（2014）基于2006—2012年全国35个大中城市的面板数据与DID（倍差法）发现，我国房产税试点中不存在明显的政策预期效应；房产税试点显著降低了住宅价格，但对商品房价格和高档住宅价格影响不显著。

（六）政策法规

住房保障的相关政策分别从供给方和需求方解决住房租赁的问题。供给方政策主要是政府直接或间接提供公共租赁住房，专门出租给特定人群。需求方政策主要是以补贴的方式提高特定人群的住房消费能力，让他们在住房租赁市场上租住相应的住房（刘宝香，2010）。从财政的角度来看，公租房是政府提供的一种实物社会转移，这一经济属性深化了财政支持公租房建设的供给逻辑，也决定了公租房以保障困难群体基本住房需求为目标的特征以及将其与商品房市场相区分的必要性，实质上决定了公共租赁住房的保障模式（贾帅帅，2017）。公租房政策制度的完善与发展，无疑会对非保障性质的住房租赁市场产生影响（邓红平，2016；段亚男，2017；陈昭翔，2018）。此外，互联网相关政策的推行，为解决住房租赁市场的问题提供了新的思路（高靖，2018；陈立中等，2018）。

二、数据基础

根据实证需要，本书从房价、租价、税收、房地产金融、土地收入5个方面选取数据，从而探究各类价格的变化程度与趋势，并反映租赁市场与政府收入、金融市场、土地市场以及新房与二手房市场之间的关系。如表4-1所示，全国层面，主要获取租金、新房价格、二手房价格以及货币价格数据；上海层面，主要获取租金、税收以及土地价格数据。其中，租赁市场数据、金融市场以及新房与二手房市场数据截取全国2015年1月至2019年3月的数据，房价土地市场及政府收入截取上海市2008—2019年度数据。需要特别指出的是，由于数据选取原因，本文用上海地方财政房产税，而非2011年开始征收的持有期间房产税。为了消除异方差影响，更好地捕捉变量的线性变化趋势，本研究将以调整后变量数据的自然对数转换值来进行实证分析。数据主要来源于Wind数据库与EPS数据库。

表 4－1　　变量说明

变量名称	地区	变量表示	区间	来源
HOUSE_ SEC	全国	二手房出售挂牌价指数	2015/01—2019/03	Wind
RENT	全国	二手房出租挂牌价指数	2015/01—2019/03	Wind
SHIBOR_ 7	全国	银行间同业拆借加权利率：7 天	2015/01—2019/03	Wind
R007_ 7	全国	银行间质押式回购加权利率：7 天	2015/01—2019/03	Wind
DRR_ SM	全国	人民币存款准备金率：中小型存款类金融机构/月	2015/01—2019/03	Wind
DRR_ B	全国	人民币存款准备金率：大型存款类金融机构/月	2015/01—2019/03	Wind
SA_ H	全国	商品房销售面积/万平方米	2015/01—2019/03	EPS
SV_ H	全国	商品房销售额/亿元	2015/01—2019/03	EPS
HOUSE_ SH	上海	上海商品房销售价格	2008—2017	EPS
AA_ L_ SH	上海	上海本年购置土地面积/平方米	2008—2017	EPS
P_ L_ SH	上海	上海本年土地成交价格/万元	2008—2017	EPS
TAX_ SH	上海	上海地方财政房产税/亿元	2008—2017	EPS
HOUSE_ SEC_ SH	上海	上海二手房指数	2008—2017	Wind
ROR_ SEC_ SH	上海	上海二手住宅租金回报率	2015/01—2019/03	Wind
RENT_ SH	上海	上海房屋租赁指数	2015/01—2019/03	Wind

三、实证检验

（一）单位根检验

由于时间序列的非平稳性将改变最小二乘法估计值的渐进分布结果，并导致谬误回归，因此为了避免出现伪回归的现象，首先要对时间序列数据进行平稳性检验。本文采用 PP 检验和 ADF 单位根检验方法，检验结果如表 4－2 所示，所选取变量至少通过 1 个检验。

表 4－2　　单位根检验结果

单位根	PP 检验值	ADF 检测值	临界值			ADF 检验结果
			1%	5%	10%	
HOUSE	0.892	－0.577	－3.587	－2.933	－2.601	不平稳
ΔHOUSE	0.000	－5.733	－3.594	－2.936	－2.602	平稳***
HOUSE_ SEC	0.851	－1.084	－3.587	－2.933	－2.601	不平稳

续表

单位根	PP 检验值	ADF 检测值	临界值			ADF 检验结果
			1%	5%	10%	
ΔHOUSE_ SEC	0.000	-3.347	-3.594	-2.936	-2.602	平稳***
RENT	0.159	-2.046	-3.587	-2.933	-2.601	不平稳
ΔRENT	0.000	-6.008	-3.594	-2.936	-2.602	平稳***
SHIBOR_ 7	0.165	-3.574	-3.6	-2.938	-2.604	平稳**
ΔSHIBOR_ 7	0.000	-6.227	-3.607	-2.941	-2.605	平稳***
R007_ 7	0.112	-3.472	-3.6	-2.938	-2.604	平稳**
ΔR007_ 7	0.000	-6.132	-3.607	-2.941	-2.605	平稳***
DRR_ SM	0.658	-0.678	-3.614	-2.944	-2.606	不平稳
ΔDRR_ SM	0.000	-3.804	-3.621	-2.947	-2.607	平稳***
SA_ H	1.000	4.236	-3.675	-2.969	-2.617	不平稳
ΔSA_ H	0.047	-2.306	-3.702	-2.98	-2.622	平稳**
HOUSE_ SH	0.402	-0.299	-3.75	-3	-2.63	不平稳
ΔHOUSE_ SH	0.008	-3.031	-3.75	-3	-2.63	平稳**
HOUSE_ SEC_ SH	0.840	-1.674	-3.75	-3	-2.63	不平稳
ΔHOUSE_ SEC_ SH	0.064	-1.244	-3.75	-3	-2.63	不平稳
RENT_ SH	0.904	-1.846	-3.75	-3	-2.63	不平稳
ΔRENT_ SH	0.140	-2.306	-3.702	-2.98	-2.622	不平稳
TAX_ SH	0.997	1.128	-3.75	-3	-2.63	不平稳
ΔTAX_ SH	0.158	-2.889	-3.75	-3	-2.63	平稳*
AA_ L_ SH	0.319	-2.56	-3.75	-3	-2.63	不平稳
ΔAA_ L_ SH	0.158	-2.889	-3.75	-3	-2.63	平稳*
ROR_ SEC_ SH	0.518	-1.408	-3.750	-3.000	-2.630	不平稳
ΔROR_ SEC_ SH	0.206	-3.102	-3.750	-3.000	-2.630	平稳**
P_ L_ SH	0.319	-2.56	-3.75	-3	-2.63	不平稳
ΔP_ L_ SH	0.158	-2.889	-3.75	-3	-2.63	平稳*

注：***代表 $p<0.01$，**代表 $p<0.05$，*代表 $p<0.1$。

（二）数据基本特征分析

首先，我们对回归变量进行简单的描述性统计分析。由表 4－3 与表 4－4 可以看到，样本均值、标准差以及样本数等内容。

表 4-3 描述性统计变量（全国）

	N	Mean	St. Dev	p1	p99	t-value
HOUSE_ SEC	51	4.909	0.207	4.602	5.19	169.108
RENT	51	4.676	0.04	4.605	4.772	836.572
HOUSE	51	8.959	0.093	8.793	9.114	685.063
SHIBOR_ 7	49	1.103	0.171	0.847	1.56	45.146
DRR_ SM	47	2.714	0.074	2.526	2.89	250.099
R007_ 7	49	1.067	0.18	0.751	1.537	41.599
SA_ H	46	10.999	0.799	9.078	12.053	93.356

表 4-4 描述性统计变量（上海）

	N	Mean	St. Dev	p1	p99	t-value
P_ H_ SH	10	9.67	0.35	9.001	10.162	87.406
HOUSE_ SEC_ SH	12	8.007	0.203	7.756	8.291	136.369
RENT_ SH	12	7.333	0.197	7.089	7.566	129.086
TAX_ SH	10	33.938	7.216	23.65	47.58	14.872
AA_ L_ SH	10	14.933	0.395	14.402	6363	7.518
P_ L_ SH	10	14.586	0.557	13.523	15.191	82.839

（三）实证分析——基于 VAR 模型与 OLS 模型

1. 新房价、二手房价对租价的影响

VAR 模型方法是把系统中每一个内生变量作为系统中所有内生变量的滞后值的函数来构造模型，从而将单变量自回归模型推广到由多元时间序列变量组成的向量自回归模型。建立 HOUSE、HOUSE_ SEC 和 RENT 变量的 VAR 模型如下：

$$HOUSE_t = C_1 + \sum_{i=1}^{a} \beta_i^1 RENT_{t-i} + \sum_{j=1}^{b} \gamma_j^1 HOUSE_{t-j} + \sum_{v=1}^{c} \gamma_j^1 HOUSE\_SEC_{t-v} + \delta_t^1 \quad \text{（式 4.1）}$$

$$RENT_t = C_1 + \sum_{i=1}^{d} \beta_i^1 HOUSE_{t-i} + \sum_{j=1}^{e} RENT + \sum_{v=1}^{f} \gamma_j^1 HOUSE\_SEC_{t-v} + \delta_t^1 \quad \text{（式 4.2）}$$

$$HOUSE\_SEC_t = C_1 + \sum_{i=1}^{g} \beta_i^1 RENT_{t-i} + \sum_{j=1}^{h} \gamma_j^1 HOUSE\_SEC_{t-j} + \sum_{v=1}^{k} \gamma_j^1 HOUSE_{t-v} + \delta_t^1 \quad \text{（式 4.3）}$$

其中，a，b，c，d，e，f，g，h，k 为滞后阶数，其中最佳滞后阶数由 AIC、

FPE检验和SC准则确定，在VAR基础上进行Granger因果检验。根据FPE检验，最佳滞后阶数为7。通过检验各阶系数的联合显著性，各阶系数均显著，且所有特征值均在单位圆之内，此VAR系统较为稳定。模型未偏离真实数据生成过程，对变量未来值的预测区间可信。另外，这3个变量的残差不相关，扰动项为白噪声，且服从正态分布（如表4－5所示）。

表4－5　基于VAR模型的Granger因果关系检验

A	RENT	HOUSE	HOUSE	HOUSE_ SEC	HOUSE_ SEC	RENT
B	HOUSE	RENT	HOUSE_ SEC	RENT	HOUSE	HOUSE_ SEC
阶数	P值	P值	P值	P值	P值	P值
1	0.531	0.602	0.015	0.985	0.760	0.943
2	0.579	0.391	0.867	0.000	0.757	0.111
3	0.212	0.461	0.597	0.000	0.197	0.074
4	0.003	0.812	0.285	0.000	0.131	0.081
5	0.005	0.870	0.181	0.000	0.184	0.118
6	0.004	0.838	0.449	0.000	0.394	0.464
7	0.000	0.996	0.354	0.000	0.197	0.476
8	0.000	0.133	0.555	0.000	0.030	0.348
9	0.000	0.237	0.875	0.000	0.012	0.034
10	0.000	0.815	0.128	0.000	0.014	0.002
11	0.002	0.915	0.430	0.000	0.056	0.000
12	0.007	0.500	0.930	0.000	0.053	0.000
13	0.001	0.206	0.741	0.000	0.478	0.000
14	0.000	0.085	0.451	0.000	0.189	0.000
15	0.000	0.969	0.373	0.000	0.186	0.379

注：原假设为B是A的格兰杰原因，当 $p>0.1$ 时，说明拒绝原假设，B不是A的格兰杰原因。

在此基础上，对新房价格、二手房价格与租赁价格进行格兰杰因果检验。表4－5结果显示，在短期内二手房价是新房的格兰杰原因，租赁价格是二手房价的格兰杰原因。而从长期来看，租赁价格和二手房价格之间互为格兰杰原因。无论长期还是短期，新房价格都不是租赁价格的格兰杰原因。因此，在短期内房价和租金之间会出现一定程度的背离。从长期来看，二手房价与租赁价格形成相互关系，而新房与租赁价格依然存在背离的情况（如图4－2所示）。

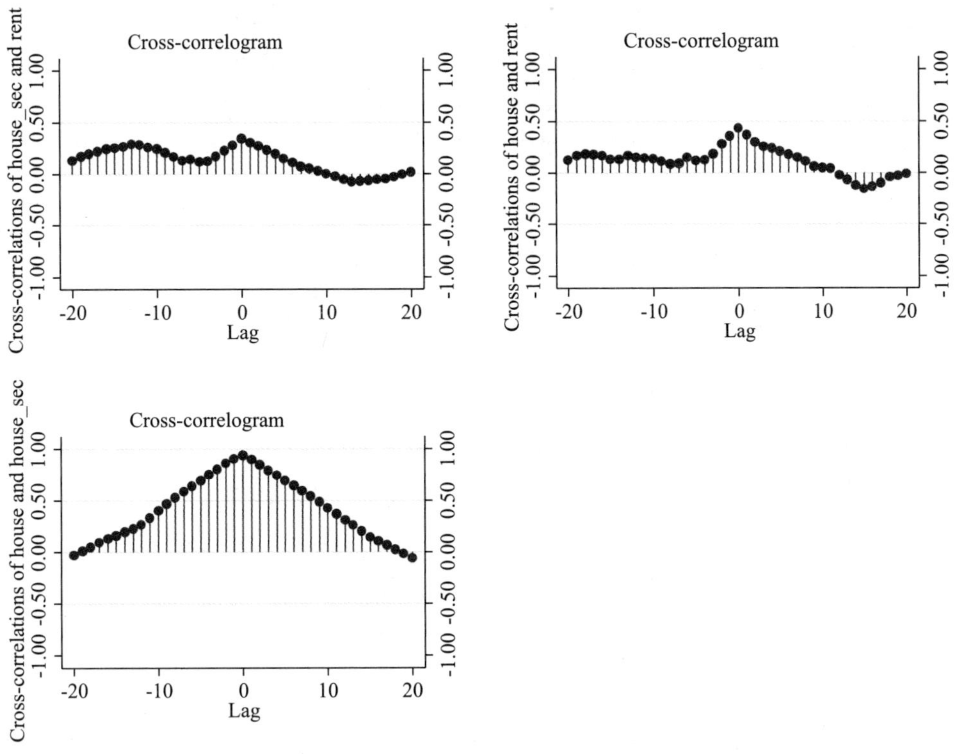

图 4-2 新房价格、二手房价格与租赁价格的滞后关系

根据图 4-2，二手房价格与滞后约 9 天的租赁价格最相关，新房价格与滞后约 13 天的租赁价格最相关，而新房价格与二手房价格的相关性几乎不提前也不滞后。交叉图显示，变量次序依次为新房价格、二手房价格以及租赁价格。在经济理论上，这可以解释为由于一、二线城市外来人口大量涌入，住房压力加大，直接导致新建房价格上涨，间接引起存量房价格上涨。当新建房和存量房的供给量与价格满足不了居民的需求时，将导致租赁价格上涨。

2. 金融对租价的影响——基于 OLS 模型与格兰杰因果检验

为了探究银行间同业拆借平均加权利率与银行间质押回购利率对租价的影响，本文基于 OLS 模型构建如下模型，并进行实证回归。其中式 4.1 中 β_2 等于 0，式 4.2 中 β_1 等于 0，式 4.3 中，β_1、β_2 皆不为 0。

$$RENT_i = \beta_1 SHIBOR_{i1} + \beta_2 R007\_7_{i1} + \beta_3 HOUSE_{i1} + \beta_4 DRR\_SM_{i1} + \varepsilon_t \quad i = 1, \cdots, n$$

（式 4.4）

从表 4-6 中可以看出，银行间同业拆借 7 天平均加权利率上浮 1%，即当前货币政策紧缩时，租赁价格下降 0.047%。这可以解释为，货币紧缩时资金周转相对困难，资金回笼时间大大缩短，房产企业难以进行房产开发，住房租赁市场也难以发展。而银行间质押式回购加权利率上升1%，租赁价格下降0.067%。即央行进行正回购操作时，央行作为资金的借入方出现，从而使银行的超额准备金减少，即银行的“闲钱”暂时退出市场流通。这样就会直接影响银行自身对债券投资的能力，同时减少了银行对企业，特别是房地产企业的放贷能力，进而从整体上使市场资金收紧，使租金下降。

表4-6　　金融类变量影响租价的实证结果

RENT	(1)	(2)	(3)
SHIBOR_ 7	-0.047* (0.025)		-0.244*** (0.088)
R007_ 7		-0.067* (0.033)	0.159 (0.095)
HOUSE	0.031* (0.017)	0.324** (0.134)	0.248* (0.144)
DRR_ SM	0.099 (0.113)	0.362* (0.195)	0.176 (0.215)
Constant	4.289*** (0.390)	0.845 (1.682)	2.058 (1.840)

在此基础上，对租赁价格、新房价格与银行间同业拆借加权利率进行格兰杰因果检验。建立VAR模型如下：

$$HOUSE_t = C_1 + \sum_{i=1}^{a} \beta_i^1 RENT_{t-i} + \sum_{j=1}^{b} \gamma_j^1 HOUSE_{t-j} + \sum_{v=1}^{c} \gamma_j^1 HOUSE\_SEC_{t-v} + \delta_t^1$$

（式4.5）

$$RENT_t = C_1 + \sum_{i=1}^{d} \beta_i^1 HOUSE_{t-i} + \sum_{j=1}^{e} \gamma_j^1 RENT_{t-j} + \sum_{v=1}^{f} \gamma_j^1 SHIBOR\_7_{t-v} + \delta_t^1$$

（式4.6）

$$SHIBOR\_7_t = C_1 + \sum_{i=1}^{g} \beta_i^1 HOUSE_{t-i} + \sum_{j=1}^{h} \gamma_j^1 RENT_{t-j} + \sum_{v=1}^{k} \gamma_j^1 SHIBOR\_7_{t-v} + \delta_t^1$$

（式4.7）

其中a，b，c，d，e，f，g，h，k为滞后阶数，其中最佳滞后阶数由AIC、FPE检验和SC准则确定，在VAR基础上进行Granger因果检验。表4-7结果显示，短期新房价格是行间同业拆借加权利率的格兰杰原因，从长期来看，两者互为格兰杰原因。无论短期与长期，租赁价格与新房价格都不存在格兰杰因果关系，这一点与上文结论相同。另外，租赁价格仅在长期是银行间同业拆借加权利率的格兰杰原因。

表 4-7　租价、新房价格与银行间同业拆借加权利率的格兰杰因果关系

A	RENT	HOUSE	HOUSE	SHIBOR_ 7	SHIBOR_ 7	RENT
B	HOUSE	RENT	SHIBOR_ 7	HOUSE	RENT	SHIBOR_ 7
阶数	P 值	P 值	P 值	P 值	P 值	P 值
1	0. 165	0. 435	0. 790	0. 042	0. 887	0. 353
2	0. 176	0. 953	0. 860	0. 021	0. 802	0. 326
3	0. 125	0. 332	0. 529	0. 008	0. 108	0. 354
4	0. 115	0. 225	0. 342	0. 005	0. 009	0. 377
5	0. 195	0. 545	0. 596	0. 001	0. 048	0. 824
6	0. 771	0. 461	0. 507	0. 002	0. 170	0. 646
7	0. 809	0. 176	0. 160	0. 001	0. 084	0. 931
8	0. 111	0. 041	0. 025	0. 000	0. 116	0. 026
9	0. 493	0. 272	0. 071	0. 000	0. 194	0. 019
10	0. 743	0. 309	0. 911	0. 000	0. 391	0. 117
11	0. 394	0. 051	0. 033	0. 000	0. 663	0. 240
12	0. 817	0. 699	0. 001	0. 000	0. 946	0. 966
13	0. 817	0. 699	0. 001	0. 000	0. 946	0. 966
14	0. 451	0. 899	0. 001	0. 000	0. 000	0. 781
15	0. 909	0. 869	0. 114	0. 000	0. 008	0. 851

注：原假设为 B 是 A 的格兰杰原因，当 $p>0.1$ 时，说明拒绝原假设，B 不是 A 的格兰杰原因。

我们将金融变量换成银行间质押式回购加权利率，即对租赁价格、新房价格与银行间质押式回购加权利率进行格兰杰因果检验。表 4-8 结果显示，无论短期还是长期，租赁价格均是银行间质押式回购加权利率的格兰杰原因，而质押式回购加权利率并不是租赁价格的格兰杰原因。另外，从长期来看，新房价格与质押式回购加权利率互为格兰杰因果关系。

表 4-8　租价、新房价格与银行间质押式回购加权利率的格兰杰因果关系

A	RENT	HOUSE	HOUSE	R007_ 7	R007_ 7	RENT
B	HOUSE	RENT	R007_ 7	HOUSE	RENT	R007_ 7
阶数	P 值	P 值	P 值	P 值	P 值	P 值
1	0. 193	0. 459	0. 960	0. 201	0. 462	0. 437
2	0. 214	0. 918	0. 798	0. 226	0. 166	0. 486
3	0. 138	0. 403	0. 745	0. 256	0. 001	0. 429

续表

A	RENT	HOUSE	HOUSE	R007_ 7	R007_ 7	RENT
B	HOUSE	RENT	R007_ 7	HOUSE	RENT	R007_ 7
阶数	P 值	P 值	P 值	P 值	P 值	P 值
4	0. 130	0. 341	0. 633	0. 349	0. 000	0. 469
5	0. 204	0. 697	0. 887	0. 298	0. 002	0. 917
6	0. 751	0. 547	0. 649	0. 519	0. 007	0. 718
7	0. 798	0. 234	0. 221	0. 281	0. 009	0. 898
8	0. 133	0. 049	0. 025	0. 041	0. 005	0. 112
9	0. 509	0. 274	0. 049	0. 025	0. 036	0. 058
10	0. 649	0. 303	0. 871	0. 009	0. 401	0. 084
11	0. 343	0. 047	0. 025	0. 000	0. 392	0. 243
12	0. 827	0. 746	0. 001	0. 004	0. 611	0. 951
13	0. 371	0. 695	0. 002	0. 017	0. 995	0. 936
14	0. 453	0. 842	0. 000	0. 683	0. 004	0. 706
15	0. 931	0. 827	0. 072	0. 680	0. 003	0. 766

注：原假设为 B 是 A 的格兰杰原因，当 $p > 0.1$ 时，说明拒绝原假设，B 不是 A 的格兰杰原因。

我们将新房价格替换为二手房价格，研究二手房价格、租赁价格以及银行间同业拆借加权利率的关系。由表 4 - 9 可知，二手房价格始终是银行间同业拆借加权利率的格兰杰原因，而银行间同业拆借加权利率仅在长期是二手房价格的格兰杰原因。租赁价格仅在长期是银行间同业拆借加权利率的原因，而后者始终背离前者。由表 4 - 10 可知，二手房价格在短期是银行间质押式回购加权利率的格兰杰原因，而银行间质押式回购加权利率短期背离二手房价格，仅在长期是其格兰杰原因。而银行间质押式回购加权利率仅在特定的时间与租赁价格存在格兰杰因果关系。

表 4 - 9　租价、二手价格与银行间同业拆借加权利率的格兰杰因果关系

A	RENT	HOUSE_ SEC	HOUSE_ SEC	SHIBOR_ 7	SHIBOR_ 7	RENT
B	HOUSE_ SEC	RENT	SHIBOR_ 7	HOUSE_ SEC	RENT	SHIBOR_ 7
阶数	P 值	P 值	P 值	P 值	P 值	P 值
1	0. 129	0. 385	1. 000	0. 029	0. 936	0. 218
2	0. 067	0. 023	0. 954	0. 003	0. 863	0. 156
3	0. 088	0. 008	0. 744	0. 000	0. 119	0. 210
4	0. 151	0. 003	0. 966	0. 000	0. 015	0. 280
5	0. 383	0. 009	0. 804	0. 000	0. 088	0. 816

续表

A	RENT	HOUSE_ SEC	HOUSE_ SEC	SHIBOR_ 7	SHIBOR_ 7	RENT
B	HOUSE_ SEC	RENT	SHIBOR_ 7	HOUSE_ SEC	RENT	SHIBOR_ 7
阶数	P 值	P 值	P 值	P 值	P 值	P 值
6	0.877	0.050	0.235	0.000	0.162	0.636
7	0.761	0.037	0.050	0.000	0.027	0.903
8	0.082	0.007	0.006	0.000	0.018	0.020
9	0.086	0.000	0.010	0.000	0.040	0.008
10	0.215	0.002	0.001	0.001	0.189	0.051
11	0.558	0.003	0.003	0.002	0.317	0.260
12	0.608	0.002	0.008	0.004	0.113	0.853
13	0.409	0.010	0.001	0.003	0.101	0.657
14	0.833	0.001	0.002	0.009	0.000	0.925
15	0.865	0.000	0.008	0.004	0.002	0.822

注：原假设为 B 是 A 的格兰杰原因，当 $p > 0.1$ 时，说明拒绝原假设，B 不是 A 的格兰杰原因。

表 4－10　租价、二手价格与银行间质押式回购加权利率的格兰杰因果关系

A	RENT	HOUSE_ SEC	HOUSE_ SEC	R007_ 7	R007_ 7	RENT
B	HOUSE_ SEC	RENT	R007_ 7	HOUSE_ SEC	RENT	R007_ 7
阶数	P 值	P 值	P 值	P 值	P 值	P 值
1	0.169	0.355	0.336	0.441	0.143	0.297
2	0.097	0.015	0.317	0.139	0.085	0.271
3	0.106	0.003	0.553	0.001	0.007	0.271
4	0.183	0.001	0.562	0.000	0.011	0.366
5	0.406	0.001	0.663	0.002	0.026	0.908
6	0.857	0.013	0.584	0.011	0.069	0.712
7	0.746	0.010	0.205	0.005	0.100	0.864
8	0.106	0.002	0.029	0.001	0.067	0.089
9	0.101	0.000	0.047	0.009	0.122	0.028
10	0.146	0.001	0.012	0.077	0.352	0.029
11	0.505	0.002	0.012	0.523	0.181	0.277
12	0.614	0.001	0.027	0.231	0.558	0.856
13	0.424	0.003	0.003	0.180	0.794	0.716
14	0.882	0.000	0.005	0.000	0.216	0.814
15	0.817	0.000	0.015	0.000	0.376	0.715

注：原假设为 B 是 A 的格兰杰原因，当 $p > 0.1$ 时，说明拒绝原假设，B 是 A 的格兰杰原因。

3. 土地收入对租价的影响

为了探究土地收入对租价的影响，本文基于 OLS 模型构建如下模型，并进行实证回归。

$$RENT_i = \beta_1 P\_L\_SH_{i1} + \beta_2 AA\_L\_SH_{i1} + \varepsilon_1 (i = 1, \cdots, n) \quad (式 4.8)$$

如表 4 - 11 所示，土地价格每增加 1 个单位 1%，租赁价格将上涨 0.252%，而土地面积每减少 1 个单位，租赁价格将上涨 0.273%。这可以从经济理论中寻求答案。土地供应的减少会加剧土地开发商的竞争，进而导致土地出让金的上升。地价的上涨增加了房地产开发商的开发成本，开发商会把土地的成本转嫁到购房者身上，导致房价的上升。而房价的上升会推高租金的上升。

表 4 - 11　　土地收入影响租价的实证结果

RENT	Coef.	St. Err.	t - value	p - value	[95% Conf	Interval]	Sig
P_ L_ SH	0.252	0.038	6.68	0.000	0.163	0.342	***
AA_ L_ SH	-0.273	0.059	-4.59	0.003	-0.413	-0.132	***
Constant	7.683	1.206	6.37	0.000	4.831	10.535	***

注：*** 代表 p<0.01，** 代表 p<0.05，* 代表 p<0.1。

4. 税收对租价的影响

为了探究税收对租价的影响，本文基于 OLS 模型构建如下模型，并进行实证回归：

$$RENT_i = \beta_1 TAX_{SH_{i1}} + \beta_2 HOUSE_{SH_{i1}} + \beta_3 HOUSE_{SH_{i1}} + \beta_4 HOUSE_{SEC_{SH_{i1}}} + \beta_5 ROR\_SEC\_SH_{i1} + \varepsilon_1 (i = 1, \cdots, n) \quad (式 4.9)$$

表 4 - 12 可知，在上海地区，房产税每上升 1%，租赁价格将增加 0.256%。孙志刚（2017）指出，房产税对住房租赁市场的影响有税收效应和供给效应。租金会由于房产税带来的税收效应而上涨，因供给效应而下降。在两种效应的均衡作用下，上海地区的租赁价格因房产税的增加而上涨。由表 4 - 13 可知，短期内，上海的租赁价格和房产税互为格兰杰因果原因，而土地价格与两者不存在格兰杰因果关系。

表 4 - 12　　房产税影响租赁价格的实证结果

RENT_ SH	Coef.	St. Err.	t - value	p - value	[95% Conf	Interval]	Sig
TAX_ SH	0.256	0.090	2.86	0.035	0.026	0.487	**
HOUSE_ SH	0.092	0.117	0.79	0.467	-0.209	0.394	
HOUSE_ SEC_ SH	0.621	0.254	2.45	0.058	-0.031	1.272	*
ROR_ SEC_ SH	0.456	0.282	1.61	0.168	-0.270	1.182	
Constant	-0.058	2.222	-0.03	0.980	-5.770	5.654	

注：*** 代表 p<0.01，** 代表 p<0.05，* 代表 p<0.1。

表 4-13　　房产税、土地价格与租赁价格的格兰杰因果检验

A	RENT_ SH	TAX_ SH	RENT	P_ L_ SH	P_ L_ SH	TAX_ SH
B	TAX_ SH	RENT_ SH	P_ L_ SH	RENT_ SH	TAX_ SH	P_ L_ SH
阶数	P 值	P 值	P 值	P 值	P 值	P 值
1	0.649	0.036	0.455	0.284	0.105	0.544
2	0.028	0.064	0.132	0.551	0.899	0.195
3	0.014	0.191	0.173	0.967	0.729	0.950
4	0.155	0.239	0.173	0.730	0.928	0.215

注：原假设为 B 是 A 的格兰杰原因，当 $p>0.1$ 时，说明拒绝原假设，B 不是 A 的格兰杰原因。

在此基础上，建立土地价格、房产税和租赁价格的 VAR 模型：

$$RENT\_SH_t = C_1 + \sum_{i=1}^{a} \beta_i^1 TAX\_SH_{t-i} + \sum_{j=1}^{b} \gamma_j^1 RENT\_SH_{t-j} + \sum_{v=1}^{c} \gamma_j^1 P\_L\_SH_{t-v} + \delta_t^1$$

（式 4.10）

$$TAX\_SH_t = C_1 + \sum_{i=1}^{a} \beta_i^1 TAX\_SH_{t-i} + \sum_{j=1}^{b} \gamma_j^1 RENT\_SH_{t-j} + \sum_{v=1}^{c} \gamma_j^1 P\_L\_SH_{t-v} + \delta_t^1$$

（式 4.11）

$$P\_L\_SH_t = C_1 + \sum_{i=1}^{a} \beta_i^1 TAX\_SH_{t-i} + \sum_{j=1}^{b} \gamma_j^1 RENT\_SH_{t-j} + \sum_{v=1}^{c} \gamma_j^1 P\_L\_SH_{t-v} + \delta_t^1$$

（式 4.12）

其中 a，b，c，d，e，f，g，h，k 为滞后阶数，其中最佳滞后阶数由 AIC、FPE 检验和 SC 准则确定，在 VAR 基础上进行 Granger 因果检验。

利用 2015 年 1 月至 2019 年 3 月的全国月度数据以及 2008—2017 年上海市年度数据，运用格兰杰因果检验与 OLS 方法，将新房、二手房市场、金融市场、土地市场、政府收入同租赁市场联系起来，研究租赁价格的影响因素。由实证结果可知，租赁价格的影响因素有新房价格、二手房价格、银行间同业拆借利率、银行间质押式回购加权利率、土地价格以及房产税等。格兰杰因果检验结果表明，二手房价格与滞后约 9 天的租赁价格最相关，新房价格与滞后约 13 天的租赁价格最相关。无论短期还是长期，租赁价格变动均是银行间质押式回购加权利率变动的格兰杰原因，却仅在长期是银行间同业拆借加权利率变动的格兰杰原因，而银行间同业拆借加权利率与质押式回购加权利率变动并不是租赁价格变动的格兰杰原因。在短期内，租赁价格和房产税互为格兰杰原因，而从长期来看不存在格兰杰因果关系。无论长期或短期，土地价格与两者不存在格兰杰因果关系。

另外，通过 OLS 模型实证得出，银行间同业拆借 7 天平均加权利率上浮、质押式回购加权利率上升、土地价格下降、土地供应面积上升以及房产税下降均会导致

租赁价格下降；反之则上升。在金融市场上，银行间同业拆借7天平均加权利率上浮1%，即当前货币政策紧缩时，租赁价格下降0.047%。银行间质押式回购加权利率上升1%，即央行进行正回购操作时，租赁价格下降0.067%。当货币紧缩时，资金周转相对困难，资金回笼时间大大缩短，房产企业难以进行房产开发，住房租赁市场也难以发展。央行进行正回购操作时，央行作为资金的借入方，使得银行的超额准备金减少，即银行的“闲钱”暂时退出市场流通。这样就会直接影响银行自身对债券投资的能力，同时减少了银行对企业，特别是房地产企业的贷放能力，进而从整体上使市场资金收紧，使租金下降。在土地市场方面，土地供应的减少会加剧土地开发商的竞争，进而导致土地出让金的上升。地价的上涨增加了房地产开发商的开发成本，开发商会把土地的成本转嫁到购房者身上，从而导致房价的上升。而房价的上升会推高租金的上升。而政府税收特别是房产税也会通过税收效应和供给效应影响租赁价格。在上海地区，房产税每上升1%，租赁价格将增加0.256%。

（四）主要结论

通过理论与实证的检验，主要的结论有以下几个方面。

首先，住房销售市场与租赁市场息息相关，住房销售市场既包括新房的销售市场，也包括二手房的销售市场。从短期来看，二手房的销售价格是新房的格兰杰原因，而租赁价格是二手房价格的格兰杰原因。从长期来看，租赁市场的价格与销售市场的二手房价格之间互为格兰杰原因。其主要的原因可能是一、二线城市外来人口的大量涌入，住房压力加大，直接导致销售市场新建房屋的价格上涨，间接引起存量房价格的上涨。当新建房和存量房的供给与价格都满足不了居民的需求时，租赁价格将会上涨。

其次，金融市场直接或间接地影响着住房租赁市场。通过银行同业拆借率的实证分析，可以看到紧缩的货币政策会降低租赁市场的价格。当货币紧缩时，资金周转相对困难，资金回笼时间大大缩短，房地产企业难以进行房产开发，住房租赁市场也难以发展。同时，通过对银行间质押式回购加权利率的分析，当央行进行正回购操作时，直接影响银行自身对债权投资的能力，同时减少银行对房地产企业的放贷能力，从而导致市场上的资金收紧、租金下降。

第三，房产税对住房租赁市场有影响。以上海市为例，当房产税每增加1%，租赁价格将增加0.256%。在税收效应和供给效应的双重作用下，上海地区住房租赁市场的租赁价格因房产税的增加而上涨。短期内来看，上海的房产税是租赁价格的格兰杰原因。

第三节　政策建议

一、加大住房租赁市场适租房供应

（一）加大租赁住房专用土地供给

要扩大适租房屋的供给，需要在土地审批时明确其租赁用途，从而在地产开发时以租赁为出发点进行设计建造。在这方面，政府首先要加大租赁专项用地的供给，引导地产商进行适租房屋的建设开发。上海、深圳等一线城市开始试点“只租不售”的专项土地供给，但对地产开发商的相关资质有着诸多限制。在全国范围内更为普遍的做法是在复合地块开发和城市综合体建设时，要求地产开发商以一定比例建设租赁住房。未来应结合相关试点的成功经验，从住房租赁的实际出发，在交通便利、办公楼密集区或者产业园区周边区域，加大租赁住房用地的供给和租赁住房的建设比例，从源头上解决适租房屋短缺的问题。

（二）丰富租赁房屋供给渠道

进一步丰富租赁房屋的来源，需要充分发挥政府的引导作用和市场对资源配置的决定性作用。

政府方面，需要完善公共租赁住房建设及管理。一是要继续加大公共租赁住房建设和筹集力度，特别是配合产城融合发展需要，建立完善服务各类园区的配套租赁住房，有效避免部分公租房空置率较高问题。二是要推进公租房货币化，实行实物配租与货币补贴并举，支持公租房保障对象通过租赁市场租房，政府对符合条件的家庭给予租赁补贴。这既有助于减轻政府投资建设公租房的资金压力，也有助于推动租赁市场发展。三是要提高公租房的运营管理水平，鼓励地方政府采取购买服务或与社会资本合作（PPP）的方式，将现有政府投资和管理的公共租赁住房交由专业化住房租赁企业运营管理，提高公共租赁住房运营管理水平，改善租户居住体验。

市场方面，要培养规模化专业化住房租赁企业。一是要鼓励房地产开发企业通过自持物业发展住房租赁业务，根据市场需求和区位特点，选择部分地块在出让环节即增加开发企业自持或配建租赁住房要求。二是要支持租赁企业与开发企业进行业务合作，通过收购或长期租赁方式获取房源，开展住房租赁业务。三是要鼓励租赁企业盘活存量房源用于租赁，引入专业化品牌公寓企业，利用闲置或低效工业厂房、办公用房及个人住房，将其按规定改建为标准租赁公寓。

具体而言，可以允许企业依据市场需要，灵活地把商业用地、集体用地等不同性质的土地用于房屋租赁项目的开发建设；鼓励企事业单位把空余的员工宿舍投入到住房租赁市场；允许创新产业园区、高新工业园区在园区建设的同时，按科学配比进行员工宿舍和租赁住宅建设；在城市更新和综合地块开发建设时，提高租赁住宅的比例，引导传统地产开发企业向“租购并举”发展；支持和鼓励社会资本进军品牌公寓和青年公寓等项目的建设经营。

二、健全住房租赁市场长效机制

（一）完善租赁信息备案登记制度

落实住房租赁备案制度有助于将更多的租赁业务聚拢在管理部门视线范围内，从而能及时发现问题并解决问题，不断完善及提升住房租赁行政管理能力与水平。

对登记备案的信息需进一步完善，特别是要把没有合同约束保障的地下租赁交易和“二房东”转租交易信息纳入登记备案范围内。在租赁信息的登记备案中，除了要对租赁合同信息进行备案外，还应对房东和租客的历史交易信息、经手房屋的中介信息、房屋的建造和过往修缮信息进行备案登记和归档，并在此基础上逐步实现信息的公开和透明。

（二）加强租赁市场诚信体系建设

为了降低信息不对称所带来的住房租赁交易风险与损失，降低房东和租客间的匹配成本，倡导诚信行为和契约精神，要建立完善的住房租赁市场诚信体系。首先，建立涉及房东、租客和住房租赁机构的相关诚信信息采集机制；其次，发展完善的信用评价指标体系，对市场参与者的相关信息给出公正合理的信用评级；再次，要建立畅通的租赁市场诚信信息公开查询渠道，使市场交易者能够及时地查询到历史评级，降低市场交易成本；最后，建立对失信行为的惩罚机制，从而从根本上规范约束“黑房东”“恶租客”和“黑中介”等扰乱市场秩序的行为。

三、加快住房租赁市场金融与法律体系建设

（一）发展以房地产投资信托基金（REITs）为代表的租赁市场配套融资体系

为实现我国住房租赁市场的可持续发展，需要为企业提供有效的融资渠道，通

过合法投资渠道吸纳社会闲散资金。要鼓励金融机构按照依法合规、风险可控、商业可持续原则，向住房租赁企业提供全方位金融支持。支持金融机构结合租赁企业经营特点，提供租金收益权质押融资等长期贷款品种和金融解决方案；支持符合条件的住房租赁企业发行企业债券、公司债券、非金融企业债务融资工具等进行直接融资；支持并推动发展 REITs，吸引更多社会资金参与市场培育和发展。

其中，又以 REITs 的应用最为普遍和广泛。我国目前正处于 REITs 模式试点阶段，天津市开始试运行首例保障房的 REITs 产品。从国家层面来看，应加大对 REITs 类住房租赁市场配套融资产品的支持力度，并积极试点和推广应用住房租赁融资模式。

（二）健全住房租赁市场的法律体系

我国住房租赁市场在政策的大力扶持下成长迅猛，但现行住房租赁法律体系的发展却远远滞后于市场本身，不仅尚无住房租赁的专项法律，且部分现有法规也未能匹配市场实际。因此，亟待建立起科学、公平、合理和先进的住房租赁市场法律体系，加快住房租赁专项立法的进程。要着力完善租赁管理服务的法律法规体系，尽快出台与各大城市实际情况相匹配的房屋租赁管理规定、租赁住房标准等规范性文件，如商改租和租赁交易监管等政策，明确租赁住房的最低人均居住面积、存量房准入门槛、网上备案流程以及租赁双方、企业与个人的权利义务等，全面规范住房租赁市场秩序。

同时，以法律形式规范 REITs 等租赁市场新生事物的具体运作，并为租售同权、租购并举、集体用地用于租赁住房建设等租赁市场新形式提供法律保障。

四、培育和发展住房租赁市场参与主体

（一）引导房地产开发企业进入租赁市场

随着我国城市化进程的发展和一、二线城市土地供应的紧缺，以住宅开发销售为主的传统房地产企业发展模式将难以持续，房地产开发企业本身面临着转型诉求。参照国外成熟市场的发展经验，住房租赁是地产开发企业应有的转型方向，如日本大型租赁公寓运营商 Leopalace21 就是从住宅开发销售企业转型而来。

鉴于我国的房地产开发企业有着丰富的住房开发建设经验、强大的融资能力和高周转的快速扩展能力，很有可能转型成为租赁市场上的专业化机构。建议从税收和政策上鼓励房地产开发企业提高持有型物业的经营比例，引导其从销售为主的经营模式向租购并举的经营模式转变。

（二）培育专业化的租赁管理机构

房屋的出租涉及招租、建筑装饰、家具配套、合同签订等多个环节，具有高度专业性。要提高租赁市场的效率，必然要有能为个人房东提供空置房屋托管服务的专业化租赁管理机构。事实上，政府主导的保障性租赁住房同样需要此类租赁管理机构的服务。在发达国家租赁市场上，已形成了成熟的住房租赁托管服务体系。依据托管服务的覆盖度，经营模式可分为三大类：只负责寻找租客的招租模式；办理入户、合同签订、收缴租金的综合管理模式；一站式托管转租的包租模式。我国目前的房地产中介还停留在最基础的招租模式，市场缺乏提供从建筑服务到包租管理一站式服务的住房租赁托管机构。因此，要大力培育和发展专业化住房租赁托管机构，提高居民自有房屋出租的托管率，并为租住双方提供标准化的租赁服务。

（三）加快线上租赁平台建设

加快建设安全开放的租赁服务平台，为租赁市场供需双方提供高效、准确、便捷的信息服务，实现租赁交易全流程线上办理和租赁双方信用评价管理。建议住建部门联合公安、社保、医疗、教育等部门共同协作，实现各部门之间数据共享。从线上线下嫁接更多的社保、医疗、居住证等各项公共服务，为居民办理居住证、子女入学、公租房申报、公积金提取、出租房屋税收征管、外来人口服务管理等提供信息支撑，可通过手机客户端和网站网页多渠道登录使用，提升便民利民服务品质，吸引住房租赁市场利益相关主体主动进行合同备案。

第五章 典型国家和地区发展住房租赁市场的经验借鉴

世界各国的社会经济发展进程存在较大差异，在工业化、城市化的推进过程中，不同的国家在不同历史阶段均遇到不同程度的住房问题，甚至多次爆发世界性住房危机。为解决各种住房问题，各国政府根据自身历史条件和社会现实建立了多种住房制度，在不同阶段也采用了不同的住房政策。总体而言，发达国家由于较早进入工业化和城市化，它们遇到的住房问题以及解决住房问题比其他国家要早；新兴市场国家、转轨国家、发展中国家等遇到住房问题时，既有成功的经验，也有失败的教训。全面了解各类国家的住房制度发展变化规律，有利于更好地理解住房租赁市场的阶段变化特点。因此，本章选择一些具有代表性的国家或地区作为研究对象。发达国家选取美国、英国、德国、日本；中东欧转型国家选取俄罗斯和匈牙利；东亚地区选择中国香港特别行政区和新加坡。

第一节 国际住房制度变革下的租赁市场演进

美国、日本、英国、德国的城市化进程先于我国几十年。截至2018年年末，我国城市化率为59.58%，处于城市化快速发展（30%~70%）和住房建设快速发展阶段。而美国、日本、英国、德国城市化率都超过75%，已经进入城市化和住房建设缓慢增长阶段，它们遇到的住房问题及对住房问题的解决相对较早。其中，美国是发达国家中住房制度较为完善的国家；英国是住房问题暴露最早的国家，也是政府干预最早的国家；德国把居民住房保障作为历届政府首要目标之一，不仅较好地解决了住房短缺问题，还成功实现了房价长期稳定的奇迹；日本属于人口和经济大国，较好地解决了20世纪90年代住房市场泡沫破裂引发的危机。中东欧转型国家在特定的制度背景和国情下，住房制度改革进展并不顺利，俄罗斯、匈牙利等国都经历了一系列的制度变革[①]。东南亚国家通过多种形式解决住房问题，尤其是亚洲的“四小龙”住房问题得到了妥善解决，经济也有了较快的发展。其中，新加坡和中国香港地区较为典型。

对上述样本国家或地区的国际住房制度改革路径、发展动力进行比较，在住房制度演变进程中研究住房租赁市场的发展，可以全面了解租赁市场的演变进程和阶段特点。本节主要分成两部分：一是对每个样本国家或地区租赁市场的发展进行总括性描述，主要包括每个样本国家在不同阶段住房供给主体的变化、保障渠道多样性变化、住房租赁市场发展变化以及住房租赁的类型及其供给方式等；二是对各国租赁市场发展现状作整体分析，为我国租赁市场的良好发展提供经验借鉴。

一、住房制度私有化进程中的租赁市场

世界各国都依据本国政治、经济、文化发展的实际状况，在不同的阶段实行了不同的住房制度。但纵观世界各国住房制度的发展历程，住房私有化是殊途同归的趋势[②]。

（一）发达国家租赁市场演进

1. 英国

（1）住房制度变革下的租赁市场。19 世纪前期，英国政府在住房问题上采取自由放任的政策，住房市场全靠市场自发调控。英国政府对住房问题的干预可以上溯至 19 世纪中后期，那时产业革命带来了城市化的高度发展，人口增长与住房困难的矛盾尖锐。在此背景下，英国政府在 1919 年颁布《住房法》，建立了全世界第一个现代住房制度，制度的核心是将政府支持与居民合理住房消费相结合[③]。19 世纪末至 20 世纪初，英国政府以建公房出租的方式，对住房问题进行干预。

两次世界大战对英国的住房政策产生了深刻的影响，这是国家实行公共干预的关键点。当时的住房政策有两部分。一是针对私营出租业。1915 年，英国政府开始实施《租屋法》，主要是进行租金管制和保证租约稳定，由政府制定最高租金，限制房东任意增加租金牟取暴利。针对私人租赁市场上的房源约占房屋总量 90% 的状况，这项立法逐渐改变了集体和私人利益之间的力量对比。英国住房政策的另一部分内容是针对公共领域。在第二次世界大战时，一些主要的租金管制政策仍被保留下来，并在 1939 年的紧急法案中进行了完善。此外，在两次世界大战之间，英国政

① 胡彬. 评析转轨经济国家的十年住房制度改革［J］. 世界经济，2001，卷缺失（1）：68～74

② 吴强. 住房制度的国际比较与我国房改的借鉴［J］. 经济与管理研究，1999，卷缺失（4）：24～28

③ 包宗华. 西方国家的住宅制度［M］. 北京：中国建筑工业出版社，2005：138

府一方面通过社会租房补贴和自有住房税收优惠政策，鼓励民众改变住房所有权形式；另一方面又积极地进行贫民窟拆迁和改造，这些都进一步加剧了战时英国私人租售住房数量的大幅减少。甚至到第二次世界大战后的重建时期，社会住房和自有住房成为英国最主要的住房所有制形式。

在相当长的一个时期里——从 20 世纪初到 20 世纪 70 年代，在没有限制社会住房增加的情况下，户主自置住房仍能保持增长，公共租赁也在不断增长，而这两种住房规模增加的代价却是私人住房租赁建设规模下降。到 20 世纪 70 年代，私人租赁住房所剩规模已经很少，住房所有制进入了一个新的阶段。

从 20 世纪 60 年代开始，住房协会发展成为住房政策的“第三只手”，并逐渐成为地方政府住房供应的补充，以满足额定人群的需求和对特定区域进行援助。1974 年《住房法》提出的大额公共补贴制度，进一步推动了住房协会的发展。在 1977—1979 年间，在全国范围内住房协会每年建设住房达 40 000 套。各地方政府的重要历史作用是扩大了住房规模以及提高了住房质量，而最贫困的群体却不能从中受益。于是，政府对住房进行再分配，并将高质量住房的定价低于市场价。但到 1979 年，社会住房不再是主要满足富裕工人阶层住房需求的先进的所有制住房，私人租赁不再是所有家庭居住条件比较的基点。社会住房建设的过失和户主自置住房的扩张，产生的影响比以前更大。

1979 年以前的英国住房政策发展历程可以看作住房所有权的现代化过程。表 5 - 1 显示了通过再发展和向自置住房的转变，私人住房租赁逐渐减少。1979 年保守党上台以后，重新强调市场的作用，在住房领域住房政策仅局限于对住房自有制的补充，并以立法的方式推动公共房屋的私有化，鼓励私人租房领域的发展。1980 年英国《住房法》缩减了私人住房租赁的租金管制幅度，租赁条款也更有利于私人租赁业主。1988 年英国保守党对立法进行了修改，进一步放宽了私人住房租赁的租金管制，最终激发了英国私人租赁市场的复苏，从而促使以国家供给为特征的住房集体制的解体。自此以后，英国便一直比较依赖市场机制来满足住房需求。

表 5 - 1　　英国居住方式结构　　单位:%

年份	自有住房	租住公房	租住私房
1914	10	/	90
1945	26	12	62
1950	29	18	53
1960	42	26	32
1971	50	30	20
1979	55	32	13

续表

年份	自有住房	租住公房	租住私房
1985	63	28	9
1995	66	24	10

资料来源：J. Black, D. C. Stafford. Housing Policy and Finance, Routledge, 1988：26；Balchin Paul, ed. Housing Policy in Europe, London/New York：Routledge, 1996；Malpass, P. and Murie, A. Housing Policy and Practice, 5th ed（Basingstoke：Palgrave）, 1999。

在经历了1989年自有住房危机以及后来长期的经济衰退后，英国政策主体发生了改变，但仍保留了住房政策的核心理念，即在不考虑总需求的情况下，减少公共投资范围、减少补贴、以援助低收入者为目标和增强私人部门的作用。

（2）租赁市场发展特点。第一，私人租赁市场不断壮大。如表5-2所示，在2015—2016年间，英格兰的总住户量为2 277万，社会租赁房住户为391.8万（17.2%）。自1980年开始，购买权政策使众多社会租赁房住户以折扣购买住房，社会租赁房住户的比例由1980年的31%降至2015—2016年的17.2%。在2015—2016年间，所有住户中私人租赁房住户约为452.8万，占比19.8%。然而在20世纪80年代和90年代，这个比例只有10%（如表5-1所示）。2002年至今，私人住房租赁业经历了巨大的变化，私人租赁房数量增加31倍，其原因包括20世纪90年代租赁限制的取缔、保障短期租赁户权益、增大租期弹性等，以及房东可以为住户提供购房出租抵押贷款。

表5-2　　苏格兰各类型住户数量　　单位：千户

年份	自有住房住户	私人租赁房住户	社会租赁房住户			全部住户
			当地政府出租房	住房协会	全部	
2005	14 791	2 445	/	/	3 696	20 932
2006	14 791	2 565	/	/	3 737	21 092
2007	14 733	2 691	/	/	3 755	21 178
2008	14 628	2 982	/	/	3 797	21 407
2008—2009	14 621	3 067	1 887	1 955	3 842	21 530
2009—2010	14 525	3 355	1 745	1 930	3 675	21 554
2010—2011	14 450	3 617	1 835	1 992	3 826	21 893
2011—2012	14 388	3 843	1 782	2 026	3 808	22 040
2012—2013	14 337	3 956	1 684	2 000	3 684	21 977
2013—2014	14 319	4 377	1 641	2 279	3 920	22 617
2014—2015	14 324	4 278	1 639	2 272	3 912	22 514
2015—2016	14 330	4 528	1 605	2 313	3 918	22 776

资料来源：https：//www. gov. uk/government/statistics/english - housing - survey - 2015 - to - 2016 - headline - report。

由图5－1可以看出，在伦敦，私人租赁住户自2003—2004年的14%上升至2013—2014年的30%，私人租赁住户所占比例较大，已经超过了社会租赁住户。

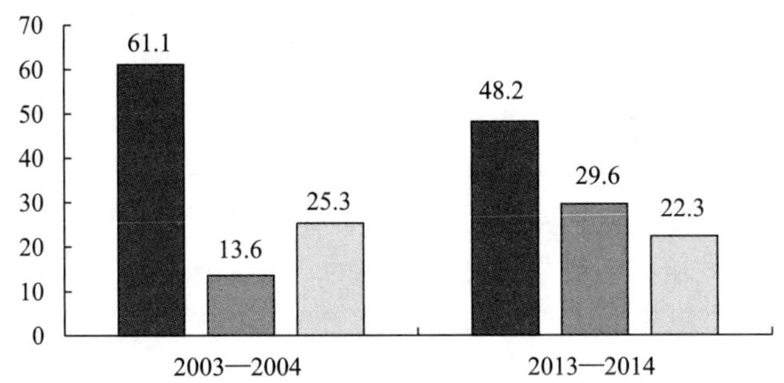

图5－1　伦敦不同住房所有权住户类型比例

资料来源：国外住房发展报告（2016年）。

第二，私人出租部门租金水平高于社会部门。由表5－3可以看出，英格兰和伦敦的私人出租房平均租金均高于社会出租房。其中，在2015—2016年间，英格兰私人出租房平均每周的租房金为184磅，而社会出租房平均每周租金为101磅；在伦敦，私人出租房的平均房价约为社会出租房平均房价的3倍。

表5－3　英格兰平均房租　单位：英镑/周

年份	英格兰平均房租		伦敦平均房价	
	私人出租房	社会出租房	私人出租房	社会出租房
2008—2009	153	71	233	86
2009—2010	156	75	254	95
2010—2011	160	79	241	102
2011—2012	164	83	258	106
2012—2013	163	89	258	114
2013—3014	176	94	281	125
2014—2015	179	99	298	129
2015—2016	184	101	/	/

资料来源：https://www.gov.uk/government/statistics/english－housing－survey－2015－to－2016－headline－report。

2. 德国

（1）住房制度变革下的租赁市场。德国统一之前，同一文化的土地上实行了两种不同的体制。在居民住房状况方面，德国统一的时候，原西部地区居民的住房状况要明显优于东部地区。联邦德国实行的是和市场经济相配套的住房制度，总体上由市场来调控住房市场，政府只是通过补助的形式帮助贫困家庭提升其住房消费的租赁能力。从20世纪80年代开始，为了保证出租住房通过市场平稳地提供给居民，政府制定了《住宅限制法》，对租房者的家庭收入和租住面积作了详尽的规定。

德国的住房租赁制度建立于第二次世界大战后的住房短缺时期①。德国大量住房建筑承受了战争破坏，加上大量难民的涌入，造成住房供需失衡，在德国社会市场经济的原则下，当时的联邦德国政府采取了一系列政策应对战后严重的住房短缺危机，以达到大多数居民"住有其所"的目标。其中，最重要的举措就是通过税收和直接补贴的方法，大力鼓励建筑企业和社会群体建设社会公租房②。直到20世纪50年代初，租金是由政府按照成本计算并冻结的，这类社会公租房性质的住房的快速发展奠定了德国住房租赁市场的基础。到20世纪60年代初，尽管德国的家庭数量有较大的增长，房屋短缺的问题已经基本得到解决。

在德国，住房建设被视为德国社会福利机制的重要部分。在政府层面，住房保障责任在三级政府有明确的划分。在房地产市场上，政府鼓励市场建设住房，通过市场来解决住房供给。在普遍房荒时代（如第二次世界大战后，20世纪60年代和70年代以及两德统一后），政府会通过财税金融政策鼓励个人和私人房产企业进行建设、购置住房。20世纪90年代，德国住房基本能满足市场需要，福利房逐渐退出历史舞台，政府也逐渐退出住房建设。

然而，德国从未放松对整个租房市场的管理，政府制定相关法律全面规范房屋租赁行为，重点保护承租人的合法权益③。德国有关租赁的立法条款主要源自《德国民法典》的有关规定④，如表5－4所示的《住房租赁法》，此外《农佃法》《租赁保障法》《租房法》《出租权利修改法案》等特别法当中也有对租赁的规定。正是在政府积极引导和强烈干预下，德国大力发展租房，租金稳定得到了保证，使得广大的租房者能够获得稳定的住房。

表5－4　　自1971年来《住房租赁法》的演变

时间	《住房租赁法》部次	名称	关键条款
1971.11.25	第一部	《住房解约保护法》	对房东的解约权利予以限制，仅在租客违约、房东有自用需求或改造升级需求情况下，才可解约。对房东的提租权利予以限制，此前1年内租金未变，且目标租金不可超过可比租赁房的标准租金。

① 何芳，滕秀秀．德国住宅租赁管制与租金体系编制的借鉴与启示［J］．价格理论与实践，2017，卷缺失（3）：93～96

② 张延群．德国公租房政策对我国的启示［J］．中国经贸导刊，2011，卷缺失（14）：32～33

③ 杨瑛．借鉴德国经验加快建设以公租房为主的住房保障体系［J］．城市发展研究，2014，21（2）：77～82

④ ［德］比约恩·埃格纳．德国住房政策：延续与转变．德国研究［J］．左婷，译．2011（3）：14～23

续表

时间	《住房租赁法》部次	名称	关键条款
1974.2.18	第二部	《住房解约保护法》	出租人由于房屋改造、房屋维护成本上升、贷款成本增加等而要求增加租金的，必须拿出充分的证据征得承租人同意。
1982.12.23	第三部	《增加租赁住房供应法》	租金在3年内涨幅不得超过30%。
2001.6.19	第四部	《住房租赁法改革法》	租金在3年内涨幅不得超过20%；房东提租，要求在此前15个月内租金未变。
2013.3.11	第五部	《住房租赁法修正案》	在市政府判定的住房供应严峻的区域，租金在3年内涨幅不得超过15%。

资料来源：联邦法律公报，恒大研究院。

从德国模式看，政府只供应很少一部分保障性住房，大部分住房是房地产企业供应的，德国政府重点在政策激励上做文章。政府通过低息贷款政策，鼓励私人业主和开发商投资开发适用于出租的房屋，促进住房供给主体进一步多元化[①]；对较低收入的家庭发放租房补贴，以使其可以享受一定的住房标准。关于住房领域的第三部门机构参与住房领域在德国可追溯到19世纪中期，德国住房与不动产企业联邦协会是德国房地产企业最大的联合会，此后还有德国租房者协会、德国房屋土地中央协会以及德国自由不动产和住房企业联邦协会等。其中，住房协会对房价的定价权较大，社会租赁部门对住房市场有很大的辅助作用，德国住房保障中通过租金制度的第三方管理，对承租人的权益加以保护[②]。

近年来，德国政府的重心从社会福利住房建设转向租金补贴，新的《住房支持法》目标是减少客体补贴，通过租金补助以及政府购买住房分配权直接解决住房经济上的两个社会问题，即弱势群体的支付问题和准入问题。

（2）租赁市场发展特点。第一，德国出租房的承租对象主要是低收入群体。在德国约4 000万套住房中，有近2 400万套住房为出租住房，德国的租房率较高。从表5－5可以看出，随着收入水平的上升，购买自有住房的家庭逐渐增加，而租房者所占比重明显下降。

① 黄燕芬，唐将伟．福利体制理论视阈下德国住房保障政策研究［J］．价格理论与实践，2018，卷缺失（3）：16～21

② 余南平．欧洲社会模式——以欧洲住房市场和住房政策为视角［M］．上海：华东师范大学出版社，2008

表 5-5　　2013 年年初德国自有住房者和租房者占比（按家庭净收入和地区）　单位：%

每月净收入	全德国		联邦德国地区（西德）		民主德国地区（东德）	
	租房者	自有住房者	租房者	自有住房者	租房者	自有住房者
900 以下	86.4	13.6	85.8	14.2	87.8	12.2
900—1 300	79.1	20.9	77.0	23.0	84.5	15.5
1 300—1 500	70.4	29.6	67.7	32.3	78.4	21.6
1 500—2 000	64.7	35.3	62.8	37.2	71.0	29.0
2 000—2 600	52.1	47.9	49.8	50.2	61.0	39.0
2 600—3 600	40.5	59.5	38.8	61.2	49.4	50.6
3 600—5 000	29.2	70.8	28.4	71.6	34.2	65.8
5 000—18 000	20.9	79.1	20.6	79.4	22.7	77.3

资料来源：国外住房发展报告（2016 年）。

第二，租房者占比高于自有住房者。从表 5-6 可以看出，从家庭结构来看，无论是全德国还是两德统一前的联邦德国与民主德国，1 人家庭租房者比例远大于自有住房者，而 3 人及以上家庭，两者比重相对均衡。在德国租房率很高，房租的变化更受人们的关注。2010—2014 年，纯房租上涨了近 100 欧元。2014 年德国平均冷租①价格为 7.1 欧元/（每平方米×每月），1 套约为 70 平方米的住房租金约为 500 欧元。但德国不同地区的租金差异较大，例如山区或农村地区租金最低，4.08/（每平方米×每月），而最贵的慕尼黑市区，冷租高达 13.99 欧元/（每平方米×每月）。

表 5-6　　2014 年德国自有住房者和租房者占比（按家庭大小）　单位：%

家庭结构	全德国		联邦德国（西德）		民主德国（东德）	
	租房者	自有住房者	租房者	自有住房者	租房者	自有住房者
1 人家庭	72.4	27.6	69.5	30.5	82.3	17.7
2 人家庭	47.3	52.7	44.7	55.3	56.3	43.7
3 人或 3 人以上家庭	41.4	58.6	39.5	60.5	50.5	49.5
总共	56	44	53.2	46.8	66.3	33.7

资料来源：国外住房发展报告（2016 年）。

3. 美国

（1）住房制度变革下的租赁市场。美国和西欧国家情况不同，政府介入住房问题较晚，住房供求关系主要依靠市场进行调节。美国政府对住房问题的自由放任态

① 冷租，指不包括物业管理费用和电费的房租。

度一直持续到经济大萧条前期。在这一时期，公共租赁住房项目的规模较小，主要用于战时应急，而不是改善贫民窟居住条件，解决低收入阶层的住房问题。经济大萧条被普遍认为是美国公共租赁住房体系的开端。经济大萧条给美国经济社会造成了重创，建筑业急剧衰退甚至崩溃，最终产生了严重的住房危机，贫民窟问题加速恶化①。1936 年，美国住房市场逐渐复苏，1937 年国会通过了《美国住房法》，这一法案授权美国联邦住房管理局（FHA）负责贫民窟的清理工作，并为政府提供 60 年固定利率低息贷款，开始大规模新建公共住房，解决低收入群体租房困难的问题。截至 1941 年，新建公共住房达 12 万套。由于担心公共住房的建设会损害私人住房市场，美国以公共住房为首的低收入家庭住房政策长期不受人们青睐。1938—1942 年，美国国会削减了公共住房财政拨款，第二次世界大战期间国会禁止给低收入家庭建房，直到 1949 年《住房法案》通过才重启公共住房项目。20 世纪 60 年代 236 条款、202 条款等相继出台，政府开始与非政府的营利及非营利机构合作，通过提供低息贷款等方式共建面向低收入人群的廉租房②。1968 年代表保守主义的共和党人尼克松上台执政，此时正值美国政府面临较为严重的恶性通货膨胀和财政赤字，1973 年尼克松宣布无限期推迟所有由联邦政府出资建设的公共住房项目。1974 年尼克松为开展住房政策改革推出了《住房和社区发展法》，鼓励低收入人群在私人住房市场上获得可负担的住房。《住房法案》的第八条款有两项重要改革措施。第一是补贴供给方的 LIHTC 项目，激励私人开发商、业主与政府共同协作开发保障性住房项目，有效提升补贴的效率，但是政府的长期担保造成了联邦政府沉重的财政负担。第二是补贴需求方的租房券项目。20 世纪 70 年代以后，美国住房市场的矛盾由住房短缺转变为房租在居民消费结构中占比过高，为解决这一问题，美国政府又出台了住房租金补贴政策，即政府对低收入家庭进行住房租金补贴。住房租金主要采用两种方式进行补贴：租金凭单和住房优惠券。两者区别在于，前者是对租房子的具体补贴凭单，后者是一种优惠券。为了刺激私人增加租赁市场供给，1981 年美国颁布《经济复苏税法》，将以前 30—40 年的出租住房折旧期缩短为 15 年，这使出租房屋者可获得更大的减税优惠。20 世纪 70 年代末期，美国经济严重滞胀，1983 年里根时期彻底停止第八条款中对新的基于项目的资助。里根时期将第八条款中基于项目的补贴取消，只有基于租户的补贴项目不断发展。1988 年联邦政府对这一政策进行调整，将其更名为租房券（HCV）项目，相较于对供给方的补贴，需求方的补贴效率更高，租客可以有更大的自主权在私人市场选择适合自己的房屋。1988 年以来，HCV 成为美国面向低收入人群租房补贴数额最大的项目，截至 2017

① 吕程．美国“市场优先”的住房租赁政策实践与启示［J］．经济问题，2019（2）：19～26

② JOSHUA D. A. , et al. Forty years of rent control: reexamining New Jersey's moderate local policies after the Great Recession. *Citites*, 2015（8）：121～133

年共资助了220万元低收入家庭的租房消费。此后，政府基于HCV项目又推出了两个重要的混合收入居住项目：高特罗计划和前往机会之地计划。

美国政府的四大补贴政策如表5-7所示。

表5-7　　美国四大租房补贴项目①　　单位：亿美元

政策名称	联邦政府2017年支出	资助家庭收入标准
租房券项目	201	每个地区至少75%的住房券必须用于资助收入低于地区中位数（AMI）30%的家庭，剩余住房券必须用于收入低于AMI 80%的家庭。
LIHTC项目	101	所有单位必须资助收入低于AMI 50%或者60%的家庭（开发商在小区至少配建20%住房用于收入低于AMI 50%的家庭，或至少40%的住房用于AMI低于60%的家庭）。
基于项目的第八条款	108	每个地区至少40%的住房券必须用于资助收入低于AMI 30%的家庭，剩余住房必须用于收入低于AMI 50%的家庭。
公共住房	64	每个地区至少40%的住房券必须用于资助收入低于AMI 30%的家庭，剩余住房券必须用于收入低于AMI 80%的家庭。

美国政府对租金的管制出现在第一次世界大战和第二次世界大战期间，考虑到城市住房短缺对备战的影响，政府采取了对私人市场的租金管制政策，通过冻结租金数额以禁止房东提高房租。第二次世界大战以后，住房市场的繁荣发展缓解了住房的短缺，许多房东开始联合抗议租金管制政策。20世纪50年代，除了纽约市，其他大部分城市都取消了租金的管制政策。20世纪70年代，为了应对石油危机带来的不断恶化的租房可支付性问题，美国的一部分州重新开始实施租金管制政策。与之前的政策不同，第二轮的租金管制相对温和，政府允许租金每年有一定比例的涨幅。20世纪80年代经济的复苏使很多州和市相继取消或调整了租金管制政策，截至2000年，全美仍有4个州（纽约、加利福尼亚、新泽西、马里兰）的200个城镇实施了不同程度的租金管制，这些地区的共同特点是城市人口密度高，租赁市场的需求大于供给。在经历近40年的不断放松和调整后，在美国的一些州和市，租金管制更多意义上是政府对租房可负担性问题的象征性回应。

① McClure K.. The future of housing policy: fungibility of rental housing programs to better fit with market need [J]. *Housing Policy Debate*, 2017 (3): 486~489

（2）租赁市场发展特点。第一，租赁市场不断壮大。由表 5－8 可以看出，次贷危机导致住房自有率自 2006—2015 年持续 10 年下跌，租房家庭比例持续 10 年上升，住房空置率不断下降，但租房投资也持续下降，租金占收入的平均比例逐年上升，租房的可负担性不断恶化。低收入租户中普遍存在住房成本负担问题，其主要原因在于价格适中的住房供应不足，而且租户的收入较低，并呈现出收入递减的趋势。

表 5－8　　美国租房市场相关数据　　单位：%

年份	空置率	租金占收入比例	租房人数比例
2005	7.74	18.89	33.1
2006	7.70	18.90	32.73
2007	7.87	18.66	32.80
2008	7.86	19.00	33.36
2009	8.43	20.12	343
2010	8.17	20.50	34.65
2011	7.40	20.70	35.42
2012	6.77	20.65	36.09
2013	6.49	20.78	36.50
2014	6.32	20.89	36.90
2015	5.85	20.63	36.97

资料来源：美国统计局，住房空置与所有权调查。

从表 5－9 可以看出，住房自有率持续 10 年的下滑在美国是空前的，2005 年美国住房自有率仅为 69.1%，到 2015 年仅为 63.7%，下降超过了 5 个百分点。这种持续下降的趋势反映了在自有住房数量没有增长的同时，出租住房数量迅速增长。根据住房空置情况的调查显示，2015 年出租住房数量达到了 4 260 万户，比 2014 年增加 140 万户，自 2004 年以来增加了 930 万户。与此同时，在 2015 年自有住房数量下降至 7 470 万户，比 2014 年下降了 8.7 万户，自 2004 年以来仅增加了 43.1 万户。

表 5－9　　2005—2015 年美国住房自有率　　单位：%

年份	第一季度	第二季度	第三季度	第四季度
2005	69.1	68.6	68.8	69
2006	68.5	68.7	69	68.9
2007	68.4	68.2	68.2	67.8
2008	67.8	68.1	67.9	67.5

续表

年份	第一季度	第二季度	第三季度	第四季度
2009	67.3	67.4	67.6	67.2
2010	67.1	66.9	66.9	66.5
2011	66.4	65.9	66.3	66
2012	65.4	65.5	65.5	65.4
2013	65	65	65.3	65.2
2014	64.8	64.7	64.4	64
2015	63.7	63.4	63.7	63.9

资料来源：http：//www. census. gov/housing/hvs/index. html. Housing Vacanics and Home – ownership （CPS/HVS），Historical Tables。

第二，美国的租赁群体主要是低收入群体，且低收入租赁群体不断扩大，中高收入租赁群体占比减小。如表5－10所示，租户之间收入分配格局变化导致其平均收入下降，中高收入租户的数量及占所有租户的比例均大大降低——数量降低了17%，比例从37%降至30%。此外，极低收入租户的数量增加了19%，而收入处于地区平均收入30%～50%的租户数量增加了10%。

表5－10　　1991—2005年租户的收入分布

收入水平分类	1991年		2005年		变动	
占地区平均家庭收入的百分比	总计/千户	百分比	总计/千户	百分比	总计/千户	百分比
<30%	8 392	25.2	9 979	29.4	1 587	18.9
30%～50%	5 770	17.3	6 345	18.7	575	10.0
50%～80%	6 933	20.8	7 488	22.1	555	8.0
>80%	12 256	36.7	10 139	29.9	2 177	17.3
总计	33 351	100.0	33 951	100.0	600	1.8

资料来源：HUD，2007：TableA－13。

4. 日本

（1）住房制度变革下的租赁市场。近代日本居民居住结构更迭的最大拐点出现在第二次世界大战后①。1941年日本共有房屋1 400万户，房屋自有率仅有22%，多数居民居住在租赁的房屋中。自第二次世界大战结束后，日本社会立即开始向自有房产社会转换。在第二次世界大战前，城市里住宅的大半是租赁住宅。据厚生省

① 杨现领，陆卓玉，粟样丹．让房屋再生——来自日本的经验［M］．厦门：厦门大学出版社，2018

1941 年对 24 个城市实施的大城市住宅调查结果显示，自有房产的比例仅为 22%，住房租赁占近八成。但是，住宅的拥有形态发生了急剧的变化，根据总理本府 1948 年实施的住宅调查显示，自有房产的比例在 24 个城市中增加至 41%，在全国平均达到 67%。

在 1945—1975 年快速城镇化时期，随着人口大规模向城市流动，高企的房价使得广大的年轻人选择了租赁，租赁家庭占比升至 40%。1975 年以后，随着城镇化进程进入新阶段，二代城市人口的出生、人口老龄化的到来、大城市人口流入规模的减小，租赁家庭占比缓慢下滑至目前的 35.4%。

从图 5－2 可以看出，近 40 年来，日本住宅自有率始终稳定在 60%～62%，虽然近年来缓慢上升，但是在发达国家中仍然处于偏低水平。这主要是鼓励租房的政策出台以及居民购房能力减弱导致。日本政府多次出台鼓励租房政策。第二次世界大战结束后，日本政府颁布了对土地和房屋租金进行限价的《房租统制令》，低廉的房租吸引了超过 3/4 的居民选择租房居住。随后，日本政府也出台了多项鼓励租房政策，包括兴建租房、鼓励业主对外出租等。

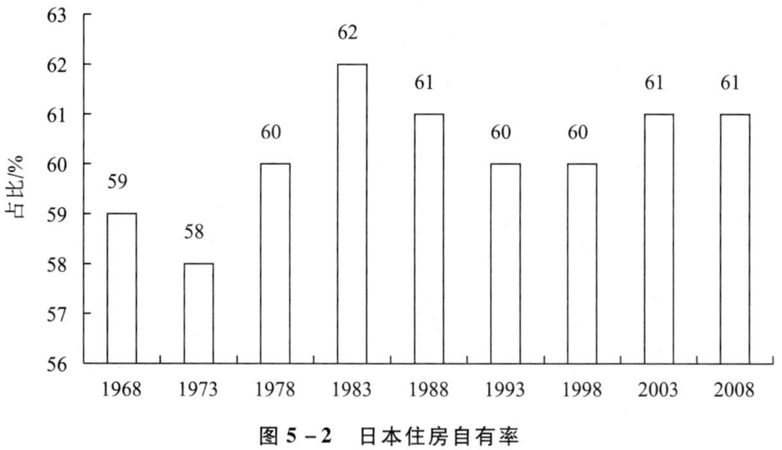

图 5－2　日本住房自有率

资料来源：Wind，链家研究院整理。

日本租赁立法与德国相近，以民法典为核心，并通过专门立法确立房屋租赁法律体系。日本关于租赁的法律主要有《民法》《建筑物保护法》《借地借家法》以及修改后的新《借地借家法》。日本《民法》中关于租赁的规定同时适用于动产租赁与不动产租赁，这一法律将最初租期分为定期与不定期租约，定期租约最长不得超过 20 年，无论出租人或承租人均可以随时提出解约。定期租赁的房屋在租约届满之前不得收回，且出租人可以在契约中特别约定解除权以终止租赁。立法从平等的角度出发，并没有考虑民生。1921 年的《借地借家法》则是针对不动产租赁的专门立法，旨在保护承租人的租赁需求。但是对承租人的过度保护使得租赁市场成为典型的“柠檬市场”，业主缺乏提供优质的租赁住宅的意愿，租赁住宅品质差、流通率较低。为此，《借地借家法》于1991年进行修订，新《借地借家法》在以往半永久型租赁合约的基础上添加了一种定期租赁合约，当事人可以自由选择合约类型。此外随着日本人口结构的持续老龄化，日本于2001年颁布《高龄者法》，赋予独居老年人或老年夫妇的终身租赁权，即独居老年人或老年夫妇在世时租约自动续约，只有在其逝世后租约才终止；2011年日本政府对这一法律进行修订，新增附服务式老年人住宅登录制度，对在系统内备案建设符合标准的高龄住宅的民间机构提供住宅经费补助、租金税收减免以及低利率等贷款措施。

在租金规定方面，日本政府为严控物价，颁布了《物件统制令》，严格管控租金增长。但租金管制由于其降低了业主出租意愿、租赁市场房源供给减少等消极影响而备受争议，故日本解除了租金管制，实现私人租赁市场租金自由调整。旧《借地借家法》规定在公租房租金出现调整、土地价格大幅变动，或者与周围类似物业的租金相比差距较大时，可以中途对租金作出调整，特殊的租金约定视为无效。新《借地借家法》中，普通借家契约对于租金调整的规定与旧《借地借家法》基本一致。区别在于，在定期借家契约下，签订合同时若对修改租金的方式进行特殊约定，租金增减请求不再适用，即出现普通借家契约中的特殊情况，也不得对租金再作调整。

截至2013年，日本租赁市场满足了35.4%的家庭居住需求，表明租赁市场同样是日本住房供应体系的重要组成部分。同时，民营租赁在租赁市场扮演的角色愈发重要，市场力量在不断增强。近20年，日本租金长期维持在较低水平，甚至呈现出不断下降的趋势，租赁家庭比例不断上升，人均租房面积不断扩大，租房人群愈发多元化。日本租赁市场能够作为重要的可循环住宅供应体系的组成部分，与其行业生态丰富、参与者众多关系密切。具体来看，日本的房屋租赁市场已经形成了专业的租赁房屋开发，到房屋出租、租后管理、租金担保以及资产证券化的全产业链。在这样的产业生态中，租赁住宅形成“建造—使用—改造翻新—再使用”的独特的生命周期。

（2）租赁市场发展特点。第一，日本租赁房屋结构整体呈现以私人房源供给为主，政府及单位住房供给为辅的格局。日本租赁住宅分为民营出租房、政府提供廉租房、非营利法人提供廉租房、企业或政府宿舍（给予住宅）4类。如图5-3所示，1978—2013年，民营住宅的数量增速明显高于廉租房和宿舍，占比由65.91%上升至73.12%。在民营租赁住宅中，绝大部分的房源为个人业主提供，机构占比仅为17%。

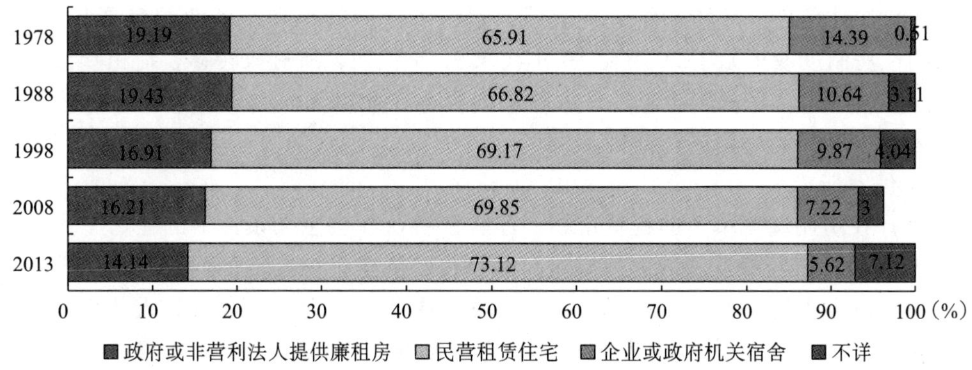

图 5-3 日本可供租赁的房源类型占比

资料来源：日本国土交通省，链家研究院整理。

第二，日本租赁市场发展已经成熟。从图 5-4 可以看出，租赁占比长期保持在 35% 左右，在 1945—1975 年快速城镇化时期，随着人口大规模向城市流动，高企的房价使得广大青年人选择租赁住房，租赁家庭上升至 40% 左右。1975 年以后，随着城镇化进程进入第二阶段，二代城市人口的出生、人口老龄化的到来、大城市人口流入规模的减小，租赁家庭占比缓慢下降至目前的 35.5%。

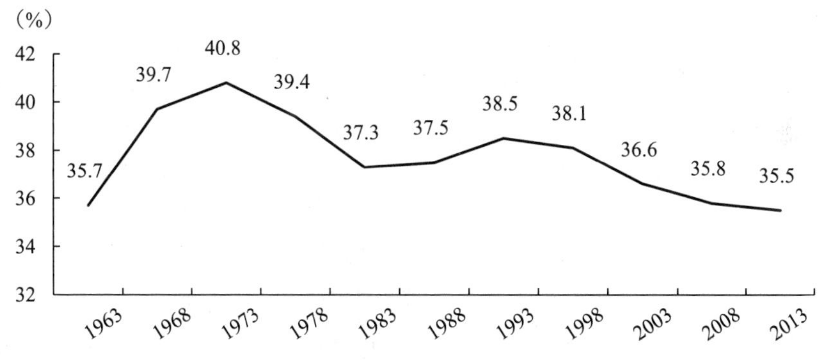

图 5-4 1963—2013 年日本租赁家庭占比

资料来源：日本国土交通局，链家研究院整理。

（二）转轨国家租赁市场演进

脱胎于计划经济体制的中东欧和苏联的原始住房分配制度具有几个共同的特点：第一，住房与其他物资一样长期实行计划分配制度；第二，对土地使用和建材供应的严格控制，使得住房供给机制僵化，住房短缺现象严重且供求缺口不断扩大；第三，住房消费在城市居民消费结构中占非常次要的地位；第四，“租不能养”的思想除恶化居住条件、环境和住房质量外，制约了住房管理和服务业的发展①。转轨国家的住房制度改革始于20世纪80年代末90年代初，所有权转移、提租和公房私有化是转轨国家住房制度改革的三大核心内容，在此以苏联（苏联解体后以俄罗斯为代表）和匈牙利为例进行分析。

1. 俄罗斯

（1）住房制度变革下的租赁市场。苏联曾否认社会主义条件下的住房个人所有权。1945年后，经济发展的客观规律与苏联在经济建设中出现的问题，迫使政府对城市公有住房体制作了相应的改革，通过的《住宅法》允许个人有私人住房，住房可作为私有财产。20世纪80年代开始，合作建房成为苏联的流行做法。凡参加住房建设合作社的居民，在缴纳一定的入股资金后，房屋竣工即可获得1套相应的住房。如合作社成员在资金上发生了困难，可向银行申请不超过住房造价75%的低息贷款，期限为25年。住房建设的配套工程由国家投资建设。1983年颁布《住房法典》，规定可以向公共或合作住房房东收取高于法律允许的租金，以对其进行合理驱逐。在这一时期，房东与租户的半法律性质使双方都处于劣势，私人租赁不适于长期住房。

1990年以前，苏联政府认为私人出租房屋是一种必要的手段，可以发挥其缓解住房短缺问题和支持劳动力流动的有用功能。这有助于政府继续坚持限制大城市增长的政策。1991年苏联解体以后，俄罗斯政府将出租房屋视为住房政策的剩余部分。政府的大多数努力是为了放弃多户建筑中的单位（通过将公共住房私有化为租户的所有权），以其他形式支持家庭自用。私人租赁部门在转型期间幸存下来并得以增加。就规模而言，私人租赁继续为租户提供临时住房解决方案。

苏联解体后，俄罗斯开始实行住房私有化。政府为了政局的稳定，无偿转让原住公房的产权给城市居民；倘若没有住房或住房低于规定标准，可继续等待分配公房。住房产权的无偿转让使本可回收的大量建设资金流失，加上俄罗斯经济滑坡，通货恶性膨胀，致使住房建设规模偏小供求矛盾加大。为改善住房市场，俄政府采取一系列措施，鼓励个人建房购房。国家为购建房者提供补贴或支付部分贷款利息，职工建房误工不扣工资。为使房屋租赁合法化，自2001年以来，政府引入了13%的固定所得税税率，取代了20世纪90年代实行的总收入水平差异化的累进税率制度。其次，房东负责支付房产的房产税：根据房地产的库存价值征收的地方税，实

① 评析转轨经济国家的十年住房制度改革［J］. 世界经济，2001，卷缺失（1）：68～74

际上比住房的实际市场价值低很多倍①。

2005 年，政府拟定的住房法——包括新住房法在内的 27 项法案开始生效，这标志着国家住房政策进入新的发展时期，但这些法案并没有对私人租赁产生任何额外的监管，新法案主要优先事项是提高房屋所有权承受能力，其所依据的前提假定是，经济增长改善了抵押贷款的条件，增加了家庭的实际收入，使大多数家庭在可预见的将来能够买得起住房。此外，2008—2009 年的经济衰退和 2015 年开始的经济衰退扭转了住房负担能力的积极趋势，这些变化引起了人们对出租房屋，特别是对私人出租房屋的关注。

2012 年第 600 号《总统令》规定，建立有效的、能够负担得起且专业的租赁市场是 2012—2018 年及后期联邦政府解决方案的优先事项，这标志着与出租房屋开发相关的国家住房政策发生了根本性的变化。为了协调国家当局、地方政府和国家发展机构，政府通过了国家计划，即向俄罗斯联邦公民提供经济实惠和舒适的住房和公用事业服务。

俄罗斯的私人租赁市场发展较为滞后，其原因有很多。首先，由于这类投资的长期回报率较低（特别是与用于立即销售的住房建设项目相比），租赁公寓建筑的投资项目在经济上没有吸引力。市场租金相对较低，反映了小地主占主导地位的背景，他们以非常低的价格成为私有化的所有者，并且不必支付购买住房的实际市场成本。因此，大多数家庭一方面无法负担市场租金，另一方面没有为开发商提供具有吸引力的收益。

（2）租赁市场发展特点。第一，住房租赁市场需求不断增加②。如表 5 - 11 显示，俄罗斯联邦租赁面积在 2016 年和 2017 年分别达到 120 万平方米和 130 万平方米。其中，除远东联邦区和北高加索区以外，其他地区均出现不同的增长，特别是在人口较为密集的地区，住房租赁面积增长迅速。俄罗斯通过改革有效地解决了住房租赁需求，截至 2017 年 8 月，住房租赁需求急剧增长高达 111%，相较于 2017 年 7 月份增长了 1 倍多。

第二，住房租赁租金波动幅度较大。近几年来，俄罗斯的宏观经济经历了较大的波动，这也影响到房地产市场的价格和租赁市场的价格。从表 5 - 12 可以看出，2014 年卢布大幅度贬值使得当年主要城市和地区的房价均呈现较大幅度的上涨。在宏观经济趋于稳定后，2015 年后全国大部分地区的住房租赁市场价格开始回落。此

① 地方政府可以根据库存价值的大小将税率设定在库存价值的 0.1% ~ 2.0% 范围内。自 2015 年以来，政府修订了税法，设定了地籍价值而非住房的库存价值，这更接近房产的市场价值。修订后的税法将基本税率定为 0.1%；这一立法还规定了一个不可开销的最低住房面积，并使某些类别的家庭受益。但是，这项立法修正案尚不能对政府的 PRS 产生影响。在经济衰退期间，在许多情况下评估的地籍价值似乎高于目前的市场价值，这引发了许多土地所有者的不满。

② 娄文龙，周海欣．俄罗斯住房租赁市场改革及其借鉴［J］．价格理论与实践，2018（10）：58 ~ 61

表 5－11　俄罗斯联邦区租赁面积　单位：万/平方米

年份	联邦区							
	中央联邦区	西北联邦区	南方联邦区	北高加索联邦区	伏尔加河沿岸联邦区	乌拉尔联邦区	西伯利亚联邦区	远东联邦区
2016	20.9	15.2	3.4	0.36	21.3	30.4	12.8	16.2
2017	23.3	15.58	3.45	0.36	26.4	32.77	13.64	14.74

资料来源：俄罗斯建设和住房公共事业部官方网站。

外，随着住房租赁需求的增加，特别是部分地区的供需结构失衡，租金水平出现分化，经济发达、人口密集的城市租金水平上涨，而其他地区的租金呈现下降趋势。俄罗斯房租的波动较大，严重影响了居民的生活质量。为了减轻俄罗斯居民的住房负担，俄罗斯国家杜马提交的《俄罗斯联邦住房法典修正法案》于2019年1月1日生效，其中的第159条规定俄罗斯居民住房费用的可允许比例最多不超过家庭收入的15%。

表 5－12　俄罗斯主要地区房屋租赁一室租金　单位：卢布/平方米

年份	地区									
	莫斯科	圣彼得堡	加里宁格勒州	伏尔加格勒州	诺夫哥罗德州	新西伯利亚州	雅罗斯拉夫尔州	乌里扬诺夫斯克州	哈巴罗夫斯克边疆区	阿尔泰边疆区
2013	32 163	20 410	13 375	11 358	14 804	11 482	12 527	10 100	18 733	9 280
2014	35 611	20 538	14 294	11 438	15 588	12 576	12 257	11 028	17 585	10 143
2015	29 974	20 156	13 500	10 884	16 101	11 589	13 018	11 074	13 380	11 649
2016	33 312	23 150	13 132	11 071	10 228	13 483	10 099	9 296	18 392	9 906
2017	34 739	22 576	13 205	10 968	10 290	13 977	10 241	9 387	19 250	10 359

资料来源：转引自“Иоги2017годанарынкеарендыквартирповсейРоссии”。

2. 匈牙利

（1）住房制度变革下的租赁市场。匈牙利在东欧公有制国家中，是最早实行住房私有化的。早在20世纪初，匈牙利城市住房存量的大部分属于私营部门。1952年，住房存量的很大一部分被国有化。在20世纪60年代，匈牙利政府对住房制度进行了改革，改变住房由国家统包的做法，并制定了相应的政策。1986年法律允许国有住房私有化。匈牙利政府规定，利用银行贷款购房或建房，贷款利率优惠，建房税费给予减免，国家还给一定的资金补贴，但是政策的实施在20世纪90年代后期才真正开始。由于政策到位，到20世纪90年代，私人建房投资占全国建房投资的90%。

表5－13列出了选定的住房市场指标，可以看出，在政策制定者决定通过“休

克疗法”鼓励快速重组之后，过渡时期的经济衰退持续了近10年。政府资助的贷款和建筑项目突然停止；经济萎缩到1994年，然后停滞到20世纪90年代末；随着融资和建设的私有化和分散化，住房市场整体建筑，房价和租金水平，交易数量和公共房屋的份额急剧下降。尽管私人抵押贷款逐渐发展，并且在整个20世纪90年代政府实施了一些补贴（如巴伐利亚州式的合同储蓄机构），直到宏观经济环境在全球范围内得到改善之前，住房市场并没有真正开始回升。在2000—2008年的经济扩张期间，全球经济特别是住房市场出现了强劲增长，这在很大程度上是巧合的。表5－13中的数据显示，住房贷款占国内生产总值的比例大幅上升，收入水平和新建筑及住房市场交易的数量也大幅提高。市场租金水平也有所上升，但增速低于收入水平，这使得私人租房在这一时期变得更加可行。与此同时，不仅公共住房持续萎缩，其租金水平也以相对较快的速度上升。

表5－13　　选定住房市场指标（真实价值）

	1989年	1999年	2008年	2013年	Source
住房贷款与GDP的比率/%	16	1	23	18	HNB
实际住房价格	100	60	95	60	FHB
实际收入	100	86	105	96	HCSO
新建住宅（1 000套）	51	19	36	7	HCSO
共享公共住房/%	23	4	3	3	HCSO
公共租赁水平	100	56	110	129	HCSO
市场租赁水平	NA	100	110	105	EST
交易次数（销售1 000套）	NA	121	154	92	FHB

资料来源：HCSO匈牙利中央统计局，HNB匈牙利国家银行，FHB房价指数，EST专家估计。

尽管如此，公共住房的租金仍然比市场住房要低得多，无论是租赁还是自有。更多的是由于社会租赁存量的萎缩，低收入租房者才进入了私人市场。还应指出的是，1999—2008年的经济增长是由国内消费和贷款的增加推动的，也是由经济基本面的改善推动的，这使得匈牙利在2008年后更容易受到经济崩溃和长期衰退的影响。

2008年匈牙利受金融危机的影响，住房市场崩溃。近年来，经过维护修缮的预制板楼成为中低收入阶层租赁住房的主要来源。2010年，在布达佩斯，租住普通地段经过修缮的、使用面积达60平方米房屋的平均租金在8万福林左右，较好地段使用面积达70平方米的预制板楼，平均租金约为12万福林。匈牙利对低收入居民实行住房租金援助制度。只要租住的房屋不是由政府提供的，且收入和财产不超过规定数额的居民均可申请住房租金援助，援助金额最多为1.4万福林/月，中央政府和地方政府各承担50%①。

（2）租赁市场发展特点。总体而言，私人租赁仍然是大多数低收入者的唯一住房选择。2008—2013年期间的住房市场变化清楚地反映了市场的萎缩：实际房价大幅下跌，甚至实际收入也大幅下降。尽管出现市场萎缩，但由于工资削减和失业率的大幅上升导致平均收入停滞或下降，市场租金实际上并没有变得更易于调节。随着房屋所有权越来越难获得，公共出租部门进一步缩小，越来越多的家庭依赖私人出租住房，这就加强了对私人出租住房的需求，因此租金水平并没有下降多少。2015年和2016年，由于经济危机结束后的经济复苏，私人租金水平开始飙升。这种现象似乎是一种全球现象的一部分，在匈牙利也是如此。

（三）东南亚国家和地区租赁市场演进

东南亚国家或地区通过多种形式解决住房问题，尤其以被称为亚洲“四小龙”的国家和地区为代表，其住房问题得到了解决，经济也有了较快的发展。

1. 新加坡

（1）住房制度变革下的租赁市场。新加坡被公认为是较好解决住房问题的国家。新加坡通过无偿划拨土地，促进了住宅业的发展，从而带动了国民经济的发展，也较好地解决了住房问题。新加坡的住房市场由私人住房与公共住房组成，公共住房又称为“组屋”，是政府通过建屋发展局（HDB）为广大中低收入者提供的廉价住房。20世纪60年代中期，新加坡政府推行“居者有其屋”的计划，鼓励中低收入水平的家庭购买公房。由于土地由政府无偿提供，建房发展局又是非营利的建房机构，再加上政府的补贴，公房售价仅为市场价的2/3不到，大体相当于中低收入家庭2—4年的收入。为了提高中低收入家庭的购房能力，20世纪60年代末，政府又修改了《中央公积金法》，使原来以养老为目的的公积金转为政府建房、个人购房的主要资金来源，有偿使用。

1985年政府第1次干预住房市场是在住房投资比例过大，宏观经济衰退的情况下进行的。为了防止住房市场的进一步萎缩及可能对GDP造成的负面作用，政府致力于稳定住房价格、刺激住房消费和投资需求以及稳定预期3个方面②。1996—1997年，由于住房价格持续上涨，政府开始打击投机需求，以稳定住房价格。1996年颁布《土地征用令》，规定政府有权征用私人土地用于国家建设，并有权调整被征用土地价格。这一法令的实施，使得HDB以低于市场价格得到土地，保证了大规模建设组屋所需要的土地。1997年下半年，亚洲金融危机导致住房需求和价格同时下滑，在短期内

---

① 高伟东．匈牙利：财税金融政策并用倡导科学住房理念［J］．现代企业，2011（2）：71～72

② 王松涛，任荣荣，龙奋杰．住房市场的政府干预：来自新加坡的启示［J］．城市发展研究，2008（3）：121～127

政府再次将重点放在稳定住房价格、刺激住房消费和投资需求以及稳定预期3个方面。其中，HDB和中央公积金（CPF）是新加坡对住房市场进行干预的两个核心工具。其中，HDB用于对供给方进行调控干预，CPF则侧重于对需求方的调节。

现在，新加坡的住房中大约12%是高收入家庭自建；80%由建房发展局建设，以向中低收入家庭出售或出租。低收入家庭租用公房的租金约占家庭收入的15%；若购买公房，先支付5%的房价，其余95%申请政府低息贷款，期限20年。中等收入家庭购买公房，先自付房价20%，其余80%来自政府低息贷款。

据URA统计，2015年第一季度，住房租赁指数与上一季度相比下降了1.67%。与此同时，无地私人住宅租赁指数也下降了1.84%，这是这一指数连续6个季度下降。

（2）租赁市场发展特点。新加坡住房自有率极高。从图5－5可以看出，自1990年以来，新加坡住房自有率在90%上下波动。据相关调查研究，新加坡私人租赁市场比较小，主要的对象是一些外国人。在一些地方，大约81%的租赁市场由HDB控制。在新加坡，平均租赁回报量非常的小，最小值在中央核心区的2.7%，最大值在中央区以外的3.9%。

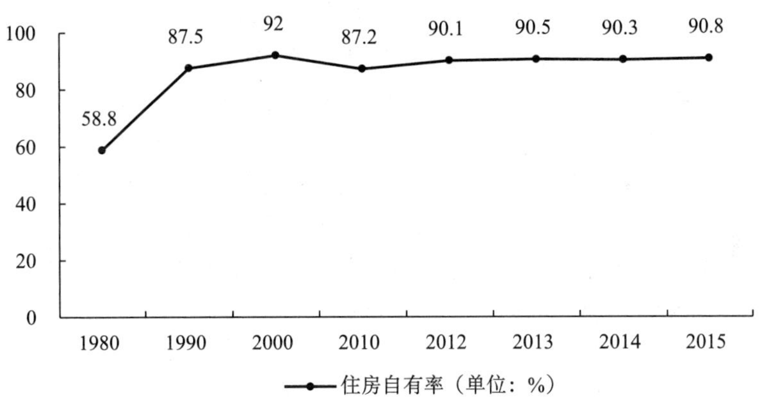

图5－5 新加坡家庭住房自有率

资料来源：国外住房发展报告（2017年）。

2. 香港

（1）住房制度变革下的租赁市场。在1954年港英政府对香港住房市场进行大量干预之前，香港住房主要是私营部门供给的，政府对住房市场本质上采取的是所谓的“自由主义”政策，只进行最低限度的干预。1953年外来移民的棚户区石硖尾发生了一场大火，导致5万人无家可归，这促使当时的港英政府开始提供公屋。港英政府在1954年开始推出公共房屋计划，兴建大量的临时房屋供灾民居住，同时大规模拆除“寮屋”。这个阶段被称为香港的“房荒”时期。在这一阶段，香港政府专门成立徙置事务处，负责筹资兴建安置灾民的徙置大厦，并开始有计划地兴建住房，开始初具保障住房发展模型。在之后的20世纪70年代，住房不足的问题也开始引起政府的注意。

20世纪70年代，香港经济得到快速发展，居民的生活和收入水平均有所提高，早期简陋的徙置公屋已经不能满足居民新的住房需求，于是政府提出“十年建屋计划”。与此同时，为更好管理公租房的相关事宜，香港徙置事务处重新改组，于1973年成立香港房屋委员会，专门负责统一管理香港境内全部的公租房事务以及落实相关政策。20世纪80年代，房委会解决了近20万居民的住房需求，约占香港总人口的45%。在这个时期，香港的公租屋主要是以政府供给为主，私人市场为辅的供给模式。到20世纪80年代下期，房委会推出长远房屋策略，主要解决中等收入居民的住房问题。1997年受亚洲金融危机的冲击，香港经济急剧下滑，房市遇冷，房价暴跌。为防止市民抢购私人房屋，2001年香港政府暂停长远房屋计划。自此，香港政府重新确立了公租房在房屋供给中的主体地位，并将重点为居民提供公租房，同时减少对房地产市场的干预程度。

（2）租赁市场发展特点。香港成功解决住房问题主要是区别了商品房市场和公共保障住房是性质完全不同的两种模式，政府对商品房市场的基本原则是不干预，而公租房制度则是香港社会稳定的重要基础。香港公租房的供给制度经历长达65年的发展，已经相当成熟。一是有专业的机构对住房租赁进行管理。香港公租房供给制度取得良好效果，很大程度上是因为早期存在相应的机构进行管理。1973年以前，有多家机构对公租房进行管理：屋宇委员会、工务局、房屋协会和徙置事务处；1973年后，房委会成为香港公屋管理的唯一法定机构，承担公屋的所有管理职能。二是租金调节机制灵活，能够很好地与经济发展水平和居民的收入水平相适应。如表5-14所示，市区及周边地区租金价格相对较高，离市区较远的偏远地区租金相对较低。

表5-14　　2006—2016年香港公租房租金①

地理位置	租金（港元/m^2/日）			占收入比	减免优惠
	2006	2011	2016		
市区	47	46	55	占住户月收入10%左右	年收入<准入标准50%、老人残疾人可减免一半的租金
沙田/荃湾/青衣/葵涌	49	53	56.6		
大埔/将军澳/马鞍山	47.1	49	51.3	—	—
上水/东涌	42	41.2	41.5	—	—
天水围/元朗/屯门	35	38	39	—	—
离岛	24	31.3	33.7	—	—

① 袁晓丽．香港与内地公共租赁住房供给制度的比较研究［D］．南昌大学，2017

二、国际住房租赁市场发展现状

通过前文对不同类型国家和地区住房租赁的发展轨迹和管理制度进行分析后，得到以下结论。

（一）住房租赁市场占比大，自有住房率相对较低

住房租赁市场在住房体系中占有重要地位。除一些前社会主义国家外，欧美等人均收入较高的发达国家的住房租赁市场占比明显较大。如表5－15所示，大城市或生长型城市的租房人口比例均高于全国水平。其中，德国住房租赁市场较为发达，租赁者占比明显高于拥有者占比，而其中心城市柏林的住房租赁者占比与住房自有者占比之间的差异更加巨大；美国和英国作为发达国家，其住房拥有者占比相对高于住房租赁者，但其中心城市纽约和伦敦的住房拥有者和租赁者占比差距较小；发展中国家租赁市场的发展明显较为落后，巴西、南非、泰国的住房租赁市场在住房市场中占比极低。

表5－15　部分国家、城市的住房所有权形式占比　单位：%

国家的住房所有权形式				城市的住房所有权形式			
国家	拥有者	租赁者	其他	国家	拥有者	租赁者	其他
德国	40	60	—	柏林	11	89	—
荷兰	53	47	—	鹿特丹	26	49	25
玻利维亚	60	18	22	圣克鲁兹	48	27	25
加拿大	62	33	5	多伦多	58	42	—
美国	66	34	—	纽约	45	55	—
英国	69	31	—	伦敦	58	41	—
埃及	69	31	—	开罗	37	63	—
巴西	74	25	1	圣保罗	70	20	10
南非	77	22	2	约翰内斯堡	55	42	3
泰国	87	13	—	曼谷	54	41	3

资料来源：国外住房发展报告（2016年）。

进一步对租赁市场较为发达的国家的住房存量结构作对比分析，从表5－16可以看出，出租住房比例较高的是德国、法国和日本，且公营出租占比较大的是法国和英国，日本和美国的私人租赁相对较为发达。

表 5－16　　五国住房存量结构　　单位:%

国家	总计	自由住房	出租住房	其中	
				民间出租	公营出租
法国（2006）	100.0	57.2	42.8	19.4	17.1
德国（2010）	100.0	45.7	54.3	—	—
英国（2013）	100.0	64.4	35.6	18.1	17.5
美国（2013）	100.0	65.3	34.7	29.9	4.8
日本（2013）	100.0	61.7	38.3	28.0	5.4

资料来源：日本住宅经济数据集。

（二）住房租赁供给主体多元化

从国际经验看，成熟的租赁市场通常会包含多层次的供应主体：一是面向支付能力充足人群的市场化租赁，房源主要来自私人和机构，租赁服务充分、配套齐全，租金也相对较高；二是面向支付能力相对不足人群的、以市场为主、政府货币化补贴为辅的租赁供给；三是面向无支付能力人群的保障性租赁。

（三）注重对承租人权益的保护

在欧美发达国家，住房租赁关系中承租人的弱势地位、承租人居住利益的重要性已经得到广泛承认，以保障承租人利益作为住房租赁立法的基本宗旨已成为各国的共同趋势。

（四）合理进行租金管制与调控

在特定时期及特定地区实施短期严格的租金管制，普通时期对市场租金进行干预指导严格的租金限价或者管制，是许多国家政府对住房租赁市场干预的重要措施之一，往往是在特定时期和地区为控制租金增长过快而采取的措施，一般不作为长期持续使用的政策手段。但目前，欧美等国政府依然会通过立法对租金进行不同程度的干预与指导。其中，德国政府对住房租金管制的成效尤为显著。从表 5－17 可以看出，德国的房价波动很小，真实房价的季度标准差仅为 0.81；与房价走势一致，德国住房租赁市场的价格变动也较小。

表 5－17　　3 个欧洲国家的真实房价和房价租金比

指标	时期	德国	荷兰	英国
真实房价变动率/%	1970 年 1 月至 1980 年 1 月	16.3	61.3	—
	1980 年 1 月至 1990 年 1 月	－10.4	－25.3	—

续表

指标	时期	德国	荷兰	英国
真实房价变动率/%	1990 年 1 月至 2000 年 1 月	-1.3	115.3	9.4
	2000 年 1 月至 2007 年 1 月	-17.3	30.6	82.1
	季度标准差	0.81	2.55	2.19
房价租金比变动率/%	1970 年 1 月至 1980 年 1 月	18	46.9	36.6
	1980 年 1 月至 1990 年 1 月	-16.1	-37.8	22.4
	1990 年 1 月至 2000 年 1 月	-20.2	73.6	-1.6
	2000 年 1 月至 2007 年 1 月	-14	28.4	51
	季度标准差	2.09	2.85	2.89

资料来源：Voigtlander，2009。

（五）政府发放租金补贴，鼓励租房的经济行为

政府向低收入阶层发放租金补贴，以帮助其在私人住房租赁市场上解决住房问题。在解决低收入阶层的住房问题上，财政补贴一直扮演着重要角色，一般可细分为“砖头补贴”和“人头补贴”两种形式。在国家住房供给严重不足的情况下，政府一般采用“砖头补贴”的方式，由政府直接修建公共出租房，或通过财政补贴鼓励机构或私人在一定时期内提供低租金住房。随着住房供求情况的好转，财政补贴逐渐向“人头补贴”过渡，由政府直接向低收入阶层提供租金补贴，通过降低租金负担帮助其在私人租赁市场上寻找住房。美、英、德等国都经历过这种转变，目前主要通过“人头补贴”解决低收入阶层的住房问题。

第二节　不同住房体制下的住房租赁市场

Kemeny① 将租赁型市场分成两类：一类是鼓励成本型住房租赁，允许其持续扩张，通过其高成熟化水平与营利型租赁竞争，造成房租水平的下降，而且经历一段较长时间的竞争后营利型租赁可能会绝迹，这种结果下形成的市场为“整合的租赁市场”或者“单一化租赁市场”；另一类是抑制成本型住房租赁，使其贫民窟化，成为一个受严格控制的少数住房组成的公共住房领域，收取超过成本的租金，从而鼓励相对富有的家庭搬出。这种现象被称为“残余化”，这种租赁体制为“二元化

① Kemeny J.. From public housing to the social market: rental policy strategy in comparative perspective [M]. London: Routledge, 1995: 28

租赁体制”，其最鲜明的特点是平行存在公共和私人住房租赁两个领域，两者从供应方式到保有条件都存在越来越明显的差异，当这种差异发展到一个更高的阶段，不同形式的供应最终固化为不同的保有权形式。与单一化租赁体制不同，二元租赁体制不依赖于竞争，因此它们并不能形成一个统一的市场，相反，它包含两套独立运转的体系：一个基本上不受约束的私人住房租赁市场和一个公共的、按照收入水平分配的住房体制，即将公共租赁领域边缘化，从私人租赁领域分离。

一、美国的二元化住房制度

美国作为发达国家，其住房市场是典型的二元市场，且市场化程度高。自 1918 年美国联邦政府兴建第一批公共住房用于租赁以来，美国面向低收入人群的住房租赁政策已有百年的发展历程。美国政府信奉自由市场，相信市场是最有效率且最公平的资源分配者，在住房政策上坚持“市场优先”，政府干预租房及住房市场的角色与目标始终没有本质变化。

（一）面向低收入群体的公租房建设

美国政府早年希望通过政府建设公租房，依靠租金收入维持公租房的运营。然而这在实践过程中产生了很多问题，一方面所收租金越来越少，另一方面随着公共住房年限增加，维护支出持续走高，很快年久失修的公共住房大幅增加导致公共住房社区急速衰落和贫民窟化，滋生了新的经济、社会与种族问题。这促使政府开始反思和调整公共住房政策。20 世纪 60 年代《住房法》236 条款、202 条款等相继出台，政府开始与非政府的营利及非营利机构合作，通过提供低息贷款等方式共建面向低收入人群的廉租房①。此外，美国政府要求房东遵守政府制定的各项法规，保证房客的权益。《住房法》规定政府须为低收入者提供低租金住宅，公房租金一般不到市场租金的 50%。

（二）鼓励市场化租赁市场的发展

美国国会在第二次世界大战期间制定了全国性的租赁控制法律，第二次世界大战后全国性的租赁控制被取消，租赁控制的权力下放到美国各州。到 1950 年，绝大部分州都完全取消了租赁控制。到今天，美国大部分的出租房都已经完全市场化，没有租赁管制或是政府补贴。美国约有 200 个城市实施了不同程度的租赁控制，占美国城市数量的 1% 左右，全美约 10% 的租户居住在这 200 个城市里，受到控制的

① McClure K.. The future of housing policy: fungibility of rental housing programs to better fit with market need [J]. *Housing Policy Debate*, 2017 (3): 486 ~ 489

租赁市场占整个市场的比例不足5%。美国的房屋租赁租期也较短，通常是一年一租，还有不少是按月租住①。

二、德国的单一化住房制度

以德国为主要代表的社会经济体制，通过鼓励成本型租赁住房与营利型租赁住房进行竞争，最终形成多样化、充满竞争的住房租赁市场。在这样的市场中，成本性租赁市场已经发展得较为成熟，且形成一定的规模，可以有效地平衡住房租赁市场，降低租金水平。这一体制的核心原则是：市场是唯一的调控机制，政府致力于完善市场机制而非干扰市场机制，其干预必须与市场原则相一致②。

（一）租赁住房供给主体的多元化

由表5－18可以看出，德国租赁市场的供应者主要包括小规模私人房东、私营住房公司、公共住房公司、市政住房公司、住房合作社、教会等。其中，小规模私人房东是租赁市场最主要的供应者，其所提供的房屋占比约为61%。私营住房公司是一些市场化的机构投资者，包括金融机构、保险公司、基金公司等，其在德国住房租赁市场所提供的房屋占比为18.48%。公共住房公司和市政住房公司都具有公共性，在住房租赁经营活动中有地域限制，但是它们与私营住房公司遵从相同的税收规定和租金法规，两者合计提供11%左右的租赁住房。住房合作社持有超过200万套的租赁住房，教会等其他机构持有16万套租赁住房。

表5－18　德国住房租赁市场供应主体结构　单位：%

供应主体	1987年	2011年	变动
小规模私人房东	61.02	60.73	－0.28
私营住房公司	14.88	18.48	3.60
公共住房公司	3.49	0.51	－2.99
市政住房公司	5.03	10.40	5.37
合作社	6.58	9.21	2.63
教会等	9.00	0.67	－8.33

资料来源：1987年数据来自：Franz Hubert. Private rented housing in Germany, Netherland Journal of Housing and the Built Environment, Vol. 13, No. 3, 1998, pp. 205～232。

2011年数据来自：GdW. Wohnungswirtschaftliche Daten und Trends 2012/2013, Zahlen und Analysen aus der Jahresstatistik des Bundesverbands deutscher Wohnungs－und Immobilienunternehmen e. V. 2012。

---

① Malpezzi, S.. Private rental housing markets in the United States [J]. *Journal of Housing and the Built Environment*, 1998, 13 (3): 353～386

② 吉姆·凯梅尼. 从公共住房到社会市场 [M]. 王韬，译. 北京：中国建筑工业出版社，2010

（二）鼓励租赁住房供应市场蓬勃发展

1. 大力兴建公共租赁房

在住房短缺时期，为解决住房危机，政府通过资金支持、税收优惠、金融扶持等手段鼓励租赁住房的供应[①]。20 世纪 50 年代至 70 年代，为解决第二次世界大战后的住房问题，德国政府通过提供 30—35 年无息住房建设贷款，鼓励投资企业开发建设公共租赁住房；对投资者建设租赁住房给予免税或直接补贴。同时，对低收入家庭实行租房补贴政策，依照《住房保障法》和《私人住房补助金法》，政府针对不同家庭的收入和房租支出水平来提供相应的租房补贴。

2. 实行柔性的市场管理方式

在不同的住房市场发展阶段，采取不同的租金管制政策。在住房短缺时期，德国对租金的管控较为严格，但随着住房供应量的增加，政府开始逐步放宽对租金的管制。1958 年，时任德国住房部长 Paul Lucke 就主张解除对租金的严格管控。1961 年，政府开始在住房短缺比重低于 3% 的区域解除租金管控，在 20 世纪 60 年代末，除了少数中心城市，其他地区都解除了租金管制。1974 年《第二部住房解约保护法》实施后，德国开始推行租金比较体系，又称“租金明镜”。在这个体系下，德国的租金水平得到了很好的控制：租户可以借助“租金明镜”确定自己的住房租金是否在合理租金范围内；房东如果在租赁期间想要提高租金，也必须遵守“租金明镜”和相关的法律法规，如果租金出现明显的不合理，房东将受到严格的处罚。

3. 制定相关法律法规

德国的租赁法规以“租金明镜”为核心，对租金的各个方面都作了具体的规定。新约定租金由租赁双方参照“租赁明镜”进行协商，具体依照“租金刹车”的规定。除特殊情况外，新约定租金上限只能在“租金明镜”限定金额的基础上上浮 10%，如果新约定租金上浮超过 10%，则须向法院提出申请，并提供相关证明。在加租和减租方面，其方式需要提前在合同中作出明确的规定，具体分为 3 种法定方式：依法加减租金、阶梯租金和指数租金。其中，第 1 种方式使用最为广泛，不需要法律程序进行审批，按照依法规定的限额进行加减租即可。使用依法加减租方式时，旧约定租金 3 年内的加租比例不能高于 20%，涨幅较大的地区，4 年内加租额不得高于 15%。此外，加租只能在上一次租金保持 12 个月不变后进行。

（三）自有住房与租赁住房相互补充

实现租房和购房的相互替代，充分发挥市场配置资源的基础性作用，确保住房

---

① 几言．德国住房租赁市场的发展及其经验［J］．上海房地，2019（1）：50～57

市场平稳发展。由表 5 - 19 可以看出，在不同的年代各类住房的发展情况略有差异，但总体上自有住房和租赁住房相对平衡。这样就能确保居民能够充分享有自主选择权，因而在一定程度上也促进了德国住房租金及房价水平的平稳发展。

表 5 - 19　　　按年代划分的各类住房占比情况　　　单位：%

建筑年代	自有住房	租赁住房	度假住房	空置住房	合计
1919 年以前	38.68	53.11	0.64	7.57	100
1919—1948 年	42.77	51.04	0.44	5.75	100
1949—1978 年	39.20	55.99	0.54	4.26	100
1979—1986 年	49.15	45.92	0.81	41	100
1987—1990 年	50.33	45.53	0.53	3.61	100
1991—1995 年	43.73	53.47	0.46	2.35	100
1996—2000 年	51.21	46.40	0.47	1.92	100
2001—2004 年	67.35	30.90	0.49	1.26	100
2005—2008 年	66.87	31.38	0.54	1.21	100
2008 年以后	58.73	37.07	0.54	3.66	100

资料来源：德国统计年鉴。

三、单一化与二元化住房制度比较

在二元化体制下，成本型租赁住房是由国家来控制的，可获得的公共租赁住房数量极为有限，其主要对象是日渐缩小的、极度需要住房的阶层。在社会层面，公共租赁住房主要用于满足那些无力购买住房群体的需求。与二元化体制下市场形成鲜明对比的是单一化租赁市场，单一化市场面对的不是租金价差，而是长期的市场整合问题，通过租金管制的逐渐放宽使得租金定价机制与市场机制相协调，成本型租赁住房最终走向自由化、市场化。

我国目前属于租赁市场的发展阶段，住房市场的供应以商品房为主导，存在小部分的经济适用房和公租房；住房市场仍然存在着过高的房价收入比、投资投机行为等问题。我国房地产市场亟待改进，即合理构建惠及各个阶层的双轨制住房租赁体系，实现公共租赁和专业化机构租赁的共同发展。在这样的背景条件下，单一化住房制度对我国住房市场的发展显得尤为重要。

第三节　国际住房租赁市场发展的经验借鉴

在我国，住房租赁市场的发展明显滞后于住房交易市场。为此，我国政府作出一定的政策调整：第一，通过宏观调控的手段抑制房价过快上涨，强调“房子是用来住的，不是用来炒的”，使住房回归其本质属性；第二，大量兴建廉租房和公租房，以解决低收入者住房问题。

从长远发展来看，随着我国城市化进程的加快，一个成熟的租赁市场是我国住房保障体系中必不可少的重要组成。此外，私人租赁和社会租赁都是房屋租赁的重要来源，住房租赁市场需要政府有效的管理。在后高房价时代，在住房租赁管理上我国应积极借鉴国外成熟的经验。

一、政府合理干预住房市场

住房具有消费品和准公共品双重属性，对于中低收入阶层而言，住房是一种需要政府加以调控的准公共品，由于住房的准公共品的性质，如果完全依赖市场自主调节必然产生“市场失灵”。因此，政府要合理发挥其“有形的手”的作用。美国的公共房屋整体比例较低，仅占现有房屋的2%和可供出租房屋的6%，但美国在租房政策上补贴的数额并不低，且通过不断调整提升政策的补贴效率，获得了更多群体的广泛支持。政府要加大公共租赁住房的建设，将公租房作为解决低收入群体住房问题的一种主要途径；其次，构建住房租赁的多元化供给模式，吸引多元主体进入到住房租赁供给中，给予税收减免、贷款补贴和优惠政策等，鼓励房地产开发企业、个人以及非营利性的住房合作组织积极参与，弥补政府在住房租赁供给力量中的不足；通过税收政策工具增加租赁住房的存量，将空置住房推向住房租赁市场，实现社会资源的充分利用，稳定房租价格。

（一）健全住房租赁法律法规

（1）我国应该制定一部符合中国国情的《住宅法》，以立法为核心，对住房市场进行改革，保障住房租赁市场的发育。从法律层面对住房租赁管理机构、管理职责以及经费来源等方面进行租赁住房制度顶层设计；制定租售同权的政策细则，对租赁住房的税收体系、公共支出等方面进行明确规定，确保“租购并举”的房地产市场供应结构的完善，打造多层次、多类型的住房租赁体系，以保障不同群体的住房需求。例如，德国一方面支持居民拥有自持住房，另一方面也鼓励并扶持发展住房租赁市场，先后制定了《住房建设法》《住房补贴法》《住房租赁法》以及《私有住房促进法》，分别从住房建设、低收入者补贴、房屋租赁和私有自住房等方面构建起法律框架，成为德国住房政策的基石。我国应从政策制度层面进一步明确“房住不炒”的定位，确立“租购并举”的房地产模式，完善长效机制建设，坚持自有住房、租赁并重发展。

（2）尽快建立我国住房住宅管理制度，对租金水平控制、租金加租限制、租金解约限制和租赁续租、续买等制度给予具体而严格的规范，保障房屋承租人的合法权益，建立安全、规范、稳定的租赁关系，促进居住房屋租赁市场的健康发展；建立住房租金市场价格信息公开制度，通过建立全市范围内住房租赁价格水平体系，实现市场信息的透明公开，有利于实现资源最佳配置，规范住房租赁中介机构居间服务。

（二）明确“租购并举”的住房制度

“租购并举”并不等于否认或回避住房所有权，“租购并举”在不同的城市化和经济发展阶段，不同规模的城市，都有不同的内涵和政策模式。在快速城市化阶段，鼓励中高收入家庭的住房所有权有助于解决整体的住房和租房问题。像德国、瑞典的住房所有权比例较低，主要原因在于这两个国家高度城市化，住房需求稳定，不动产价格较为稳定。同时，美国与中国类似，幅员辽阔，不同规模、区域的城市租购格局不同。

（三）加强对市场租金的监管调节

我国应尽快建立城市租金编制体系。我国目前住房租赁市场信息短缺，无权威租金公示体系，导致租赁市场缺乏有效监管。英国是最早实行租金控制的国家，目前美国是实行较多租金控制的国家，德国是租金控制最为稳定的国家。为此，我国可以借鉴德国租金管制的经验，结合我国住宅发展的实际情况，建立适合我国城市住宅租赁租金体系的编制方法，明确租金管制主体范围、租金参考标准、数据采集方法以及租金更新的方法和路径等。

（四）构建多元化住房租赁市场

完善住房租赁市场机制，通过政策支持促进住房机构的发展。社会住房机构在日本扮演了重要角色，且住房机构从最初的小规模最终发展成为运行有序的专门化机构，促进了日本可循环住房供应系统的发展。多种住房租赁机构的成立意味着融资渠道的多元化，有利于缓解地方政府单方面承担建设融资压力大等问题。结合我国的国情，可以将公共租赁住房建设与城中村更新相结合，盘活住房存量，在提高资源利用效率的同时，避免租赁住房市场功能单一、低收入群体集中等社会问题。

（五）加强政策激励，促进住房租赁发展

政府的经济调控手段，从住房租赁的供给和需求两个方面加以调节，以税收政策为主，也包括财政补贴等手段。税收政策是主要的调控手段，房屋租赁管理中运用的主要税收政策有税收减免和税收抵扣额度。美国住房税收减免占住房政策费用总额的比重达到78%，英国则占61%左右。美国对低收入出租房最大的单项资助是1986年《税制改革法》中有关低收入出租房税收补贴项目。到2003年，这一项目帮助开发了超过120万套住房，占同期所有住房开发的28%。补贴是指政府为租户或出租者提供资金补贴或资助，如英国的住房补贴制度就体现了补贴金额大、受益人数多的特征。英国政府在住房补贴上的支出每年维持在100多亿英镑的水平，年受益户数达到三四百万。从德国模式看，政府只供应很少一部分保障性住房，大部分是房地产企业供应的。但为确保市场化供应充足，德国政府重点在政策激励上做文章。一方面出台政策强制性要求房地产企业建设出租房，并保证一定比例用于保障性租房；另一方面又赋予房地产企业政策优惠，如低息或无息贷款、土地优惠、免税等。这样既引导大量民间资金进入租房建设，又保证了房地产企业的利益不受大的损失，确保房地产企业供应的积极性。

二、充分发挥市场自主调节机制

（一）促进租赁机构化、专业化

一个成熟的租赁市场，必然会形成独具特色的租赁机构体系。租赁机构化，一方面是产权结构的机构化，机构持有房源的比例在增加；另一方面，公寓企业定位为租赁住宅持有机构或个人业主的资产管理机构，进行专业化运营管理。因此，公寓企业的轻资产运营体现在不作为房源持有机构，而是纯粹的租赁运营管理，同时，在租赁运营管理中，改造、装修、维修等成本均由持有机构或个人业主承担，改变现有包租模式下的公寓企业承担上述成本的困境。

（二）充分发挥政策性金融机构的功能

赋予政策性金融机构对住房租赁市场支持的功能，减少银行对“涉房贷款”的

依赖，增加金融机构在租房市场上的信贷盈利[①]。通过发行专项债券等方式募集资金，鼓励其发放长期限、低利率的租赁住宅开发贷款，增加市场租赁住宅供给。美国和日本在保障住房租赁供给和需求上，均推出了一系列政策性金融产品，如日本交通省联合金融住宅支援机构提供部分政策性住宅租赁修建贷款，其利率较同期商业银行贷款低 1 ~ 3 个百分点，且采用固定利率法，便于借贷者制订还款计划。

（三）鼓励商业性金融机构开发多样性租赁贷款

引导商业性金融机构开发多种租赁住宅贷款，满足消费端多层次租赁贷款需求，如日本瑞穗实业银行针对出租住宅，为满足条件的个人和企业法人取得、购建、修缮出租住宅所需资金提供各类信贷支持，主要有出租住宅购建贷款、租住两用住宅购买贷款、出租公寓贷款和租赁住房翻新贷款。

（四）加快推进房地产投资信托基金试点

加快推进房地产投资信托基金即 REITs 试点，采取多样化的税收政策驱动 REITs 行业发展。美国穿透式税收优惠驱动了房地产信托投资基金发展，所谓穿透性税收优惠是指企业的收益与损失可以冲抵企业持有人的个人所得税应税收入，从而避免双重征税。这一税制让所有投资者都有机会投资大型综合房地产项目，也使得美国的 REITs 非常发达。“租购并举”“租售结合”以及“竞自持”政策作为我国现行住房制度改革的新方向，加快推进 REITs 的发展，多渠道筹措资金，有助于减少房地产企业资金沉淀的压力，开发商能够获得“二次开发”的市场机会和溢价收益，高比例自持地块将成为可能。

（五）住房租赁市场的证券化

考虑将租赁住宅纳入房屋抵押资产证券化范围，加强配套机制建设，政府为开发商建设租赁住房或承建政府公租房提供担保，为租赁住宅资产证券化提供条件。在美国，为保障公共租赁住宅建设的资金需求，房利美、房地美等美国政策性住宅金融机构购买初级住宅抵押贷款，以发行抵押贷款证券（MBS）的方式为一级市场注入资金，同时政府机构吉利美对 MBS 担保增信，提高债券在资本市场的流动性，降低抵押贷款风险。一级市场的金融机构获得资金后，向有联邦住宅管理局（FHA）担保的开发商发放低息的公共租赁住房建设项目贷款。

---

① 王阳．德国住房租赁制度及其对我国住房租赁市场培育的启示［J］．国际城市规划：1 ~ 15

中国住房租赁市场的发展目标

近年来，随着房价的不断攀升，人们对购买住房的渴望与高涨的房价之间的矛盾日益突出。为解决人们的居住问题，2016 年 12 月中央经济工作会议首次明确提出“房子是用来住的，不是用来炒的”。2017 年 10 月，党的十九大报告进一步把这些探索提升到历史的高度，归纳为“坚持‘房子是用来住的，不是用来炒的’定位，加快建立多主体供给、多渠道保障、租购并举的住房制度，让全体人民住有所居”。2018 年 3 月，“两会”政府工作报告明确指出要培育住房租赁市场，加快建立多主体供给、多渠道保障、租购并举的住房制度，让广大人民群众早日实现安居宜居。然而我国租赁市场起步晚、水平低、规模小，发展不完善，面临着众多问题。本章从我国住房制度变迁、国内典型城市租赁住房管理经验以及国外租赁市场发展经验等角度探索和梳理我国租赁市场的发展目标，以促进加快建立以民生为导向的“多主体供给、多渠道保障、租购并举”的住房长效机制，确保居民安居宜居，满足人民对美好生活的向往。

第一节　从住房制度变迁来审视租赁市场的发展目标

一、我国住房制度的发展历程

任何改革都不能脱离其历史渊源和现实基础，以史为鉴，可以知兴替。我国住房制度发展是一个动态的演化过程，也是一个历史情境渐次展开的过程。新中国成立后，我国大致上建立了三代住房制度：以福利为导向的第一代住房制度、以市场为导向的第二代住房制度和以民生为导向的第三代住房制度。每一代住房制度都是在特定的社会经济条件下建立的，它们均有自己特定的发展目标和动力机制，经过数十年的运行后取得了不同的成效。前两代住房制度由于受改革开放和全球金融危机的巨大冲击，并因自身因素的影响而变得不再适应当代社会经济形势的发展，也无法满足人民日益增长的住房需求，最终被新的住房制度所替代。无论是从新中国成立 70 周年，改革开放 40 周年，还是从停止福利分房 20 周年来看，我们都应该对我国住房制度的发展改革作一个系统总结。每一代住房制度都不是一成不变的，也不断地在进行动态调整。因此，每一代住房制度还需要分成若干阶段进行研究。

在过去的 70 多年里，我国城市住房制度和住房供应体系发生了巨大变化，大体上建立了三代住房制度（如图 6－1 所示）。

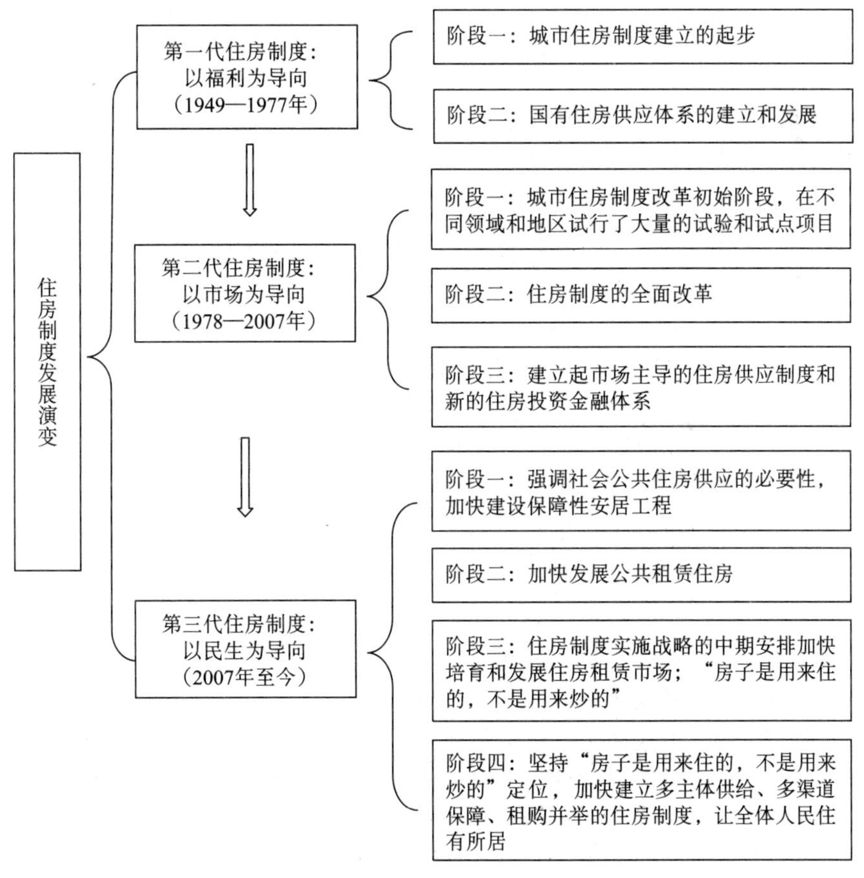

图 6－1　我国住房制度的发展演变

（一）以福利为导向的第一代住房制度

1949—1978 年，我国政府推行私有住房国有化政策，并逐步建立了社会主义以福利为导向的住房供应体系。城市土地归国家所有，各级政府垄断了所有的土地交易。政府通过职工的工作单位直接控制城市住房的建造、融资、配置、运营和定价。住房主要根据资历、业绩和需求进行分配，职工仅需支付极低的租金。租金往往不足以弥补维护费用，更不必说住房的建筑费用。截至20世纪70年代，大约有80%的城市居民居住在公有住房里。这种住房供应体系遵循社会主义基本原则，但也存在诸多问题，如严重的供应短缺、缺少投资、住房分配不平等以及管理和维护的无效率等。在改革开放前，房屋所有权和私有产权实际上已消失。这种福利导向住房制度导致了住房部门投资少、城市住房长期短缺、住房质量达不到标准以及大部分城市居民的生活条件差。

（二）以市场为导向的第二代住房制度

为了解决以福利为导向的第一代住房制度存在的问题，我国政府从20世纪80年代初期开始推动了一系列城市住房供应体系的改革政策。起初，政府开始恢复私有产权，将没收的或国有化的私有住房返还给房主。然后，鼓励城市居民分摊住房费用，逐步提高城市居民为城市地区的公共住房支付的租金。20世纪80年代以来，住房改革经历了三个发展阶段：1992年之前属于改革初始阶段，政府在不同领域和地区试行了大量的试验和试点项目，为1993—1997年第二阶段的全面改革打下了基础。从1988年开始，我国政府着手对城市公共住房进行市场化运作，鼓励居民自己拥有住房。大量公共租赁住房以极低的价格出售给单位职工，还允许私营部门参与住房开发。自1998年开始，第三阶段的住房改革结束了福利住房分配，同时建立起市场主导的住房供应制度。现今绝大多数城市居民依赖于住房市场来解决住房问题。大多数公共住房被以优惠价格出售给租户，包括住房体系的发展、分配、交换和维护在内的步骤和程序也都被市场化了，同时也建立了新的住房投资金融体系。

但是，城市住房制度改革仍然存在不少问题。一方面，住房市场化的确为改善人民生活水平作出了重要贡献；另一方面，城市住房价格的过快上涨使人们面临着巨大的支付困难，特别是对低收入人群和贫困家庭而言。1998—2006年的住房制度改革政策将重点过多地放在了住房市场化上，这就使得住房消费方式和消费程度与中国的经济社会发展及大多数城市人口的收入水平并不完全匹配。对住房的过度消费和投资为环境带来了很大的负担。住房支付能力不足以及住房体系中的不公正也为城市发展带来了不安定因素。政府已经意识到这些问题，逐渐采取了一些重要的政策调整来改善城市住房体系中存在的不平衡问题，并将更多的注意力和资源投放在低收入人群住房保障体系的发展上。

（三）以民生为导向的第三代住房制度

2007年，国务院出台了《关于解决城市低收入家庭住房困难的若干意见》，它标志着中央政府开始更加重视公共住房政策，探索建立以民生为导向的住房制度。2008 年，我国政府实施了四万亿元投资计划，主要措施之一就是加快建设保障性安居工程，计划投资约 4 000 亿元。2009 年，政府工作报告首次提到了积极发展公共租赁住房。同年 12 月，“国四条”提出“要继续大规模推进保障性安居工程建设”。2010 年 6 月，由住建部等七部委联合发布《关于加快发展公共租赁住房的指导意见》。2011 年，我国政府在“十二五规划”中提出，“要建设城镇保障性安居工程 3 600万套”，“加大保障性住房供给，多渠道筹集廉租房房源，完善租赁补贴制度，重点发展公共租赁房，逐步使其成为保障性住房的主体”。2013 年 10 月，习近平总书记指出，“住房问题既是民生问题也是发展问题”。2015 年，住建部发布了《关于加快培育和发展住房租赁市场的指导意见》；2016 年，国务院办公厅下发《关于加快培育和发展住房租赁市场的若干意见》，同年 12 月，2017 年中央经济工作会议首次对住房作了明确定位，“房子是用来住的、不是用来炒的”。2017 年 10 月，党的十九大报告明确指出“坚持房子是用来住的、不是用来炒的定位，加快建立多主体供给、多渠道保障、租购并举的住房制度，让全体人民住有所居”。2018 年 3 月，两会政府工作报告明确提出培育租赁市场，坚持房子是用来住的、不是用来炒的定位，落实地方主体责任，继续实行差别化调控，加快建立多主体供给、多渠道保障、租购并举的住房制度。2019 年 3 月两会政府工作报告，再次强调要落实城市主体责任，改革完善住房市场体系和保障体系，继续推进保障房和棚户区改造，稳步推进房地产税立法，建立多主体供给、多渠道保障、租购并举的住房制度依旧是建立住房长效机制主要路径。

“租售并举”概念的提出表明我国住房建设目标已经从“居者有其屋”转变为“住有所居”，这也意味着培育和发展住房租赁市场对于建设以民生为导向的第三代住房制度具有重要意义。

二、不同阶段住房制度的发展目标和建设成效

（一）以福利为导向的第一代住房制度的发展目标与建设成效

主要总结 1949—1977 年（如表 6 - 1 所示）我国住房制度改革和发展情况，拟细分为两个阶段：第一个阶段（1949—1956 年），城市住房制度建立的起步；第二阶段（1956—1977 年），国有住房供应体系的建立和发展。

第一代住房制度主要存在于新中国成立后至 1978 年党的十一届三中全会召开这一时间段。它以计划经济为依托，以单一主体供给、福利分房为基本特征。在计划经济下，城市土地归国家所有，土地交易被取缔，房屋建设被列入国家投资计划，

建设资金全部源于财政资金。房屋建好后，采用实物福利形式，以低租金方式分配给城镇职工使用。这种住房制度在新中国成立初期，对改善职工住房条件、维护社会稳定发挥了重要作用。但随着工业化和城镇化步伐的加快，城镇人口迅速增加，其弊端日益突出。国家不仅需要投资建房，还需要补贴大量住房维修管理费，投入的大量建房资金无法收回。受国家财力的制约，单一的住房行政供给制无法满足人民不断增长的住房需求。1978 年城镇人均居住面积仅有 3.6 平方米，比 1949 年的水平还低，近一半的城镇居民家庭缺房或无房。住房问题是当时最为严重的城市社会问题之一，城镇住房制度迫切需要进行改革。

表 6－1　　1949—1977 年住房发展目标与建设成效

第一代住房制度：社会主义福利住房的供应（1949—1977 年）		
年份	重大政策文件	政策与定位
1949—1957	各种各样	规范私人租赁市场、租金管制，并没收军阀拥有的房产
1958—1977	各种各样	大地主拥有的房产国有化；开发和分配公共住房，作为政府通过工作单位提供的福利服务

（二）以市场为导向的第二代住房制度的发展目标与建设成效

主要总结 1978—2007 年间（如表 6－2 所示）我国住房制度改革和发展情况，拟细分为三个阶段：第一个阶段（1978—1992 年），城市住房制度改革初始阶段，在不同领域和地区试行了大量的试验和试点项目；第二阶段（1993—1997 年），住房制度的全面改革；第三阶段（1998—2007 年），建立起以市场为主导的住房供应制度，同时也建立了新的住房投资金融体系。绝大多数城市居民依赖于住房市场本身来解决住房问题，包括住房体系的发展、分配、交换和维护在内的步骤和程序也都被市场化了。

改革开放后，在经济体制商品化的大潮中，住房也走上了漫长的商品化道路。1978 年 9 月，全国城市住房建设工作会议的召开，拉开了探索第二代住房制度的序幕。直到 1998 年 7 月，国务院发布了《关于进一步深化城镇住房制度改革加快住房建设的通知》才把住房商品化彻底巩固下来，它标志着我国住房制度完成了从第一代到第二代的转变。第二代住房制度大体存在于 1978—2007 年美国次贷危机全面爆发的这段时期，它以市场经济为背景，以住房市场化为典型特征，取得了举世瞩目的成就。我国住房市场建立了多层次供应体系，基本上能够满足绝大多数人的住房需求，人民的居住水平不断提升。我国城市人均建筑面积从 1978 年的 6.7 平方米、1993 年的 15.2 平方米增长到 2007 年的 28.3 平方米。第二代住房制度在取得巨大成就的同时，也存在着市场化过度、房价过高、住房供需不平衡、结构不合理、保障不充分、中低收入家庭住房困难等问题，住房供应与保障体系已难以满足广大人民对改善住房条件的新需求。

表 6 - 2　　1978—2007 年住房发展目标与建设成效

第二代住房制度：进行商品化的改革试验（1978—1993 年）		
年份	重大政策文件	政策与定位
1978—1987	各种各样	公共住房尤其是工作单位住房扩张的重要时期。在特定的城市进行城市住房试点，旨在通过恢复私人财产权实现福利住房供应的多样化，并鼓励个人分担住房成本
1988	国务院第 11 号文件	住房改革从试点试验转向所有城市地区的全面执行，目的是“根据社会主义有计划的市场经济原则实现住房的商品化”。改革政策包括增加公共部门的租金，以及住房补贴和公共住房的出售
1991	国务院文件	与 1988 年的计划类似，旨在提高不同渠道的住房投资：以公共部门的租金改革为重点；鼓励出售公共住房；增加住房建设
1993	国务院文件	修改 1991 年的战略，通过租金改革给予公共住房出售优先权。这导致市场上以极低的价格大规模出售现有的公共住房
第二代住房制度：从福利供应转向住房市场（1994—1998 年）		
年份	重大政策文件	政策与定位
1994	国务院第 43 号文件	政策首次以建立城市住房市场为目标，变革住房投资、管理和分配制度，并建立住房供应制度双轨制，即向中低收入家庭提供社会公共住房，向高收入家庭提供商品房
1998	国务院第 23 号文件	结束了工作单位直接分配住房的制度，向新员工和主要员工推行住房现金补贴，以国家支持的能负担得起的（低成本）住房为主要形式建立多样化的住房供应体系
第二代住房制度：住房市场的形成（1999—2006 年）		
年份	重大政策文件	政策与定位
2003	国务院第 18 号文件	调整经济适用房的措施，以所谓普通商品房为基础，推行极端的市场体系
2005—2006	各种各样	住房的可支付性问题出现，尤其是在低收入群体中；住房问题开始引发城市中社会经济不稳定；各种政策主要关注通过税收、土地和规划政策稳定城市住房价格

（三）以民生为导向的第三代住房制度的发展目标与建设成效

主要总结 2007 年至今，我国第三代住房制度改革的探索。这一阶段住房制度的建设目标是“居有所屋”，定位是“房住不炒”，方式是建设多渠道住房供应体系，重点是租赁住房领域的探索与发展建设，因此如何建设一个完善的住房租赁市场，建设一个怎样的住房租赁市场，是建设以民生导向的第三代住房制度的重要内容。

表 6－3　　2007—2017 年住房发展目标与建设成效

第三代住房制度：实现多种方式的住房供应体系（2007 年至今）		
年份	重大政策文件	政策与定位
2007	国务院第 24 号文件	调整极端的市场措施，重新强调社会公共住房供应的必要性
2008	四万亿投资计划	加快建设保障性安居工程，计划投资约 4 000 亿元
2009	政府工作报告	首次提出积极发展公共租赁住房
2010	建保（2010）87 号	加快发展公共租赁住房
2011	“十二五规划”	加大保障性住房供给，多渠道筹集廉租房房源，完善租赁补贴制度，重点发展公共租赁房，逐步使其成为保障性住房的主体
2015—2016	建房（2015）4 号 国办发（2016）39 号	加快培育和发展住房租赁市场；房子是用来住的、不是用来炒的
2017	党的十九大报告	坚持房子是用来住的、不是用来炒的定位，加快建立多主体供给、多渠道保障、租购并举的住房制度，让全体人民住有所居
2018	政府工作报告	坚持房子是用来住的、不是用来炒的定位，落实地方主体责任，实行差别化调控，培育住房租赁市场，加快建立多主体供给、多渠道保障、租购并举的住房制度
2019	政府工作报告	落实城市主体责任，改革完善住房市场体系和保障体系，继续推进保障房和棚户区改造，稳步推进房地产税立法

2007 年 8 月，国务院出台了《关于解决城市低收入家庭住房困难的若干意见》，它标志着中央政府开始更加重视公共住房政策，探索建立以民生为导向的住房制度。2008 年，受全球金融危机的影响，我国政府实施了四万亿投资计划，主要包括十项重要措施，其中第一项措施就是加快建设保障性安居工程，计划投资约 4 000 亿元。这一投资计划改变了过去过分强调住房经济属性而削弱民生属性的局面，从而开启了建设以民生为导向的第三代住房制度的新征程。此后，这一导向被不断强化。2009 年，温家宝总理在政府工作报告中首次提到了要积极发展公共租赁住房。同年 12 月，温家宝总理主持召开国务院常务会议，研究完善促进房地产市场健康发展的政策措施，并提出了四条重要措施（俗称“国四条”）。其中，第四条提出“要继续大规模推进保障性安居工程建设，力争到 2012 年年末，基本解决 1 540 万户低收入住房困难家庭的住房问题”。2010 年 6 月，由住建部等七部委联合发布《关于加快

发展公共租赁住房的指导意见》（以下简称《指导意见》）。《指导意见》指出，公共租赁住房供应对象主要是城市中等偏下收入住房困难家庭，新建公共租赁住房主要满足其基本居住需求，成套建设的公共租赁住房，单套建筑面积要控制在60平方米以下，原则上只租不售。2011年，我国政府在“十二五规划”中提出，“要建设城镇保障性安居工程3 600万套”，“加大保障性住房供给，多渠道筹集廉租房房源，完善租赁补贴制度，重点发展公共租赁房，逐步使其成为保障性住房的主体”。2013年10月，在中共中央政治局第十次集体学习时，习近平总书记对加快推进住房保障和供应体系建设作了深入阐述。他指出，“住房问题既是民生问题也是发展问题，关系千家万户切身利益，关系人民安居乐业，关系经济社会发展全局，关系社会和谐稳定”。2015年1月，住建部发布了《关于加快培育和发展住房租赁市场的指导意见》（建房〔2015〕4号）；2016年5月，国务院办公厅下发《关于加快培育和发展住房租赁市场的若干意见》（国办发〔2016〕39号），同年12月，2017年中央经济工作会议首次明确提出“房子是用来住的、不是用来炒的”。2017年10月，党的十九大报告进一步把这些探索提升到历史的高度，归纳为“坚持房子是用来住的、不是用来炒的定位，加快建立多主体供给、多渠道保障、租购并举的住房制度，让全体人民住有所居”。2018年3月，两会政府工作报告明确指出要培育住房租赁市场，加快建立多主体供给、多渠道保障、租购并举的住房制度，让广大人民群众早日实现安居宜居。2019年3月，两会政府工作报告指出要更好解决群众住房问题，保障困难群体的基本居住需求，改革完善住房市场体系。至此，以民生为导向的第三代住房制度的宏伟蓝图已被清晰地描绘出来，住房的民生属性被提升到了空前的高度，租赁住房在保障民生中的重要地位已经不言而喻。

因此本章的主要目标是借鉴发达国家住房租赁市场建设经验，根据国内住房租赁市场发展的现状，提出当前阶段以“民生”为导向的、满足“住有所居”并符合“租售并举”倡议的租赁市场的发展目标，以促进我国住房市场发展的长效机制建设，保证人民美好生活的基本需求。

第二节　从典型城市的租赁住房经验来审视租赁市场发展目标

虽然第二代住房制度以市场经济为背景，以住房市场化为导向，建立了多层次住房供应体系，基本上形成了住房多主体供给结构。但是，住房供给主体发展不平衡不充分，不同住房供给主体发展极不平衡。由于社会经济以市场化为导向，商品房市场中形成了庞大的单一开发商供应模式，进而使得其他各种住房供应主体都显得非常弱小，不足以与之形成抗衡。这种模式极易造成房地产开发企业牵制政府、银行等的局面，导致高房价、高投资。在住房租赁市场中，各类供应主体都在发展壮大中，一些大型房企纷纷加入住房租赁市场，成为一种正在崛起的供应主体；私人租赁主体还是一种隐蔽、分散的力量；社会租赁部门刚刚起步，力量比较薄弱；政府部门是公共租赁住房的主要供给者，但其提供的公租房数量有限。在保障房市场上，政府部门起主导作用，其他供给主体发挥的作用还十分有限。总体而言，住房市场中各类子市场的供给主体均存在明显的不平衡。因此，党的十九大报告提出要建立多主体供给的住房制度。

同时住房保障需求的多样性与供给渠道单一性之间的矛盾，对租赁市场的发展也提出了新要求。为了保障中低收入人群的住房问题，我国政府进行了长期探索，形成了产权式保障和租赁式保障两种类型，且以前者为主，后者为辅，但两者互不相通。这种住房保障体系存在以下问题。一是以产权式保障为主的供给方式既不符合效率原则，也不符合公平原则。其保障对象、保障标准及保障水平与保障目标不一致，政府保障的应是“住有所居”而不应是“居者有其屋”。这种重售轻租的供给方式会造成大量住房困难户无法获得住房保障，也使政府提高住房保障水平的工作受到很大限制。二是住房保障供给体系缺乏整体性的顶层制度设计。经济适用房、廉租房、限价房等的出台都有特定的背景，这种“头痛医头，脚痛医脚”的补丁式制度设计，虽然能较好地解决某一特定时期的突出矛盾，但由于缺乏整体性的制度顶层设计，因而在内容框架、衔接协调上存在内在的不吻合。三是住房保障供给方式相互割裂。经济适用房“只售不租”，公租房“只租不售”，两者互不相通。这种割裂的供给方式降低了保障房的运行效率，使得空置的经济适用房不能出租，承租公租房的住户无法购房，从而造成保障房资源的浪费。从可持续性来看，产权式保障是对保障对象的一次性终身保障，无法退出；而租赁式保障会造成政府投入的大量建设资金长期沉淀，带来严重的财政负担。四是保障房分类供应体系加剧了保障对象的社会隔离。保障房分类供应是建立在收入分异的基础上，不同类型的保障房把原来分散居住的不同人群按收入差异集中到一起，尤其是低收入人群的集中，从而给不同类型保障房的受保障对象贴上相应的社会身份标签，人为地造成社会隔离，不利于社会和谐。在社会主义新时代，住房保障覆盖面将从局部转向全部，改革重心将从保障困难群体有房可住转向全体人民住得更好。为此，习近平总书记在党的十九大报告中呼吁“建立多渠道保障的住房制度，让全体人民住有所居”。

然而，住房市场发展不平衡，购房市场相对发达，租赁市场发展不充分，不能满足人民日益增长的租房需求，这使得发展租赁市场的重要性上升到民生的新高度。我国租赁市场起步晚、规模小、水平低，在发展过程中面临众多问题。从需求侧来看，首先，在快速城市化和工业化进程中，大量农村人口涌入城市形成庞大的租购房需求。据国家统计局测算，2017 年中国城镇化率为 58.52%，2030 年将达到 70% 左右，我国仍处在 30%~70% 的快速城市化阶段，还会有上亿新市民从农村转移到城市就业和居住。其次，规模庞大的流动人口创造了巨大的租购房需求。据国家卫计委流动人口司统计，自 2011 年以来，我国年均流动人口总量为 2.43 亿人，2016 年达 2.45 亿人，2030 年将达到 3.27 亿人，以跨省流动为主，家庭化流动趋势明显，平均居留时间为 5.7 年。最后，毕业大学生的租购房需求强劲。据教育部统计，自 2011 年以来，全国高校毕业生人数按 2%~5% 的增长率增长，2017 年已达 795 万人，近 7 年累计达到 5 075 万人。从供给侧来看，私人出租住房占绝对比重，规模化市场供给很少，供给主体单一。据第 6 次全国人口普查数据测算，我国租赁住房约有 90% 来源于私人，规模经营的住房租赁企业仅占 1% 左右。而集体土地上的、城中村中的出租房屋大多游离在政府监管体系之外，这导致租赁市场不仅供求不平衡，且居住需求得不到满足。同时相关法律法规的缺失、监管体系不完善、配套市场服务不完全，不仅导致租赁市场乱象丛生，租户权益得不到保护，而且使得租赁市场发展畸形，不利于建设适合我国的长效住房机制。

2015 年 1 月住建部《关于加快培育和发展住房租赁市场的指导意见》中首次提到了“租售并举”的概念，提出积极培育经营住房租赁机构、支持房地产开发企业将其持有房源向社会出租，改变经营方式，从单一的开发销售向租售并举模式转变。2016 年 6 月国务院发布《关于加快培育和发展住房租赁市场的若干意见》，提出了培育租赁市场主题、鼓励租赁消费的意见。2017 年 7 月住建部等 9 部委联合发布《关于在人口净流入的大中城市加快发展住房租赁市场的通知》，提出要贯彻落实“房子是用来住的、不是用来炒的”定位的重要举措，是加快房地产市场供给侧结构性改革和建立租售并举住房制度的重要内容，是解决新市民住房问题、加快推进新型城镇化的重要方式，是实现全面建成小康社会住有所居目标的重大民生工程。2018 年 3 月，两会政府工作会议提出坚持“房子是用来住的、不是用来炒的”定位，落实地方主体责任，实行差别化调控，培育住房租赁市场，加快建立多主体供给、多渠道保障、租购并举的住房制度，让广大人民群众早日实现安居宜居。

2017 年 7 月份以来，关于发展住房租赁市场的中央政策和地方政策密集出台，并选取广州、深圳、南京、杭州、厦门、武汉、成都、沈阳、合肥、郑州、佛山、肇庆 12 个城市，作为首批开展住房租赁试点单位，试点对租赁市场的建设和发展的探索，对我国租赁市场的发展具有重要的建设性和借鉴意义。从目前各地的租赁市场建设现状来看，我国租赁市场建设目标主要分为 3 部分：一是租赁市场体系建设与完善；二是租赁保障体系的建立与完善；三是租赁住房法规体系的建设和完善。

一、一线城市租赁市场建设经验与借鉴——以北京、上海、深圳为例

（一）北京市租赁改革方案

北京市租赁市场改革方案主要集中于租赁服务、租赁供应和金融政策支持 3 大块。在提升租赁服务方面，北京的做法是通过建立统一的住房租赁监管平台，完善租赁市场的管理服务，并通过平台加强对市场主体的监管，维护租户合法权益。对租赁房源问题，北京通过鼓励支持专业化租赁企业、集中个人房源的方式扩大租赁供给。同时，北京还从土地入手，通过对产业园、集体用地等合理规划，开发存量，扩大总量。在金融支持上，鼓励开发性银行等金融机构加大租赁项目信贷力度，同时引导和鼓励租赁企业金融创新，利用直接融资、房地产投资信托基金（REITs）、资产抵押债券（ABS）、租赁住房抵押贷款债券（MBS）等方式进行融资。

（二）上海市租赁改革方案

上海市租赁市场改革方案的重点主要是加大租赁住房供应、培育租赁市场供应主体、鼓励租赁消费、加强租赁监管服务 4 个方面。上海市加大住房供给的主要举措有：大力新建租赁住房，引导土地、资金等资源合理配置；允许商办用房等按照规定改建用于住房租赁；引导鼓励有条件的企事业单位、产业园区和集体经济组织建设租赁住房；新增租赁住房用地采取公开招标或公开挂牌方式出让，完善供地方式；完善租赁住房建设使用标准，可以结合项目实际情况，参照国家和本市相关规范，给予政策支持。培育供给主体的具体举措有：坚持市场化运作，发挥企业在住房租赁市场的主体作用；大力发展代理经租业务，鼓励住房租赁企业通过收储、转租、改建等方式开展代理经租业务；加大投入力度，支持相关国有企业拓展住房租赁业务，发挥国资国企的引领和带动作用。鼓励租赁消费的具体举措有：提高住房公积金使用效率，实施住房公积金政策的人才导向；完善引进人才租房补贴政策，落实用人单位主体责任，减轻引进人才租房压力。加强租赁监管服务的具体举措有：充分发挥房地产经纪机构作用，提供规范的住房租赁服务；鼓励商业银行等金融机构，进一步优化并创新针对住房租赁项目不同阶段的金融产品和服务，加大信贷支持住房租赁产业的力度；建立全市统一的住房租赁公共服务平台，强化住房租赁平台的线上服务功能，建立覆盖全市的住房租赁线下服务体系，并依托平台建立住房租赁市场监测监管体系；不断完善公共服务政策，依法保护承租人的稳定居住权；提升租赁住房生活配套功能；凡是依法登记备案的住房租赁企业、机构和个人，要进一步落实好税收优惠政策。

（三）深圳市租赁改革方案

深圳市租赁市场改革方案主要聚焦租赁主体、租赁消费、租赁供给以及租赁服务4个方面。深圳主要通过4个途径培育租赁主体。首先，发挥国有租赁企业的引领作用。其次，鼓励农村集体经济组织向住房租赁企业转型，开展“城中村”规模化租赁试点。再次，积极引导房地产开发、物业管理以及其他市场主体开展住房租赁经营。最后，鼓励各类产业园区、大学城区及驻地单位开展规模化租赁。为了保证租赁住房的供给，深圳明文规定，以招拍挂方式出让的商品房建设用地，应按照不低于规划建筑面积20%的比例建设自持租赁住房，商品房和现有住房需要按规定在改建后用于出租。对于租赁消费，深圳通过提高房租在住房公积金缴存额的提取比例，加强保障性住房供给，提升对承租人和租户的服务水平。至于相关的租赁服务，深圳的做法同北京相似，都是建设住房租售交易平台，规范租赁信息的填录，发挥租赁平台的监管和服务作用，以此来进行网络化管理，完善住房租赁市场的管理服务水平和机制。

二、二线城市租赁市场建设经验与借鉴——以杭州、郑州、武汉为例

（一）杭州市租赁改革方案

杭州市租赁改革方案与深圳市租赁改革方案相同，都是从租赁主体、租赁供给、租赁消费、租赁服务4个方面对租赁市场进行探索改革，但是具体措施因经济发展环境差异而不尽相同。培育租赁主体的具体举措是：扶持鼓励国有企业规模化发展租赁；鼓励民营企业、房地产开发企业、房地产中介、房地产务业等相关服务企业开展住房租赁业务；鼓励和规范个人出租住房；对于开展住房租赁业务的企业、机构、个人予以税收优惠；鼓励银行等金融机构积极向租赁企业提供金融支持，引导租赁企业通过直接融资、REITs等方式获取资金；建立住房租赁奖励专项资金。扩大租赁供给的具体举措是：增加用于建设租赁住房的土地供给；鼓励规范个人房源，允许套房拆间出租；政府有效引导，鼓励加大公租房供应；盘活闲置、低效住房，探索集体用地建设租赁住房，鼓励国有与集体用地的租赁房建设。鼓励租赁消费的具体举措是：增大公积金对租赁住房的提取额度和支持力度；施行居住积分管理，对达到一定年限的租赁住房，施行“租购同分”。提升租赁服务的具体举措有：建设政府为主导的地区统一的租赁住房监管服务平台；完善住房租赁市场的管理机制；完善住房租赁法规的同时，注重发挥行业协会的作用。

（二）武汉市租赁改革方案

武汉市租赁市场改革方案，除了有培育租赁主体和扩大租赁供给等针对供给侧的改革，还从提升政府服务、加强相关政策支持方面，加强租赁市场的建设和培育。培育租赁主体的具体举措有：鼓励以国资企业独有、中央所属房地产企业直接经营、混合所有或者与民企合资建立国有控股的租赁企业；鼓励房地产企业拓展租赁业务，延长产业链，增加行业附加值；通过立法的方式规范个人出租房，通过补贴或税收优惠的方式支持个人出租房源。扩大租赁供给的具体举措有：通过新建商品房、改造闲置住房和非住宅闲置房屋为租赁住房，扩大租赁住房供给；对于利用率低的公租房，可将其调整为社会租赁住房，扩充市场供给量。提升政府服务的具体举措有：鼓励政府建设住房租赁交易平台，建立信息共享机制，以此建立并规范住房租赁市场企业准入和资质管理体系，为租赁市场行为设立标准，强化流动人口和出租屋管理；货币化公租房保障，提高公租房可持续运行的保障能力。加强相关政策支持的具体举措有：扩大租赁住房用地有效供给，将闲置的商业用房改为租赁住房；对个人、房屋中介、租赁企业给予增值税、企业所得税等税收优惠；增加公积金对个人租赁的支持；对承租人应当享有的公共服务予以保障；鼓励政策性银行和商业银行对从事租赁建设、经营的房地产企业及相关企业提供长期贷款，支持企业以 ABS、MBS 等多种渠道融资，并推进 REITs 试点工作，加快金融创新。

（三）郑州市租赁改革方案

郑州市目前的租赁改革方案主要围绕租赁市场体系建设展开，从培育租赁主体、扩大租赁供应、提升租赁服务 3 个方面对租赁市场进行探索。培育租赁主体的具体举措有：鼓励国有融资平台发展住房租赁业务，并设立 2020 年持有全市 20% 租赁房源的目标；培育和发展专业化住房租赁企业；鼓励房地产企业利用已建或新建住房开展租赁业务，鼓励个人利用个人房源开展租赁业务，并给予相关个人和机构以税收优惠；鼓励政策性银行等金融机构加大对住房租赁企业的金融支持。

扩大租赁供给的具体举措：通过出让租赁住房专用土地、新建商品房配建租赁房等手段，扩大新增租赁住房供给，以引导土地、资金合理配置；允许企业和自然人改变自有土地性质，建设经营租赁住房，允许个人房源、改建房屋、安置房屋资源，加以整合用于租赁；提高公租房管理水平。提升租赁服务的具体举措：完善住房租赁市场管理政策体系；建立统一住房租赁信息管理平台，深化租赁住房管理机制，建设和完善网络化管理体系；允许承租人在租住地落户，享受相关的基本公共服务。

三、三线城市租赁市场建设经验与借鉴——以肇庆为例

肇庆市作为12个首批开展住房租赁试点城市中唯一1个三线城市，其改革方案的成功试行，对推进试点工作具有重要意义。其改革主要围绕培育租赁主体、扩大租赁供应、鼓励租赁消费、提升租赁服务4个方面展开。培育租赁主体的具体举措有：鼓励民营企业、房地产开发企业开展住房租赁服务；对于依法备案的租赁机构、个人给予税收优惠；鼓励开展住房租赁业务。扩大租赁供应的具体举措有：结合城区“三旧改造”“城市更新”“棚户区改造”等方式增加租赁住房用地有效供应；允许在建、建成、库存商业用房，通过商改租的形式改为租赁住房。鼓励租赁消费的具体举措有：落实住房公积金支付房租政策，简化手续；引导金融机构创新金融、信贷产品，给予租房贷款优惠政策；规定改建房水、电、气按居民标准执行。提升租赁服务的具体举措有：搭建地方住房租赁交易平台并投入使用，实行网络化管理；逐步实现承租人凭借租赁合同申领居住证，并享有相关教育、医疗等基本服务。

四、从国内租赁市场建设经验来看租赁市场发展的总体目标

从试点城市的改革实践我们可以发现，由于经济发展环境的差异，各城市租赁市场的改革方案不尽相同（如表6－4所示）。但是不论是一线城市还是二线城市，租赁市场的改革都主要集中在租赁市场体系的建设和住房保障体系的建设和完善，对住房租赁法规的建设都不够重视。我国现行有关住房租赁市场的专门性管理法规只有2010年颁布的《商品房屋租赁管理办法》（2011年2月1日开始施行）和2012年颁布的《公共租赁住房管理办法》（2012年7月15日开始生效，仅适用于公共租赁住房的管理，且仅针对住房保障对象），除了内容上不够完善，也缺乏公平性、先进性和合理性。我国住房租赁市场的制度建设较为落后，导致监管缺位，市场运行不规范，承租者权益得不到充分的保障。由于监管缺失，在现实的租赁中，买卖双方通常处于信息不对称的状态，租户的权益常常得不到有效的保障。房东将房屋进行隔断出租，提高租金赚差价的行为屡见不鲜；房东随意涨租，非正当理由扣押金，转嫁维修成本等乱象也更是时常有之。虽然承租者的权益被侵犯，但是由于缺乏有效的法规规范监管，维权无门，或者维权自担成本，大多租户最终都会选择忍气吞声，也正是如此导致租赁市场违法乱象愈发猖狂。除此之外，由于我国租售不同权导致租户不能享受到和房屋持有人相同（如入学和就医等）的权益。但是，由于住房销售市场存增量不能够满足居民的居住需求，租房又对租户的权益形

成限制，租购之间的障碍，成为建立多主体供应、多渠道保障的长效住房机制的一个重要阻碍，也违背了以民生为导向的第三代福利住房制度的核心准则。

表 6-4　　一、二、三线城市租赁改革方案对比

<table>
<tr><td rowspan="11">一线城市</td><td rowspan="3">北京</td><td>提升租赁服务</td><td rowspan="11">二线城市</td><td rowspan="4">杭州</td><td>培育租赁主体</td><td rowspan="11">三线城市（肇庆）</td><td rowspan="3">培育租赁主体</td></tr>
<tr><td>扩大租赁供应</td><td>扩大租赁供给</td></tr>
<tr><td>金融政策支持</td><td>鼓励租赁消费</td></tr>
<tr><td rowspan="4">深圳</td><td>培育租赁主体</td><td>提升租赁服务</td><td rowspan="3">扩大租赁供应</td></tr>
<tr><td>扩大租赁供给</td><td rowspan="4">武汉</td><td>培育租赁主体</td></tr>
<tr><td>鼓励租赁消费</td><td>扩大租赁供给</td></tr>
<tr><td>提供租赁服务</td><td>提升政府服务</td><td rowspan="3">鼓励租赁消费</td></tr>
<tr><td rowspan="4">上海</td><td>加大租赁供应</td><td>相关政策支持</td></tr>
<tr><td>培育租赁主体</td><td rowspan="3">郑州</td><td>培育租赁主体</td></tr>
<tr><td>鼓励租赁消费</td><td>扩大租赁供应</td><td rowspan="2">提升租赁服务</td></tr>
<tr><td>提升租赁服务</td><td>提升租赁服务</td></tr>
</table>

我国的住房租赁市场处于刚刚起步的阶段，是我国的朝阳产业，我们需要在行业发展初期制定好行业行为边界，以促进行业健康、持续发展。同时，习近平总书记在十九大报告中强调“建立多主体供给、租购并举的住房制度”，因而如何形成租购并举的住房长效机制，是当前以及今后很长一段时间，建立以民生为导向的，租售并举的、多主体供给和多渠道保障住房制度建设的重要任务。

综上，根据国内试点城市的建设经验，提出当前阶段国内租赁市场发展的总体目标。

（一）建立一个经营服务规范、租赁关系稳定、供给主体多元的租赁市场体系

具体措施如下：第一，培育住房租赁企业。促进大、中、小企业协同发展；系统市场化地整合租赁资源；鼓励开发商等企业设立租赁子公司，经营租赁业务；积极引导国有企业带头转型为住房租赁企业，发挥政府的引导作用。第二，扩大租赁房源供给；支持开发商将已建和新建商品房直接用于出租；鼓励个人出租私人房源，提供租赁服务；鼓励利用集体建设用地建设租赁住房；积极促进闲置商用房改建、闲置厂房用于出租。第三，鼓励住房租赁需求。制定鼓励租赁消费的税收、补贴等优惠政策；落实公积金支付房租政策，扩大公积金对租赁住房的支持程度；保证承租人享受基本公共服务，保证承租者的基本权益；将公租房保障货币化，促进公租房保障向实物保障与租金补贴并重转化，提高其保障持续度和水平；鼓励国有资本与社会资本的合作，创新采用 PPP 模式运营公租房，降低经营风险。

（二）建设住房租赁市场保障体系，以促公平、保基本、可持续

具体措施如下：有计划地增加并保障租赁住宅用地供给；给予经营住房租赁业务企业以税收优惠或补贴；鼓励引导住房租赁企业通过 ABS、MBS 等多种方式实现融资；鼓励发展 REITs，积极推进 REITs 试点活动；鼓励开发性、政策性银行等金融机构，加大对住房租赁企业贷款支持力度；鼓励住房租赁企业积极运用利率等衍生工具对冲风险，保护权益；积极促成政府住房租赁平台的搭建，形成网络化的管理体系，提升政府管理水平。

（三）完善住房租赁法规，以明晰市场规则、保证政府监督有力、促进权益充分保障

具体措施如下：加强顶层设计，加快立法过程，建立并完善全国统一的租赁市场法规；健全住房租赁企业和房地产经纪机构备案制度，积极推行住房租赁合同示范文本和网上签约，规范租赁经营机构的行为，保障租户权益。

第三节　从国际住房市场发展经验来审视租赁市场发展目标

伴随着房价高涨，住房这一民生问题已经被推向新高度。尽管近年来国家加大了对房地产市场的调控力度，但是不论从短期还是长期看，房价都不可能实现大幅回落。这也就意味着，在可预见的未来，中低收入阶层的住房可支付状况将不会有太大的改观。同时伴随着房价的高涨，虽然重售轻租的理念正在发生改变，但是通过比较可以发现，2008 年德国的租房率已经达到了 58%，美国的租房率为 32%，日本租房率为 39%，在东京以及大阪等都市圈，租房率更是超过四成。而我国住房自有率却远超 80%。这也就表明，在国外，租赁市场在住房市场上已经扮演了重要角色，而我国的租赁市场虽然已经开始发展，但是并没有真正形成对住房市场的有效补充，租赁市场仍然像游离于住房销售市场的第二市场。

同时从法律法规、管理制度、权益保障、配套设施等方面看，我国租赁市场发展水平与国外市场相比仍然较低。同时摆在我们面前的现实问题是，房价过快上涨、人口流动性增强、供求结构失衡、居住环境水平较低、权益保障不足……党的十九大报告中明确指出，我们现在的矛盾已经转化成人民日益增长的对美好生活的需求和不均衡不充分发展之间的矛盾。住房租赁市场作为住房市场体系的重要组成部分，建立完善、规范的住房租赁市场，形成住房市场租售机制，不仅仅可以提高住房资源的配置效率，满足国民对美好生活的追求，还可以完善房地产自我调节机制，减

少房地产波动对宏观经济的冲击。发达国家住房租赁市场起步早，发展完善，具有相对完善的管理经验，因此，在高房价时代，借鉴国外经验，特别是租赁市场发达的国家的租赁市场体系建设、管理经验，设立适合我国国情的住房租赁市场发展目标，不仅具有必要性，更具有重大的现实意义。

一、提升租赁市场地位，平衡租赁供需

（一）提升租赁市场地位

在人均收入水平较高、住房市场体系比较完善的发达国家，租赁住房在住房市场总量中占据了相当大的比例。虽然美国住房自有化率较高，但是租赁市场仍然呈现很强的市场化特征，并且美国通过立法的形式确定了住房租赁市场的地位。图6－2显示了2010—2018年美国自有住房拥有率与出租空置率。2010年美国住房自有化率为66.5%，剩余超过30%靠租赁解决住房问题的居民，大都通过市场交易方式完成租赁。截至2018年美国房屋租赁占整个市场的比例已经超过50%。英国房源构成主要为自有住房、公共住房和私人租赁住房。据英国发展统计数据显示，截至2010年，英国靠租赁解决住房问题的家庭人口比例为32.6%，其中公共租赁住房占比17%，私人租赁住房占比15.6%。而在住房租赁市场最为发达的德国，其住房市场最大的特点就是住房租赁市场规模远远大于住房销售市场的规模。据统计，截至2011年，德国住房自有化率仅为42%，租赁住房占比高达58%。

反观我国，重售轻租的消费理念在住房市场占据了主导地位。据国家统计局数据显示，2005年我国城市居民住房自有化率已经高达75.23%，2018年西南财经大学和中国人民银行共同发布的《中国家庭金融调查报告》表明，中国住房自有化率又创新高增至89.68%，远超60%的世界平均水平。而同一阶段，美国、英国、日本住房自有化率分别为65%、70%和60%。通过对比不难发现重售轻租的理念使得我国严重忽略了住房租赁市场在整个住房市场体系中的重要地位，更是如今房地产市场畸形发展的重要原因之一。

而另一组数据也证明了这一事实。重售轻租的消费理念，既是房价飙升的必要因素之一，也是租赁市场没有得到充分重视，不能充分发展的重要原因。如今重售轻租的理念也正在被高企的房价倒逼改变，因此抓住这一契机，促进消费理念的转变，是我国租赁市场发展的重要基础。如表6－5所示，北上广深4个一线城市由于房价较高，所以住房自有化率较低，如长沙、哈尔滨、郑州这样的省会城市，房价相比一线城市低，同时有吸引人才政策的加持，住房自有化率均超过80%。而作为人口净流入城市，这样的自有化水平将严重压缩、扭曲租赁市场的发展，更会严重

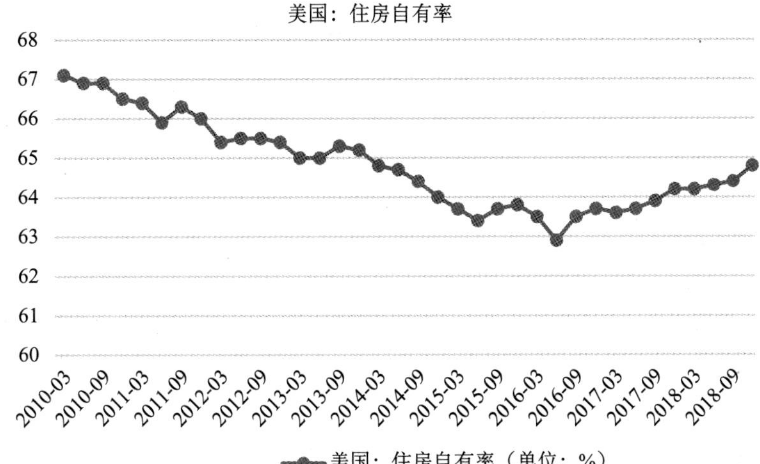

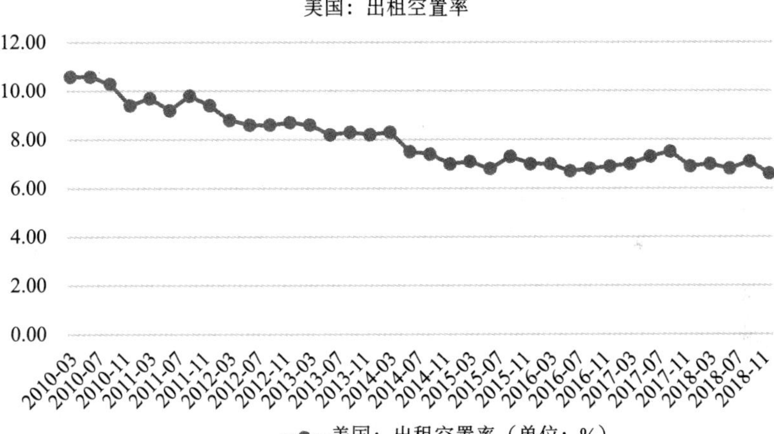

图 6－2　2010—2018 年美国自有住房拥有率及出租空置率

资料来源：Wind 数据库。

影响居民生活质量和生活水平。

表 6－5　2018 年 40 城居民住房自有化率排名

城市	住房自有化率/%	排名
长沙	90.1	1
哈尔滨	89.1	2
贵阳	86.0	3
南昌	83.6	4

续表

城市	住房自有化率/%	排名
兰州	83.3	5
沈阳	83.3	6
郑州	81.8	7
苏州	81.6	8
石家庄	81.2	9
济南	80.5	10
重庆	80.2	11
合肥	80.1	12
南宁	80.1	13
南京	79.8	14
太原	79.6	15
天津	79.4	16
杭州	79.2	17
宁波	79.0	18
青岛	78.7	19
拉萨	78.6	20
银川	78.3	21
海口	78.2	22
珠海	78.1	23
武汉	78.0	24
大连	77.6	25
西安	77.4	26
厦门	77.3	27
长春	77.1	28
无锡	76.9	29
福州	76.7	30
包头	76.6	31
乌鲁木齐	76.2	32
西宁	76.1	33
呼和浩特	75.9	34
昆明	75.1	35
成都	73.6	36

续表

城市	住房自有化率/%	排名
广州	72.8	37
北京	70.7	38
深圳	70.0	39
上海	67.9	40

资料来源：国土房管局，浙江大学不动产投资研究中心、清华大学媒介调查实验室与《小康》杂志联合发布。

（二）开拓房源租赁

在国际上许多发达国家的住房租赁供给方除了政府相关部门以外，私人部门与社会部门构成了租赁住房供应链上的重要组成部分，并在住房租赁市场中发挥着愈发重要的作用。德国和日本的私人租赁比较发达。在德国，私人租赁是住房租赁市场主要供应者，其所提供的房源份额占市场的61%，社会部门例如金融机构、保险公司、基金公司等所提供的房源占比约为18%。德国政府除了必要的社会保障，基本不干预房地产行业的发展，并鼓励私人和社会部门进行房地产行业的经营。英国住房租赁市场供给结构虽然在过去几年发生了变化，但是总体而言私人部门与社会部门供给规模占据整个市场总量的40%。美国更是通过提供税收优惠、补贴等政策来鼓励私人部门租赁。

我国目前住房租赁市场的供给主体是个人房东，缺乏例如金融机构、企业公司等社会部门的参与，供给主体单一，住房租赁市场机构渗透率过低，没有形成规模化的租赁供给市场。美国住宅租赁市场机构化渗透率大约为30%，日本的住房租赁市场机构化渗透率在80%以上，而我国住房租赁市场机构化渗透率平均值仅仅为2%，即使是在人口流动量相当大的北京，其租赁市场机构化渗透率也仅仅为5%，这也就解释了近两年租金在短期内出现迅速上涨的现象。供给机构单一，市场缺乏专业化的住房租赁机构，租赁市场供不应求，是如今租赁市场乱象丛生、居民住房问题的根本原因，更导致我国租赁双方难以形成稳定的信任合作关系。不同主体的租赁住房供给渠道，不仅能够在市场上形成有效的竞争，促进市场的健康发展，更能满足多样化的市场需求，提升居民生活水平，满足“居有所屋”的住房市场发展目标。

（三）鼓励租赁消费

国际上租赁市场比较发达的国家，不仅仅支持个人以及社会机构进入房地产市场领域，更通过发放租金补贴来鼓励和保证住房市场的租赁消费行为。目前国际上的住房补贴主要有砖头补贴和人头补贴两种方式。德国每年会对居民提供数量相当可观的房屋补贴，根据居住标准补偿租金缺口，其租金补贴覆盖率达到90%。并且德国租金水平相当稳定，30多年来，德国房价租金比的季度标准差仅为2.09，低于同时期荷兰2.85、英国2.89、西班牙2.81。虽然美国政府过去往往是以砖头补贴的形式对租户进行补贴，但是近年来以发放租房券逐步取代砖头补贴。截至2017年，租房券共帮助了220万低收入家庭获取租赁住房。同时，美国联邦及地方政府通过制定《房租管制法》在纽约、加州、新泽西、马里兰等人口密度较高的城市实施了不同程度的租金管制，确定每年房租涨幅范围，在一定程度上帮助租金维持在可支付水平上。英国政府对租赁市场的补贴主要采取人头补贴的形式，通过直接现金补贴的形式对低收入家庭进行补贴。英国政府住房补贴支出维持在年均100亿英镑水平上，其受益人数高达300万—400万。俄罗斯对符合补贴标准的家庭采取双重住房补贴，对于子女超过3个的家庭，联邦政府与地方政府的加总补贴数额，可以达到租房费用的35%~40%。

自2011年始，我国租金水平就呈现了持续上升的趋势，在北京、上海、深圳等人口净流入城市，过度自由的市场化交易使得租金呈现上涨不封顶的特征。租户支付压力大，加之房价高企，如今不仅出现“买不起”的问题，“租不起”更使居民住房问题雪上加霜。租赁市场的发展需要需求的拉动，而从国际经验上看政府补贴是形成持续有效需求的有效手段，租赁市场的发展不仅可以形成对销售市场的有效支撑，分流需求，更能在一定程度上调控房价，增加居民居住多样性选择，提升居民的生活水平。租赁市场是建设租购并举住房体系的重要环节。

二、提升住房租赁市场相关服务

（一）金融支持

美国和日本的租赁市场较为发达，在金融支持方面具有丰富成熟的经验。日本对租赁市场的金融支持主要体现在提供住房租赁政策性贷款，鼓励金融创新，开发与住房租赁领域相对接的金融产品和服务。如表6-6所示，日本国土交通省联合金融住宅支援机构提供部分政策性住宅租赁修建贷款，给予租赁部门相对于同期银行贷款利率1%~3%的优惠，日本瑞穗银行针对租赁住房的建、修提供信贷支持。

美国则通过减税、贷款优惠、穿透式的房地产信托投资基金以及租赁住房抵押贷款证券化，有效地拓展租赁企业的融资渠道。美国针对租赁企业仅征收一次性的企业所得税，对运营公司利润免征分红税，并且积极推出贷款新产品，调动企业参与租赁市场的积极性。同时建立穿透性税收优惠驱动的房地产投资信托基金和租赁住房抵押贷款债券，有效地帮助租赁住房经营企业规避风险，解决住房租赁市场建

表 6－6　日本金融住宅支援机构及瑞穗实业银行针对住宅租赁市场提供的信贷产品

	贷款名称	对象和用途	利率	额度和期限	抵押、担保标的
日本金融住宅支援机构租赁住宅部分政策性贷款目录	节能型租赁住宅修建贷款	个人或中小企业法人，扩建、改建、修理节能型租赁住宅	15 年期或 35 年期固定利率	建设工程成本的 80%，若政府有补助金，从中相应扣减；期限 25 年以内	抵押：以建筑物和资质设施为第一顺位抵押权保证：一般型住宅需要由担保公司或个人提供保证；设施共用型住宅无须保证人
	老年人租赁住宅建设贷款	个人或法人用于建造面向高龄者开发的租赁住房		最高项目成本的 100%，期限 35 年以内	
	城镇租赁住房开发贷款	个人或中小企业法人用于城镇租赁住宅建设资金		建设工程承包的 100%，期限 35 年	
日本瑞穗实业银行针对出租住宅信贷产品	出租住宅购建贷款	法人、满 20 岁以上个人，有稳定收入（含税年收入 200 万日元以上）；出租用住宅的土地、建筑物取得所需资金	固定利率（适用贷款期限为 2/3/5/ 10/20—35 年）；全期固定利率（适用贷款期限 11—20 年）。利率选择方式之间可以转换，但需要支付相应手续费	50 万至 5 亿日元，期限 1—35 年	以贷款的土地或建筑物作为第一顺位抵押权登记
	租住两用住宅购买贷款	20 岁以上，56 岁以下个人；购买住房用于自己居住和出租，其中出租部分占总面积 50% 以上	固定利率方式（适用期限 5/10/15 年），变动利率方式需支付 10 800 日元的手续费	100 万至 1 亿日元，期限 1—35 年	

续表

	贷款名称	对象和用途	利率	额度和期限	抵押、担保标的
日本瑞穗实业银行针对出租住宅信贷产品	出租公寓贷款	满20岁以上，有稳定收入的具有日本国籍或永久居住的外国人；出租用的集合住宅的购买、重建等	联动型利率；固定利率选择（贷款期限11—35年）	最高10亿日元，以银行审查为据；期限1—35年，与公寓构建材质相关，如木结构最高25年	以贷款的土地或建筑物作为第一顺位抵押权登记
	租赁住房翻新贷款	20—56岁个人，有人寿保险；对出租住房进行装修所需资金	全期固定利率	翻新装修成本的80%，期限最长20年	无

资料来源：根据论文《美日金融支持住房租赁市场启示》及论文《我国住房租赁市场金融支持问题解决及国际借鉴》改编。

设资金不足的问题。其发达的REITs建设管理经验，非常值得我国借鉴。图6－3和图6－4分别显示了美国REITs基本运作模式与我国鹏华前海万科REITs基本运作模式。

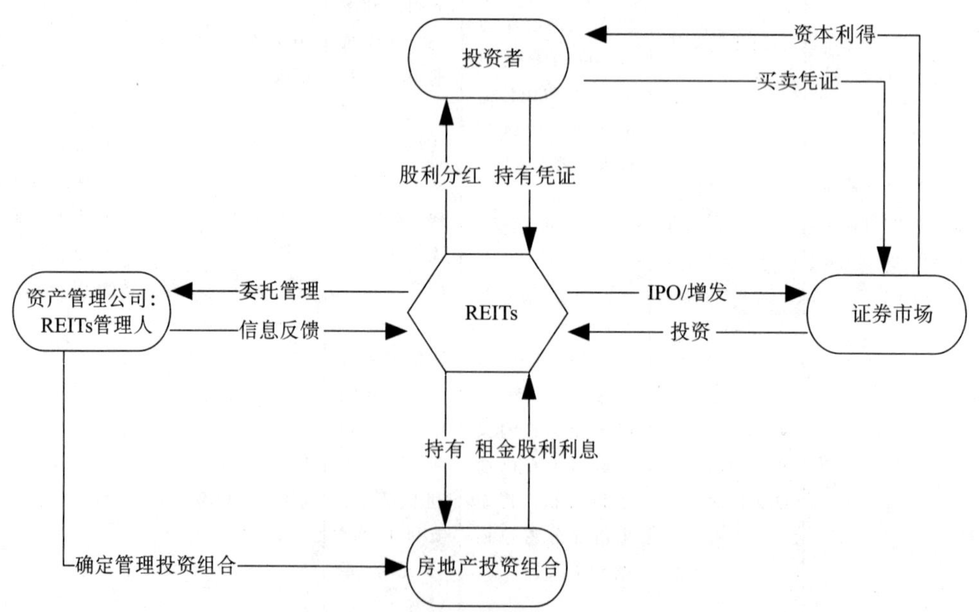

图6－3　美国REITs基本运作模式

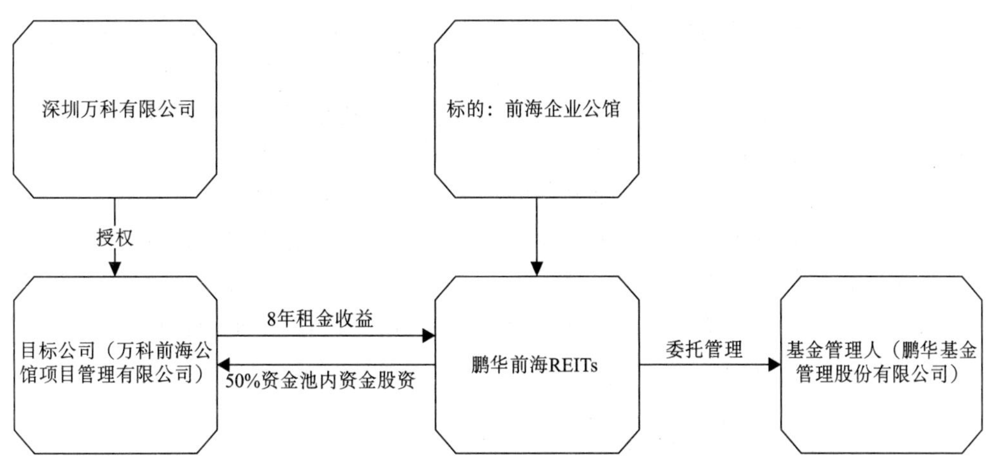

图 6－4　鹏华前海万科 REITs 基本运作模式

德国以其独特的政策性住房金融制度而闻名，其代表机制为合同储蓄制度和配贷机制。合同储蓄的原则是“低进低出”，因为利率低且较稳定，因此不仅获得广大市民的支持，还能同时获得国家相当的资金资助，并且享受政府的补贴和税收优惠，从而大大地降低了融资成本。

随着人口流动加速以及房价上升，我国租赁行业虽然逐步开始发展起来，但是由于租赁回报率低，回款周期长，银行等金融机构对租赁行业往往保持谨慎的态度，导致我国租赁行业的发展缺乏信贷支持力度。另一方面，由于我国租赁市场的供应主体主要是个人，因此租赁市场资金来源主要是个人积累、消费贷和民间借贷，虽然 REITs 和 MBS 近些年逐渐形成并发展起来，但其发展仍然面临许多瓶颈，并不能形成供租赁市场发展的规模化的资金池。而租赁住房作为房地产行业的重要组成部分，其行业特点决定了资金是其发展的生命源泉，寻找多样、稳定、可持续的资金源势在必行。

（二）信用建设

经过上百年的发展，英美等发达国家的租赁市场已经形成了比较完善的信用体系。英国租赁市场目前已经形成了征信、评信、授信为一体的全方位的信用体系，可以全面记录个人信用，并且有相关法律制度为其保驾护航。其信用体系框架如图 6－5 所示，英国住房租赁市场上的信用体系主要是以市场为导向，政府只起到引导的作用。但是英国住房租赁市场信用体系如此发达，得益于完备的法律体系的保障，这使得住房租赁市场时时刻刻处于严密的监控之下。同时，利益导向的信用激励与失信惩戒互动机制，保证了住房租赁市场信用机制效用的发挥，因此使得租赁双方都能自觉规范自身的行为，并从中获得安全感和稳定感。

随着我国人口流动速度加快，人口净流入城市不仅面临着巨大的人口管理压力，也面临着巨大的住房需求压力。建设完善的信用体系不仅有助于解决人口管理问题，还可以促进租赁市场的发展。在过去的几十年里，租赁市场一直没有受到重视，不是居民居住的主流选项，虽然近两年被提上国家工作重点日程，但是仍然面临着发展滞后、不规范等问题。其中，不健全的居民信用机制就是制约租赁市场发展的一个重要原因。建立以民生为导向的租购并举的住房体系，完善顶层设计，建立一个完善的租赁住房信用体系，并基于此建立全国性的统一信息平台，推行阳光租赁，可以有效地盘活存量，整合房源，提升租赁市场的管理和服务水平，从而推动租赁市场的发展。

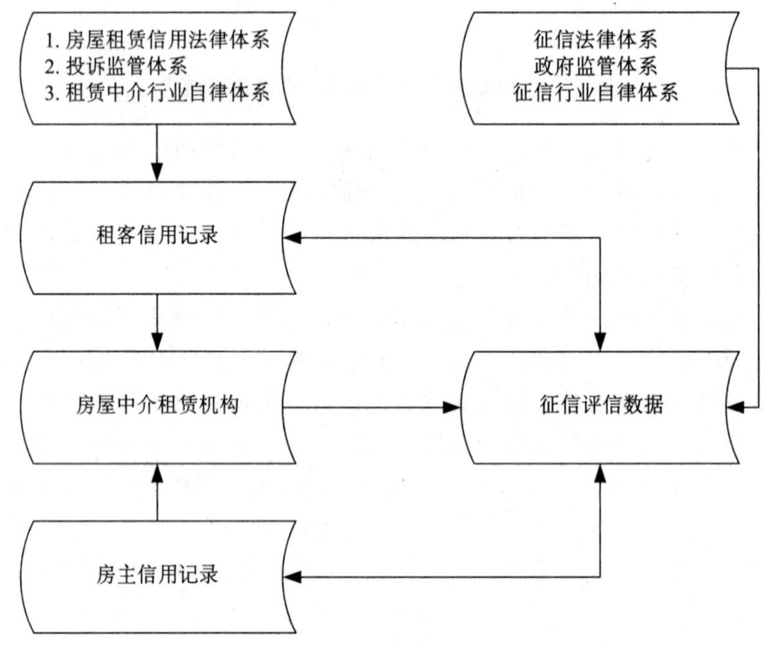

图 6－5　英国住房租赁市场信用体系框架

资料来源：英国住房租赁市场信用机制分析与中国借鉴。

（三）租购同权

英国、德国、新加坡、德国等国家，并未将房屋租赁人与房屋所有人区别对待。一般而言，住房所有人所拥有的教育、医疗、公共服务、社会保障等权益，承租人也一样享有，因此住房销售市场和住房租赁市场能够较平均地承担市场的需求。在教育方面，虽然美国流动人口的教育制度由当地的州政府来制定，但是其宪法也体现了对迁徙权益的保障，其规定移居人享有公共资源优惠的权益，尤其是受教育权益。一旦州政府确认了居民的居住期，而不论其是否拥有房屋的所有权，则居民就可以享受基础教育，并且能够获得高中教育的学费优惠。

在医疗方面，英国的规定是凡是通过正当渠道在英国居住的公民，都有权利享有公费医疗系统的免费医疗保障（NHS），而不论其是否在当地拥有住房。而法国则实现了社会保险的全国联网，公民可在全国范围内享受医疗保险、事业救助、公共资源等，其社会服务的对象并没有对承租人和产权人作区分。

租购同权涉及教育、医疗、公共服务、社会保障等多项基本和重要权利，而这些权利与住房所有权的挂钩，势必会让居民在作出居住选择时有所倾斜，在现实实践中制约租赁市场的发展。同时租购不同权违背了宪法公民权利平等的原则，导致了现实中公民权利事实上的不平等。从国际上发达国家的租赁市场建设经验可以看出，租购同权是培育住房租赁市场、完善租赁市场发展机制的重要环节，以租购同权促进租售并举，对我国租赁市场由短租到长租转变以及住房长效机制的建设具有重要的意义。

（四）权益保障

住房租赁关系中，承租者处于弱势地位。在欧美发达国家承租者是受到普遍承认和重视的，注重并加强对承租者权益的保护已经成为各国共同的趋势，并且越来越多的国家将其作为住房租赁立法的重要宗旨。

在德国，国家通过立法的形式保护承租者的权益。例如，通过《住房租赁法》规定承租者可以提前退租，但出租人除非特殊原因不得主动收回房屋。同时德国在房租的制定、调整方面也有严格的规定。由于德国实行的是房租指导价制度，因此会同相关管理机构和协会每两年对住房情况进行评估，并制定《房屋租金水平表》，为市场价格提供依据。若在现实租房中租客遇到房租超出指导价 20% 的状况，则可以视为房租超高，可以起诉房东。房东不仅需要将房租立即降至合理水平，还会受到罚款。若是房租超出指导价 50%，则被视为房租暴利，不仅会有经济处罚，还会面临牢狱之灾，房东最高会被判至 3 年有期徒刑。房东若是想调整高房租，除了需要提交相关理由并举出 3 个同类房屋上涨的证据，还需要获得房客的同意或者法律的裁决。

美国自 20 世纪 60 年代开始，就以立法的形式保护承租者的权益，主要规定包括出租人可居住性默示担保义务、出租人侵权责任、出租人减损义务、反歧视、明确押金权力、禁止暴力催付收房。日本则是通过民法保护租房合同的形式来保护承租者的权益。例如，房东若要提升房租，需要向法院提交相关理由证据，由法院依据承租者和出租者的诉求来裁定。但是在现实判例中，只有在承租者拒付租金的情况下，房东的权益才会获得支持。澳大利亚各州均出台专门的法律法规，从隐私、宜居、财产安全、租金水平、租赁协议、禁止驱逐等方面，加强对承租者权益的保护，强化出租人责任。

对承租者权益的保障，体现了国家对居民基本人权的保护和尊重，是实现国民“居有所屋”“安居乐业”必不可少的步骤。而目前在我国租赁市场上，租金暴涨、克扣押金、甲醛超标、黑市盛行等乱象，事实上都体现出我国目前住房体系对承租者权益保护的缺失问题，要建立以民生为导向的第三代的住房制度，我们就必须站在住房基本权利的角度上重新审视我国的住房制度，尤其是租赁住房制度，借鉴发达国家经验，从租房各个环节加强对承租者权益保障，只有这样才能打击住房租赁市场违法乱象，促进租赁市场的健康持续发展，构建出符合民生目标的住房长效机制。

（五）保障住房

在国际上住房体系比较完善的国家，为保障住房供给，通常是市场和政府共同参与，即“双规并重”。国家主导的主要是砖头补贴，针对中低收入群体，通过建设廉租房和公租房等政策性住房为中低收入群体提供住房保障。但政府作为单一供应主体，不免面临着巨大的财政压力，尤其是人口压力较大的国家。不过经过了美、德、英、日等多个发达国家近些年的探索，已经积累了大量社会资本进入公租房领域的经验，值得我们借鉴。

新加披目前推行的组屋政策，目的就是满足中低收入群体的住房需求。其供应主体主要是政府，主要通过国家发展部的建屋发展局统一建设与运营，政府兜底平衡预算，其目标是为新加坡居民提供买得起、住得起的房子。英国通过建立住宅协会，并通过立法的方式确立住宅协会在住房领域的管理地位，其成员主要有企业、信托等金融机构以及一些非营利组织，其职责是扩建、改建、新建出租住房。美国主要是通过贴息、税制优惠的手段鼓励社会资本参与公租房的建设与运营，以缓解公租房短缺问题。德国为了保证公租房的充足供应，从供需两侧入手，供给方面通过税收、红利等奖励手段鼓励私人和机构企业建设公租房及福利住房；需求方面，则以补贴的形式激励居民按市场价购买公租房。日本除了利用公共资金支持公租房的建设，还非常注重与市场主体合作，建立公私合营的机构，广泛吸引社会资本参与，在贯彻政府政策的同时，有效增加了社会保障住房的供给，从而满足中低收入者阶层的居住需求。

我国政策性住房建设起步晚、规模小，发展慢，相比欧美发达国家差距很大。我国政策性住房目前还没有形成对住房市场的有效补充，但作为国家福利建设也是住房保障建设的内容，其建设不容怠慢，必须与经济社会发展阶段相适应。只有借鉴发达国家的发展经验，采取“双轨并重”，充分鼓励社会资本参与到公租房的建设中来，才能充分解决保障性住房租金短缺、效率低下的问题，并改进中低收入群体的居住水平，形成全民住房的保障体系，只有这样才能真正地建设以民生为导向的第三代住房体系。

三、健全租赁市场法律法规

国际上租赁市场比较发达的国家，都具有规范、完备的法律体系，除了解决相关的经济、民事纠纷，还注重保护租赁主体的合法权益，打击市场不法行为。德国对租房的各个环节都设立了法律，有保障住房供给的《住房建造法（第一版）》《住房建造法（第二版）》，有关于住房补贴的《住房资助法》《住房限定法》，有关于租金的《新造租金条例》，不仅精细，而且具有严格的法律效力。美国为规范房东中介行为，专门出台了《房租管制法》《公寓转化管制法》《租赁公寓拒租禁止法》，除此之外，美国还有《住房法》《租金管制法》《公寓法》等，共同构成了规范且完善的法律体系，对租赁市场进行了严格的规定。除了住房租赁市场基本法律，各国还制定了其他保护租户权益的法律，如《公平租金法》《房东与房客法》《房屋安全使用法》《反驱逐法》《房屋维护与修缮法》《住房补贴与救济金法》《环境健康与规划法》《公共住房私有化法》《赔偿法》《法律援助与司法救济法》等。

近两年，政府相关工作会议已经将租赁市场的建设提上日程，为解决居民居住问题，保障“居有所屋”，租赁市场的建设迫在眉睫。根据住建部相关规划，2025年住房租赁市场占比要提高到25%以上。然而，虽然目前我国租赁市场已经开始发展，但是由于缺乏规范的统一的租赁法律法规，租赁市场总体发展水平低、规模小、乱象丛生。目前我国针对租赁市场出台的统一的法规仍然比较有限，表6－7展示了2006年以来我国国家层面出台鼓励住房租赁发展的主要法规文件。为了促进租赁市场健康持续的发展，我们有必要借鉴发达国家的经验，公开向各界征求意见，加快立法，不断丰富和完善租赁市场法律体系；并根据各地的情况，因地制宜，加强顶层设计，建立一套完整的租赁市场法律体系，为租赁市场的发展创造一个良好的环境，将租赁市场的各种活动纳入法制轨道，规范租赁行为，维护市场运行秩序。

表6－7　2006年以来我国国家层面出台鼓励住房租赁发展的主要法规文件

时间	出台部门	文件名称	主要内容
2010.6	住建部	《关于加快发展公共租赁住房的指导意见》	新建公共租赁住房主要满足城市中等偏下收入住房困难家庭基本居住需求
2015.1	住建部	《关于加快培育和发展住房租赁市场的指导意见》	提到了租售并举的概念，提出要积极培育租赁经营主体

续表

时间	出台部门	文件名称	主要内容
2016.5	国务院	《关于加快培育和发展住房租赁市场的若干意见》	提出了培育租赁市场主题、鼓励租赁消费的意见
2017.5	住建部	《住房租赁和销售管理条例（征求意见稿）》	重点保障租房人权益，规范房屋租赁和销售市场
2017.7	住建部	《关于在人口净流入的大中城市加快发展住房租赁市场的通知》	要贯彻落实“房子是用来住的、不是用来炒的”定位的重要举措
2017.8	国土资源与住建部	《利用集体建设用地租赁住房试点方案》	促进土地资源优化配置，为租赁住房建设腾出大量土地资源空间

资料来源：根据网站资料整理。

本文通过系统梳理国内外租赁市场发展改革方案，借鉴德国、美国、英国、法国、日本、新加坡等发达租赁市场的建设发展经验，并依据我国国情从住房租赁市场、住房租赁市场相关服务、住房租赁市场法律建设3个方面提出我国租赁市场发展目标，给出我国租赁市场发展目标框架图（如图6-6所示）。

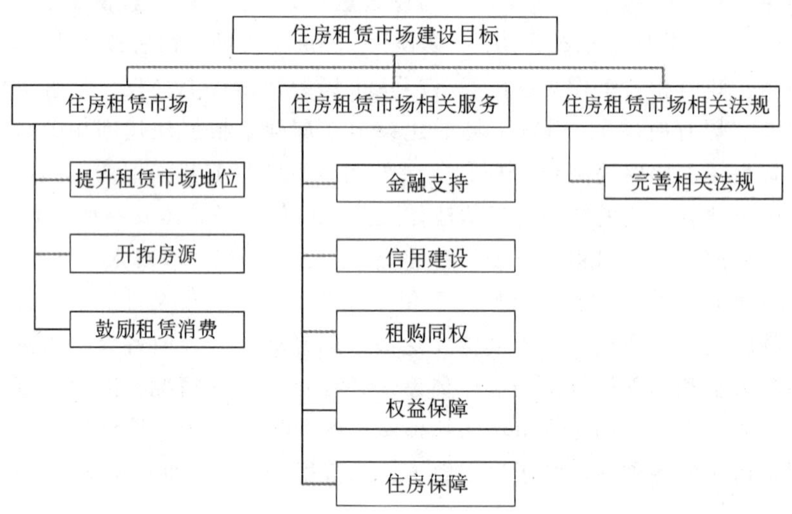

图6-6　我国租赁市场建设目标框架

综上，作为民生为导向的第三代住房制度的重要组成部分，我国租赁市场建设的总体目标是建设以民生为导向的、租售并举、多渠道供应的、充分保障权益的规范且不断健全的租赁市场，并通过住房租赁市场、住房租赁服务、住房租赁法规3个方面不断完善我国住房租赁市场，促进租赁市场健康发展，健全住房发展长效机制，满足居民住房需求，以达到“住有所居”的终极目标。

第七章 中国住房租赁市场发展路径

1998—2006 年住房制度改革政策将重点过多地放在了住房市场化上，这就使得住房消费方式和消费程度与中国的发展阶段及大多数城市人口的收入水平并不完全匹配。住房的过度消费和投资为环境带来了很大的负担，住房支付能力不足以及住房体系中的不公正也为城市发展带来了不安定因素。政府已经意识到这些问题，逐渐采取了一些重要的政策调整来改善城市住房体系中存在的不平衡问题，并将更多的注意力和资源投放在针对低收入人群的住房保障体系的发展上。在此背景下，发展住房租赁市场就成了当务之急。对于发展住房租赁市场，各部门都提出了许多举措。

但我国目前面临着住房需求不均衡的总体状况，因此解决住房问题切不可“一刀切”。短期内，人口净流入城市的住房问题最为突出，因而我们需要把它作为短期的工作重点；中期内，人口净流入和人口净流出城市住房市场的协调发展是一个突出的问题，因而应该把这个问题作为中期的工作重点；从长期看，在城乡一体化过程中集体土地入市是住房市场中最为突出的问题，因而我们需要把城乡一体化作为长期的工作重点。以上是我国住房市场发展的思路，在发展住房租赁市场的问题上也是依照此脉络。短期内，人口净流入城市的住房租赁问题最为突出，应把它作为短期的工作重点；同理，应将人口净流入和人口净流出城市住房市场的协调发展问题作为中期工作的重点，并将城乡一体化、集体土地入市作为长期工作的重点。换言之，我们不仅应该注意到人口净流入城市或地区租赁市场的供需矛盾，同时我们还要认识到中国人口流入一般是以市为单位进行统计，有些市从总体上来看并非处于人口净流入状态，但是其某些地区（如中心城区）的人口是净流入的，因此要细化分类，并重视这些地区的住房问题。

第一节　人口净流入城市住房租赁市场存在的问题

从 1998 年停止福利分房的 20 多年时间里，全国各地区的住房所有权交易市场发展迅猛，住房供给量和需求量都大幅增加，房价快速上涨，其中以一、二线城市最为突出，这使得许多进入一、二线城市或其他人口净流入城市或地区的人无力购买住房，只能转向租赁市场解决住房问题。但是这些城市或地区，由于在过去的 20 多年间过分地强调住房销售市场，租赁市场发展不足抑或是存在许多问题，形成了“一条腿走路”或者“双腿粗细不均”的局面，其中以北京、上海、广州、深圳 4 个一线城市和南京、杭州、重庆、成都、武汉等热点二线城市最为突出。总体来说，以上这些城市的住房租赁市场需求旺盛、发展潜力大，但是租赁房源总量不足、市场秩序不规范、政策支持体系不完善，租赁住房解决城镇居民特别是新市民住房问题的作用没有充分发挥。因此，应该多措并举，加快建设住房租赁市场。

根据 2010 年全国第六次人口普查数据，我国约有 25.8% 的城市居民以租赁方式解决住房问题，如果再加上未在普查范围内的流动人口，城市的实际租赁住房家庭比例将更高，尤其是在大量人口涌入的大城市中，相当一部分城镇居民主要依靠租赁满足住房需求。在这些大城市中主要有以下 3 类人租赁住房：一是目前收入较低没有能力购买住房的人，二是由于职业流动暂时无法确定在哪个城市定居的人，三是从经济角度认为租房性价比高的人。总体来说，我国住房租赁市场供需结构不均衡，总体市场规模较小，无论是交易量还是交易额都远远落后于住房销售市场的发展，成为房地产市场的 1 个“短板”。住房租赁市场房屋供给数量较少、供给结构不合理，居民的住房需求难以得到满足。2015 年住建部在 16 个大城市的专项调查数据显示，住房市场上能够租赁的中小户型住房非常少，合租比例达到 50%。这一比例在大城市更高，房源数量与租客数量相差悬殊。私人业主提供的房源在供给市场占比较大，但是私人提供的房源在出租过程中存在以下几个特点：一是私人房东直接与租客签订租赁合同，由于房屋一般都是以套出租，因此一般是好几个承租主体共同承租，或是 1 个主体将房屋承租然后以二房东的身份将其他房间出租出去；二是私人将房屋交由专业的住房机构进行打理，住房机构将原本成套的房屋装修、隔断之后再出租给不同的个体，承租人将租金交付给出租机构，私人业主每年收取机构的使用费。此外，我国的住房市场租购结构不平衡。住房市场租购结构失衡是指与住房销售市场相比，我国住房租赁市场发展不完善、不规范，存在总体规模小、租赁双方权利义务不对等、市场秩序失范、配套政策不足等问题。住房租赁市场发展落后导致其对产权市场的补充作用较弱，难以满足大城市高房价下居民的住房需求。在人口净流入城市，以上这些问题更加突出。与此同时，又可以将这些问题分为供给方存在的问题、需求方存在的问题、国家宏观政策法律方面的问题。

一、人口净流入城市住房租赁市场供给方存在的问题

（一）住房租赁市场可利用资源未得到充分利用

存量住房是住房租赁市场的主要房源。根据西南财经大学中国家庭金融调查与研究中心发布的《2017 年中国城镇住房空置分析》表明[①]，我国的住房自有率（居住在自有住房的家庭占全部家庭的比例）较 2013 年有所上升，全国家庭住房自有率为 85.6%、城镇家庭住房自有率为 80.8%、农村家庭住房自有率为 93.6%。与美国（住房自有率为 64.2%）、瑞士（44.8%）、韩国（59.1%）、日本（64.9%）等国家相比，我国的城镇家庭住房自有率高于国际平均水平。与此同时，我国的住房空置率也从 2013 年的 18.4% 稳步上升至 2017 年的 21.4%。空置住房主要包括两类：一是仅有 1 套住房的家庭因外出务工等原因而空置的自有住房，二是家庭拥有多套住房，既未自己住，也未出租。2017 年一线、二线、三线城市的住房空置率分别高达 16.8%、22.2%、21.8%，体现出空置的区域差异性。由以上分析可知，随着住房建设的持续发展，我国的住房存量数量持续增长，这本可以为租赁市场提供更多的房源，但是由于我国住房市场的投机性，导致一部分住房所有者没有出租的意愿，另一部分租房所有者虽然有出租的意愿，但是因为租金较低或者承租方的个人素质和流动性大等原因而不愿出租，这就使得租赁市场的供给相对不足。

（二）住房租赁市场供给结构与需求结构不相匹配

1. 专业化、规范化、规模化的机构租赁供给不足

根据 2010 年国家统计局第六次人口普查，截至 2010 年年底，我国有 25.8% 的城市居民租赁住房，89.5% 的可出租房屋来自私人出租住宅。作为轻资产服务行业，“个体出租 + 中介服务”是我国目前租赁供应的主模式。由于房地产开发需要的资金量大、周期长、风险大，大部分房地产企业都会优先选择“建成即售”的模式，这样有利于资金的回笼，降低财务风险和经营风险。高负债经营模式、成本—收益约束、税收制度约束阻碍了房地产开发企业自持并从事租赁运营，最终导致租

① 甘犁．中国家庭金融调查与研究中心．2017 年中国城镇住房空置分析．2018

赁住房机构供给不足[①]。与租赁专业机构相对比，大部分出租房由私人通过互联网或中介出租给租客，其租赁服务水平参差不齐，无法保证承租关系的稳定性[②]。此外，在个体的出租运营过程中，会出现供给的价格和结构与需求错配、租赁关系不稳定、承租人地位受到忽视等问题。

2. 住房租赁市场供给的户型面积与需求结构不相匹配

住房者的租住面积受家庭结构、收入水平的影响，单成员家庭与多成员家庭、高收入人群与低收入人群的住房选择差异巨大。据统计，在我国一线城市，90%租房者的年龄集中在25—35岁，80%为流动人口，平均工资在8 000元以下，60%选择合租，大部分以地铁和公交为主要通勤工具。由此可知，在一线城市，大部分租客内心的最佳选择是一室一厅、两室一厅的小户型结构住房，这类住房面积大约为50平方米。但是目前市场上的供给大多是80平方米左右的大户型住房，虽然有小户型的房源，但是其供给数量远远不够[③]。

二、人口净流入城市住房租赁市场需求方存在的问题

自1998年停止福利分房的20多年来，我国的住房价格快速上涨，究其原因，与民众“尽量买房、避免租房”的思想观念是分不开的，这一保守思想也使得住房租赁市场的发展遭遇了某些问题，即发展空间过小。同时，在人口大量涌入的城市，租赁需求过于流动，换租群体庞大，不利于租金稳定。北京大学建筑学院针对北京租赁市场作过1个网络调查，调查结果显示，承租人和出租人签订的定期租约最普遍的是1年，其次是6个月，租期1年以上仅占10%～17%，3年以上的仅有1%～2%。这个调查可以大致得出这样的结论，当前我国城市的住房租赁市场还不能满足租房者对租住稳定性的要求。在我国几个大城市每年都有大量换租需求，不利于租金的稳定[④]。

三、人口净流入城市有关住房租赁政策、法律、监管方面存在的问题

就全国层面而言，现行有关住房租赁市场的专门性管理法规只有2010年12月1日颁布的《商品房屋租赁管理办法》（2011年2月1日开始施行），2012年5月

① 上海市房地产科学研究院课题组．鼓励住房租赁市场出租人发展的政策研究［J］．上海房地，2018（11）

② 杨现领．住房租赁市场的问题与应对［J］．中国金融，2018（16）

③ 曾国安，从昊，雷泽珩，王盈．促进中国住房租赁市场发展的政策建议［J］．房地产市场，2017（15）

④ 陈妍．发展住房租赁市场　调整住房供应结构［J］．中国经贸导刊，2013

28 日颁布的《公共租赁住房管理办法》（2012 年 7 月 15 日开始生效，仅适用于公共租赁住房的管理，且仅针对住房保障对象）。总体来看，现行的住房租赁市场管理法规体系很不健全，缺乏针对公共租赁住房面向非住房保障对象的市场化租赁管理、各种非商品房屋租赁市场管理、违法违章房屋租赁市场管理的法规均付阙如，也就是说现行法规仅涉及庞大的住房租赁市场的很小一部分。在地方政府层面，尽管在住房矛盾较多的地方，政府为解决住房问题制定了相关的政策，但是就目前情况来看，效果并不明显。例如，2015 年国务院在《关于深入推进新型城镇化建设的若干意见》中首次提出“以满足新市民的住房需求为主要出发点，建立购房与租房并举、市场配置与政府保障相结合的住房制度”；国家“十三五”规划纲要则进一步明确了建立租购并举的住房制度为主要方向，深化住房制度改革。在此背景下一些地方政府把“租购同权”作为促进住房市场“租售并举”的新举措。2017 年 7 月广州市公布了《广州市加快发展住房租赁市场工作方案》，提出保障“租购同权”，赋予符合条件的承租人子女享有就近入学等公共服务权益。随后，上海市于 2017 年 9 月出台了《关于加快培育和发展本市住房租赁市场的实施意见》，详细阐明上海市常住居民租房居住者享有基本公共服务的内容。但是就广州市在 2017 年公布的《广州市加快发展住房租赁市场工作方案》来说，虽然提出保障“租购同权”，由于条件太过于苛刻，实际运行效果并不佳。此外，租房补贴政策虽已在深圳、南京、北京等人口净流入的大城市试点，但未全面推广，且补贴范围较窄，补贴标准较低，补贴形式、退出机制不够灵活。例如，上海市针对应届毕业生及工作 3 年以上的青年提供每月 400—600 元的租金补贴，仅相当于上海市人均住房租金的 1/5。同时，我国已于 2018 年开始实行租房税收优惠政策，但是房东是否会为了避免上报自己的租赁收入而隐瞒出租行为，或者提高租金，这些都是未知数。因此，这些配套政策的不完善或者相关政策较差的运行效果，使得租赁群体在城市生活中处于相对弱势地位的现状短期内难以被根本扭转。

第二节　人口净流入城市住房租赁市场发展路径

在人口净流入城市发展住房租赁市场是解决当地住房矛盾的手段之一，发展住房租赁市场不仅应该考虑短期问题的解决，还应该考虑长期效应。从目前的情况来看，人口净流入城市的租赁市场的供给端、需求端以及租房市场的政策、法律、监管等方面都存在若干问题，在探讨人口净流入城市的住房租赁市场发展路径，首先应该着手解决上述问题。此外，还要着眼于未来，借鉴欧美发达国家或地区的租赁市场发展经验，完善租赁市场的长效发展机制。不仅是人口净流入地区，或是人口净流出地区，租房市场发展不足的原因既有相同点，又有不同点。人口净流入地区租赁需求较大，但是市场可提供的、合适的租房较少，且需求方租期不稳定，政策制定有偏差，导致供求市场不匹配；人口净流出地区租赁需求不大，大部分人口净流出城市的住房供给甚至过剩，一度成为去杠杆的重点地区。但是无论是在人口净流入城市还是在人口净流出城市，或者是人口城乡一体化地区，“尽量买房、避免租房”的观念依然占主导，这与中国的传统思想有关，同时与政府在住房所有权市场和租赁市场的政策也有关。住房所有权与医疗资源、教育资源相挂钩，租房者无法享受这些资源，导致民众为了享受较为优质的医疗资源和教育资源，被迫选择买房。在人口净流入地区，对各种资源尤其是对教育资源的竞争尤为激烈，户籍、教育、保障等社会政策对租赁住房者的“隐性限制”在这些城市也较为明显。因此，实现“租售同权”应该成为未来住房政策的重点。其次，土地财政对土地价格的影响，并以此为中介影响住房市场，土地出让不仅成为政府的创收手段而且成为政府的调控手段。在过去的20多年里，地方政府对土地出让收入依赖到了极点，土地的有限性与不可再生性导致在住房需求不断上升的时期，土地价格也不断上升，房价与地价成了互为因果的关系体。房价上升，必然导致租房价格的上升。此外，区域产业结构的调整是一个城市缓解住房压力的重要手段。

一、加大适租房屋供应

（一）逐渐打破地方政府对“土地财政”的依赖

目前，地方政府收入的重要来源之一是土地出让收入和与房地产交易相关的税费。当前与土地房产相关的税种11个，开发环节占了9个，保有环节2个（房产税、城镇土地使用税）。其中，土地房产直接相关的税种有5个，即城镇土地使用税、土地增值税、耕地占用税、房产税、契税；非直接相关的税种有6个，即营业税、城市维护建设税、教育费附加、企业所得税、个人所得税、印花税。土地出让收入占地方财政的28.6%，房地产相关税收占地方财政的17.1%（开发环节占9.3%、交易环节占4.4%、保有环节占3.4%）①。但是在人口净流入城市，地方政府对土地的依赖度存在地区之间的差异。就北京、上海、广州、深圳这4个一线城市而言，土地出让收入占地方财政收入的比重已然不大，但是就南京、武汉、西安、成都等人口净流入的二线城市而言，土地出让收入占地方财政收入的比重依旧很大。

① 陈志勇、陈莉莉．“土地财政”：缘由与出路［J］．财政研究，2010（1）

究其原因，地方政府收入状况与事权不相适应使得地方政府收入来源结构失衡。换言之，财权与事权不匹配决定了地方政府对土地收入的高度依赖。而以土地使用权出让为主的土地供应方式，适应了地方政府的这一需要。因此，要持续发展住房租赁，使住房租赁在解决居民住房问题上发挥更大的作用。从长远看，需要对现行财政体制加以改革，理顺地方政府收入来源的渠道，使其逐步摆脱对土地出让收入的依赖。

具体言之，一是建立事权与财权相匹配的制度，中央和地方按照事权划分相应承担和分担支出责任。二是培育地方主体税种，用房地产税代替地方土地出让收入，完善地方税制，使地方政府房地产相关税收收入适应未来存量房时代的新形势。调整房地产开发阶段和持有阶段的税收结构，不仅可以帮助地方政府从一定程度上摆脱对“土地财政”的依赖，还可以盘活市场上闲置的住房，增加有效的租赁房源供给。

（二）加大租赁住房专用土地供给

首先，应该改革土地供应制度，规范发展按年缴纳地租的土地年租制，为租赁型住房发展提供低成本的建设用地。这在一定程度上不仅可以使地方政府的土地收入由一次性大额收取变为每年稳定的现金流动，而且可以使房地产企业避免一次性支付土地使用费，减轻开发企业的负担。换言之，这一举措平滑了政府未来土地使用权出让的现金流入，同时平滑了房地产企业应获得土地使用权所造成的现金流出。其次，政府需要在土地审批时明确其租赁用途，从而在房地产开发时以租赁为出发点进行设计建造。例如，政府在出让某块土地时，可根据具体情况规定开发商在这块土地上建设一定比例（如10%或15%）的租赁房。最后，政府要加大租赁专项用地的供给，引导地产商进行适租房屋的建设开发。就当前情况来看，上海、深圳等一线城市开始试点“只租不售”的专项土地供给，但对地产开发商的相关资质有着诸多限制。在全国范围内更为普遍的做法是在复合地块开发和城市综合体建设时，要求地产开发商以一定比例建设租赁住房。未来应结合相关试点的成功经验，从住房租赁的实际出发，在交通便利、办公楼密集区或者产业园区周边区域，加大租赁住房用地的供给和租赁住房的建设比例，在源头上解决适租房屋短缺的问题。

（三）提供不同层次的租房供给

由于在人口净流入城市，租房人群主要是刚进入社会的大学生、农民工、工作流动性较强或是暂时不准备在城市定居的人以及其他无力购买住房的人，此类人群对住房的要求一般都是小户型住房。此外，也存在一些对住房面积、质量、环境等方面要求较高的人群，但是这类人群占比较少。所以，在人口净流入城市建设住房租赁市场还应该考虑不同层次人员的需求，优化租房供给结构，提供不同层次的住房。

二、培育和发展专业租赁机构

据统计，居民个人出租房屋在租赁市场上占比高达89.5%，是市场房屋供给的主要来源。由于个人租赁存在信息不透明、管理不完善、服务不到位、交易流程不规范的缺点，租赁关系不稳定，所以大多数发达国家都大力发展机构租赁行业以保证租房租赁市场的良好运行，如美国和日本的机构租赁占比30%。我国的机构租赁起步较晚，2009年才出现专业化的租房租赁机构，目前市场占有率也只有2%，即使在北京、上海等大量人口流入的一线城市也不足5%。由此可知，对比发达国家成熟的住房租赁市场，我国的机构化租赁在未来有着巨大的成长空间。

2016年国务院发布的《关于加快培育和发展住房租赁市场的若干意见》指出："发展住房租赁企业，充分发挥市场作用，调动企业积极性，通过租赁、购买等方式多渠道筹集房源，提高住房租赁企业规模化、集约化、专业化水平，形成大、中、小住房租赁企业协同发展的格局，满足不断增长的住房租赁需求。"按照《国务院办公厅关于加快发展生活性服务业促进消费结构升级的指导意见》（国办发〔2015〕85号）有关规定，住房租赁企业享受生活性服务业的相关支持政策。除了宏观政策支持之外，具体还应该适时引导房地产开发企业进入租赁市场并培育专业化的租赁管理机构。

（一）适时引导房地产开发企业进入租赁市场

随着我国城市化进程的发展和人口净流入地区土地供应的紧缺，以住宅开发销售为主的传统房地产企业生存模式难以为继，房地产企业本身面临着转型的需求。并且，参照发达国家住宅市场发展的经验，当发展至一定阶段时，增量住房市场将逐渐失去地位，存量住宅市场是未来的方向，并且住房租赁也是未来的重点，如日本的大型租赁公寓运营商Leopalace21就是从住宅开发销售企业转型而来。就目前情况来看，国内的大型房地产企业有发展住房租赁的动力，但是却面临许多制度、财务等方面的问题。以长租公寓为例，各房地产商经营长租公寓形式的租赁住房，成本回收周期长，没有动力去发展长租公寓。但是，就目前的房地产市场而言，增量住房已经不是重点，未来发展方向将转为存量住房。基于此，很多房地产公司开始专注存量房交易、房屋物业、长租市场。鉴于我国的房地产开发企业有着丰富的开发建设经验、高周转的快速扩张能力以及强大的融资能力，它们有很大的可能性转型成为专业化的租赁机构，建议从税收和政策上鼓励房地产开发企业提高持有型物业的经营比例，引导其从销售为主的经营模式向租购并举的经营模式转变[①]。

（二）培育专业化的管理机构

房屋的出租涉及招租、建筑装饰、家具配套、合同签订等多个环节，具有高度专业性。要提高租赁市场的效率，必然要有为个人房东提供空置房屋托管服务的专业化租赁管理机构。事实上，政府主导的保障性租赁住房同样需要此类租赁管理机构的服务。在发达国家的租赁市场上，已形成了成熟的住房租赁托管服务体系。依据托管服务的覆盖度，经营模式可分为三大类：只负责寻找租客的招租模式；办理入户、合同签订，收缴租金的综合管理模式；一站式托管转租的包租模式。我国目前的房地产中介还停留在最基础的招租模式，市场缺乏提供从建筑服务到包租管理一站式服务的住房租赁托管机构。因此，要大力培育和发展专业化住房租赁托管机构，提高居民自有房屋出租的托管率，并为租住双方提供标准化的租赁服务。

（三）以“房屋银行”来壮大机构租赁[②]

具体而言，以“房屋银行”来壮大机构租赁，即由房屋所有人将房屋的使用权以定期方式，全权委托给房屋租赁公司，由后者负责招租、出租及管理（家具配备、维修、协同物业管理）。为避免房屋租赁公司随意转租、携款潜逃、侵害租赁双方权益，可由行业管理部门牵头制定管理标准，并协调协会、市场管理部门，加强对房屋银行管理、投诉受理等。在房屋银行模式下，政府可将手中有限的资源最大限度地优化使用，几家大型房屋银行的示范效应加上政府公租房，可促进整个租赁市场的健康运行。中介机构发展为房屋银行，一来可以实现租赁信息平台的建设和低成本运营，二来从租客发展来的房屋买家也改变了规模化租赁经营成本收益不匹配局面。因此，为了激发房屋银行的积极性，不仅要在企业税收上给予优惠，还要探索房地产信托投资基金等低廉成本资金的支持，提高企业收益，降低期限错配和流动性风险。通过强化监管，房屋银行成为稳定的住房租赁经营机构，并通过不断壮大市场份额来获得规模化收益、降低单位成本后，整个租赁市场的秩序会全面改善。同时，房屋银行与政府公共租赁结合，整个租赁行业的机构占比将大大提升。此时，纳入政府管理、行业自律轨道的机构租赁，就成为整个租赁市场稳定的基石。同时，在未来相当长的一段时间内，我国经济将保持低通胀、低利率、稳定增长的局面，随着机构租赁规模的壮大，资产证券化或房地产信托投资基金成为可能，而政府后期推行租金管制、财政补贴来支持庞大的租赁人群的基本住房需求也就成为可能。

---

① 金朗，赵子健．我国住房租赁市场的问题与发展对策［J］．宏观经济管理，2018（3）

② 李嘉宇．培育住房租赁市场的“痛点”和破解路径［J］．中国房地产，2016

三、鼓励住房租赁消费

（一）"租售同权"背景下打开户籍、教育、保障等社会政策对租赁住房者的隐性限制

前文指出，自1998年停止福利分房的20多年来，一味地发展住房销售市场，而住房租赁市场发展有限，这导致在房价居高的人口净流入城市，当人们无力购买住房时，通过租赁市场解决住房问题的空间也十分有限，从而引发了较为激烈的住房矛盾。就本质上而言，成熟的住房市场是指销售市场和租赁市场两者都能健康发展。为了解决人口净流入城市的住房问题以及完善我国的住房市场，国家逐渐开始重视对住房租赁市场的建设，提出了"租售并举"的概念。从2015年开始，国家相关部门陆续发布了一些与"租售并举"相关的意见或通知，具体内容如表7－1所示。

表7－1　国家发布的与"租售并举"相关的意见或通知

时间	国家发布的与"租售并举"相关的意见或通知
2015年12月	中央经济工作会议首次提出"以建立购租并举的住房制度为主要方向"
2016年5月	国务院办公厅印发了《关于加快培育和发展住房租赁市场的若干意见》［国办发（2016）39号］
2017年7月	住建部等九部门联合印发了《关于在人口净流入的大中城市加快发展住房租赁市场的通知》［建房（2017）153号］，并选取了广州、深圳、南京、杭州、厦门、武汉、成都、沈阳、合肥、郑州、佛山、肇庆12个城市作为首批开展住房租赁试点的单位
2017年10月	党的十九大报告提出"加快建立多主体供给、多渠道保障、租购并举的住房制度"

在中央提出"租售并举"的背景下，一些地方政府提出了"租售同权"。2017年7月，作为全国第一个出台住房租赁新政的试点城市，为解决租赁住房与各项资源"脱钩"的问题，广州市政府在率先印发的《广州市加快发展住房租赁市场工作方案的通知》中指出，要保障租赁双方权益，支持租赁居住方式，《通知》中具体措施第一条就明确规定赋予符合条件的承租人子女享有就近入学等公共服务权益，保障租购同权。同年9月，上海市也出台了《关于加快培育和发展本市住房租赁市场的实施意见》，详细阐明上海市常住居民租房居住者享有基本公共服务的内容①。

① 黄燕芬，王淳熙，张超，陈翔云．建立我国住房租赁市场发展的长效机制——以"租购同权"促"租售并举"［J］．价格理论与实践，2017

尽管国家在政策层面上提出了“租售并举”，但是其完全落地的可行性并不被人看好。而且，实践证明，在第一批颁布有关“租售同权”文件的城市，事实上也很少有租房人期待马上就能与购房人一样享受同等权利，政策效果并不明显。基于此，对于“租售并举”和“租售同权”，学者提出了相关的异议。陈杰、吴义东指出，“在租售同权”的背景下，为“住”租房还是为“权”租房，这由住房周边的各种公共资源所决定，这会使得大量的高收入者为“权”而涌入租房市场，但这部分群体只是为获取稀缺公共服务如子女就近入学的权利而来，并不一定实际居住，很可能会将此间房屋空置。在需求急剧增加的情况下，租金价格上涨，同样也会将低收入人群（这部分人可能在之前能够承担房租）排除在资源丰富的社区之外[①]。无独有偶，陈友华、施旖旎也认为，“在租售同权的初期，如果租购同权真的完全落实，将带来租赁的附着权益陡增，同时租购并举所要求的商品房用地要拨出一部分定向建造租赁房，房价与房租双重上涨的可能性随之增加”[②]。为了改善“租售同权”所带来的可能的房价上涨和再次不平等情况，政府在相关规定制定或实施过程中应该做到以下几点：一是淡化对租购同权政策的宣传，调整对租购同权的理论认识；二是优先放开空间属性较弱的公共服务权利（如就业、社保、医疗等）；三是加大公共服务供给和均等化，进行配套性制度改革；四是采取有效的租赁市场规范与监管措施；五是充分预估政策效应，对低收入者进行合理的扶助和支持。

（二）提升有效需求

长期来看，为了培育和发展租赁市场，更加可行的方案是提升租赁的有效需求，提高租客的可支付能力，只有需求能力的上升才能推动更可持续的供给增加，从而形成正反馈。1998 年房改之所以取得成功，在很大程度上是因为公房出售、货币化补贴、按揭贷款等需求端的政策有效刺激了需求，使当时的大量经济适用房得以消化，并进一步刺激了商品房开发。租赁市场也是如此，在某种程度上需求与供给密不可分，为了推动租赁供给侧改革，也需要考虑租赁需求政策的支持。为了实现有效扩大租赁的潜在和有效需求，可以考虑的政策方案是：一是依据租金收入比，对符合条件的租客实施货币化补贴；二是以租金抵扣税负；三是允许以公积金支付房租，对于超出公积金的部分提供相对优惠的金融支持；四是在金融创新的支持下，鼓励更加灵活的租金支付方式，如月付等。五是鼓励金融创新，例如以保险的形式取代押金，减轻租房前期的一次性现金支付压力，从而改变目前市场上主流的“押一付三”的情况。

---

① 陈杰，吴义东．租购同权过程中住房权与公共服务获取权的可能冲突——为“住”租房还是为“权”租房［J］．学术月刊，2019（2）

② 陈友华，施旖旎．租购同权：何以可能？［J］．吉林大学社会科学学报，2018（2）

四、完善公共租赁住房

（一）推进公租房货币化

首先，转变公租房保障方式，实现实物保障与租赁补贴并举。支持公租房保障对象通过市场租房，政府对符合条件的家庭给予租赁补贴。微观经济学的基本理论表明，相比于实物补助，等额的货币补助可以给消费者（被补助方）带来更大的消费者剩余或福利。因此在同等的情况下，应该首先考虑给有资格的低收入人群或者其他特殊人群，提供货币化的租赁补贴。其次，完善租赁补贴制度，结合市场租金水平和保障对象实际情况，合理确定租赁补贴标准。保障性住房价格应当包含 3 个基本定价要素：一是保障对象的经济承受能力，二是保障性住房的合理建设成本和经营利润（拟不高于 3%），三是保障性住房与同区域同品质的商品住房要保持合理的价格比例关系。3 个要素中以保障对象的经济承受能力为主要因素，兼顾其他两个因素。此外，各类保障性住房价格之间的也要保持一定的价格比例关系，同类保障性住房价格之间也要进行一定的价格平衡衔接。①

（二）提高公租房运营保障能力

鼓励地方政府采取购买服务或政府和社会资本合作（PPP）模式，将现有政府投资和管理的公租房交由专业化、社会化企业运营管理，不断提高管理和服务水平。在城镇稳定就业的外来务工人员、新就业大学生和青年医生、青年教师等专业技术人员，凡符合当地城镇居民公租房准入条件的，应纳入公租房保障范围。

五、加强房屋租赁监管

（一）政府提供更加完备的管理服务

在推动住房租赁市场发展中，应发挥市场机制配置资源的决定性作用，政府重在提供管理和服务，当前来看，主要应在中介管理、租金管理、房屋安全管理 3 个方面。一是中介管理。如前文所述，英国、美国等国家对房地产中介有比较严格的职业操守和资质管理规定，通过协会等实施对中介机构和从业者的管理。目前，我国房屋出租中介管理仍有较多问题，如租金信息不透明、不履行必要告知说明义务，

---

① 林积昌，陆云，邵国华，倪宏星．对保障性住房价格机制及其监管的思考［J］．价格理论与实践，2010（9）

以及不实行明码标价、变相提高收费标准等，需要进一步加强对房屋出租中介的严格管理。二是租金管理。为避免房租快速上涨影响居民的居住水平，可借鉴美国、英国、德国等国家对租金水平进行较为严格管理的经验，研究并出台对租金管理的规定。如，建立指导租金制度、租金上涨报备制度等。三是房屋安全管理。不同国家对住房的质量与安全有类似的要求。我国目前有关出租住房品质的规定主要限于基本居住标准，规范内容主要从安全角度考虑，在不同的法规和规范性文件中均有体现，但尚无系统具体的标准体系，因此需要加强出租房屋的安全管理。例如，规定出租住房应满足的基本条件、加强合租管理、禁止租房者自行改变房屋功能结构等。

（二）加强行业管理

完善住房租赁企业、中介机构和从业人员信用管理制度，全面建立相关市场主体信用记录，纳入全国信用信息共享平台，对严重失信主体实施联合惩戒。公安部门要加强出租住房治安管理和住房租赁当事人居住登记，督促指导居民委员会、村民委员会、物业服务企业以及其他管理单位排查安全隐患。

第三节 城乡一体化的住房租赁政策发展路径

2017 年 8 月国土资源部、住房城乡建设部印发并实施的《利用集体建设用地建设租赁住房试点方案》（国土资发〔2017〕100 号，以下简称“试点方案”），极大地拓展了集体土地用途，赋予农村集体建设用地可以直接用于发展城市租赁性房地产业的权利，这无疑是中央政府“自上而下”对农村土地“还权赋能”的一项大胆尝试和探索。2018 年 1 月，国土资源部办公厅、住房和城乡建设部办公厅发布《关于沈阳等 11 个城市利用集体建设用地建设租赁住房试点实施方案意见的函》。2019 年中央“一号文件”提出，要全面推开农村集体经营性建设用地入市改革，加快建立城乡统一的建设用地市场。利用集体土地建设租赁性住房，可以缓解城市用地压力、增加直接入市的低价租赁房源、补充住房租赁市场的“短板”，实现住房买卖市场与租赁市场的共同发展，形成相互制衡的住房供给体系，并抑制房价过快上涨。在提出利用集体建设用地建设租赁住房之前，2013—2019 年，中央关于集体土地使用的政策逐渐发生了变化，从最初的“严格规范集体经营性建设用地流转，村集体非经营性建设用地不得进入市场”，到后来的“在符合规划和用途管制的前提下，允许农村集体经营性建设用地出让、租赁、入股、入市”，到最后的“全面推开农村土地征收制度改革和农村集体经营性建设用地入市改革，加快建立城乡统一的建设用地市场”，都表明中央层面为激发集体土地活力对其使用权逐渐放开。

表 7－2　　中央“一号文件”关于农村集体建设用地入市的相关表述

年份	政策要点	政策名称
2013	严格规范集体经营性建设用地流转，村集体非经营性建设用地不得进入市场	《中共中央、国务院关于加快发展现代农业进一步增强农村发展活力的若干意见》
2014	在符合规划和用途管制的前提下，允许农村集体经营性建设用地出让、租赁、入股、入市；加快建立农村集体经营性建设用地产权流转和增值收益分配制度	《中共中央、国务院关于全面深化农村改革加快推进农业现代化的若干意见》
2015	分类实施农村集体经营性建设用地入市改革试点；赋予符合规划和用途管制的农村集体经营性建设用地出让、租赁、入股权能，建立健全市场交易规则和服务监管机制	《中共中央、国务院关于加大改革创新力度加快农业现代化建设的若干意见》
2016	加快推进房地一体的农村集体建设用地和宅基地使用权确权登记颁证；推进农村土地征收、集体经营性建设用地入市、宅基地改革试点	《中共中央、国务院关于落实发展新理念加快农业现代化实现全面小康目标的若干意见》
2017	探索农村集体组织以出租、合作等方式盘活，利用空闲农房及宅基地，增加农民财产性收入	《中共中央、国务院关于深入推进农业供给侧结构性改革加快培育农业农村发展新动能的若干意见》
2018	探索宅基地所有权、资格权、使用权“三权分置”，落实宅基地集体所有权，适度放活宅基地和农民房屋使用权	《中共中央、国务院关于实施乡村振兴战略的意见》
2019	全面推开农村土地征收制度改革和农村集体经营性建设用地入市改革，加快建立城乡统一的建设用地市场	《中共中央、国务院关于坚持农业农村优先发展做好“三农”工作的若干意见》

资料来源：龙志和、莫凡，《农村集体建设用地进入租赁住房市场的挑战与应对》。

一、各地利用集体建设用地建设租赁住房的政策归纳

根据中央“一号文件”关于集体建设用地入市的部署，2017 年 8 月，国土资源部、住房和城乡建设部印发了《利用集体建设用地建设租赁住房试点方案》的通知，批准北京、上海、广州、西安、郑州等 13 个城市进行试点工作。2018 年 1 月，

国土资源部办公厅、住房和城乡建设部办公厅联合发函，原则同意沈阳11个城市利用集体建设用地建设租赁住房试点实施方案，自此，集体建设用地进入租赁住房市场开始启动。实行试点的各个城市在利用集体建设用地建设租赁住房的政策上有其共同点。各试点城市的试点方案围绕党的十九大报告所提出的“房子是用来住的，不是用来炒的”精神，采取多种方式，利用集体建设用地发展住房租赁市场。一是大部分试点城市都建立了统一的规划与审批制度。二是创新开发、建设和运营模式。例如，多数试点城市允许村集体可以自行建设运营，也可通过联营、入股等方式引入包括国有企业在内的外部社会资本，激活和带动社会力量。三是建设统一的租赁住房平台管理机制。例如，统一将集体租赁住房纳入租赁平台建设，统筹住房租赁市场；明确租赁双方的权利义务以及运营模式、租赁管理、物业服务、纳税申报、退出机制，完善相关补贴政策。四是严格登记产权，严防“小产权房”的出现。除上述四个相同点之外，实行试点的城市在集体建设用地进入租赁住房市场的运营模式上也有所差异。例如，武汉市和南京市积极探索集体经济组织自主运营和委托专业租赁机构运营的模式，通过住房保障平台整体租赁住房的方式，形成政府整租、企业承租、个人租赁相结合的租赁方式；厦门市由集体经济组织与市属、区属国有企业开发建设，并成立合作公司运营管理；沈阳市除纳入市住房租赁信息服务与监管平台统一运营登记管理外，还可以由住房租赁企业运营。

二、利用集体建设租赁住房所面临的问题

如同“租售同权”在某些人口净流入城市的实行，集体建设用地进入租赁住房市场虽然得到了11个大中城市的响应并开始了试点工作，但是在其具体实施过程中却面临许多问题。

（一）各级政府依赖“土地财政”，集体建设用地入市流转任重道远

利用集体建设用地建设的租赁住房进入租赁市场，有助于打破地方政府垄断住房土地供给的既定模式，改变以往通过改变用地性质获取高额土地出让金的“土地财政”模式。在“营业税改增值税”改革的大背景下，地方政府财政收入减少，用于偿还债务、基础设施建设的资金，甚至公务员工资发放、公共教育投入的财政资金更加紧张。集体建设用地直接入市和流转会对地方土地出让市场和地方财政收入造成较大影响。除个别城市外，多数试点城市严格控制国有建设用地和集体建设用地入市。从各个城市具体的试点实施方案来看，大多数城市并没有详细的实施步骤与日程时间表，试点方案中规划的租赁住房建筑面积也较为有限，建设地块多是存量用地。多数地方政府仍持观望态度。地方政府、房地产商和集体建设用地所有者

的利益平衡难度较大，有的城市明确规定集体建设用地的开发、建设和运营必须由当地的国有房地产开发商进行，有一定的门槛限制。

（二）集体建设用地租赁住房的建设和运营

现有的租赁住房管理模式存在诸多问题。政府的公租房专门运营机构易出现管理主体人力不足、资源错配、监督滞后、退出机制不顺畅、租金难缴等问题。商业租赁模式分两种：一种是以出售租房信息资源为主的传统中介租赁模式；另外一种是依托互联网信息平台，从房源到管理和运营都提供服务的互联网长租模式。传统中介模式无统一租赁平台，存在房源分散、业主放租零散、租赁登记备案率低等问题，政府难以对住房租赁市场进行有效的监管，容易出现偷税漏税以及各种租赁纠纷。

（三）集体建设用地的利益协调和监管机构尚未成立

《利用集体建设用地建设租赁住房试点方案》规定，开发主体是以村民委员会、联合社、土地专营公司、土地股份合作社、村集体资产管理公司等为表现形式的集体经济组织，而不是农村居民个体。这就涉及在行使土地开发权时是否能够体现土地所有人的真实意愿的问题。目前大多数涉及农村集体土地有偿使用的规范性文件并未提及集体经济组织内部如何分配资金收益，如村民委员会、村民小组和农民之间如何协调，权属如何界定等。

（四）建设集体用地租赁住房配套的税收制度不完善

租赁住房建设不仅有住房建设的特点，即建设资金需求量大；还有租赁的特点，即资金回收期长但各期现金流入较稳定。资金需求量大但回收周期长，加上我国尚未对建设运营租赁住房提供完善的房地产信托投资基金支持，导致租赁住房开发在过去的 20 多年里都不是绝大部分房地产企业的业务重点。作为房地产企业重要融资手段的信托融资期限较短，普通的商业房地产信托融资杠杆率高，企业开发建设租赁房给房地产企业带来巨大资金压力的可能性使得大部分房地产企业对租赁房开发望而却步。同理，在利用集体土地建设租赁住房的过程中，若没有相关税收优惠政策的支持容易导致门槛效应的产生，不利于中小投资者参与租赁住房的建设。

三、利用集体土地建设租赁住房的建议

11 个试点城市的探索经验表明，集体建设用地进入住房租赁市场面临着诸多问题和挑战：一是各级地方政府对“土地财政”的依赖可能会为集体土地入市增设门

槛，二是集体建设用地租赁住房的建设和运营存在许多问题，三是集体建设用地的利益协调和监管机构尚未成立，四是建设集体用地租赁住房配套的税收制度不完善。针对上述情况，有效推进集体建设用地进入租赁住房市场的政策的落实，应采取以下几个措施。

（一）深化土地制度改革，实现由“土地财政”向“税收财政”转变

在“土地财政”模式下，地方政府与银行、房地产商，甚至整个房地产产业链形成了高度捆绑的利益共同体。依靠土地出让获取城建资金的融资模式是不可持续的，容易引发房地产泡沫。为此，必须深化土地制度改革。但若改革过于激进，就会对政府债务偿还、银行贷款等造成影响，从而引发系统性金融风险，这就需要进行渐进式的改革。以集体建设用地进入租赁住房市场为土地改革的切入口，再配合物业税、房租税、房产税等税制改革，就可以让地方政府获得长期稳定的税收，从而更容易与“土地财政”进行解绑。更深层次上，地方政府应转变政府职能，强化预算约束机制，做到“有多少钱办多少事”，防止透支地方政府信用，引发债务风险。

（二）加强政府与社会资本的合作，保障集体建设用地租赁住房的建设和运营

集体建设用地建设住宅的区域多属于城市远郊地区，公共基础设施不完善，仅靠村民和村集体出资建设公共基础设施，难以满足租赁住宅的要求，因此小区配套设施需要地方政府进行投资建设。然而，建设配套设施又会增加政府的财政压力。为此，可以考虑通过市场化手段，采取 PPP 融资模式对公交路线等进行特许经营，引进和鼓励私人机构进入医疗和教育等领域，作为提供公共服务的重要补充。同时，政府还可以为集体用地建设租赁住房建立房地产投资信托基金，为其提供长期、低息的资金支持，降低建设的融资成本。除此之外，还应该培育和成立专业的租赁住房管理机构。

（三）加强监督管理，切实保证集体建设用地租赁住房各方利益

政府应出台规范性文件，完善农村集体经济组织内部利益分配的规章制度，建立起政府、村集体、村民小组和村集体成员个体之间的协商机制和监督机制，以解决相关纠纷，保障农民的利益不受集体组织侵害。应建立起政府主导的租赁住房建设运营收益资金监管制度，对涉及集体建设用地租赁住房的资金设立专门的公开账户，在政府和集体成员的监督下，定期公布账户收支。对资金收入的支配管理方案也必须严格按照程序，在得到村民会议、村民代表会议的同意后方可实施。从长远看，通过产权制度改革组建股份合作社或股份公司，作为入市主体，有利于改革的

稳步推进。

（四）建立和健全集体建设用地租赁住房税收制度

利用集体建设用地建设租赁住房实际上也是房地产开发的一种形式。按照商业地产开发模式，开发商应交的税收包括土地出让契税、土地使用税、土地增值税、城建税、印花税、教育费附加和企业所得税等，应交的行政费用包括人防费、水电费、煤气费和增容费等，占开发成本的15%～20%。适当减免这类税费有利于减轻社会资本参与租赁住房建设的资金压力，也有利于降低社会资本参与建设的门槛。地方政府应当建立起统一的互联网房屋租赁管理系统，对房屋租赁合同的登记、备案以及租金税费的缴纳进行跟踪管理。严查偷税漏税逃税等行为，将土地增值收益通过财政转移合理地用于公共服务配套设施建设。

（五）因地制宜，稳步推进集体建设用地进入租赁住房市场

各地存在地域因素、经济水平、人口流动、发展模式等方面的差异，因此集体用地建设租赁住房的推广应因城而异。例如，人口净流出的三、四线城市的住房需求相对于一、二线城市较低，大力推广租赁住房建设显得不合适，反而会加重住房库存压力。地方政府应针对各地具体情况因地制宜进行改革，而非“一刀切”。

第四节　人口非净流入城市的住房租赁政策发展路径

根据《2017年中国流动人口发展报告》，2010—2016年，我国人口流动以跨省为主，但比重开始缓慢下降；省内跨市流动的比重缓慢上升，市内跨县流动则变动较小。2011—2016年间，跨省流动人口占流动人口总量的比重由2011年的69.6%降至63.5%；省内跨市流动人口的比重由2011年的24.8%升至2016年的27.3%；市内跨县流动人口的比重呈现先升后降的趋势，从2011年的5.7%升至2015年的10.4%，2016年又降至9.2%（如图7－1所示）。流动人口的平均居留时间（年）持续延长，由2011年的4.8年升至2016年的5.7年，这说明人口流动的稳定性增强。

由于房地产天然具有不可动性、异质性等特点，因此无论是在住房所有权市场还是租赁市场，都应该考虑地域差异。人口就是影响住房市场的一个重要因素。在一、二线城市，人口净流入量大，住房供给相对不足，房价较高，大部分农民工、刚毕业的大学生以及低收入者只能选择租房。但是在三、四线城市或者一、二线城

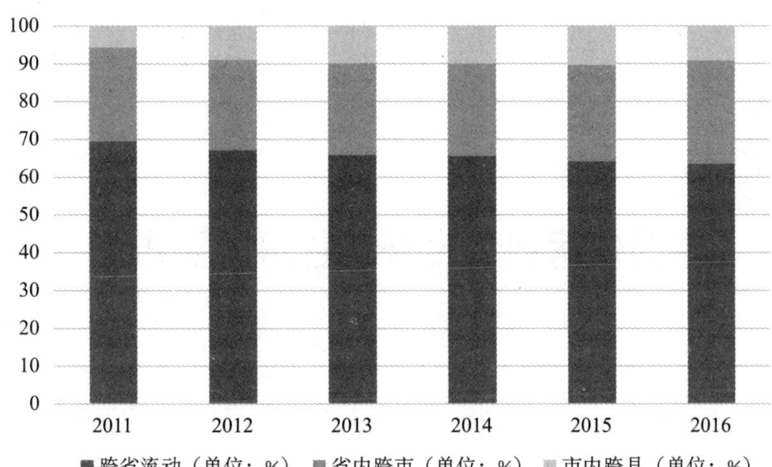

图 7－1　2011—2016 年流动人口范围的变动趋势

资料来源：2017 年中国流动人口发展报告。

市的某些地区，住房需求相对于一、二线城市较低，供需矛盾并不是那么激烈，大力推广租赁住房建设显得不合适，反而会加重住房库存压力。地方政府应针对各地具体情况因地制宜进行改革，而非“一刀切”。

中国住房租赁市场与住房购买市场

当前在中国特殊的市场环境之下，住房租赁市场和住房购买市场之间存在着不平衡的现象，传统的住房购买市场和租赁市场的房价房租理论已无法对我国当前的住房价格和租金之间的关系进行有效的解释。政府在制定相关住房市场政策时，必然要考虑我国住房价格和住房租金之间的特殊关系。因此，把握住房价格和租金之间的特殊关系有助于政府相关政策的出台。那么，我国城市住房价格和住房租金之间为什么会存在背离关系以及两者之间在长期内和短期内分别存在着怎样的关系将是我们本章研究的重点。

第一节　中国住房租赁市场与住房购买市场的现实关系

一、住房租赁市场的发展晚于住房购买市场

中国城镇住房制度改革（简称“房改”），从 1979 年试行全价销售住房开始到 1998 年 6 月，大致至可以划分为 4 个阶段。第一阶段为试点售房阶段（1979—1985 年），第二阶段为提租补贴阶段（1986—1990 年），第三阶段为以售代租阶段（1991—1993 年），第四阶段为全面推进阶段（1994—1998 年 6 月）。在这一阶段中，住房制度改革的主要内容有以下几个方面。第一，改革住房建设投资体制。住房建设投资体制由原来单位统包的投资体制转变为国家、单位、个人三者合理负担的投资体制。第二，改革住房建设、分配、维修、管理体制。由原来单位统包职工住房建设、分配、维修、管理一体化的单位所有制，转变为住房的生产、建设专业化，维修、管理社会化的体制。第三，改革住房分配体制。由原来的行政手段、福利性质、实物分配制度，转变为按劳分配为主的货币分配制度。职工根据自己的经

济承受能力，通过向市场购买或租赁住房解决住房问题，以满足住房需求。第四，建立双轨制的住房供应体系，即以中低收入家庭为对象的、具有社会保障性质的经济适用住房及廉租住房供应体系和以高收入家庭为对象的商品房供应体系。第五，建立住房公积金制度。由职工个人和所在单位分别缴纳占职工工资一定比例的资金，作为职工个人住房基金，以增强职工住房消费能力。第六，建立政策性和商业性并存的住房信贷体系，发展住房金融和住房保险。第七，建立规范化的房地产交易市场，规范交易行为，发展社会化的房屋维修、管理市场，逐步实现住房资金投入产出的良性循环，促进房地产业和相关产业的发展。

住房制度改革作为我国经济体制改革的一项重要内容，对传统的福利分房制度进行了变革，建立起了符合市场经济体制的住房体制，实现了住房的商品化和社会化。但在住房制度发展的过程中，很明显地可以看出住房租赁市场明显落后于住房购买市场的发展。国家最初发展的是购买市场，然后以购买市场的发展来带动租赁市场的发展。

如图 8 - 1 和图 8 - 2 所示，从房地产开发企业房屋出租收入和住宅房屋销售收入来看，房屋销售收入明显高于房屋租赁的 5 倍。单从房屋出租收入来看，房屋出租收入的变化趋势比较平缓，除 2004—2005 年和 2016—2017 年两个时期出现了短暂的下滑外，其他年份都保持了平稳的增长趋势，其中在 2009—2010 年和 2011—2012 年增长幅度比较大。房屋销售收入的变化比较复杂，在 2007—2008 年和 2013—2014 年下降趋势比较明显，在 2011—2017 年增长幅度远大于 2000—2010 年的增长幅度，可见房屋购买市场的发展速度明显快于住房租赁市场的发展速度，但两者都呈现上升的态势。

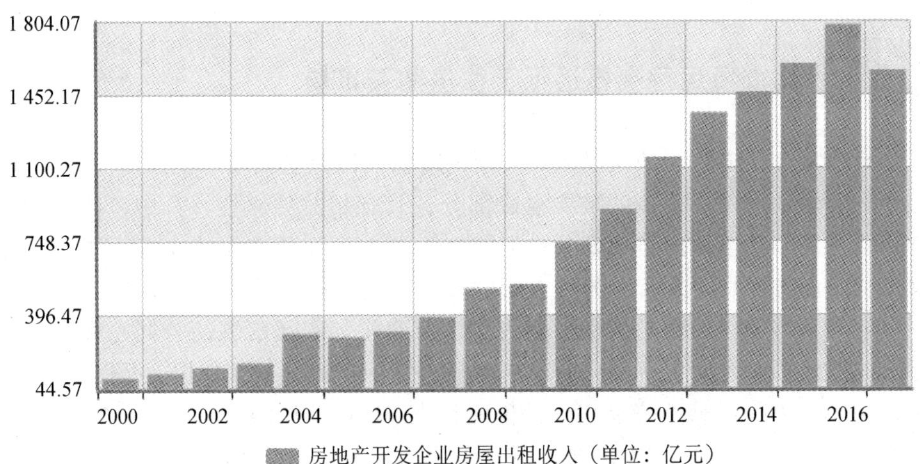

图 8 - 1　房地产开发企业房屋出租收入

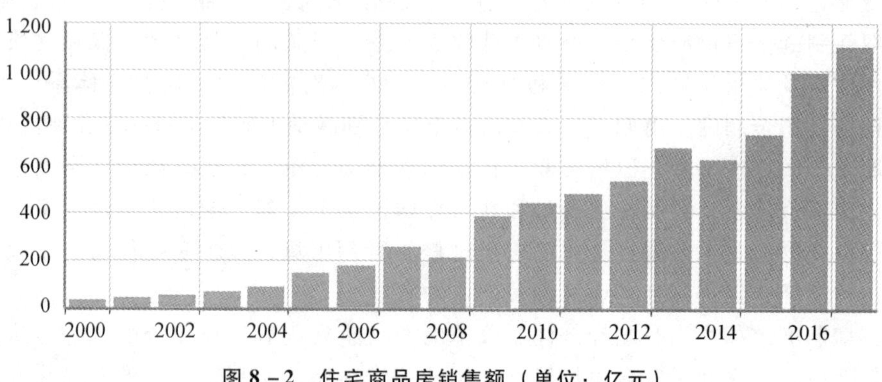

图 8－2 住宅商品房销售额（单位：亿元）

可见住房租赁市场和销售市场都是在改革开放中恢复运行和发展的，在起点上租赁市场晚于销售市场。虽然灰色或地下租赁市场一直存在，但住房制度改革是从 1979 年 4 个城市试点全价售房开始的，1980 年试点扩大到 50 个城市，1981 年扩大到多个城市及部分县镇。1982 年四城市试点补贴出售住房，1984 年扩大到京津沪，1985 年底扩大到 160 个城市和 300 个县镇。直到 1986 年 2 月成立国务院住房制度改革领导小组后，以“大幅提租”作为新的房改思路，经过试点后，作为主要的经验写进全国性房改实施方案中。一方面实行新房新制度，大力建设经济适用房和商品房，有售有租；另一方面，继续公有住房改革，积极推进租金改革，稳步出售公有住房。虽然也有配套的工资改革和住房公积金制度，但总体上支付能力有限，新房销售市场发展缓慢，公有住房仍以单位出租为主。尤其是 1998 年停止住房实物分配、实行住房分配货币化改革后，住房开发投资增长加快，新建房销售市场规模日益扩大，并远远超过住房租赁市场。

二、住房租赁市场运行规模远低于住房购买市场

住宅市场是住宅作为消费品用于交换的场所及因交易而发生的经济关系的统称。住宅市场是房地产市场关系的重要组成部分，具有相对独立性。其中，住宅购买市场和租赁市场是其重要的组成部分，但住宅购买市场和住宅租赁市场由于在房地产发展过程中各方面均存在着差异，各自的发展规模也存在着明显的差异。

住宅商品房销售面积是指报告期内出售新建住宅商品房屋的合同总面积，即双方签署的正式买卖合同中所确认的建筑面积，这一指标是累计数据。从图 8－3 可以看出，2010—2018 年住宅商品房的销售面积在 2013—2014 年出现了大部分的下滑，2015 年相对于 2014 年虽然有部分上涨，但面积还是低于 2013 年的销售面积。在其他年份，住宅商品房销售面积均呈现上涨态势，除 2015—2016 年住宅商品房的销售

面积增长幅度比较大，在其他年份销售面积的增速比较缓慢。

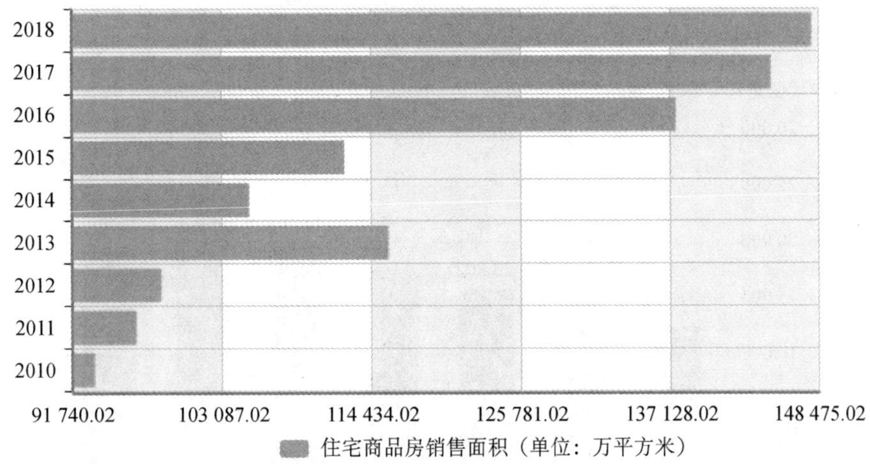

图 8－3　住宅商品房销售面积

住宅商品房销售额是市场中供求关系均衡的结果，是市场规模最直接的表现，也是当地经济增长率、流动人口等这些决定城市化进度及新移民的住房需求等因素的综合体现。如图 8－4 所示，住宅商品销售额在 2013—2014 年出现了下降，但在其他年份均呈现上涨的趋势，其中在 2015—2016 年上涨幅度比较大。

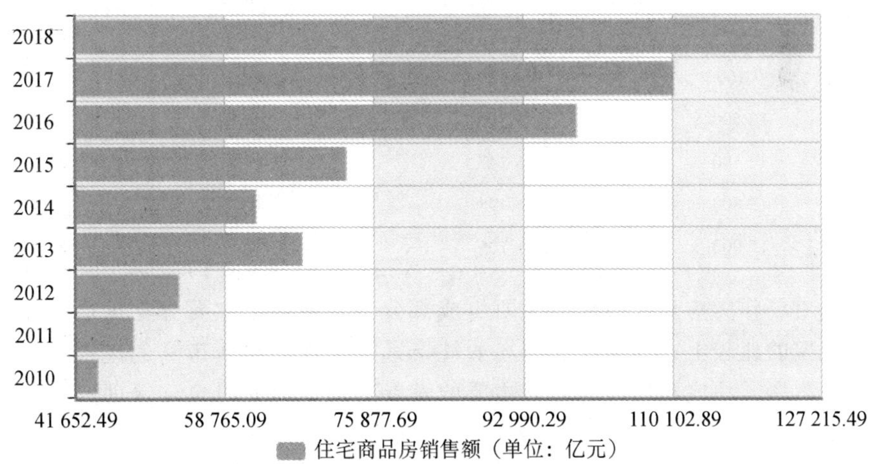

图 8－4　住宅商品房销售额

与此相对应的是租赁市场的规模，如图 8－5 所示，2017 年我国房屋租赁行业市场规模 24 560 亿元，同比 2016 年的 21 945 亿元增长了 11.92%。2017 年我国房屋租赁行业租赁面积为 70.59 亿平方米，租赁人口总数约 2.22 亿人，而且房租租赁规模一直呈现稳定的上涨趋势。如表 8-1 所示，从房屋租赁的细分市场来看，住宅租赁是主要需求。2017 年，我国住宅租赁面积达到 64.15 亿平方米，写字楼租赁面积为 3.82 亿平方米。

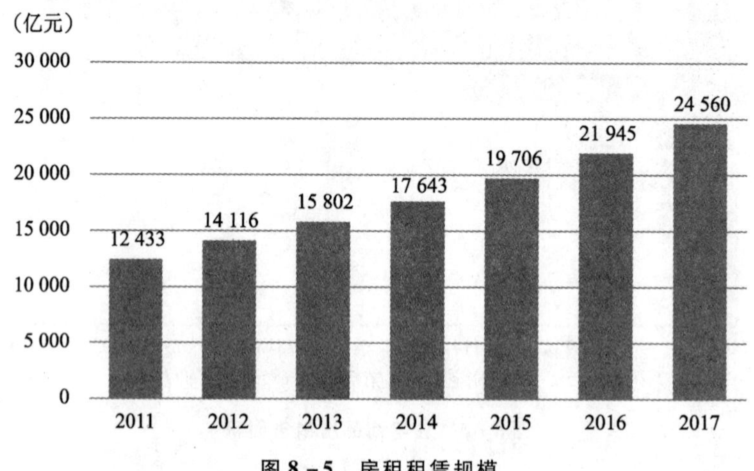

图 8-5 房租租赁规模

资料来源：智研咨询整理。

表 8-1 2011—2017 年中国房屋租赁行业细分市场规模 单位：亿元

年份	住宅租赁规模	写字楼租赁规模	工厂租赁规模	其他租赁规模
2011	6 600	4 010	1 012	811
2012	7 900	4 274	1 078	864
2013	9 100	4 629	1 152	921
2014	10 500	4 850	1 268	1 025
2015	12 100	5 147	1 358	1 101
2016	13 800	5 475	1 472	1 198
2017	15 900	5 705	1 635	1 320

住宅市场作为房地产市场的主要组成部分，其中两个主要分支租赁市场和购买市场在规模的比较上，住宅购买市场的规模远大于住宅租赁市场的规模。可见要想发展住宅市场，住宅租赁市场是其主要的发展对象，但同时也要保证两个市场之间的平衡发展。

三、住房租赁市场和住房购买市场的价格上涨速度不同

在城市住宅市场发展的过程中，城市住房价格的上涨幅度远远高于住房租金的上涨幅度。我国城市房价的上涨问题一直是各界关注的热点。如图 8-6 所示，由国

家统计局统计出来的数据可知，2009—2017 年我国的住宅商品房价格一直呈现上涨趋势，2017 年我国住宅商品房的平均销售价格达到 7 614 元/平方米，2014—2015 年和 2015—2016 年住宅商品房价格上涨幅度较大，分别为 9.1% 和 11.25%。其中，35 个大中型城市在 2017 年的商品房平均销售价格为 11 289 元/平方米，相比于 2008 年单位 5421 元/平方米，上涨了 1 倍之多。这些数据表明我国的住宅商品的平均销售价格在 10 年内平均上涨了 1 倍。随着住房价格的上涨，特别是在住房平均销售价格高的城市，住房租赁越来越成为人们考虑的住房消费方式，所以合理的住房租金就成为居民进入住房租赁市场必须要考虑的因素。

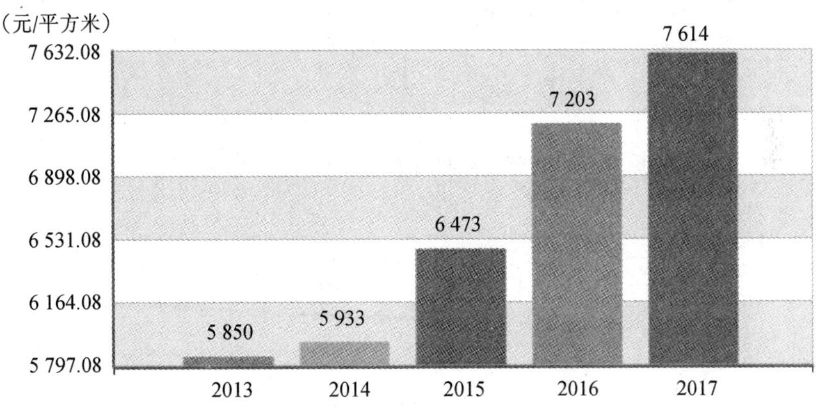

图 8－6　住宅商品平均销售价格

房屋价格指数是反映房地产价格变动趋势和变动程度的相对数，它是通过百分比的形式来反映房价在不同时期的涨跌幅度。如图 8－7 所示，我们通过对房地产价格指数中的房屋销售价格指数和房屋租赁价格指数的累加值进行分析，选取累加值的主要目的是防止基期对价格指数的影响，可以看出房屋价格指数在 1999—2004 年之间出现差异的程度不是很明显，但在 2004 年以后，两者出现越来越大的差异，可见房屋销售价格指数明显大于房屋租赁价格指数的上涨速度。

如图 8－8 所示，由于国家统计局统计的房屋租赁价格指数和房屋销售价格指数 1999—2009 年之间有官方统计数据，所以从 1999—2009 年的数据可以看出房屋租赁价格指数和住房销售价格指数的变化趋势。

由图 8－8 可以看出，1999—2009 年房屋租赁价格指数和房屋销售价格指数呈现几乎同步的变化趋势，2002—2009 年两者之间的差距越来越大，房屋销售指数明显大于房屋租赁指数，但两者变化趋势平稳。

由 2017 年 2 月到 2019 年 3 月的房价和房租的平均月度数据可以看出，房价的上涨趋势明显快于房租的上涨趋势。房租的上涨趋势比较平稳，其中在 2018 年 1 月到 2018 年 2 月出现了短暂的上升，但总体趋势是平稳的。但房价的上涨趋势比较陡峭，可见房价的上涨速度明显快于房租的上涨幅度。

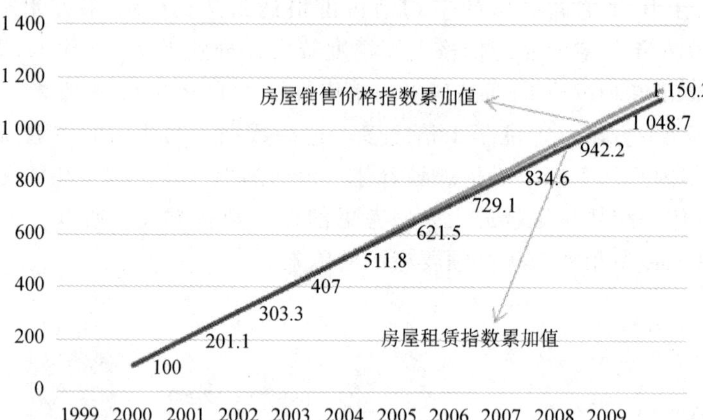

图 8－7 1999—2009 年房地产价格指数累加值

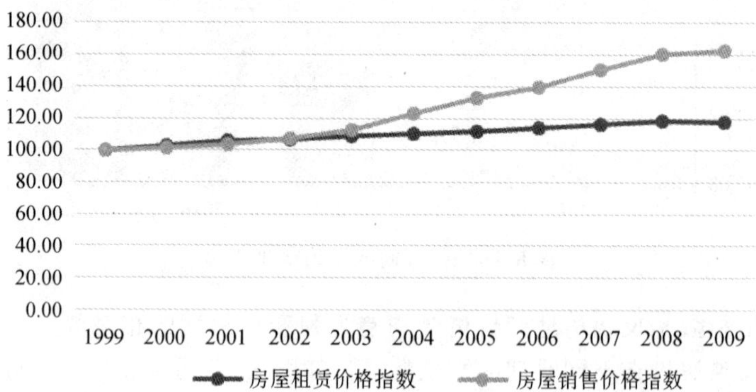

图 8－8 1999—2009 年的房屋租赁价格指数和房屋销售价格指数

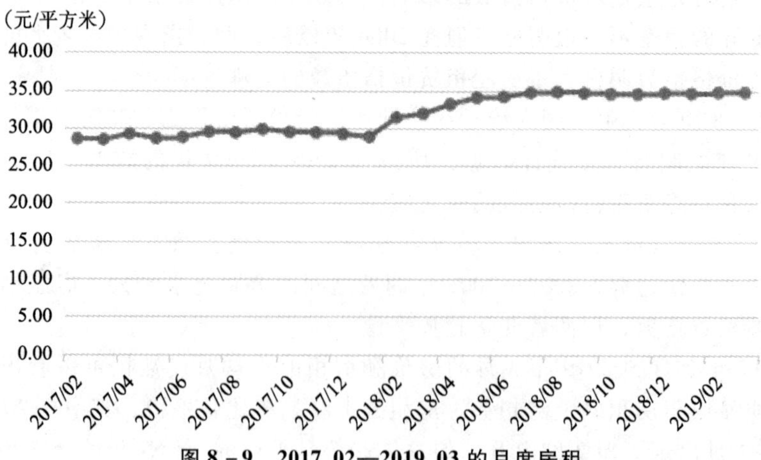

图 8－9 2017. 02—2019. 03 的月度房租

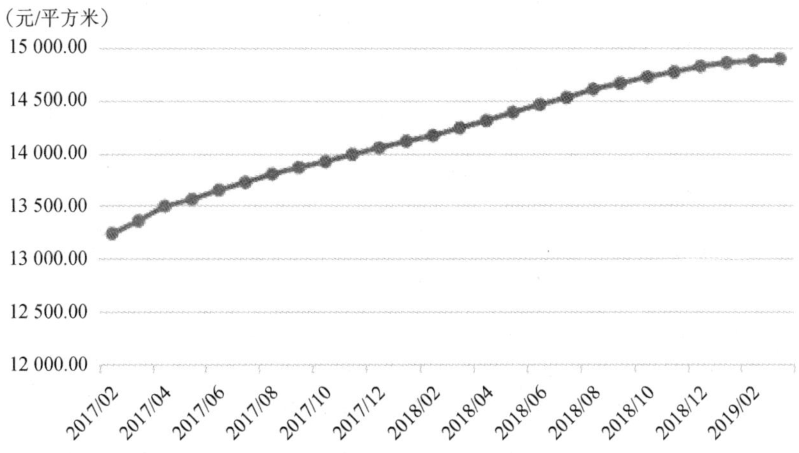

图 8－10　2017.02—2019.03 的月度房价

四、租买市场价格相比于收入偏离国际经验值现象格外突出

住宅销售价格和住宅租赁价格都是相对于居民的可支配收入而言的，由于住宅销售价格和住宅租赁价格之间的价格变化趋势出现了不同程度的差异，因此房价收入比和房租收入比会呈现一定程度的差异，大中型的城市房价收入比和房租收入比偏离国际经验值。房价收入比是住房价格与城市居民家庭年收入之比，是反映居民购房负担的指标，其比值越大说明居民的购房负担就越大。在我国的一些一线城市，住房价格的高涨已使部分居民承担巨大的购房压力。针对全国的房价收入比，我们采用了两种方法。第一种方法是考虑到不同年份间住房套均面积和居民家庭户均人口的变化，结果相对更准确，但后期部分统计数据因统计制度改革而缺失，需要进行主观推算和预测。第二种方法则忽略不同年份之间的住户套均面积和家庭户均人口的变化，采用相同的套均面积和家庭户均规模，有关数据在有关统计年鉴中均能找到，数据更加客观，计算也更加简便。

如图 8－11 所示，从两种不同方法的计算结果看，采取两种不同的计算方法得出的房价收入比较为接近，特别是自 2008 年以来，除少数年份外，两者的差距均在 0.2 以内。从趋势上看，两者走势相同。2009—2014 年，房价收入比明显下降。2015 年以后，房价收入比整体呈小幅持续上升态势，除 2017 年房价收入比有所回落外，其余年份均保持上升。2018 年，按照前述两种不同计算方法得出的全国房价收入比分别达到 8.19 和 7.96，高于 2013—2017 年间的水平，这表明居民的住房可支付能力实际在下降，但都超出了世界银行和联合国人居中心所提出的 3—6 的房价收入比范围。

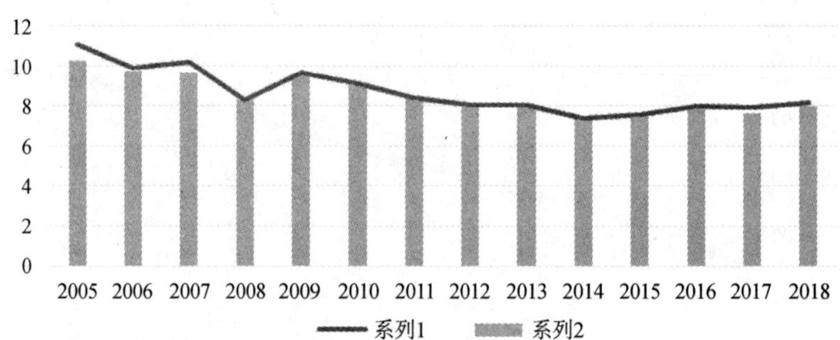

系列1：按各年的套均面积和家庭规模计算

系列2：按相同的套均面积和家庭户均规模计算

图8-11　2005—2018年全国房价收入比

如图8-12所示，从35个大中城市的房价收入比来看，在35个大中城市中，2018年房价收入比最高的城市是深圳，最低的是长沙。与2017年相比，27个城市房价收入比上升，8个城市下降①。其中，房价收入比上升较快的城市有福州、厦门、南京、昆明、贵阳、呼和浩特、西安、深圳等，分别上升2.4、2.2、1.9、1.9、1.8、1.7、1.7、1.6个点。房价收入比下降较多的城市有郑州、南宁、南昌、兰州，分别下降0.8、0.5、0.5、0.3个点。但对于重要的一线城市而言，其房价收入比都超出了世界银行和联合国人居中心所提出的3—6的房价收入比范围。

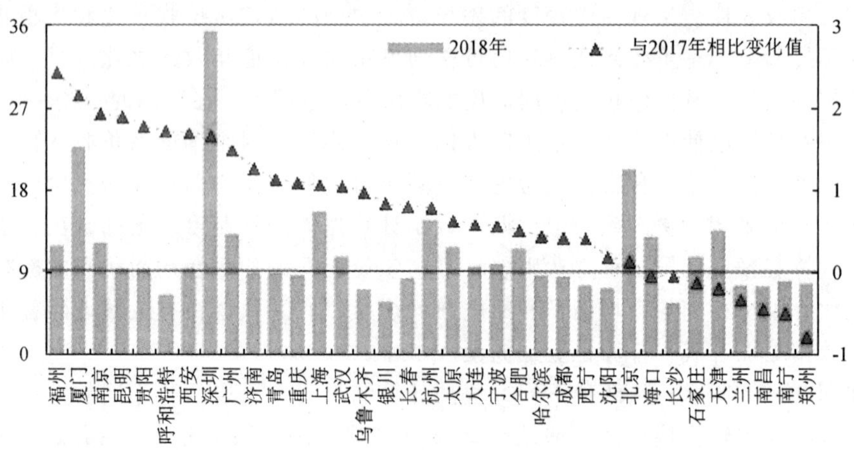

图8-12　2018年35个大中型城市房价收入比及环比变化情况

说明：计算结果未考虑不同城市套均住宅面积与家庭户均人口的差异，使用中敬请注意。

资料来源：国信宏观经济与房地产数据库（www. czai. cn）。

① 35个大中型城市分别为北京、天津、石家庄、太原、呼和浩特、沈阳、大连、长春、哈尔滨、上海、南京、杭州、宁波、合肥、福州、厦门、南昌、济南、青岛、郑州、武汉、长沙、广州、深圳、南宁、海口、重庆、成都、贵阳、昆明、西安、兰州、西宁、银川和乌鲁木齐。

为了进一步说明问题，如图 8－13 所示，我们从 35 个大中城市的房租收入比来看，2018 年全国部分城市房租收入比排行榜前 10 名数值都较高，但相比于房价收入比，数值相对较小，因此，房价房租比很大，偏离国际上所要求的 120 的警戒线。

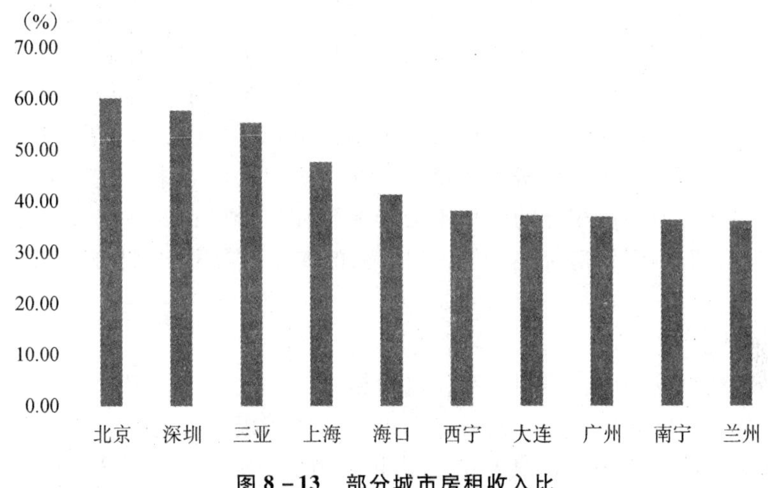

图 8－13　部分城市房租收入比

第二节　住房购买市场和住房租赁市场关系的实证

一、假设的提出

回顾关于城市层面的住房价格和住房租金的国内外优秀研究成果，根据“住房价格和住房租金是否可以存在统一市场”，我们可以把住房价格和住房租金已有研究成果归纳为“单一市场理论”“双重市场理论”和“整体市场理论”。

（一）单一市场理论

早期关于住房价格和住房租金的研究通常将城市住房市场视为一个整体，认为住房市场是一个零和市场，不存在住房租赁市场和住房买卖市场的细分。在这样的市场中，房价和租金的关系是传统的房价和租金，即四象限模型中房价和租金的关系，即住房价格是住房资产的市场价格，住房租金则是住房资产产生的红利，住房租金是未来所有住房租金的现值之和，两者之间存在着稳定的资本化率。但我国现有的相关实证研究发现，我国城市房价和租金的关系并不能用传统的房价和房租现值模型来进行解释。

（二）双重市场理论

随着住房市场的发展，人们发现传统的住房价格和住房租金的现值模型已经无法满足人们研究的需要。人们在住房市场中发现，住房买卖市场和住房租赁市场都有各自的供给与需求，两个市场之间存在着一定的联系，不再是传统意义上的两个模型之间是零和关系的存在。在这样的双重结构市场环境中，住房价格产生于住房买卖市场，住房租金产生于住房租赁市场。在住房租赁市场中，住房价格的变化会影响到住房租金，但租房租金的变化不会影响到住房价格；在住房买卖市场中，住房租金的变化会影响到住房价格，但租房价格的变化不会影响到住房租金。

（三）整体市场理论

在双重市场理论中，住房租金和住房价格互为外生因素，但没有考虑到整体市场中两个市场之间的联系，即在住房买卖市场和住房租赁市场中，住房价格和住房租金相互联系，两个市场通过良好的互动共同构成一个统一的、严密的住房市场。在这样的市场中，影响住房价格的因素是多种多样的，影响住房租金的因素也是多样化的，但在各自的影响因素里面，住房租金和住房价格互为各自的影响因素，即互为自己的内生变量。因此，在整体市场理论框架中，住房价格和住房租金是同步形成的，在进行实证检验的过程中可将两者视为内生的影响因素。

我们选取了最能代表住房租赁市场和住房购买市场的房租和房价的数据来研究两个市场之间存在的关系。由于本章研究的是改革开放以来住房租赁市场和住房购买市场之间的关系，但改革开放以来关于房价和租金的统计口径总在发生变化，最早的统计指标基本上是由住房租赁指数和住房销售指数来代替住房租金和住房价格，但这一统计指标在2010年左右出现了中断，且由于2002年以后住房市场才逐渐发展成熟，在此基础上，关于两个市场的统计数据才比较全面化；另外，但由于住房租赁市场一直发展比较缓慢，住房租金一直较难获取，在一些权威的数据库里面，关于住房租金的一些统计数据出现缺失，无法全面地研究两个市场之间的关系。因此，我们在中国房价行情网上调取了2015年以来住房租赁市场的租金数据，并且在万德数据库上调取了房价的相关数据，数据跨度在5年左右，涵盖了35个大中型城市的所有数据。由于近年来的住宅产业发展较为成熟，因此我们有理由相信5年左右的数据可以代表住房租赁市场和住房购买市场的发展状况。如图8－14和图8－15所示，从35个大中型城市2015年1月至2019年5月的房价和租金[①]的数据来

① 35个大中型城市的房价来自Wind数据库中的样本城市均价，35个大中型城市的房租来自中国房价行情上的月度房租均价。

看，房价与租金变化趋势相同且都呈现上升的变化趋势，且房价的上涨幅度明显大于房租的上涨速度，房价和房租明显高的主要在于一些发达城市。由于两者的变化趋势相同，我们可以认为两者存在着一定的关系，即存在于一个整体市场中。

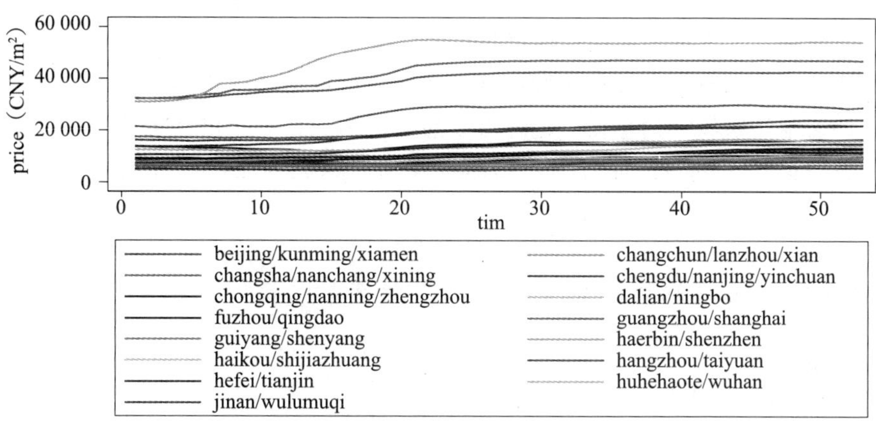

图 8-14　35 个大中型城市的房价图示

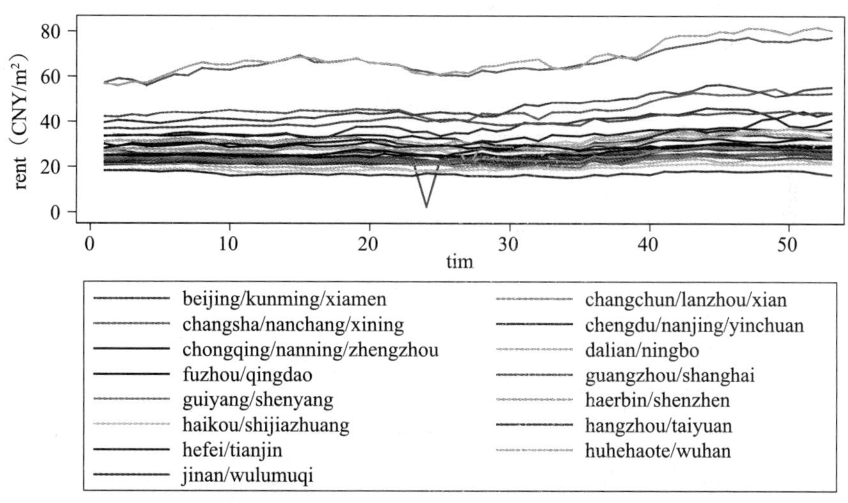

图 8-15　35 个大中型城市的房租图示

因此本文主要基于假设整体市场理论来对住房价格和住房租金之间的相互关系进行研究。在整体市场理论假设中，住房价格和住房租金的相互关系是同时被实证的。但在现代社会，政府提出“租购并举”的新目标和新举措，加强住房租赁市场的建设和发展，不仅有助于稳增长、去库存、抑制房价增长过快，而且有助于加快住房供给、落实住房基本保障。可见住房租赁市场对于住房购买市场的推动作用很显著，这和中国当前住房市场的发展方向也有很大的联系。一直以来住房购买市场的发展进度都明显快于住房租赁市场，住房购买市场对住房租赁市场的促进作用却没有那么明显。从长期来看，住房租赁市场作为住房购买市场的辅助市场，可以更好地促进住房购买市场的发展，但住房购买市场对于住房租赁市场的促进作用不会很明显。从短期来看，两者可以看成是一个独立的市场，彼此之间存在很弱的相互作用。因此研究两市场中具有典型代表意义的住房价格和住房租金之间的相互关系对当前的房地产市场必然存在一定的指导意义。因此，对中国住宅市场中住房租金和住房价格相互关系的论证对丰富国际以及中国相关领域的研究具有丰富的学术价值。

二、住房购买市场和住房租赁市场两者关系的实证

（一）数据的描述性统计

如表 8－2 所示，根据 35 个大中型城市 2015 年 1 月至 2019 年 5 月 53 个月的住房价格水平值和城市住房租金水平值的面板数据，我们对变量进行了简单的描述性统计。

表 8－2　　变量的描述性统计

变量		平均数	标准误差	最小值	最大值
房价	总体	13 478. 11	10 676. 35	4 472	55 150
	组间		10 583. 95	5 131. 472	49 443. 11
	组内		2 259. 74	－5 049. 005	19 184. 99
租金	总体	10 583. 95	11. 71	2. 39	81. 82
	组间		11. 508	17. 06	68. 46415
	组内		2. 908214	7. 261413	43. 39179

从变量的描述性统计可以得出，房价的总体标准误差是 10 676. 35，房租的总体标准误差是 11. 71，房价的总体标准误差明显大于房租的总体标准误差，标准误差代表了变量的离散程度，可见房价的离散程度明显大于房租的离散程度。

在此基础上我们对住房价格进行观测可以看出，如图 8－16 所示，房价排名前五的城市是深圳、北京、上海、厦门和南京。房价最低的是银川和西宁，总体每个城市的房价变化都比较平稳。

如图 8－17，租金排在前列的城市有北京、深圳、广州和厦门，其他城市的租金差别不大。城市的租金水平和城市的房价水平相比，房租的变化幅度比较大。

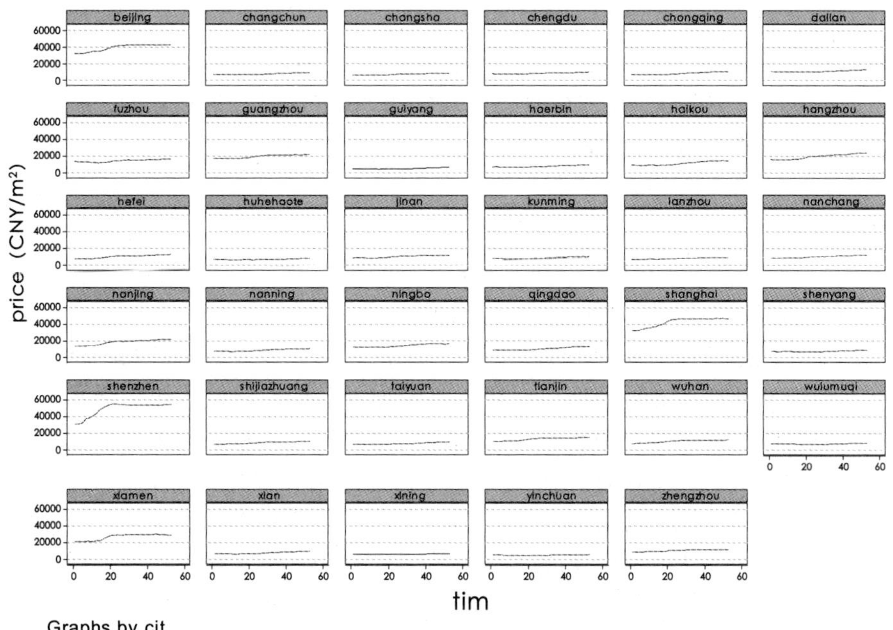

图 8－16　35 个大中型城市的住房平均价格图

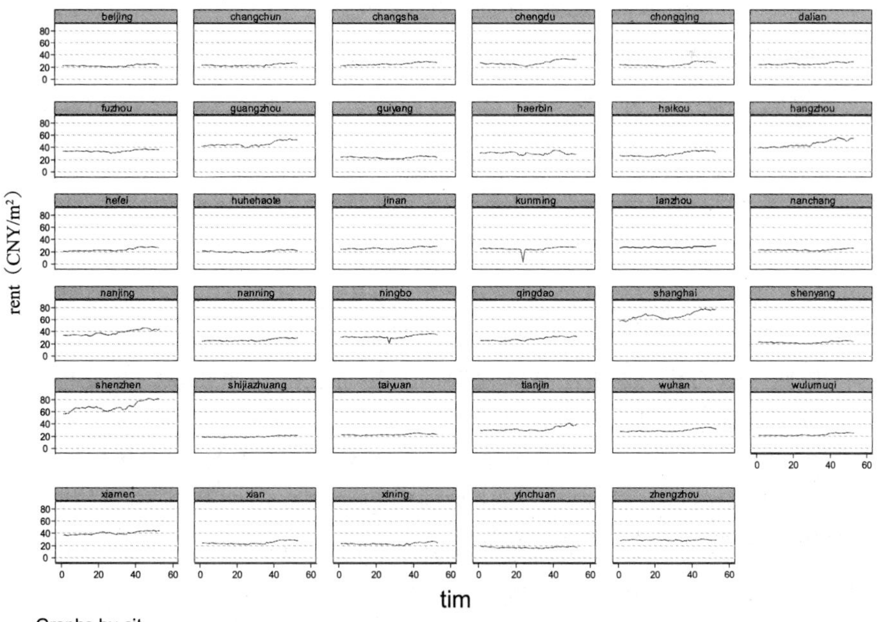

图 8－17　35 个大中型城市的住房平均租金图

从房价和租金的变化我们可以看出，不同城市的房价和租金的变化趋势不尽相同，有些城市很平稳（如石家庄的租金和房价等），有些城市则呈现上升趋势（如深圳的房价等），有些则呈现下降趋势（如昆明的房租等），可见不同城市间的房租和房价之间存在着一定的差异，这些差异可在一定程度上解释房价和房租之间的关系。

（二）实证检验与结果分析

1. 单位根检验

平稳序列是进行格兰杰的前提，因为非平稳序列会带来虚假回归的问题，所以在进行协整检验和格兰杰检验之前，我们要先进行单位根检验。面板数据单位根相比于时间单位根来说，单位根检验的方法效率比较低，一般采用多种方法，避免单一方法存在的弊端。以下两种方法均采用不含有时间趋势项的形式。如表 8－3 所示，根据两种面板单位根检验的结果表明，住房价格和住房租金的 LLC 检验和 IPS 检验的 P 值均小于等于 0.05，均通过了检验，即它们都是平稳性序列，因此有充分的理由可以进行下列的面板协整检验和格兰杰因果关系检验。

表 8－3　　住房价格和住房租金的平稳性检验

	LLC	IPS
住房价格	－7.5901 (0.0000)	－4.2720 (0.0000)
住房租金	－5.7063 (0.0000)	－2.8187 (0.0024)

2. 协整关系检验

协整关系即向量内各个组成部分间存在长期稳定的关系。由于面板数据在原水平上属于同阶单整的平稳性序列，所以我们采取 E－G 两步法来检验两个变量之间是否存在长期协整关系，更进一步来说明两个变量之间存在长期均衡关系。所以我们首先对面板数据进行 OLS 估计。

如表 8－4 和表 8－5 所示，在对变量进行 F 检验时，F 检验的 P 值等于 0.000，通过了检验，故强烈拒绝原假设，即认为固定效应明显优于混合回归，应该允许每位个体都有自己的截距项，即认为存在个体效应，不应使用混合回归。在对变量进行 LM 检验时，P 值等于 0.0000，通过了检验，故强烈拒绝原假设，即认为随机效应优于混合效应。在对变量进行 HAUSEMAN 检验时，P 值等于 0.0000，强烈拒绝原假设，即认为固定效应优于随机效应。

表 8-4　　住房价格面板函数的回归分析

	混合效应	固定效应	随机效应
常数项	-8 435.475 (**) (-2.74)	-54.82627 (***) (-0.05)	-2 758 789 (-0.23)
住房租金	729.5787 (***) (8.23)	450.558 (***) (11.30)	457.9176 (***) (11.10)
R^2	0.6406	0.3362	0.3362
F 检验	$F=921.41>F_{0.01}$ (34, 1 819)　　$P>F=0.0000$		
LM 检验	$P_{(0.01)}>$ Chibar2 (550.22) $=0.0000$		
HAUSEMAN 检验	$P_{(0.01)}>$ Chi2 (90.46) $=0.0000$		

表 8-5　　住房租金面板函数的回归分析

	混合效应	固定效应	随机效应
常数项	18.20178 (***) (8.33)	19.97785 (***) (11.72)	19.88963 (***) (16.66)
住房价格	0.000878 (***) (3.87)	0.0007463 (***) (5.90)	0.0007528 (***) (31.37)
R^2	0.3362	0.3362	
F 检验	$F=921.41>F_{0.05}$ (34, 1 819)　　$P>F=0.000$		
LM 检验	$P_{(0.01)}>$ Chibar2 (37 528.63) $=0.0000$		
HAUSEMAN 检验	$P_{(0.01)}>$ Chi2 (9.89) $=0.0000$		

然后我们对协整方程的残差进行单位根检验，检验结果如表 8-6 所示。由于住房价格和住房租金残差的 LLC 和 IPS 检验的 P 值均小于等于 0.05，即拒绝原假设，可以看出住房价格的残差和住房租金的残差都是平稳序列。

表 8-6　　住房价格和住房租金协整方程的残差单位根检验

	LLC	IPS
住房价格残差	-2.1886 (0.0143)	-3.0389 (0.0012)
住房租金残差	-2.3482 (0.0094)	-1.7269 (0.0421)

所以，住房价格和住房租金之间存在协整关系，即长期上的均衡关系。由于住房价格和住房租金之间在短期内不存在关系，但在长期内存在均衡关系，因此，我

们对两者在长期上的均衡关系进行格兰杰检验，在此基础上，通过对原数据进行最优滞后阶数的确定，得到最优滞后阶数为5，因此可以进行如下的格兰杰检验。

3. 格兰杰检验

由表8-7和表8-8可以看出，住房租金影响住房价格的P值等于0.0396，而住房价格影响住房租金的P值是0.3765，住房租金影响住房价格的P值通过了检验。因此从长期来看，住房租金显著影响住房价格，而住房价格对住房租金的影响不是很明显。因此我们对住房价格和住房租金之间进行回归。

表8-7　住房租金和住房价格的格兰杰关系检验

检验关系	P值
住房租金影响住房价格	0.0396
住房价格影响住房租金	0.3765

表8-8　PVAR模型估计结果

	H_price			H-lent		
	B-GMM	Se-GMM	T-GMM	B-GMM	Se-GMM	T-GMM
H_price (t-1)	1.546 (***)	0.155	10.003	0.001 (**)	0.000	2.329
H-lent (t-1)	6.263	5.068	1.236	0.6759 (*)	0.164	4.110
H_price (t-2)	-0.529	0.177	-2.989	-0.001 (**)	0.001	-2.374
H-lent (t-2)	-1.983 (**)	3.842	-0.516	0.156	0.125	1.253
H_price (t-3)	0.093	0.106	0.870	0.000	0.000	0.825
H-lent (t-3)	-8.318 (**)	3.933	-2.115	0.077 (***)	0.047	1.661
H_price (t-4)	-0.040	0.100	-0.404	-0.000	0.001	-0.651
H-lent (t-4)	4.036	4.132	0.977	0.024	0.032	0.762
H_price (t-5)	-0.076	0.065	-1.165	0.000	0.000	1.320
H-lent (t-5)	-3.706	3.545	-1.045	-0.028	0.032	-0.910

注：b-GMM表示GMM估计系数，se-GMM表示估计系数的标准误。

如表8-8所示，当房价作为因变量时，一阶滞后的租金的滞后系数为6.263，其二阶滞后的系数为-1.983，三阶，四阶以及五阶的滞后系数分别为-8.318，4.036和-3.706，二阶和三阶通过了显著性检验。在滞后一阶到三阶的范围内均通过了显著性检验，滞后四阶和五阶没有通过显著性检验。在显著性水平的范围内，可见租金对于房价的负向影响大于房价对于租金的正向影响。一方面我们认为租金对于房价的影响不是简单的线性关系，但整体来说租金对房价有一定的促进作用。当以房租为因变量时，一阶滞后的房价的滞后系数为0.000，其二阶滞后的系数为0.001，三阶、四阶以及五阶的滞后系数分别为0.000，0.001和0.0000，在滞后两阶的范围内通过了显著性检验，滞后三到五阶的范围内没有通过显著性检验，从而得出房价对租金的影响不一，有正也有负，两者的影响程度大致相同。

4. 脉冲效应函数估计和误差项的方差分析

图 8 - 18 所示为正交化脉冲—响应函数所显示的分析结果，给出了在其他因素保持不变的情况下一个因素冲击对其中一个因素的动态影响，上下两条线分别表示经 Monte - Carlo 模拟的脉冲响应函数 95% 的置信区间，横轴 s 表示冲击作用的滞后期数。

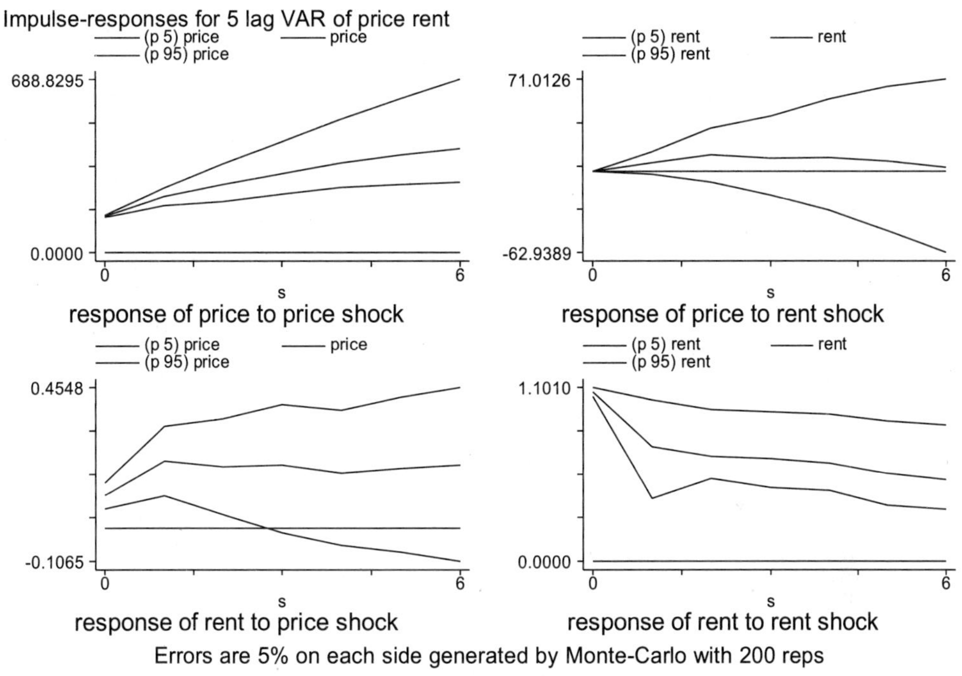

图 8 - 18　脉冲效应函数估计和误差项的方差分析

由第一行第二列的图可以看出，面对租金的正交化新生，房价在同期有一个较小的负向响应，随后的响应皆为正响应，虽然力度不大，但一直保持稳定，说明租金的提高有助于房价的提高，从而有助于推动购买市场的发展。

由第二行第一列的图可以看出，面对房价的正交化新生，房租在同期有正向的影响，但在随后的滞后期中呈现或正或负的影响，且这种影响有进一步发展的趋势。

为了更清楚地刻画和度量两者相互影响的程度，我们进一步地采用了方差分解的方法，获得了变量自身冲击与其他变量的冲击而导致移动的比例，以此来衡量每一个结构冲击对内生变量变化的贡献度。如表 8 - 9 所示，给出了第 10 个预测期、第 20 个预测期和第 30 个预测期的方差分析结果。可以看出，对于房价和房租对房价的影响可以看出，房价对于自身的影响在预测系统外基本趋于稳定，房租对于房价的影响在进一步加强。而对于房价和房租对房租的影响可以看出，房价对于房租的影响在进一步加强，到最后趋于稳定，而租金对于自身的影响处于不断下降的趋势，到最后也趋于稳定。

表 8－9　　住房价格和租金的方差分解

	s	price	rent
price	10	0.9994	0.0006
rent	10	0.0893	0.9107
price	20	0.9907	0.0093
rent	20	0.2192	0.7808
price	30	0.9737	0.0263
rent	30	0.3550	0.6450
price	40	0.9574	0.0426
rent	40	0.4340	0.5660
price	50	0.9467	0.0533
rent	50	0.4664	0.5336
price	60	0.9419	0.0581
rent	60	0.4752	0.5248
price	70	0.9406	0.0594
rent	70	0.4760	0.5240

三、实证结论

通过对住房购买市场和住房租赁市场中的房价和租金的实证检验，可以得出以下结论。

从变量的描述性统计可以得出，房价的总体标准误差是 10 676.35，房租的总体标准误差是 11.71，房价的总体标准误差明显大于房租的总体标准误差，标准误差代表了变量的离散程度，可见房价的离散程度明显大于房租的离散程度。

对于变量的单位根检验可以看出，住房价格和住房租金的 LLC 检验和 IPS 检验的 P 值均小于等于 0.05，均通过了检验，即它们都是平稳性序列。

对于变量的协整检验，在对两个变量进行 F 检验时，F 检验的 P 值等于 0.0000，通过了检验，故强烈拒绝原假设，即认为固定效应明显优于混合回归，应该允许每位个体都有自己的截距项，即认为存在个体效应，不应使用混合回归。在对变量进行 LM 检验时，P 值等于 0.0000，通过了检验，故强烈拒绝原假设，即认为随机效应优于混合效应。在对变量进行 HAUSEMAN 检验时，P 值等于 0.0000，强烈拒绝原假设，即认为固定效应优于随机效应。

在对变量进行格兰杰检验时，住房租金影响住房价格的 P 值等于 0.0396，而住房价格影响住房租金的 P 值是 0.3765，住房租金影响住房价格的 P 值通过了检验。因此从长期来看，住房租金显著影响住房价格，而住房价格对住房租金的影响不是很明显。当房价作为因变量时，一阶滞后的租金的进步系数为 6.2630864，其二阶滞后的系数为 -1.98302，三阶、四阶以及五阶的滞后系数分别为 -8.318496，4.0354174 和 -3.7059609，在滞后一阶到三阶的范围内均通过了显著性检验，滞后四阶和五阶没有通过显著性检验。在显著性水平的范围内，可见租金对于房价的负向影响大于租金对于房价的正向影响。一方面我们认为租金对于房价的影响不是简单的线性关系，但整体来说租金对房价有一定的促进作用。当以房租为因变量时，滞后一阶到五阶的系数分别为 0.0010059，-0.0013132，0.0003439，-0.0003316 和 0.0003998。在滞后两阶的范围内通过了显著性检验，滞后三到五阶的范围内没有通过显著性检验，从而得出房价对租金的影响不一，有正也有负，两者的影响程度大致相同。

在对变量进行脉冲效应函数估计和误差项的方差分析时，面对租金的正交化新生，房价在同期有一个较小的负向响应，随后的响应皆为正响应，虽然力度不大，但一直保持稳定，说明租金的提高有助于房价的提高，从而有助于推动购买市场的发展。面对房价的正交化新生，房租在同期有正向的影响，但在随后的滞后期中呈现或正或负的影响，且这种影响有进一步发展的趋势。在对变量进行方差分解时，对于房价和房租对房价的影响可以看出，房价对于自身的影响在预测系统外基本趋于稳定，房租对于房价的影响在进一步加强，变动幅度由 13% 上升到 14%。而对于房价和房租对房租的影响可以看出，房价对于房租的影响在进一步加强，到最后趋于稳定，而租金对于自身的影响处于不断下降的趋势，到最后也趋于稳定。

这些结果即验证了我们的假设：从长期来看，住房租赁市场的发展有助于住房购买市场的发展，但住房购买市场对于住房租赁市场的促进作用不会很明显。

第三节　中国住房租赁市场与住房购买市场现实关系的成因

从我国住房租赁市场与购买市场恢复的历程和发展现状中可见两者之间存在着

较为严重的不平衡，总体上租赁市场严重滞后，租赁市场需求旺盛但仍受到严重抑制，租赁市场供给总量不足、结构单一；同时，租赁市场与购买市场之间关系疏离，甚至互为独立。

而实证检验的结果也表明，作为两个市场的核心指标，住房价格和住房租金在长期上存在均衡关系，住房租金显著影响住房价格，而住房价格对住房租金的影响不是很明显。这说明住房租赁市场与购买市场之间的关系较为混乱、复杂。因此本文认为，导致住房租赁市场与购买市场严重不平衡、不协调、不充分现象的原因是多方面的，因此本文将从多方面对原因进行论述。

一、政府更看重购买经营的资金快速循环效应而非租赁经营满足居住需要的适应性

微观上城市住房供给短缺决定了住房建设资金需要快速周转，以求短时间内扭转供求过于紧张的局面。做大蛋糕是城市化初期的主要任务。而租赁经营的周期较长，资金循环缓慢，这也就是为什么政策上鼓励公房出售而不是出租的原因。

宏观上国民经济增长的需要决定了房地产业（主要是住宅产业）的支持性产业的定位。房地产业在推动 GDP 增长的贡献率方面逐年增长，如图 8－19 和图 8－20 所示，GDP 在 2010—2018 年呈现稳步上升的增长趋势，房地产业的增加值也随着年度的增加而呈现上升的趋势。由于各行业对 GDP 的贡献率是不一样的，单从房地产业对 GDP 的贡献率来看，房地产业对 GDP 的贡献呈现上升的趋势，说明房地产业在推动国民经济增长方面起着越来越重要的作用。

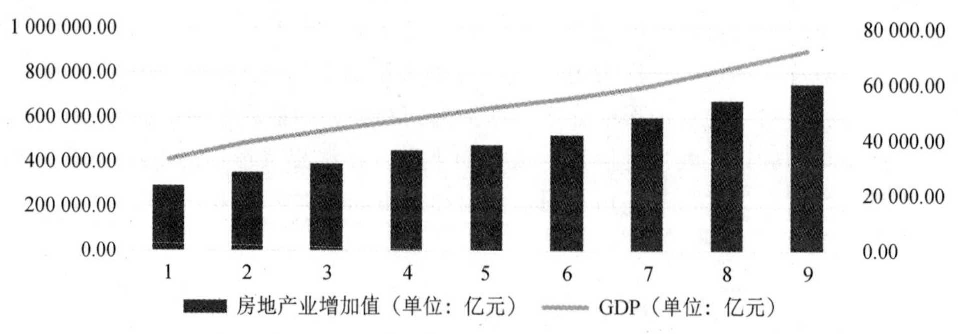

图 8－19　房地产业增加值与 GDP 的关系

每次经济增长遭遇困境时（如亚洲金融危机、世界经济危机等），房地产业就会凸显作用，中国房地产开发投资就会加速增长，占固定资产投资、GDP 的比例不断上升。房地产开发投资是在一定时期内，房地产开发公司、商品房建设公司及其他房地产开发法人单位和附属于其他法人单位实际从事房地产开发或经营活动的单

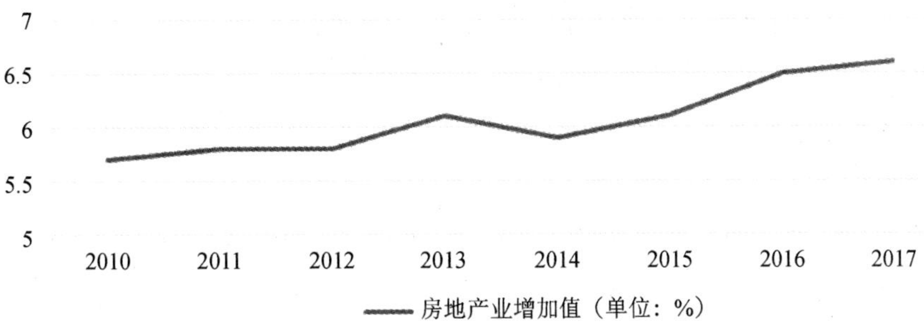

图 8－20　房地产业增加值对 GDP 的贡献

位统一开发的包括统代建、拆迁还建的住宅、厂房、仓库、饭店、宾馆、度假村、写字楼、办公楼等房屋建筑物和配套的服务设施，土地开发工程（如道路、给水、排水、供电、供热、通信、平整场地等基础设施工程）的投资完成额，不包括单纯的土地交易活动完成额。如图 8－21 所示，当全球经济在 2007—2011 年出现全球性经济危机时，中国经济也受到较大冲击，但房地产业作为国民经济的支柱性产业，房地产开发投资在此阶段相比于其他阶段上升趋势明显，很好地拉动了国民经济的增长。特别是房地产开发住宅投资的增长起到了重要的推动作用。

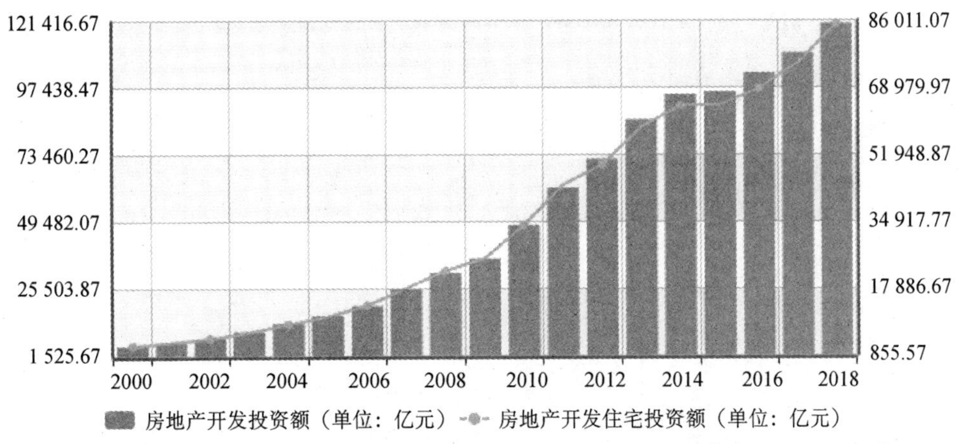

图 8－21　房地产开发投资额和房地产开发住宅投资额

固定资产投资是建造和购置固定资产的经济活动，即固定资产再生产活动。固定资产再生产过程包括固定资产更新（局部和全部更新）、改建、扩建、新建等活动。按照现行统计制度规定，全社会固定资产投资包括基本建设、更新改造、国有单位其他投资、城镇集体经济单位投资、房地产开发投资、零星固定资产投资，城镇私营、个体经济投资，城镇和工矿区私人建房投资和农村固定资产投资。可见房地产业全社会固定资产投资是全社会固定资产投资的重要组成部分，在一定程度上可以代表房地产开发投资的经营程度。如图 8－22 和图 8－23 所示，房地产业全社会固定资产投资的变化趋势和全社会固定资产投资的变化趋势相同，2008—2011 年两者对于经济危机表现出较强的应对能力，增速都比较快。而且房地产业全社会固定资产投资占全社会固定资产投资的比例呈现比例上升的趋势。可见，固定资产投资对经济的发展表现出巨大的推动作用。

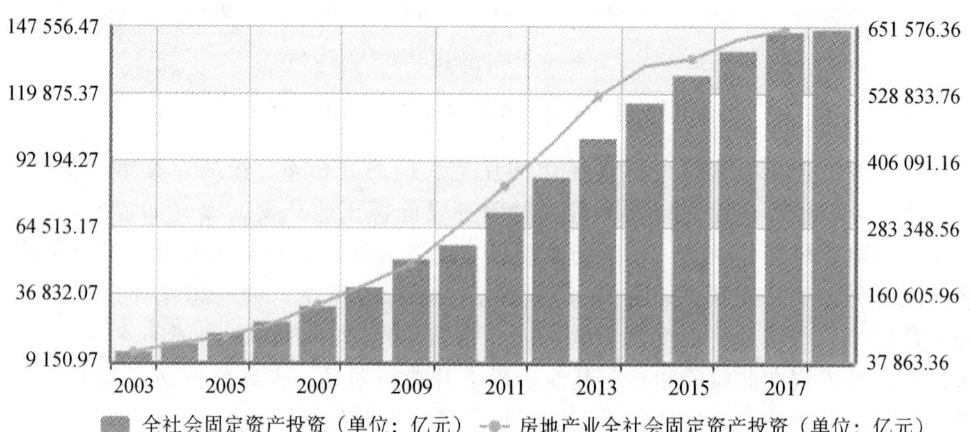

图 8－22　全社会固定资产投资和房地产业全社会固定资产投资

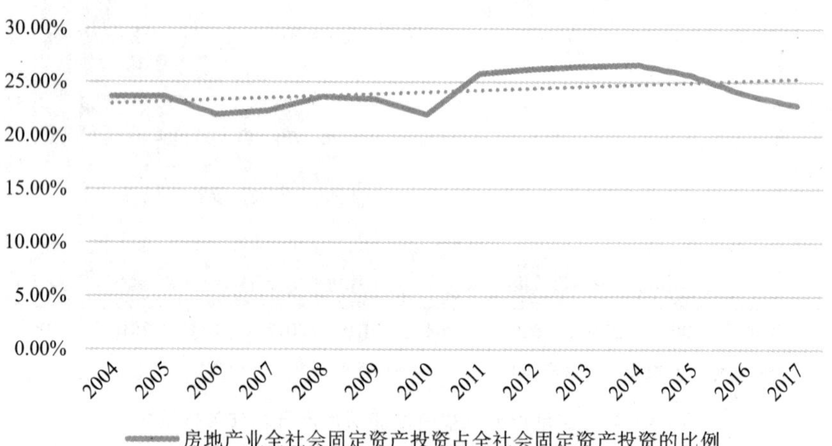

图 8－23　房地产业全社会固定资产投资和房地产业全社会固定资产投资比例

不改变 GDP 增长优先战略，整个经济的粗放发展模式仍会持续，经济结构优化升级的任务就难以完成，经济发展新动能就不能形成；不改变房地产业的产业定位，房地产业粗放发展的状态也不会改变，房地产市场炒卖之风盛行，住房租赁市场始终难以得到重视，资源会依然维持现有的分配格局，租赁市场也就难以得到长足发展。改变房地产业的产业定位，就是回归房地产业的服务性质、住宅产业的民生属性，从根本上来讲，是让政府回归在住房保障中的主导性责任。事实上，随着中央关于新时代高质量发展战略的确定，住宅市场供求总量已相对平衡，主要是结构矛盾。住宅市场需求出现了一些新动向（人口流动、各类租赁需求出现或增加），住房租赁市场的发展面临一个巨大的机遇：政府更关注民生，住房市场更注重公平分配，而作为覆盖面更广、更具民生属性的住房租赁市场必然成为当前甚至一个不短的时期内重点关注的领域，租赁经营方式会与销售方式一样重要，引起各类主体的注意并越来越多地被加以运用。

二、政府更偏向购买市场的发展和规范而忽视租赁市场的培育和支持

政府对销售市场和租赁市场的态度差异主要是市场供应、市场需求、市场规则三个方面。出台的各项政策以及由此引导的资源的流向，大多是住房销售市场而非租赁市场。

（一）市场供应方面

（1）大力鼓励房地产开发公司的经营方式可以有租有售，但以开发销售为主（直至2009年），租赁业务几乎可以忽略。如图8－24所示，对于典型的房地产开发公司（万科A）来说，其投资性房地产在2011年以后呈现直线上升的上涨趋势。投资性房地产作为房地产开发公司的一项主要收入来源，是指为赚取租金或资本增值（房地产买卖的差价），或两者兼有而持有的房地产。投资性房地产应当能够单独计量和出售。可见，租赁业务在2011年之前并未引起公司的重视，但在2011年以后，企业开始重视租赁市场的发展，并且开始呈现直线上升的趋势。

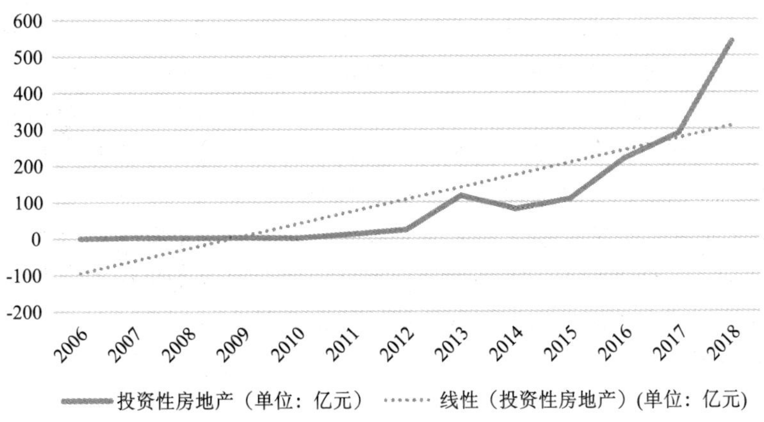

图8－24　投资性房地产

而从事租赁的有两类，一是散户居民，二是房地产中介公司，而中介更多是以买卖业务为主。搜房网（FANG. COM）作为典型的房地产中介公司，是全球最大的房地产家居网络平台，一直引领新房、二手房、租房、家居、房地产研究等领域的互联网创新，在PC及移动领域均处于绝对领先的地位。根据DCCI第三方数据显示，2014年搜房网PC平台用户浏览量和独立访客数始终以较大优势领先，位居第一。搜房网房天下APP是中国最大的房地产移动应用平台。截至2015年1月，PC及移动平台月度活跃用户数8 200多万。搜房网拥有4 200多万对买房、卖房、装修有强烈需求的注册用户，近2 000万准购房意向的搜房卡会员。如图8－25所示，搜房网主营收入在2009年出现典型的转折点，并快速上升。在2009年之前上升趋势比较缓慢，主要原因在于政府还不够重视租赁市场的发展，租赁市场还不够成熟。在2016年以后，公司的主营收入出现了下滑，主要原因在于政府发布了一系列对楼市的宏观调控政策，楼市成交量低影响了房地产中介公司的主营业务，使得房地产中介公司的日子变得举步维艰。

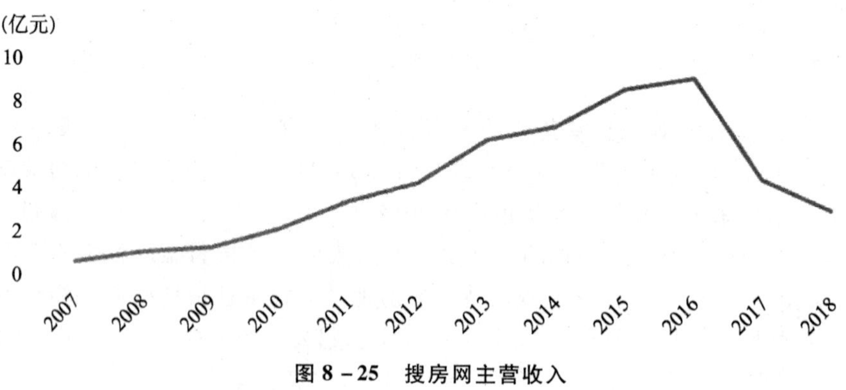

图8－25　搜房网主营收入

（2）中国特色的房地产金融市场决定了其更适合住房销售市场的大增长而非租赁市场的发展。金融机构更多的是面向销售市场的以商业银行的短期开发贷款为主的间接融资，而面向租赁市场的金融支持很少。从全国房地产住宅市场的金融支持来看，房地产市场的资金来源有很多，如外资、自筹资金和个人按揭贷款等，其中国内贷款反映了房地产企业来自金融支持的力度。

从图8－26可以看出，房地产开发企业国内贷款数额整体上呈现上升趋势，个别年份会有下降，但下降力度不是很大，可见国内金融对于房地产企业运营在资金支持方面起到了很大作用。国内贷款数额增加说明政府对于房地产的重视和支持程度呈现递增趋势。

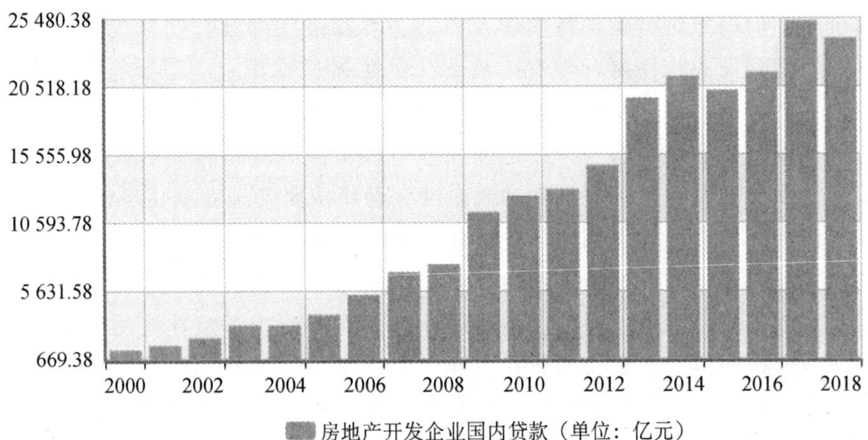

图 8－26　房地产开发企业国内贷款

从图 8－27 中 35 个大中型城市东中西部的国内贷款数额来看，东部地区的贷款数额明显高于中部和西部，中部和西部的贷款数额差别不是很大，主要原因在于东部的一些城市主要是一些经济发展比较良好的城市，住宅市场对当地的经济拉动作用很大，当地的银行机构对于房地产企业贷款的限制也比较少，而且随着经济的发展，房地产起到的作用也越来越重要，因此当地的银行机构对于房地产企业的扶持力度也大大加强。

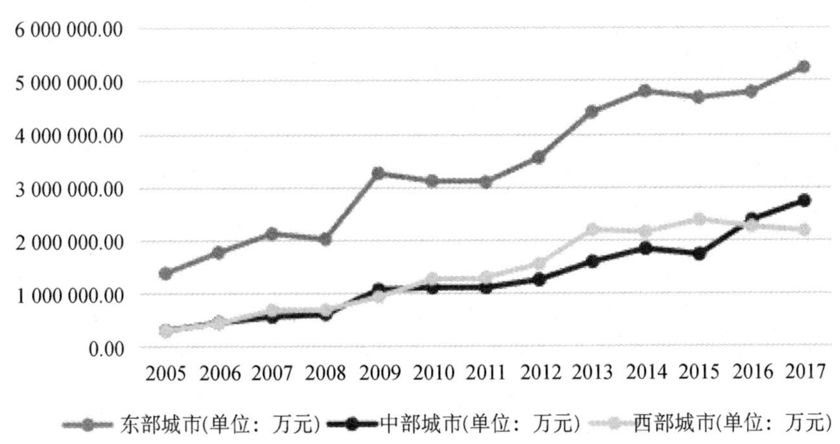

图 8－27　东中西部银行贷款平均数

但对于租赁市场的发展来说，租赁市场无用地来源、无金融支持，少量单位租房和大量散户以存量多余住房出租主要体现在以下方面：

第一是金融支持住房租赁市场缺乏明确的定位。虽然当前金融机构积极探索住房租赁金融，但国家对金融支持的切入点、边界和范围都没有明确规定，也没有提出具体的目标和任务，使得金融支持缺乏针对性和有效性。一是参与住房租赁的金融机构单一。目前，各地实质性参与住房租赁市场的金融机构主要为四大国有行及国开行等，鲜有中小银行参与。二是开发性、政策性金融是否能够支持住房租赁尚存争议。例如，湖北省要求开发性和政策性金融机构要安排专项住房租赁贷款额度，而浙江省认为开发性金融机构向商业性住房租赁项目提供信贷支持偏离了开发性金融定位，并且叫停了国开行拟支持的杭州首宗只租不售住房租赁项目贷款。三是住房租赁类贷款归属不合理。目前，金融统计上还没有明确界定住房租赁金融的概念和归属，金融机构将此类贷款归属在房地产贷款项下，而我国银行对房地产贷款准入门槛较高，使得低收益住房租赁项目与商业性房地产项目面对同等竞争条件，面临着较高的授信条件和融资成本。

第二是住房租赁土地融资供需矛盾突出。各地纷纷拿出专项土地、集体建设用地用于纯租赁住房建设，地价也较低，但相对于住房租赁项目回收周期长、收益低的特点，拍地成本仍旧很高。以上海市出让的 17 块纯租赁用地为例，土地成本占整个项目投资的 30% 以上。我国现行法律法规规定，银行贷款、信托资金、资本市场融资、资管计划、保险资金等均不得用于缴付土地竞买保证金、定金及后续土地出让价款，必须全部为合规的自有资金。因此，各地纯租赁地块的拿地企业均是以自有资金支付土地出让金，面临着较大的资金压力，特别是集中拿地的住房租赁企业。这在一定程度上制约了市场主体参与住房租赁建设的积极性。

第三是住房租赁抵押担保难。我国金融体系倾向于采取抵押担保方式对融资进行增信保障，但各地明确规定纯租赁地块 70 年土地使用期内只能用于租赁，不能单独销售，租赁土地作为不动产不能用于抵押担保。而对按一定比例配建的租赁住房项目，各地在土地出让合同中也明确规定自持房产须作为单一产权进行不动产登记，不得分割登记，不得转让，不得抵押。对于转租模式的轻资产长租公寓，由于对房屋没有所有权，更是无法提供抵押资产。目前我国住房租赁的租金收益比较低，以现行的租金收入测算，除个别一线城市外，多数城市自建自持模式的租金收入无法覆盖融资成本，以未来租金收入作为质押的实际意义并不大，仅作为补充增信手段。抵押担保物的缺乏，加上租金收入低及对未来租金收入预测的不确定性，使得金融机构在提供融资时不得不寻求股东担保及其他不动产抵押，这也给租赁住房价值衡量带来一定困难。

第四是内外因素导致住房租赁项目不符合基本融资条件。目前，住房租赁相关配套政策的实施细则缺失，使得住房租赁主体无法达到融资的基本条件。一是无消防认定标准，“商改租”“工改租”是各地发展的重点，但改建后需要进行二次消防认定，而我国尚未出台专门针对租赁住房的消防标准，消防部门不予认定，即使是新建、配建的租赁住房在消防验收时也面临着无法可依的困境。二是住房租赁项目难以取得“四证”。“四证”指的是国有土地使用证、建设用地规划许可证、建设工程规划许可证、建设工地施工许可证，需要发展改革委、国土资源部、住房和城市建设部等多部门审批，由于缺乏具体审批操作程序，住房租赁项目短期内难以获取“四证”，甚至无法取得“四证”。三是住房租赁企业自身实力偏弱，各地新建住房租赁项目自有资本金普遍不高，民营企业刚满足 20% 的基本条件，个别国有企业和平台甚至达不到 20%，而且在注册资本金方面同样面临着问题。

第五是住房租赁资产证券化仍面临税收等诸多障碍。从住房租赁的特点来看，银行贷款能够较好地解决住房租赁短中期的融资需求，但长期融资需求最好的对接方式还是资产证券化。目前，我国不管是银行市场还是交易所市场，住房租赁资产证券化产品债性较强，属“明股实债”，而以租金收益为底层资产的证券化产品，其收益也很难达到投资者的预期，资金结构设计往往引入不合理条款，短期利润导向明显，易导致物业运营商没有动力去改善相关物业管理，无助于当前做深做活住房租赁市场。从盘活存量资产，提高资金循环使用及建立住房租赁市场退出机制来看，REITs 是发展的方向，也是当前鼓励的重点。虽然证监会出台了《关于推进住房租赁资产证券化相关工作的通知》，对住房租赁资产证券化的相关程序进行了优化完善，但当前发展权益型 REITs 仍面临一系列的问题和障碍，主要表现为缺乏 REITs 方面的法律法规，在准入条件、组织形式、治理结构、分红比例、投资门槛以及关联方的责任方面都没有明确的规定，导致 REITs 大规模有序发展受限；同时 REITs 的融资成本较高，特别是税收负担较重，尤其是资产重组时土地增值税过高，而且企业和投资人的所得税不能减免。

第六是金融支持住房租赁存在风险。由于目前我国尚没有金融支持住房租赁的规范性政策，在当前房地产市场调控背景下，房地产企业纷纷转向住房租赁市场，虽有看好租赁市场、提前布局的因素，但更多的是以住房租赁之名、行房地产融资之实，以缓解资金压力。而对于配建租赁住房的房地产项目，在实际建设过程中，很难做到租赁与非租赁之间资金的绝对封闭、隔离，资金监管更是难上加难，存在金融资源违规流入高风险项目及房地产市场的风险；部分房产中介、长租公寓还与网贷公司合作，违规向租户发放分期租房贷，盲目拓展业务规模或投资其他高风险项目。同时，各地目前住房租赁扶持政策均为试行政策，金融机构普遍对贷款期限内的政策风向转变存在担忧。以上海市张江、嘉定租赁专用地项目为例，项目回收期预计 20—30 年，后续项目甚至会超过 30 年，如此长的期限，租金收益是否稳定、能否覆盖债务融资成本存在较大的不确定性。

关于住房租赁的财税、金融等方面的配套政策还未跟上，数据统计不完整、信息不透明，给相关政策的制定与执行带来一定的麻烦。相关工作缺乏监管，造成国家土地收益减少，影响到国家正常的税收。

所以相比于住房购买市场而言，租赁市场的发展得到的社会的支持力度还是比较小，所以租赁市场依然是政府在完善住房市场的过程中需要重点发展的对象。

(3) 销售用房源得到保障，而出租房源有限并因短期炒作而流失一部分。原有公房大多以销售形式为市民家庭所拥有，新建房因开发公司和金融市场的缘故而采用出售方式。二手房交易为获取差价利益而考虑进行出售而非出租。出租房源基本是被动形成的：已有存量房和不断由新建房转来的存量房，基本没有专门建成以供出租的房屋。即使是国家从 2017 年后专门安排了出租用房的建设用地，但目前比例太低，数量太少。

（二）市场需求

市场需求方面主要来自两个方面：一是意愿，二是支付能力。

(1) 首先从居民的购买意愿来说，房屋所有权、国有土地使用权等相关产权制度的建立和健全，巩固了居民对房屋产权拥有的期望，购买需求一直高涨。相对而言，对租赁者权益的界定和保护就显得严重不足，一是租购不同权，二是对作为弱势一方的租赁者的保护不足。租购不同权的现象导致居民购房倾向高于租房倾向。一些研究从传统置业习惯、房产税政策、房屋租赁交易政策等方面分析我国居民购房倾向高于租房倾向的原因。虽然我国居民购房倾向高于住房倾向有诸多原因，但根本原因是租购不同权，租购不同权导致国家对发展房屋租赁缺乏有效激励，这在很大程度上降低了居民的租房倾向。

第一是从落户的角度来讨论租购不同权的问题。我国存在严苛的户籍管理制度，历来国家关于推进户籍制度改革的方案中，都强调有合法稳定的住所才能在城市落户，购买房屋已成为取得当地户籍的最佳选择。而与居民息息相关的教育资源、医疗资源和社会福利体系都与户籍挂钩，没有户籍就无法平等地享受市民福利，这就让购房成为取得当地户籍的一道高门槛，而租房不能与当地居民均等地享受公共服务资源。这种租购不同权的制度安排极大地降低了居民的租房倾向。

第二是从教育资源的角度来分析我国租购不同权的现状。从古至今我国历来重视子女教育的问题，而优质教育资源是稀缺的，势必导致教育资源受到哄抢。通过购房才能落户的户籍制度，将房屋产权和教育资源牢牢地捆绑在一起，尤其是北上广深之类的大城市，有限的名校教育资源无法满足巨大的需求量，购房成为子女接受优质教育的唯一渠道，这也使得即使名校学区房被炒成天价，也依然有许多家庭趋之若鹜、竞相购买，这进一步影响房地产市场环境。而没有在城市取得户籍的租房家庭，子女上学面临许多困难，或者上不了好的学校，或承担很高的额外费用，甚至无法取得入学资格。这种状况大大提升了居民的购房意向，而大大地降低了居民的租房意向。

第三是从医疗资源的角度看，我国居民享受的医疗服务资源依然和户籍挂钩，特别是在大城市，买房落户才可享受当地的优质医疗资源。长期以来，没有在当地取得户籍的租房家庭无法在其居住的辖区内均等地享受医疗服务，承租人若要享受均等的医疗服务资源，便需要支付更高昂的相关医疗费用，更加重了租房家庭的经济压力。这种因租房和购房差别导致的医疗服务的不同权，也降低了居民的购房倾向。

在我国当前关于租赁市场的法律法规中，有关的法律法规建设体系还不够健全以及住房租赁市场管理的法律依据在一定程度上会损坏租户的合法权益，从而不利于租赁市场的健康发展。具体体现在以下几个方面：

第一是法律法规建设体系有待健全。国外针对住房租赁的立法形式主要有两种，一是以单行法的形式规范住房租赁，二是在民法典中以一节或一章规范住房租赁。而我国的《合同法》及相关法律并未严格区分住房租赁与其他租赁形式，导致有关规定缺乏针对性，在实践中遭遇了一系列难题。《城市房地产管理法》等法律法规涉及有关房屋租赁相关问题的规定，但仍不适应我国住房租赁实践的发展，需进一步对住房租赁法律制度进行完善。

第二是住房租赁市场管理的法律依据不足。住房租赁虽是民事债权关系，但又是房地产市场的重要组成部分，大量孤立的住房民事租赁行为，构成了住房租赁市场。为维护市场规范，促进其健康发展，就需要相应的管理，如果过于强调租赁的司法行为，减少行政干预，将会影响房屋租赁市场的发展。目前，《房屋租赁条例》赋予管理部门的管理权限仅限于房屋租赁的客体方面，对于房屋租赁的主体管理和行为管理都未涉及。面对目前市场暴露出的许多问题和矛盾，管理部门无法直接介入，即使介入也缺乏有效的管理抓手。

在住房租赁中，由于双方当事人在经济实力、市场地位、合同利益等方面具有明显的不对等性，在客观上需要法律对承租人的利益给予适度倾斜性保护。这些主要涉及以下方面：一是租赁期限问题。法律对承租权保护的一个重要方面是居住的稳定性，需要对住房租赁合同终止进行规定，主要包括出租人的解除权、承租人的解除权、合同终止的效力等。例如，在出租人希望长期租住的情况下，是否要规定最短的合同期限？又如出租人收回住房的正当理由问题。二是租赁价格调整问题。租金控制是许多国家保护承租权的一个重要手段，一些国家对租金提高的水平进行了较详细的规定，我国在这方面还没实践。三是“买卖不破租”问题。在现有的法律中，对此虽已有明确规定，但在实践中住房的“买卖破租”现象却时常发生，因此，需要进一步完善相关法规，丰富这一项制度。四是优先承租权问题。关于优先承租权是否应该定位为法定权利，一直存在着争议。一种观点是“法定权利说”，认为优先承租权应是承租人的一项法定权利；另一种观点是“立法留白说”，认为优先承租权并非承租人的法定权利，而是一项约定权利，只有当租赁合同中有明确约定时，承租人才享有此项权利。五是优先购买权。实践中，民商法学在社会学的影响下，加强了对社会弱者的保护。优先购买权具有两大基本价值。一为秩序价值。先买权与时效制度一样，都是在一定程度上承认既存的社会关系，以稳定社会生活秩序。二为效率价值。先买权有利于最大限度地发挥物质财富的经济效益。虽然承租人优先购买权已被许多国家确立为一项民事制度，但承租人的优先购买权在我国如何设置还是需要进一步讨论的问题。这些都使租赁需求的潜力受到极大抑制，完全不能适应新时代经济社会发展的要求。这会进一步扭曲购买需求和租赁需求之间的关系，并拉大两者之间的差距。

（2）在支付能力方面，随着经济社会发展、国民收入提高，居民支付能力不断增强。截至 2018 年出台的鼓励住房消费的金融和财政政策，基本是支持提高购买能力或提高房价的支付能力，基本没有出台大力扶植租赁支付能力的相关政策。例如，2008 年央行在百日内连续 5 次降息，在行业分析师看来，房地产行业可能是这一轮政策调整的最大受益者：一是央行的减息明显降低了房地产企业的财务成本，特别是部分负债较高的房地产企业；二是有助于减轻购房者负担，间接提高市场购买力；三是存款准备金率的下调，银行可支配资金更多，使得企业贷款相对容易。2012 年，住建部启动的全国 40 个城市的个人住房信息系统的建设工作预计在 2012 年底前完成，这 40 个城市包括省会城市、计划单列城市以及一批大型的地级市；四大行首套房贷利率降到基准线等。这些政策都在一定程度上提高了居民对住房的支付能力和购买能力。而对于租赁市场国家基本没有出台大力扶植提高租赁支付能力的相关政策。

（三）市场规则方面

相关规则散见于《民法总则》《物权法》《合同法》《城市房地产管理法》等，但大多是低层级的行政规章以及针对住房租赁市场中出现的问题而颁发的规范性文件，虽然能发挥一定的作用，但因缺乏系统的、权威性的指导和规范。任由住房租赁市场自发运行，从长期来看存在无章可循、秩序混乱等痼疾；一旦鼓励租赁市场迅速发展而相关制度建设滞后，就更容易引发一系列问题的出现。如杭州 1 家名为鼎家的长租公寓公司宣布破产，既不能支付房租，也无法退还押金，约有 4 000 户租客受损。近年来，“长租公寓 + 租房贷” 模式被业内视为重大创新，在这一模式中，房东和租客不直接发生联系，平台引入银行将整个租房业务变成金融产品。首先，房东和平台之间是租赁关系，房东将房子直接出租给平台；其次平台和租客之间是转租关系，平台收集到房源后，统一布置，再转租给租客；最后，租客和银行建立租房贷款的借贷关系，租客向银行申请贷款，银行将贷款一次性直接发放给平台，作为租客在租房期限内的租金，而租客承担向银行还贷的义务。

为了推行这种模式业务，平台往往以高于市场的租金价格来吸引房东投放房源，以信用贷来吸引租客办理租房贷款，而银行一次性支付给平台的租房贷款，除去平台每月支付给房东的租金后，剩余的全部沉淀在平台。表面上看这似乎是一个三赢模式，但是实际上由于目前房产价格高企，国内住房租赁的回报并不高，尚不足以支撑盈利，平台如果没有充足的资本作为持久保证，一旦现金流出现问题，就无法向房东支付租金，甚至会挪用收到的租房贷款。而房东一旦收不到租金，按照最高法相关解释规定，可以要求租客腾退并收回房子，而租客租赁的房子即使被收回，也必须继续向银行归还贷款。这样看来，在这个模式的三方关系中，租客处于最不利的劣势地位。

三、传统文化观念的影响导致租赁市场落后于购买市场

住房不动产是指依自然性质或法律规定不可移动的土地、土地定着物、与土地尚未脱离的土地生成物、因自然或者人力添附于土地并且不能分离的其他物。住房不动产具有自然特性和社会经济特性。

（一）自然特性：体现了不动产作为自然物的特性

（1）不可移动性，又称位置固定性，即地理位置固定。

（2）个别性，也称独特性、异质性、独一无二，包括位置差异、利用程度差异、权利差异。

（3）耐久性，又称寿命长久，土地不因使用或放置而损耗、毁灭，且增值。我国土地有使用年限。

（4）是数量有限性，又称供给有限，土地总量固定有限，经济供给有弹性。

（二）社会经济特性：体现人们之间的社会关系和不动产景气循环经济关系的特性

（1）价值量大，与一般物品相比，不动产不仅单价高，而且总价大。

（2）用途多样性，也称用途的竞争、转化及并存的可能性，主要指空地所具有的特性。从经济角度看，土地利用的优先顺序为商业、办公、居住、工业、耕地、牧场、放牧地、森林、不毛荒地。

（3）涉及广泛性，又称相互影响。不动产涉及社会多方面，容易对外界产生影响。这在经济学中被称为外部性，分为正的外部性、负的外部性。

（4）权益受限性，由涉及广泛性引起。政府主要通过设置管制权、征收权、征

税权和充公权四种特权进行管理。

（5）难以变现性，也称为变现力弱、流动性差，主要由价值高、不可移动、易受限制性等造成。影响变现的因素主要有不动产的通用性、独立使用性、价值量、可分割性、开发程度、区位市场状况等。

（6）保值增值性，增值是指不动产价值随着时间推移而增加。保值是指不动产能抵御通货膨胀。

在古代的农耕文化里，人们是以定居形式参与劳动耕种的，因此，人们的住宅是不可移动的。当然农耕文化中的定居，又因不同的地形风貌、民风民俗而呈现出多样化的特点。古代传统观念强调“有土斯有才”和“恒产者有恒心，无恒产者无恒心”。“有土斯有才”意思是说，一个人有了自己的土地或者房产，才算是真正拥有了财富。“恒产者有恒心，无恒产者无恒心”的意思是说有一定财产收入的人，才有一定的道德观念和行为准则，没有一定财产收入的人，便不会有一定的道德观念和行为准则。可见古代传统观念尚处于将有家等同于有房的层次，一个家庭有房就会安稳，一个新婚家庭有房就会长久，都表明一种对奔波的排斥。传统文化有一定的合理性，但忽略了更多精神层面的追求，并未考虑到有更多元的能带来稳定预期的选择。在当今社会，租购同权当然是一种选择，同时也需要更强有力的社会保障，更多元化的投资渠道等。

四、租买失衡导致整个房地产市场失调进而加剧租买市场失衡

住房租赁市场发展不充分，与住房购买市场之间的差距在很长一段时期内越来越大，整个住房市场几乎等同于住房购买市场，难以发挥房地产市场机制的作用，也就难以在整个国民经济运行中合理地调配房屋空间资源。

（一）市场覆盖范围有限

在住房市场上政府为了更好地保障中低收入家庭的购房需求，特意为中低收入住房困难家庭提供限定标准、限定价格或租金的保障性住房，一般由廉租住房、经济适用住房、政策性租赁住房、定向安置房等构成。但总有部分支付能力不太强但是又不符合廉租房保障资格的群体在住房市场上处于尴尬境地，要么选择超出其经济能力举债购房，要么选择租屋居住。

（二）租赁市场发展不足

租赁市场发展不足会将部分需求“挤向”购买市场，导致住房购买市场需求过旺，供求更加紧张，房价居高不下，针对房价的调控政策也不会有太大效果。房地

产租售市场发展不均衡源于缺乏对房地产市场规律的正确认识，房地产业改革目标缺乏系统性和前瞻性。房地产市场的均衡主要源于价格均衡，而价格失衡的主要原因在于供求关系的失衡。从短期来看房地产的需求比供给更具有动态性，在供求均衡条件下如果需求突然增加，供给却不能相应增加，则价格上升；如果需求突然下降，过多的供给不可能转移到其他地区，则房地产价格下降。因此在短期内，对需求的合理调控才是政府应该努力的方向，面对具有弹性的住房需求，如果住房租赁市场发展滞后，必然会造成住房租赁市场的需求下降，下降的需求会转移到住房购买市场，从而造成住房价格的上涨，则针对房价的调控政策不会有太大效果。因此政府怎样制定政策来应对才是政府应该努力的方向。政府在住宅市场运行的过程中，过多地注重住宅购买市场的发展而忽略了租赁市场的发展，而购买市场住房价格的急剧上涨抑制了居民的购房需求，这不利于住房市场的发展。住房租赁市场本可以解决一大部分居民的住房需求，但是政府在调控住房租赁市场时，忽略了此市场内部各种复杂的问题，从而导致住房租赁市场并没有向政府预期的方向发展解决问题。

（三）房地产市场的重要指标价租比失去了调配资源的导向性作用

购买市场发展过快，租赁市场发展滞后，两者之间不能在居住偏好和支付能力上各负其责，并随着经济社会发展走向稳定、成熟而逐渐形成可预期的比价关系，从而不能对市场各类主体的居住需求进行指示、参考和疏导，整个住房市场也无法在两个子市场的动态交互中进行良性运行。在我国各种各样的产业中，房地产行业作为一个比较特殊的产业部门，是国民经济的中流砥柱，对促进我国国民经济的可持续发展起到重要作用。现阶段，合理地、有规划性地发展房地产业，是未来经济发展的目标，旨在让房地产经济与国民经济协调发展，如果背道而驰，则不利于我国国民经济的发展。从 1998 年中国住房制度改革以来，政府的房地产政策更多的是鼓励居民购买商品住房。根据浙江大学不动产研究中心的调查，2009 年以来国内城市居民有七成以上的人购买了住房。目前全国 40 个省会及重点城市居民的住房拥有率都在 70% 以上，居民住房拥有率最高的城市是长沙，达到了 90% 以上。三、四线城市居民住房拥有率所占的比例比这 40 个城市的比例更高。国内居民的商品住房拥有率如此之高，尽管造就了国内商品住房市场空前的繁荣与发展，也是这些年中国经济增长的最大动力，但随着国内一、二线城市房价快速飙升，中低收入居民根本没有支付能力进入商品住房市场。对于这些城市的中低收入居民来说，基本居住需求的矛盾与问题越来越严重。所以，政府过度重视购买市场的发展而忽略租赁市场的发展造成的后果是中低收入群体的住房需求得不到满足，从而更不利于国民经济的进一步发展。

第四节　改善住房租赁市场与住房购买市场关系的政策建议

我国住房租赁市场与购买市场之间存在严重的不平衡、不协调问题，要解决这些问题，比较复杂。有些问题可以对症下药，会取得立竿见影的效果；但有些问题是在较长时间里不断累积而形成的，解决起来耗时费力。有些问题属于机制性的，只要对机制稍作修正或改进，就可以改变局面；有些问题则属于体制性的，没有自上而下的谋划、贯彻到底的决心和耐心的坚持，就不会实现预期目标。这就要求针对主要矛盾，制订方略计划，分阶段、有序地解决问题。简而言之，住房租赁市场与购买市场之间的不平衡是住房市场始终面临的一个问题，需要依据当时的态势调整。在短期内，主要解决住房租赁市场发展不充分、严重滞后于购买市场的问题；长期内，则主要解决住房租赁市场疏离于购买市场、与购买市场不协调的问题。

一、近期政策建议

（一）坚持落实政府主体责任，坚定住房居住属性

坚定住房居住属性，也就是坚持“房住不炒”的定位。近年来，投机现象的存在严重影响了住房市场的发展。坚持“房住不炒”即不会让住房产业承担额外的推动经济增长的重担，也就不会在产业定位属性上摇摆，也就不会存在只重销售市场而轻视租赁市场问题。重视销售市场的真正原因其实就是人们所要求的房屋居住属性的存在，而住房市场要发展就不可能让住房购买市场承担所有的提供住房的功能。社会中大多数的流动人口还是以租赁形式来获得住房，能够不负债买得起房子的人还在少数。因此租赁市场提供的住房应该成为人们普遍接受的住房形式。因此我们要保持以租赁市场为基础，坚持发展租赁市场的思想不动摇。具体措施可以从以下几个方面入手。

（1）针对居民普遍倾向于购房而不是租房，倡导和树立住房梯度消费观念对于改变当前住房消费观的认识偏差具有重要意义。住房梯度消费就是，要根据家庭和个人实际的经济能力和客观需要渐进地分阶段选择住房的消费形式和消费水平。对大多数中低收入家庭而言，由于经济能力有限，可以先选择承租住房，待收入增加、经济状况得到改善后，再购买面积小点或旧点的住房，进而以小房换大房，旧房换新房，分阶段改善居住条件。中高收入者购买新房的行为会拉动收入稍微低些的群

体接着买中高收入者售出的旧房，这样可以一直带动到低收入者也可以承租中低收入者腾出的旧房，从而社会各阶层的住房条件都得到改善。这种住房梯度消费符合目前我国居民的收入状况，而不致于出现背负长期债务的“房奴”。

（2）住房租赁市场的完善能够满足一大部分人的住房需求，减轻人们的经济压力，提升人们的幸福感。为达到这一要求，最重要的是政府要稳定房租水平。各个城市的租金水平存在差异，这和当地的经济发展水平有很大的关系，在一些经济发展水平良好的地区，还存在着大量的出租房屋的承租者出于投机心理而哄抬房租。因此，政府应该制定政策使各地的房租水平符合当地的经济发展水平，并且要制定政策防止投机现象发生，以防房租出现大幅度的偏离，从而加重人们的经济负担。

（3）为保证房地产市场的健康运行，党和国家还要在中国房地产购买市场和租赁市场采取一定程度的创新和保障措施。创新措施可以在住宅方面满足个人的情感需求，如建设公共厨房和小区聊天吧等相关设施从而提升人们的幸福感。此外，为保障一些弱势群体的生活和对国家有特殊奉献的群体，可以提供多层次的社会性保障住房，从而在很大程度上保障他们的生活。

（二）发挥政府的支持和引导作用，多方面扶持住房租赁市场的快速发展

由于政府在发展住房市场的前期过程中忽略了房地产租赁市场的发展，也影响了国民经济的发展，因此房地产租赁市场的发展应是政府重点关注的对象。为了繁荣住房租赁市场，我们可以从如下几个方面考虑。

1. 加快培育住房租赁市场机构主体

（1）培育住房租赁企业。引导房地产企业、中介机构积极开展有关住房租赁系列的业务，发展专业化、机构化、系统化的住房租赁企业，形成租赁市场大、中、小企业协同发展的良好格局。

（2）引导房地产企业开展住房租赁业务。引导房地产企业从单一的卖房模式转变为租售并举的经营模式，增加市场租赁住房供给。

（3）规范发展住房租赁中介机构。充分发挥中介机构数量多、覆盖广、信息流密集等优势，为租赁市场提供规范的中介服务。

（4）支持和规范个人出租住房。鼓励个人将符合安全要求、满足基本使用功能的自有住房依法自行出租，或委托中介机构等出租。

2. 加快转变住房消费理念

（1）完善住房租赁支持政策。对依法登记备案的住房租赁企业、机构和个人，给予税收优惠政策；支持住房公积金增值收益用于发放租赁补贴；引导城镇居民通过租房解决居住问题，应探索通过合法租房享受教育、医疗等基本公共服务。

（2）保障租赁主体权益。在租赁合同期限内，原住房人无正当理由不得随意解除、变更合同，不得单方面提高租金，不得随意克扣押金。

（3）引导全社会形成资源节约型的住房消费理念。不要过度重视住房的投资价值甚至是投机价值，积极倡导“长租即长住、长住即安家”的住房新理念，让租房成为承租人享受美好生活的新开始。要做到这点，市场要回归到居住消费功能上来。在这个前提下，政府要加大财政投入，通过相应制度安排保证财政投入的有效性、租赁性住房分配的公正性、租赁住房市场运作的市场化，以及绝对保障租赁者的利益。除了公共租赁住房之外，对住房市场的价格管制是必要的。这既需要对租客利益绝对保障的制度安排，也需要将住房租金限制在租客收入中位数的30%水平之内。对于市场流行的“租金贷”，政府必须坚决取缔。

（4）提供金融支持。金融机构应根据住房租赁企业项目的实际情况，针对住房租赁项目发展新的金融产品和服务，拓宽住房租赁企业直接融资渠道，为租赁企业发行公司信用类债券及资产支持证券创造良好的市场环境。依据国外的经验来看，政府的积极支持与深度参与是政策性住房金融发展的前提，完善我国的租赁住房金融体系，需要在政府的主导下，建设住房租赁金融综合服务平台，既可以推介租赁住房的房源，又可以推介各类公司、个人住房租赁贷款等融资产品，为住房租赁市场供需主体提供便捷的住房租赁金融服务。

3. 增加租赁住房供给渠道

（1）盘活存量住房。鼓励住房租赁企业、专业房地产企业将闲置住房、库存商品住房等用作租赁房源。盘活城市闲置和低效利用土地，提高住房用地占比。

（2）允许改建房屋用于租赁。配套出台相关政策，允许将商业用房、写字楼、低效利用的国有厂等按规定改建为租赁住房。

（3）鼓励建设职工宿舍。鼓励有能力的工业园区企业利用自身园区闲置土地，与专业的住房租赁企业合作兴建职工宿舍。

4. 强化住房租赁市场监管

（1）加强对住房租赁市场日常动态的监督和管理。政府部门定期向社会公布有关住房租赁方面的最新信息，发布住房租赁指数的涨降幅度，正确引导住房租赁市场走向合理化、系统化。

（2）加快建设政府住房租赁交易平台。统一住房租赁合同示范文本，并在网上备案，实现租赁交易全流程监管；规范住房租赁交易流程，保障租赁双方的权益，特别是住房人的权益。

（3）合理指导住房租金价格，严控租赁价格大幅上涨。建立租赁住房价格信息平台，定期发布租金价格信息，为住房租赁双方当事人确定租金价格水平提供参考，从而减少市场信息的不对称性。

（三）尽快推出住房租赁相关法规

住房租赁在国外已发展成熟，我国于2000年已提出发展住房租赁市场，但是由于住房制度以及消费观念的不同，我国住房租赁市场自2000年《财政部、国家税务总局关于调整住房租赁市场税收政策的通知》提出以来，仍然处于起步阶段。近年来，随着城镇化进程的加快，城市住房压力不断增加，发展住房租赁市场刻不容缓，国家及各地方政府相继出台以下多项政策。

2016年《国务院办公厅关于加快培育和发展住房租赁市场的若干意见》（国办发〔2016〕39号），延续了新型城镇化和建立、完善购租并举之租房制度的政策框架，将住房租赁市场的发展视作推进供给侧结构性改革重点任务之有序化解商品房库存的重要手段。

2017年7月20日，住建部、国家发改委等九部委下发了《关于在人口净流入的大中城市加快发展住房租赁市场的通知》（建房〔2017〕153号），选取了广州、深圳、南京、杭州、成都等12个城市，首批开展住房租赁试点。

2017年8月3日，成都市城乡房产管理局发布《关于创新要素供给培育产业生态提升国家中心城市产业能级的人才安居工程的实施细则》，其中最引人注目的政策是“租住由政府提供的人才公寓满5年后，可申请按入住时的市场价格购买”。

2017年8月4日，成都市政府办公厅发布《成都市开展住房租赁试点工作的实施方案》，全面开展住房租赁试点工作，鼓励住房租赁消费。

2017年8月28日，国土资源部确定将在北京、上海、杭州、成都等13个城市开展试点，利用集体建设用地建设租赁住房。

成都市2017年9月土地拍卖市场中的人才公寓用地和竞自持政策，从土拍环节用实际行动响应号召。杭州市住房租赁监管平台于2017年9月29日上线等种种迹象表明住房供应已从“重售轻租”转向“租购并举”，推进房地产供给侧结构性改革和租赁住房市场发展。

因此，政府应在当前租赁市场相关法律制度的基础上对租赁制度进行一定的完善，以此来更好地保障住房租赁市场的健康发展。

二、远期政策建议

（一）继续坚持政府主体责任和房地产业定位，处理好政府与市场之间的关系

在住房租赁市场的发展过程中，政府向社会提供的保障住房由原来的廉租房和经济适用房转变为现在的公租房。政府在提供这些住房的过程中就难免会与市场提

供的住房发生冲突，但政府提供的这些住房又是扩大市场租赁规模的必要条件。因此，为了更好地促进市场和政府提供的这些住房在住房市场中发挥更大的作用，市场和政府要更协调地在住房市场中发挥作用。因此租赁市场与托底式保障关系的处理成为住房市场需要处理的焦点。

（1）加强住房体系的基础性制度建设。核心是处理好政府与市场的关系，要强化政府在立法、规划、体系建设、标准规范和监管等方面的职责，使市场在资源配置中起决定性作用。由于我们国家实行的是社会主义市场经济体制，那么应该让市场在资源配置中起基础性作用。发展房地产，必须依靠市场化的手段，通过价格机制、供求机制和竞争机制来实现房地产行业的帕累托最优。从 1998 年起，福利分房这种计划经济体制的产物便一去不复返，我们国家的房地产行业正式进入全市场化的轨道，房子终于有了商品的属性。经过 20 多年的发展，房地产行业取得了瞩目的成就，成为推动经济发展的支柱性产业，吸引了大量的劳动力，改善了城市居民的居住条件，促进了城市化的发展，培育了一批有影响力的大企业等。

在对整个房地产的调控中，市场机制和政府作用是相互渗透、相互促进的。当我们把房子看成商品时，市场机制发挥决定性作用，当我们把房子看成准商品时，政府作用占据主导地位。

（2）除继续在托底式的住房保障中发挥主导性作用外，结合国情，确定住房保障、住房租赁市场、住房购买市场之间的比例关系。保障房、住房租赁市场和住房供给市场的房源供给是房地产市场上最主要的供给主体，保障房主要是由国家提供，而住房租赁市场和住房购买市场的房源供给主要是由一些房地产开发商和私人用户提供，为了更好地保障房源的供应能够满足不同消费者的市场需求，一定要确定保障性住房、住房租赁市场和住房购买市场的比例关系，以确保房地产市场的健康发展。

（3）在住房租赁市场的运行上，主要由市场机制调节，政府管理的工作内容主要是立法、规划、体系建设、标准规范、监管等方面。政府作为房地产经济运行中的重要宏观调控力量，除了市场对房地产租赁市场的调节之外，政府也要做好重要的宏观调控。只有政府和市场的共同调节，才能保证房地产市场的正常运行。

（二）转变传统文化观念，倡导住房消费新理念

在传统文化里，住房文化尚处于将有家等同于有房的层次。传统文化有一定的合理性，但还需要有更多精神层面的追求，有更多元的能带来稳定预期的选择。在传统的意识形态里，租房和住房的概念是非常不一样的，人们更倾向于购买住房，租房是很少被选择的，租房者和购房者的权益是不对等的。在当今社会，只有让租房者和购房者享有同等的权益才能使住房市场得到健康的发展，才能更好地保障住

房市场中所有人的权益。因此，为了加快住房市场的发展，我们必须转变传统文化观念，转变传统文化的关键就在于倡导租购同权的新观念，让人们意识到购房人和租房人能够享受到同等权益。只有这样，才能促进租赁市场的发展。

但当前租购同权改革面临着很多问题，建议通过以下几方面对策促进租购同权。

1. 优化城市公共服务资源的配置，为租购同权改革的推进提供资源保障

目前社会上普遍存在的上学难、看病贵等问题正是由于公共服务资源的错配导致的，有效增加公共服务资源的供给，优化城市公共服务资源的配置能够为深入推进租购同权改革提供资源支撑。以教育资源为例，政府在发展公共教育资源的同时，鼓励民间教育资源进入市场，为民间教育机构提供与公立学校优质教育资源的对接窗口，适当给予民间教育机构政策倾斜，以此来达到增加教育资源有效供给目的。从医疗资源的角度考虑，给城市民间医疗机构提供技术支持和资金补贴，来不断完善医疗资源的配置，由此提供足够的公共服务资源，为租购同权政策的顺利实施提供资源保障。

2. 建立和完善居民房屋租赁信息系统

为落实房屋租赁政策、提供金融支持和有效监管房屋租赁交易行为提供信息保障。一是搭建以政府为主导、以大数据为支撑的居民房屋租赁信息系统，实现租房与购房在信息透明度上的同权，为落实房屋租赁政策提供信息保障。二是 2017 年底的中央经济工作会议提出要鼓励专业化与机构化住房租赁企业发展，目的是租赁企业发展形成规模后能将其信息平台纳入政府系统，从而拓宽政府有效监管租赁交易行为的范围；同时有了系统的信息保障，政府能够更科学合理地为促进房屋租赁企业发展提供相应的金融支持。

3. 要完善房屋租赁市场的法律法规体系，保护承租人的权益

加快住房租赁法律体系的整体立法进程，健全和完善房屋租赁市场的法律法规，以法律的形式明确保障承租人的权益。

为了更好地保护租赁权益的实现，我们要从多方面提出相应的对策。

（1）加强对住房租赁市场日常动态的监督和管理。政府部门定期向社会公布有关住房租赁方面的最新信息，发布住房租赁指数的涨降幅度，正确引导住房租赁市场走向合理化、系统化。

（2）加快建设政府住房租赁交易平台。统一住房租赁合同示范文本，并在网上备案，实现租赁交易全流程监管；规范住房租赁交易流程，保障租赁双方的权益，特别是承租人的权益。

（3）合理指导住房租金价格，严控租赁价格大幅上涨。建立租赁住房价格信息平台，定期发布租金价格信息，为住房租赁双方当事人确定租金价格水平提供参考，从而减少市场信息的不对称性。

（三）健全和完善住房租赁有关的法律制度，让住房租赁有法可依、有章可循

在当前住房市场的发展过程中，住房租赁市场法律制度的不健全势必会影响租赁市场的发展，进而影响房地产市场的发展。为了健全房地产租赁市场的发展，可以从如下几个方面考虑：

1. 要形成完整的国家与地方住房租赁法律法规体系确保住房租赁法规的专门化

对于住房租赁中一些主要问题，要通过全国性立法加以统一。对于具有地方差异性的具体问题，则无须统一加以规定，但可规定一些原则性要求，供各地立法参照，引导地方立法在因地制宜和确保灵活性的同时，能够保持适度的平衡和统一。这就要求住房租赁法规的专门化。例如，2017 年 8 月 3 日，成都市城乡房产管理局发布《关于创新要素供给培育产业生态提升国家中心城市产业能级的人才安居工程的实施细则》，其中最引人注目的政策是“租住由政府提供的人才公寓满 5 年后，可申请按入住时的市场价格购买”。2017 年 8 月 4 日，成都市政府办公厅发布《成都市开展住房租赁试点工作的实施方案》，全面开展住房租赁试点工作，鼓励住房租赁消费。这些和租赁市场相关的法规促进了一些地方租赁市场问题的解决。因此住房租赁法规的专门化有助于租赁市场的健康发展。

2. 要完善房屋租赁市场的法律法规体系，保护承租人的权益

政府可以借鉴德国、美国等发达国家在保护承租人权益方面的经验，一方面尽快出台《住房租赁法》，对具体的租金涨幅通过科学合理的调研，按地段、按面积、按质量等进行限制，同时对出租人随意解除租赁合约的行为进行严格管控，切实保障承租人的租房权益；另一方面要以立法的形式对承租人进行租金补贴，必须在承租人进行租赁登记备案取得相关部门提供的租赁证明后，政府按承租人收入情况给予不同等级的租房补贴，确保每个租房人都能住有所居，真正实现居者有其屋的住房目标。

3. 和住房租赁市场相关的法律法规应该合理化

从前期《住房租赁和销售管理条例（征求意见稿）》看，住房租赁与销售管理虽然都从属于住房市场的管理，但住房租赁是一个非常特殊的行为，对住房租赁的立法宗旨与销售管理的立法宗旨差异明显。销售管理主要是为了规范市场交易行为，是基于销售双方平等的经济地位考虑的。而住房租赁的立法宗旨更多是强调对承租人利益的特别保护。将两个不同宗旨的立法问题放到同一个法律文件中，可能产生框架难以合理设定的问题，因此，建议将两者分开立法。《住房租赁条例》可考虑单独立法。因此和住房租赁相关的法律法规应该合理化，面对不同宗旨的立法问题，应该从不同的方面加以考虑，单独立法。

现阶段，合理地、有规划性地发展房地产业是未来发展的目标，旨在让房地产

经济与国民经济相协调，如果两者背道而驰则不利于我国国民经济的发展。要做到这点，市场要回归到住房的居住消费功能上来。在这个前提下，政府要加大财政投入，通过相应制度安排保证财政投入的有效性、租赁性住房分配的公正性、租赁住房市场运作的市场化，以及绝对保证租赁者的利益。除了公共租赁住房之外，对住房市场的价格管制是必要的。这既需要对租客利益绝对保障的制度安排，也需要将住房租金限制在租客收入中位数的30%水平之内。对于市场流行的“租金贷”，政府必须坚决取缔。当前，国内住房租赁市场乱象四起的主要原因在于理论准备不足，从而无法把握市场的初始条件、本质特征、发展原则及核心问题。中国住房租赁市场的初始条件是，终极所有权缺位的土地产权制度、极高的居民住房拥有率、高房价、投资炒作为主导的市场、住房产权制度的复杂性等。这些是市场的现实基础，要制定适应市场的政策就得对其进行重大改革。住房租赁市场的本质及核心是保证中低收入者的基本居住条件以实现社会居民公平正义。

因此对于住房购买市场和租赁市场的发展，从短期来看，本章主要从回归本位、规模失衡、价租失衡等方面提出了建议；从长期来看，本章主要从体制问题、文化观念问题、长效保障机制等方面提出了建议。短期和长期建议的有效结合更有利于住房市场的繁荣和发展。

第九章

中国住房租赁市场与人口流动

第一节 人口流动背景下的中国住房租赁市场发展空间探讨

一、城镇化进程中产生的租赁需求

研究理论表明，随着生产力的发展和人们生活水平的提高，劳动力会在不同产业之间进行转移。不同地区发展阶段和资源特色的不同，地区内的产业结构会产生差异，并且产业地域空间分布的不均衡，地域内部就业结构和产业结构不匹配等因素都会使得就业人口转移。由于产业结构之间的差异必然带来收入的差异，人们为了获得更高的收入与更好的生活品质必然会选择向收入较高、就业机会较多、资源较为丰富的地区转移。人们经济性的迁移在一定程度上会促进城镇化的发展。改革开放以来，我国进入快速城市化的阶段，如图 9 - 1 所示，截至 2017 年底，城镇化率达到 58.52%，仍低于与我国人均收入相似发展中国家 60% 的发展水平，与发达国家 80% 的城镇化水平仍有一定距离。从目前发展情况来看，我国的城镇化率最近几年保持 2% 左右的增速进入城镇化发展平稳上升阶段。本文选取浙江、江苏、河南、湖北、四川和贵州代表不同的区域（如图 9 - 2），观察东中西 3 个区域的城镇化情况发现，东部省份城镇化水平较高，接近 70%，中部和西部区域相对落后，西部城镇化水平明显低于全国城镇化发展水平。城镇化的发展促进了人口在省际与省内跨城市流动。2005 年我国流动人口为 1.47 亿，截至 2017 年，我国流动人口为 2.44 亿，占全国总人口的 17.4%。从图 9 - 3 选取 2017 年代表城市观察流动人口数量可以看出（流动人口数量根据各城市统计年鉴中常住人口与户籍人口差值计算），东中西部地区对人口的吸引程度依次减弱，不同区域人口流入差距显著。东部城市代表中，上海市最具有人才吸引力，2017 年流动人口接近 1 000 万人；西部地区代表城市兰州，仅有 47 万流动人口，相差大约 21 倍，地区发展差距悬殊。一线城市明显比二线城市具有吸引力，北京、上海、深圳依旧是人们选择流入的首选城市；新一线城市中，苏州、武汉和天津由于近两年人才政策的作用，对人群的吸引力也呈现出蓬勃发展的态势，作为新一线城市的长沙人口流入吸引力稍显不足。

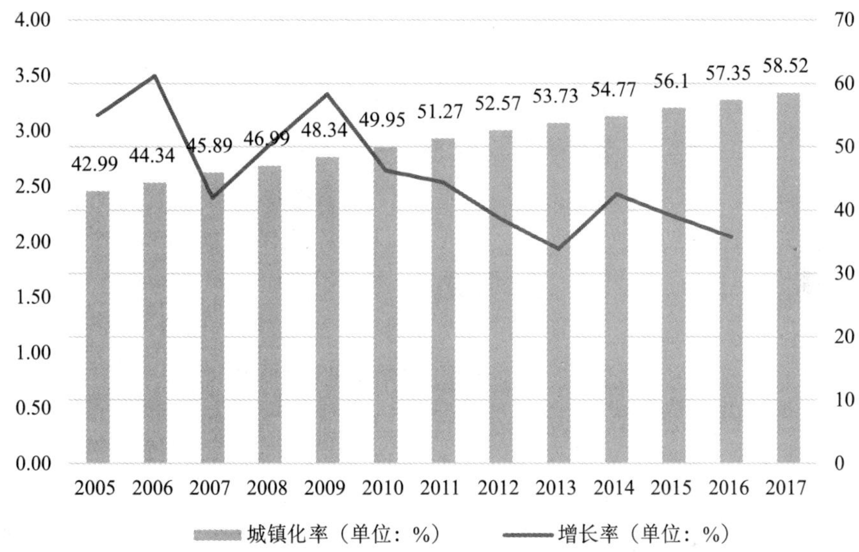

图 9－1　城镇化率及城镇化增长率

资料来源：国家统计年鉴。

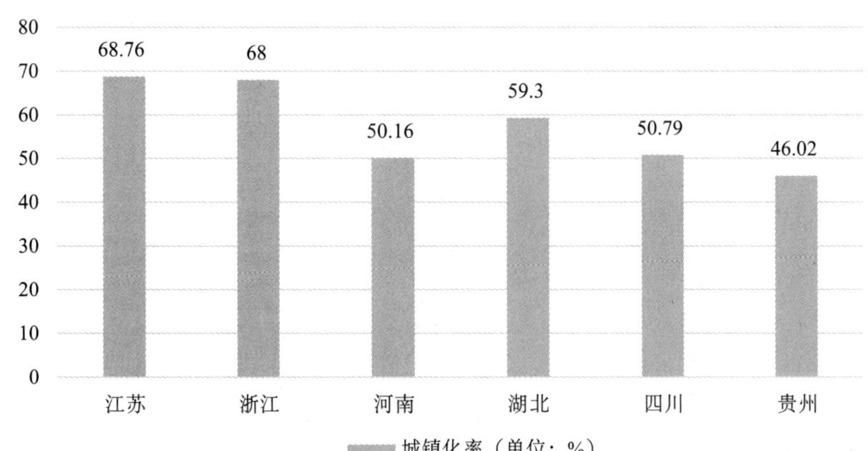

图 9－2　部分省份城镇化率

资料来源：Wind 数据库。

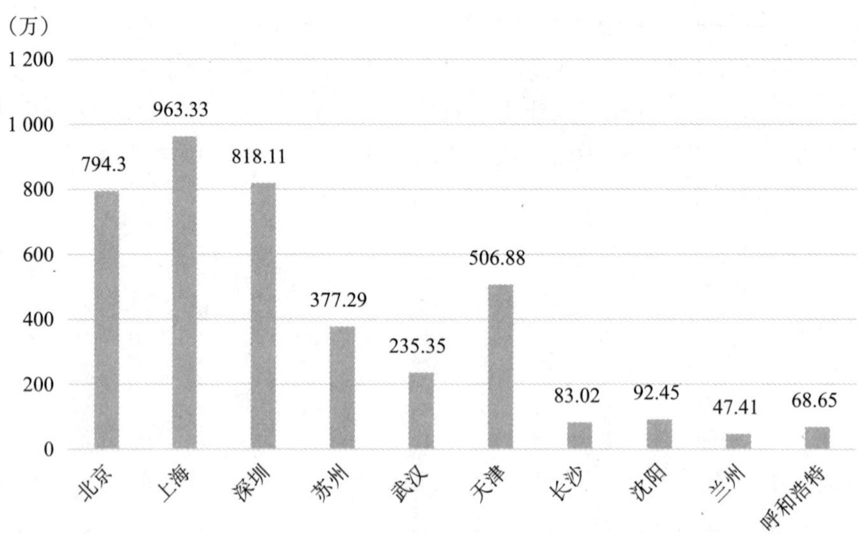

图 9－3　2017 年部分城市流动人口数量

数据来源：各城市统计年鉴。

根据 2017 年中国流动人口动态检测调查数据，1980 年以后出生的流动人口占比大约六成，1990 年以后出生的流动人口占比接近 20%，如图 9－4 所示。流动群体中接受过义务教育的人口占大多数，专科以上学历的流动人口占比仅有 13.89%，我国流动人口受教育水平较低，高素质劳动力较为缺乏（如图 9－5）。

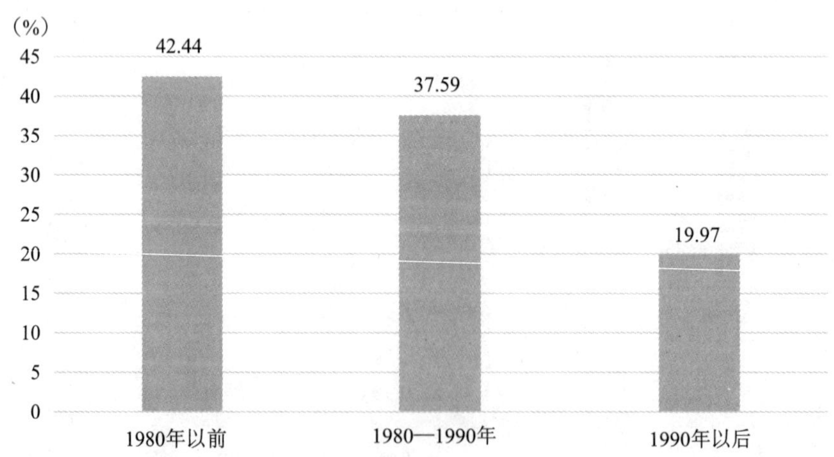

图 9－4　不同时间段出生流动人口比例

数据来源：2017 年中国流动人口动态监测调查数据。

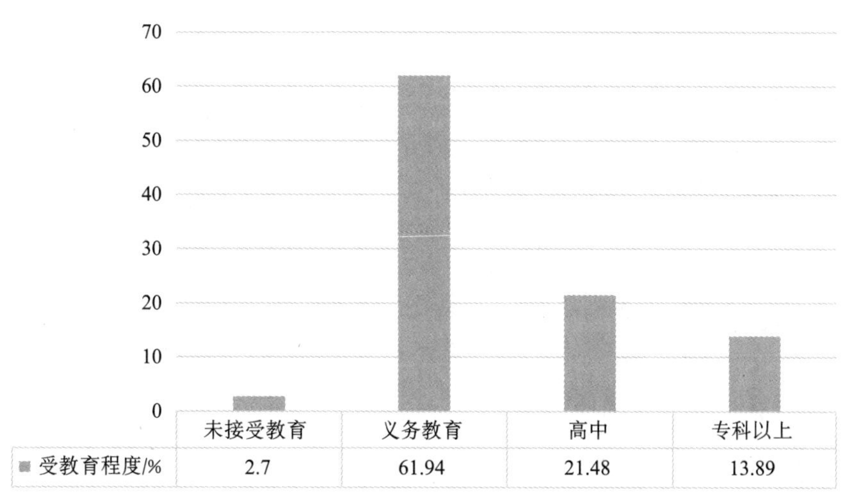

图 9－5　流动人口受教育情况

数据来源：2017 年中国流动人口动态监测调查数据。

二、高学历毕业生就业产生租赁需求

随着高等教育的普及和人们对教育重视程度的增加，2010—2017 年我国高校应届毕业生从 631 万人上升至 820 万人，基本按照 2%～5% 同比增长率逐年增长。8 年间，毕业生数量人数累计达到 6 526 万人，大部分毕业生受限于高企的房价产生的经济压力，毕业首先考虑租住房屋，进而在市场上产生大量的租赁需求。根据赶集网《2015 年租房市场报告》显示，在租房客群体中，20—29 岁的租房一族占比最大，达到 77%，而 35 岁及以上租房群体仅占 8%，租客群体的年轻化已经成为现在租房潮流的一种明显现象，年轻人尤其是青年白领，成为工作租房的主流。

三、结婚年龄推迟延长租住需求

如表 9－1 所示，我国结婚年龄分布出现晚婚趋势。2012 年之前，20—24 岁青年占结婚人群的比重超过 35%，自 2013 年起，我国结婚群体年龄分布在 25—29 岁的占比近四成。受我国传统观念的影响，有结婚意愿会产生潜在购房需求，而结婚年龄的推迟意味着有一部分租房群体延长租住需求。政府对租房租赁市场实施管理之前，房屋出租以短期为主，随着租客租赁时间的延长，房屋出租时间面临着从短租过渡到长租的阶段。

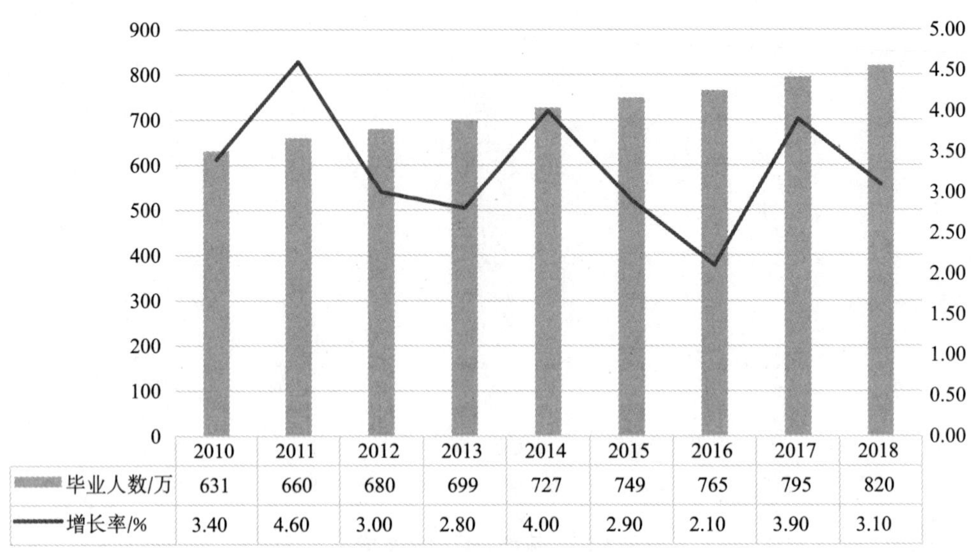

图 9－6　2010—2018 年应届毕业生人数及增长率

数据来源：中商产业研究院数据。

表 9－1　2005—2017 年我国结婚年龄分布比例　单位：%

年份	20—24 岁	25—29 岁	30—34 岁	35—39 岁	40 岁以上
2005	46. 97	34. 33	9. 93	4. 90	3. 88
2006	39. 41	33. 67	10. 62	5. 24	11. 06
2007	39. 17	34. 78	10. 79	5. 59	9. 66
2008	37. 89	35. 31	10. 75	5. 76	10. 30
2009	36. 99	34. 09	10. 74	6. 00	12. 19
2010	37. 61	31. 61	11. 28	6. 63	12. 88
2011	36. 59	33. 41	10. 66	6. 20	13. 15
2012	35. 49	34. 15	10. 92	6. 00	13. 43
2013	33. 54	35. 17	10. 95	6. 10	14. 24
2014	29. 78	38. 00	11. 34	6. 26	14. 62
2015	26. 29	39. 43	11. 76	6. 34	16. 18
2016	24. 17	38. 16	12. 82	7. 03	17. 82
2017	22. 89	36. 85	13. 95	7. 46	18. 85

数据来源：Wind 数据库。

四、租赁市场发展空间

我国作为人口大国，人口总量大约 14 亿。2017 年，城镇居民数量仅为 8.12 亿。目前我国产生租赁需求的群体主要由流动人口和高校毕业生构成，根据相关数据显示，2017 年我国流动人口达到 2.44 亿人，其中约有 67.3% 的人群选择私人租赁解决居住问题。根据计算，我国流动人口平均增长率为 1.67%，推测 2018 年流动人口为 2.48 亿人。结合高校毕业生薪资水平与目前高企的房价来看，多数毕业生无法通过购买住房满足居住需求，假设每年高校毕业生仍有 67.3% 的人群选择租赁住房，以此计算我国每年增加租赁需求量。根据表 9－2 租赁需求测算，2015—2018 年，我国租赁人口规模出现缓慢增长，从 2015 年 2.17 亿上升至 2018 年 2.22 亿人口，平均每年上涨 1.3%。随着城镇化过程的推进以及高等教育的普及，同时晚婚人群数量的增加，租赁人口无疑呈现逐步增加的趋势。

表 9－2　租赁人口规模测算　单位：亿人

年份	流动人口	高校毕业生	潜在租赁人口总数	租赁人口
2015	2.47	0.75	3.23	2.17
2016	2.45	0.77	3.22	2.17
2017	2.44	0.80	3.24	2.18
2018	2.48	0.82	3.3	2.22

截至 2017 年，我国城镇化率为 58.52%，全国有 13.9 亿人民。经过新中国成立后 70 多年的努力，城镇人均住房面积由 1949 年 8.3 平方米，上升到 2018 年 39 平方米，按照全国城镇住宅面积需求量等于人口总数、城镇化率和全国平均城镇居民住宅面积三者乘积计算，2018 年全国城镇住宅需求量为 317 亿，如果中国发展至发达国家水平，城镇化率为 85%。根据《国家人口发展规划（2016—2030 年）》，中国人口峰值在 2030 年达到 14.5 亿人，人均居住面积达到 44.62 平方米，若发展到发达国家水平，则我国全国城镇住宅需求量为 549.9 亿平方米，目前存在缺口 232.9 亿平方米。假设城镇住房需求中大约 25% 的人群不通过购买商品房或租房来满足居住需求，则未来住房有效需求面积为 174.68 亿平方米。若城镇化中大约有 16.2% 的人群选择租赁住房［（发达国家水平城镇化率－住房自有率）×（1－有效需求偏漏率）＝租赁需求占比率］，同时假设人均租赁面积为人均住宅面积的 70%，则我国租赁需求面积为 73.4 亿平方米。而我国目前房屋租赁大约 70% 的比例集中在个人手中，规模化集约化程度较低，租赁机构渗透率不足 10%，因此未来住房租赁企业通过集约化管理和专业化运营，有望承接个人或者开发商乃至公租房房源，对外输出服务管理。

第二节 我国流动人口租赁住房类型分布状况

一、流动人口住房租赁来源分布情况

整理2017年我国流动人口动态检测的调查数据发现，2017年全国2.44亿流动人口，约2.06亿人选择租赁住房。根据统计数据，选择住房租赁来源主要分为4类：雇主或单位提供的免费居住和收取较低费用的居住场所，包括职工宿舍、借住房、就业居所；政府提供公租房；私人房源。在4类租房来源中，私人住房的居住条件最好，租金最高，政府提供的公租房环境好于企业或单位免费或以较低租金提供的居住场所。

根据表9-3可知，流动人口选择租住私房的群体接近八成，其次为居住在雇主或单位免费提供的宿舍、借住房或者就业居所，流动人口居住在政府提供的公租房的比例仅为1.13%。这是因为相关规定指出，申请公租房的人群一般需与用人单位签订1年以上劳动合同，且在主城区连续6个月缴纳社保，同时对于申请人的工资进行严格限制，各种严苛的条件使得大部分流动人口不具备申请资格，因此选择居住公租房的比例较低。

表9-3　全国流动人口住房租赁来源分布情况

免费租住（%）	租住单位/雇主房（%）	政府提供公租房（%）	租住私房（%）
15.52	6.06	1.13	77.29

数据来源：2017年中国流动人口动态监测调查数据。

东中西地区居住情况稍有差异，虽然我国地区分布差异大，经济发展水平差距悬殊，在东中西3个地区中，流动人口选择租住私房的人数超过3/4，但东部地区租住私房比例相对于中部和西部低1%左右，流动人口免费居住雇主或单位所提供房屋占比17.67%，以低廉租金租住雇主或单位所提供居住场所的比例由东到西依次升高。由于东部地区第二、第三产业较为发达，2017年东部地区第三产业增加值约为中部的2.5倍、西部的3.8倍，经济发展迅速，整体来看，东部地区雇主或企业更有能力和资金为雇员提供安身之所，能够使雇员以低成本解决居住问题，因此东部地区对于人口流入的吸引能力最强。租住政府提供公租房的群体从东到西覆盖范围依次增加，西部地区公租房在流动人口中覆盖范围相对较广，占比达到2.86%

（如表9-4所示）。

表9-4　不同地域流动人口住房租赁来源分布情况　单位：%

地区	免费租住	租住单位/雇主房	政府提供公租房	租住私房
东部	17.67	5.01	0.38	76.93
中部	14.94	6.17	0.76	77.98
西部	11.64	7.92	2.86	77.59

数据来源：2017年中国流动人口动态监测调查数据。

表9-5列示了未接受教育、接受过义务教育、高中与专科以上不同学历流动人口房屋租赁情况。由于我国住房租赁市场仍处于发展初期，大多数群体仍然选择租住私房。只接受义务教育、学历相对较低的流动人口，租住私房的比例最高，而专科以上的流动人口租住私房的比例与其相差5个百分点。随着受教育水平的提高，租住政府公租房人群比例增加。这可能是因为高学历人群从事的工作更加烦琐和复杂，获得薪资较高，在流入地定居时间较长，工作较为稳定，能够持续稳定地缴纳社保，具备满足申请公租房的条件基础。租住单位或雇主房的流动人口所占比例随着学历的增加呈现下降的趋势。由于教育溢价作用，随着受教育水平的增加，人们更有可能找到薪资较高、工作环境相对较好、资本相对雄厚的企业或单位，这些企业和单位有能力为职工提供居住场所。但受教育水平较高的流动人口更能接受不付出居住成本的单位或者雇主提供的免费居住地，对于需要支付一定费用取得的宿舍、借住房、就业居所等，他们并不青睐，宁可支付多一些费用租住私房以获得较好的居住环境，因此居住在公司提供免费宿舍的员工，高学历的人群比例相对较高，但需要支付费用取得雇主或单位提供居住场所的比例最低。

表9-5　不同学历流动人口住房租赁来源分布情况　单位：%

学历	免费租住	租住单位/雇主房	政府提供公租房	租住私房
未接受教育	16.43	8.28	0.80	74.50
义务教育	14.37	6.05	0.87	78.71
高中	16.57	5.91	1.43	76.09
专科以上	18.86	5.84	1.89	73.41

数据来源：2017年中国流动人口动态监测调查数据。

二、35个大中城市流动人口住房租赁来源分布情况

根据2017年各城市生产总值从高到低排布，将35个大中城市分成3个梯队：

第 1 梯队城市有上海、北京、深圳、广州、重庆、天津、成都、武汉、南宁、杭州、南京和青岛，长沙、宁波、郑州、西安、福州、合肥、大连、济南、长春、哈尔滨、沈阳及石家庄为第 2 梯队城市，第 3 梯队城市包括南昌、昆明、厦门、太原、贵阳、乌鲁木齐、呼和浩特、兰州、银川、海口以及西宁。

在第 1 梯队城市中，东部地区城市占比超过 2/3，第二、第三产业较为发达，高端技术产业、服务产业汇集。第 2 梯队城市主要分布在东部和中部城市，中部地区城市农业在 GDP 中占比较大。第 3 梯队主要为西部地区城市，占比超过 70%。西部地区城市第一、第二、第三产业与中东部相比均不占优势，但就其 3 个产业而言，第三产业产值约为第二产业的 1.25 倍、第一产业产值的 47 倍。总体来看，35 个大中城市流动人口租住私房比例占主要部分，私人房源在住房租赁市场上仍有较大需求缺口。但在第 1 梯队城市流动人口平均租住私房比例最低，平均占比为 78.62%。随着经济水平的下降，租住私房比例在 3 个梯队城市呈现逐渐升高的趋势，第 3 梯队城市租住私房平均占比接近 82%。GDP 排名前 11 的城市经济发展势头迅猛，产业更加多元化和复杂化，用人单位或企业有足够资本为雇员提供居住场所，因此在第 1 梯队城市中，免费或者支付较低费用在雇主或单位提供的宿舍、借住房和就业居所落脚的流动人口比例最多，接近 1/5。在租住政府提供的公租房方面，不同城市对申请条件要求不同，35 个大中城市超过九成城市公租房对流动人口覆盖范围低于 1%，但其包容程度从第 1 梯队至第 3 梯队城市逐渐减弱。

如表 9-6 所示，在第 1 梯队城市中，一线城市中深圳租住私房比例超过 90%，北京市最低，两者相差大约 16 个百分点。在北上广深 4 个城市中，深圳土地稀缺，房价高企，雇主提供居住场所的成本较大，雇主或单位提供居所的比例最低。而北京市这一比例最高，流动人口居住在雇主或单位提供住所的占比超过两成。由于广州市和深圳市要求保障房申请人必须具有本地市民户口，因此流动人口无法获得公租房申请资格。北京市流动人口租住公租房比例最高，但也只有 0.86%，2017 年北京市流动人口约为 790 万，按照这一比例计算，约有 7 万流动人口能够申请到保障性租赁住房。从一线城市整体来看，保障性住房更多的是保障本地户籍居民，对于流动人口覆盖范围可以微小到忽略不计。相比于一线城市，二线城市中的重庆市租赁公租房的流动群体最多，占比超过 20%。重庆市对于公租房准入门槛低，不限户籍，家庭人均住房面积低于 13 平方米的中低收入人群，进城务工，大中专学校、职业院校毕业在重庆工作的无住房人员均可申请，充分实现了“应保尽保”。其他二线城市中，青岛市对申请公租房群体进行户籍限制，流动人口无法获得公租房房源。除南宁和杭州公租房覆盖流动人口比例超过 1 个百分点，其他城市均在 0.5% 以下。租住私人住宅市场依旧是整个住房租赁市场中最活跃的部分，在二线城市经济强市中，南宁市和青岛市私人住宅租赁市场渗透比例仅次于深圳，发展势头强劲。

表9－7、表9－8分别列示35个大中城市经济排位在第2、第3梯队城市的流动人口租房来源情况。在第2、第3梯队城市中，租住私房的流动人口平均占比超过8成，第2梯队城市中GDP排位前7名的城市，私人住房租赁市场渗透率波动较大，其中在长沙、大连两个城市，流动人口居住雇主所提供的免费居住房屋占比超过1/4。在公租房租赁方面，除郑州市对申请人限制条件较少，流动人口租赁占比达到7%，其他城市覆盖比例基本在0.5%左右，近半数城市对户籍进行限制，政策性住房对流动人口覆盖率为0。济南、长春、哈尔滨、沈阳和石家庄等城市，流动人口租住4类房源占比分布相对均衡。第2梯队城市的第二、第三产业生产值明显低于第1梯队城市，对人才吸引能力较弱，而长沙、郑州、福州等经济发展处于前列的城市，凭借低成本的居住条件吸引人才涌入，带动经济增长。西安市在第2梯队城市中租住私房比例最高，占比93.01%。西安市高校云集，高学历人才汇聚，每年大量高素质人才的涌入同样推动了经济发展。

在经济发展相对落后的第3梯队城市，不论是雇主或企业提供居住的房屋还是政府提供的公租房，覆盖流动人口的范围都相对较少，但整体比例分布相差不大。银川市在公租房供给方面稍显优势，但西部地区每年人口流入较少，政策性租赁房源提供给外来人口的比例在35个城市中最小，雇主提供居所比例也较低，外来人口通过租赁私房解决居住问题比例超过八成。

表9－6　　第1梯队城市流动人口租房来源分布情况　　单位：%

城市	免费租住	租住单位/雇主房	政府提供公租房	租住私房
南京	30.17	6.95	0.06	62.82
上海	10.00	4.95	0.23	84.80
北京	18.01	4.37	0.86	76.77
深圳	6.01	1.03	0.00	92.96
广州	13.36	6.19	0.00	80.45
重庆	12.72	3.81	20.14	63.33
天津	21.87	5.37	0.29	72.49
成都	23.31	5.88	0.14	70.67
武汉	8.03	9.40	0.23	82.34
南宁	7.09	2.16	1.21	89.53
杭州	16.62	4.00	1.14	78.23
青岛	8.39	0.51	0.00	89.09

数据来源：2017年中国流动人口动态监测调查数据。

表 9－7　　第 2 梯队城市流动人口租房来源分布情况　　单位：%

城市	免费租住	租住单位/雇主房	政府提供公租房	租住私房
长沙	28.91	8.26	0.00	63.17
郑州	13.83	7.30	7.00	71.86
西安	4.84	2.15	0.00	93.01
福州	19.25	2.56	0.01	77.20
合肥	7.31	5.51	0.90	86.28
大连	25.45	2.44	0.19	71.93
济南	10.02	1.95	0.23	87.81
长春	6.94	1.19	0.00	91.88
哈尔滨	11.61	0.83	0.00	87.55
沈阳	10.45	0.99	0.18	88.47
石家庄	17.59	4.40	0.00	78.00

数据来源：2017 年中国流动人口动态监测调查数据。

表 9－8　　第 3 梯队城市流动人口租房来源分布情况　　单位：%

城市	免费租住	租住单位/雇主房	政府提供公租房	租住私房
南昌	15.79	3.35	0.06	80.80
厦门	9.22	2.23	0.06	89.48
太原	13.49	6.00	0.00	80.52
贵阳	4.44	3.28	0.14	92.14
乌鲁木齐	11.07	7.07	1.57	80.30
呼和浩特	3.55	1.27	0.00	95.18
兰州	5.22	1.41	0.07	93.29
银川	10.49	5.72	4.53	79.26
海口	6.07	3.43	0.21	86.87
西宁	9.60	4.94	0.00	84.45

数据来源：2017 年中国流动人口动态监测调查数据。

第三节　我国流动人口房租负担分布

一、不同收入阶层流动人口房租负担

将流动人口按照收入水平划分层次时，由于各省份经济水平具有一定差距，将

收入按省份分别取收入25%分位数、50%分位数以及75%分位数，将收入低于25%分位数群体划分为低收入群体，收入介于25%~50%分位数的群体划分为中低收入群体，中高收入群体收入水平在50%~75%分位数，高于75%分位数的收入群体为高收入流动群体。流动人口租房压力指标用每月房租支出/每月费用总支出以及每月房租支出/每月总收入来表示，由于免费租住群体租房负担为0，因此不考虑这类群体租住房屋的租金负担。

根据表9-9数据显示，租房租金占总支出比例超过1/4，占总收入比例超过1/8，在不同收入人群中压力分布有一定差异。从房租占支出比重来看，随着收入的不断提高，房租支出比呈现正U形分布，房租收入比不断下降。随着收入的提高，租客会选择居住环境较为舒适的居所，因此中高收入和高收入群体房租支出比呈现上升趋势。低收入群体房租费用占比最大，接近30%，而低收入群体房租占收入比例接近1/5，房租负担最重；中低收入和中高收入群体房租支出比超过25%，房租占收入的比例接近1/7，租房具有一定压力，但仍能承受；虽然高收入群体房租支出比位列第2，但其房租占总收入比重最低，仅为12.6%，租房压力不大。

表9-9　　全国不同收入阶层流动人口房租负担

收入分层	房租/支出	房租/收入
低收入	0.286	0.171
中低收入	0.253	0.139
中高收入	0.256	0.131
高收入	0.274	0.126

数据来源：2017年中国流动人口动态监测调查数据。

东中西部地区，如图9-7所示，随着收入的增加，房租支出比基本呈现正U形分布。除东部地区高收入群体房租支出比出现轻微反弹上升外，中部和西部地区房租支出比均随着收入增加呈下降趋势。东部地区经济发达，薪资水平较高，因此整体租房压力小于中部和西部，中西部则差距不大。低收入群体在东中西部3个区域中租房压力最大，西部低收入群体房租支出比超过30%，房租收入比也接近1/5；中部地区次之，但租金支出比和租金收入比也处于高位。中低收入和中高收入群体租金支出比在东部地区相差不大，中西部地区后者比重高于前者，东部地区中高收入群体租金收入比比中低收入群体低了9个百分点，在中部和西部地区则相差不大。但高收入群体租金占支出的比重在3个地区中起伏不大，而东部地区高收入群体租金支出比甚至超过低收入群体。东部地区高收入群体租金收入比略低于中低收入群体租金压力水平，而中部和西部的高收入群体在4类人群中租房压力最小，租金占收入比例接近13%。

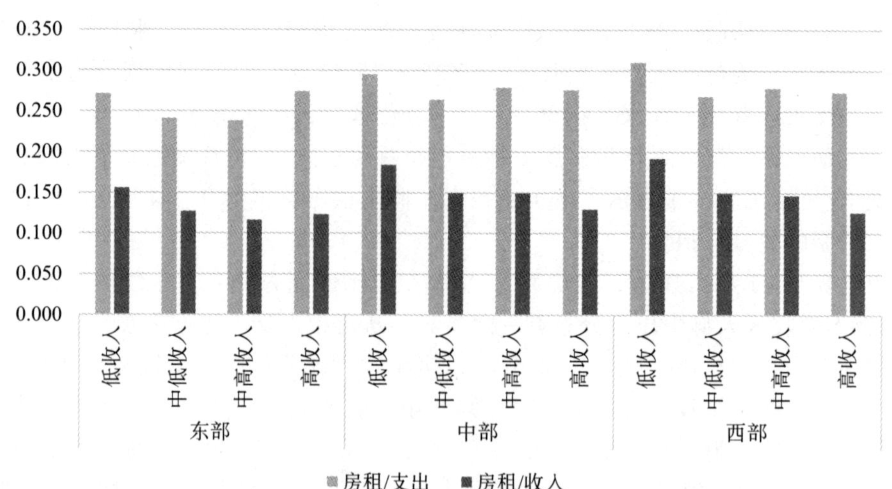

图 9－7　不同地区不同收入阶层流动人口房租负担

数据来源：2017 年中国流动人口动态监测调查数据。

如图 9－8 所示，未接受过教育的流动人口，随着收入水平的提升，租金支出比与租金收入比在中低收入群体间出现拐点。接受过义务教育、高中学历以及专科以上学历 3 种群体中，中低收入、中高收入与高收入三者房租占支出比例相差不大，但随着收入的增加，租金占总收入的比例呈现下降趋势。随着受教育水平的提高，租金支付的压力并没有出现明显下降趋势，未接受过教育和只接受过义务教育的流动人口租房压力相对较小，租金收入比基本在 15% 以下。教育水平在高中和专科以上的流动人口，其租金占支出和收入比例都出现明显提高，并且高学历流动人口租金支出比与租金收入比均比高中学历群体高出大约 5 个百分点。受教育程度越高，越注重提升生活品质，会选择租住房屋设施及居所环境较好的社区，因此房屋租金相对较高。在 4 种不同教育水平的流动群体中，低收入群体不论是租金支出比还是租金收入比都在高位，租房压力最大，其中高学历流动人口中的低收入群体租金占支出比例超过了 36%，租金收入比为 22.6%。

二、35 个大中城市房租负担

根据统计数据显示，租金支出比较高的城市，租金占收入比重也相对较高。由于租金支出比城市分布差异较大，因此根据租金支出比，将 35 个大中城市分为 4 个层次，租金支出比在 0.32 以上的城市共有 12 个，占比接近 1/3，分别为北京、南京、天津、武汉、郑州、合肥、济南、长春、哈尔滨、沈阳、太原以及乌鲁木齐。如图 9－9 所示，11 个城市中，随着收入水平的不断提高，超过八成的城市租金支

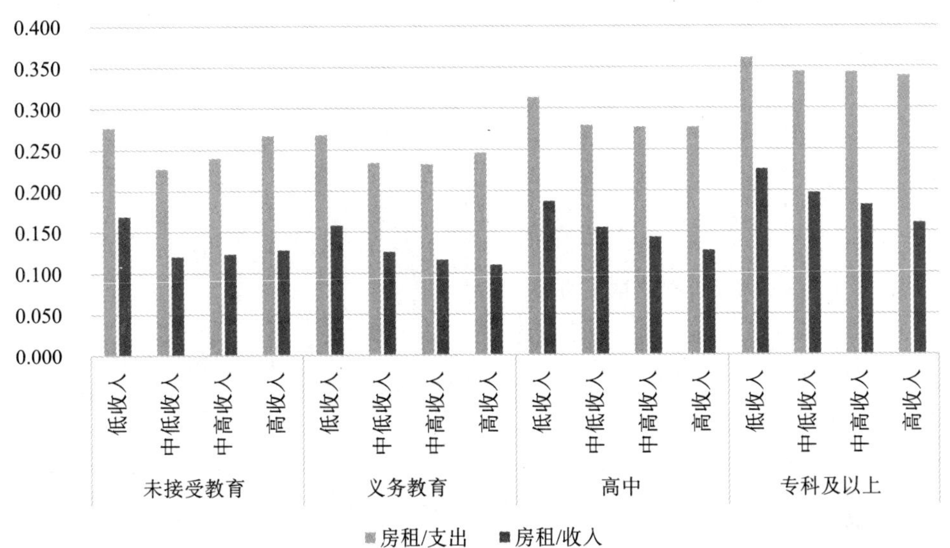

图 9－8　不同学历不同收入阶层流动人口房租负担

数据来源：2017 年中国流动人口动态监测调查数据。

出比不断下降，租金收入比也呈现下降趋势，两者走势一致；但低收入群体和中低收入群体之间随着收入的增加租金占每月总支出的比例下降较快；中低收入、中高收入和高收入群体之间平稳下降。北京、合肥和济南在中低收入群体收入区间出现拐点，呈正 U 形分布，南京租金占总支出比重在低收入、中低收入和中高收入群体之间分布较为均衡，高收入群体租金支出比下降相对明显。租金占总收入的比例，11 个城市整体在 0.18 附近上下波动，低收入群体租房压力最大，但北京高收入群体租房压力却超过了低收入群体；随着收入的提高，除合肥和济南振幅较小外，其余城市租房压力下降幅度较大，降幅在 5—10 个百分点不等；乌鲁木齐低收入群体与高收入群体租金收入比相差 14 个百分点，波动最为剧烈。

如图 9－10 所示，租金支出比在 0.3—0.32 范围内的城市共 9 个，分别为重庆、长沙、大连、石家庄、南昌、昆明、兰州、银川和西宁。西部地区城市超过半数，2/3 的城市随着收入的提高，租金支出比出现拐点，大连、石家庄、南昌、昆明、西宁 5 个城市的中高收入群体租金占总支出比重最低，兰州中低收入群体租金支出比最低。但出现拐点的 6 个城市，房租支出在总支出中占比最多，租房压力最大的为低收入流动人口。租金收入比在 9 个城市中随着收入的增加，均出现不同程度的下降，租金收入比在 0.16 范围上下波动，超过 80% 的城市下降幅度在 10 个百分点左右，城市内部租房压力分化较为严重，低收入群体依旧承担最重的租房负担。

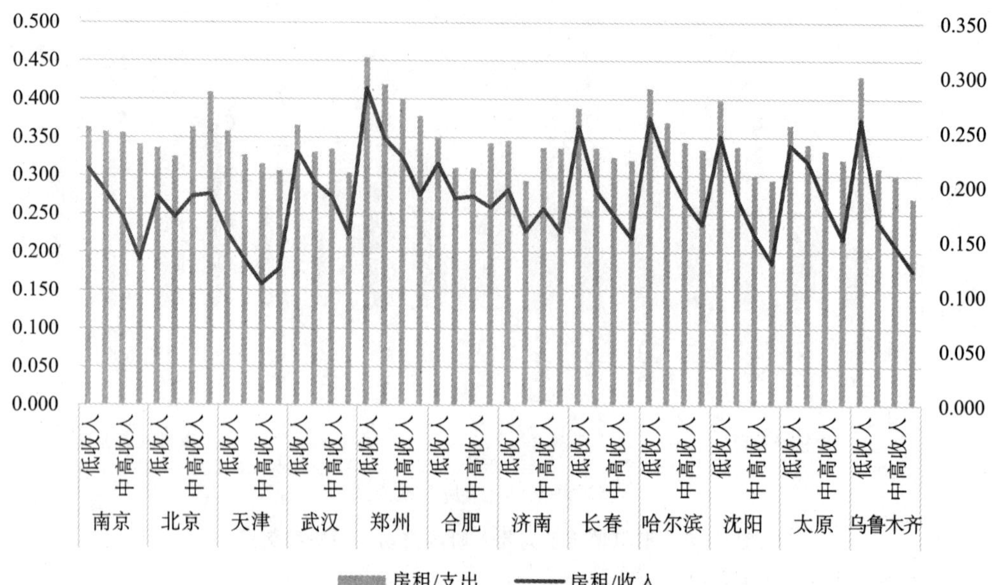

图 9－9　部分城市不同收入等级流动人口房租负担

数据来源：2017 年中国流动人口动态监测调查数据。

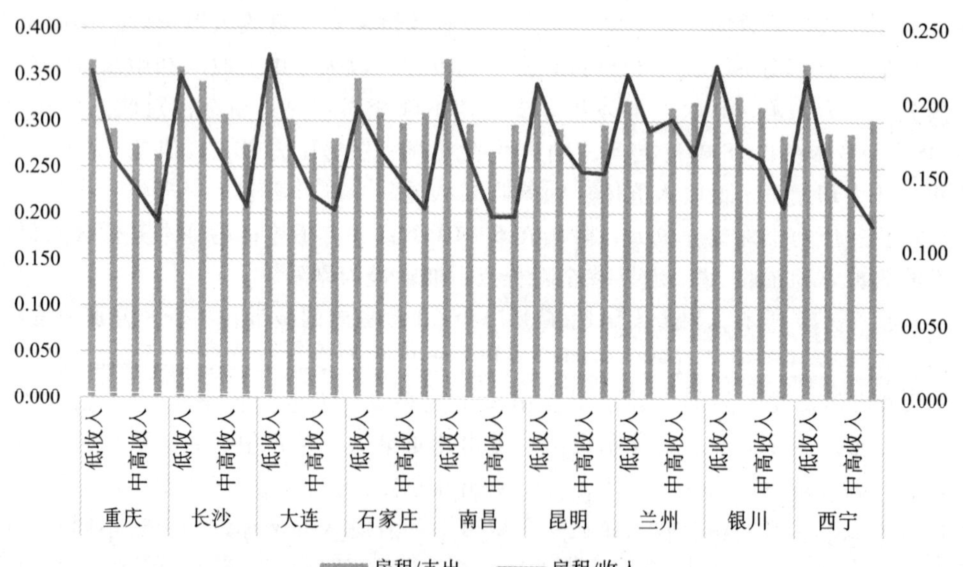

图 9－10　部分城市不同收入等级流动人口房租负担

数据来源：2017 年中国流动人口动态监测调查数据。

图 9 - 11 列示租金占总支出比重为 0. 25—0. 3 的城市为上海、深圳、广州、成都、青岛、西安、海口和杭州共 8 个城市。这 8 个城市不论是租金支出比还是租金收入比分布在不同收入群体之间波动幅度都相对较小。并且北上广深 4 个一线城市，在这一分部区间的有 3 个。上海流动人口随着收入的增加租房压力先下降后上升，同北京发展趋势相同，高收入群体的租房压力最高，其余城市租房压力最大的群体仍是低收入流动人口。根据租房压力指标显示，一线城市中租房压力除北京较高外，其余 3 个城市租房压力适中，流动人口尚有喘息之地，相比一线城市，目前发展势头迅猛的郑州和武汉等二线城市租房压力更大。

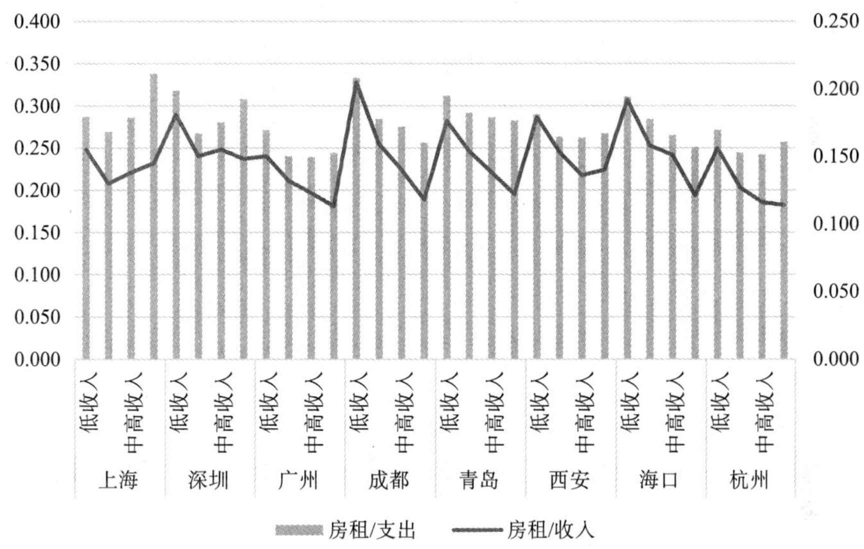

图 9 - 11　部分城市不同收入等级流动人口房租负担

数据来源：2017 年中国流动人口动态监测调查数据。

如图 9 - 12 所示，35 个大中城市租金占支出比重在 1/4 以下的城市共有 6 个，分别是南宁、宁波、福州、厦门、贵阳和呼和浩特。随着收入增加，这 6 个城市租金支出比都呈现 U 形分布，2/3 的城市中高收入群体租金占支出比例最低。宁波在 6 个城市中租金支出比与房租收入比均为最低，且租金收入比随着收入水平的增加呈现下降趋势，降幅接近 5 个百分点，宁波是 35 个大中城市中唯一 1 个租金占月收入比重低于 10% 的城市，其他城市租金收入比随收入上升出现拐点，平均值在 0. 13 左右。整体来看，6 个城市低收入群体的租房压力最大，均值接近 15% 。

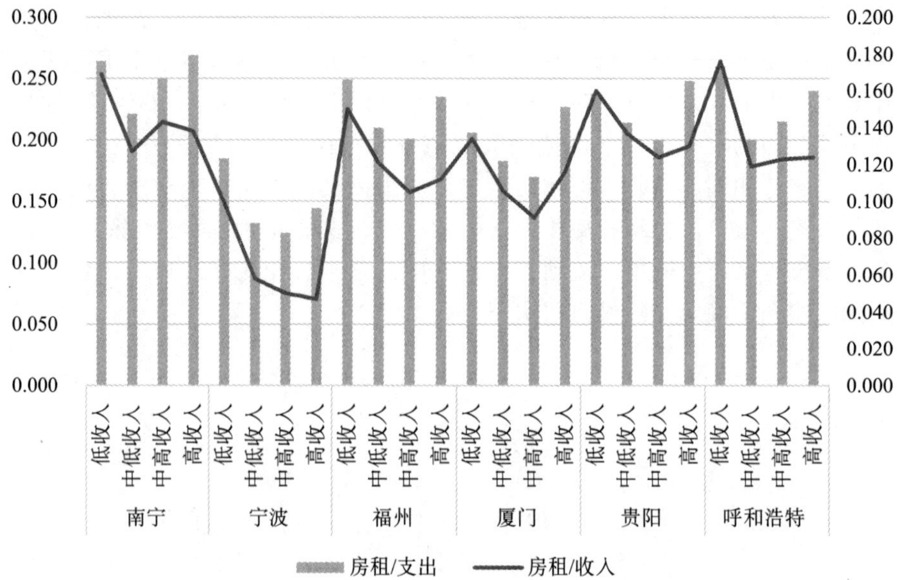

图 9－12　部分城市不同收入等级流动人口房租负担

数据来源：2017 年中国流动人口动态监测调查数据。

第四节　流动人口居住质量对其留城意愿的影响

我国正处于城镇化和工业化加快发展的关键阶段，流动人口问题是党和政府的关注重点，其中流动人口住房问题更是关注的重中之重。1998 年我国住房制度改革后，在住房需求快速增长的同时，住房价格也不断上涨。1998—2017 年间商品房价格总体呈上涨趋势，期间仅 1999 年和 2008 年相比上一年有下降。2017 年我国商品房平均价格达 7 892 元/平方米，是 1998 年商品房价格 2 063 元/平方米的 3.83 倍，年均增长率达 6.94%；1998—2017 年住宅平均价格由 1 854 元/平方米增长至 7 614 元/平方米，2017 年住宅价格是 1998 年住宅价格的 4.11 倍，增长幅度高于商品房价格，年均增长率为 7.32%①。房价增长的同时，我们需进一步关注居住质量的提高，居住质量是人口城市生活质量的重要考察内容之一，直接作用于流动人口的城市融合状况。现实中不同职业类型流动人口住房问题解决方式和居住质量存在较大差异，微观个体的居住质量状况形成了流入地吸引和排斥人口流入的重要拉力和推

① 数据来源：1999—2018 年中国统计年鉴。

力，作用于流动人口城市居留意愿。宏观经济发展状况所决定的就业环境和住房价格会对微观个体的就业机会、职业保障和住房获取成本产生影响。当前提高我国城镇化质量的关键点在于促进流动人口在城市稳定就业与生活，其中很重要的就是促进流动人口在城市“安居”。基于此，本文利用 CLDS2014 与 CLDS2016 数据，采用因子分析方法构建了流动人口城市居住质量的综合指数，对流动人口城市居住质量的现状与特点进行了评价，厘清居住质量对流动人口居留意愿的影响，为我国城镇化制度的完善提供参考。

一、理论基础和研究假设

居住质量是人口生活质量的重要反映指标，与居民幸福感直接相关（刘祖云、毛小平，2012）。学者们从住房角度对人口迁移问题的影响研究成果颇丰，近年来重点研究了房价对人口迁移的影响（Anthony Murphy、John Muellbauer、Gavin Cameron，2006；李斌，2008；高波、陈健、邹琳华，2012；Andrew J. P.，2013；李超、张超，2015；张莉、何晶、马润泓，2017；杨巧、陈诚，2018）。房价是住房获取成本的反映，高房价使居民相对收入下降，生活成本上升，高房价背景下居民住房条件改善的难度进一步加大，对流动人口的城市融合状况和迁移决策产生影响。Arnott R.（1998）、Cameron G.，Muellbauer（1998）和 Zabel（2012）对英美两国的研究指出，住房面积、居住拥挤度等因素会作用于人口迁移决策。韩俊强（2013）针对武汉市农民工的调查显示，住房来源不同，农民工城市融合状况存在较大差异，且人均住房面积的增加会促进农民工的社会融合，但居住面积对融合状况的影响存在边际递减效应。赵晔琴、梁翠玲（2014）研究了农民工住房消费对阶层认同的影响，指出居住面积、居住支出和住房产权均会影响农民工阶层认同，其中居住支出的影响最大。冯长春等（2017）研究指出，在家庭式迁移背景下，居住质量与流动人口家庭类型、经济特征和流入地融合程度密切相关。赵卫华（2018）研究了住房压力对在京外地户籍大学毕业生居留意愿的影响，指出居住状况对大学毕业生居留意愿有显著影响。张新、周绍杰和姚金伟（2018）从流入地融合效应角度考察了流动人口居留决策的影响因素，研究指出相对于收入水平等经济因素而言，住房状况和社会保障水平对流动人口居留意愿的影响更大。熊景维、季俊含（2018）的研究则指出，农民工城市居留意愿会对农民工城市住房选择带来影响，在高流动性约束下农民工的住房消费更具备生产资本品属性。

基于上述研究，可以看到已有论文主要从居住质量的其中一个方面出发，研究了有关因素对流动人口居留意愿的影响。在当前对流动人口城市居住质量问题的研究中，居住质量主要从住房产权、住房面积、住房支出几个方面分别评价，缺少对流动人口城市居住质量的整体评估，对流动人口在不同类型城市的居住质量差异及其对居留意愿的影响认识不够。再者大多研究是基于某一个城市或地区的微观数据进行的分析，缺乏对不同城市层面流动人口居住质量的整体评价和综合对比。现实中流动人口居住质量形成了流入地吸引或排斥人口流入的重要影响因素，共同作用于流动人口城市居留意愿。当前城镇化进程中，需要厘清不同居住质量下流动人口城市居留意愿的差异，对不同类型城市流动人口的居住质量有全面把握，通过制度完善使流动人口能真正安居乐业。

在 G. E. Ravenstein（1885）对人口迁移规律总结的基础上，R. Herberle（1938）首次提出人口迁移的推拉理论，后经 E. S. Lee（1966）对迁入地和迁出地的推力拉力系统界定和完善，将影响人口迁移行为的因素概括为与迁入地有关的因素、与迁出地有关的因素、中间障碍因素和个人因素。推拉理论提供了人口迁移的基本解释和框架——在流入地存在着吸引人口迁移的力量和在流出地存在着推动人口迁出的因素，这些因素共同作用，对人口迁移产生影响。另外，Helpman（1998）将住房要素引入新经济地理学研究框架，用房地产部门替代了 CP 模型中的农业部门，建立了 Krugman - Helpman 模型。他的研究指出经济发展和产业集聚会带来人口流入，但人口和经济的进一步集聚会导致居住成本上升，生活质量下降，作用于人口迁移决策。城市房价决定了流动人口在城市生活的居住成本，是流动人口进行迁移决策的成本收益分析的重要内容之一。住房开支预算约束下的居住水平关系到流动人口在城市的生活质量，对流动人口而言，住房选择会决定其居住质量，而对居住质量的直观感受会在心理机制作用下影响其城市生活质量和满意度评价，进而影响到其城市居留意愿。Nelson（1976）认为有“过客”心态的城市移民其住房选择会有别于城市原住民，但一旦流动人口有持久性定居意愿，则其对居住条件的关注度会提升。基于上述分析，提出假设：居住质量会影响流动人口居留意愿，居住质量越高，流动人口越倾向于在流入地长期定居。

二、数据来源与模型设定

（一）数据来源和指标选择

本文数据来源于中山大学社会科学考察中心开展的“中国劳动力动态调查”（CLDS）。CLDS2014 全国总样本量为 23 594 人，CLDS2016 全国总样本量为 21 086 人，调查对象为 15—64 岁的劳动年龄人口，调查内容不仅包括劳动力的教育、就业、劳动权益、职业流动、职业保护与健康、职业满足感相关信息，还包括劳动力所在家庭的人口结构、家庭财产与收入、家庭消费信息以及劳动力所居住社区的政治、经济、社会发展状况。本文中所使用的数据涵盖了社区数据中住房状况（基础设施拥有率、小区环境状况等）、家庭数据以及个人问卷中劳动力的基本情况（年龄、政治面貌等）、教育经历（受教育程度、技术语言水平等）和就业参与与支持信息（就业满意度、工资水平等），同时匹配了各样本流入地城市的宏观经济基本面信息（数据来自中国城市统计年鉴和中国宏观经济数据库）。根据变量设置筛选样本剔除缺失值，2014 年的有效样本量为 1 272 个，2016 年有效样本量为 1 012 个，合计总样本数为 2 284 个。具体主要指标选择如下：

1. 居留意愿

被解释变量为流动人口城市居留意愿。在 CLDS2014 和 CLDS2016 的问卷中均设置有问题“您未来可能会在本地定居吗”。有 5 个选项，分别是“非常可能”“有点可能”“不确定”“不太可能”“非常不可能”，以此为基础设置二元虚拟变量，回答“非常可能”“有点可能”选项的样本定义为愿意居留，赋值为 1；回答“不确定”“不太可能”“非常不可能”选项的样本定义为不愿意居留，赋值为 0。

2. 居住质量

居住质量为本文的另一个核心解释变量。对流动人口居住质量的考察从住房和住房所在社区两个层面展开。根据 CLDS 家庭数据库和 CLDS 社区数据库，选择社区内学校数量、娱乐设施数量、便民设施数量、对社区成员熟悉度、对社区成员信任度等指标反映基于社区层面的居住质量，选择家庭卫生状况、居住拥挤程度、住房采光、通风、噪音、家庭成员关系等指标反映家庭层面的居住质量。

本文还选取了 CLDS2014 和 CLDS2016 中对流动人口居留意愿会产生影响的因素作为控制变量，包括就业质量综合指数、流动人口年龄、家庭化迁移状况等微观变量。

（二）估计方法与模型设定

1. 估计方法

本文采用因子分析法对流动人口居住质量进行测度，第一步要进行变量相关性检验和 KMO 检验。根据检验结果的显著性判断因子分析能否进行；第二步是确定主因子，对变量提取公因子方差，计算各个因子的特征值，得到累积的方差贡献值，若是前 Xi 个指标特征值大于 1，且累积的方差贡献值较大，则说明这累积的 Xi 个因子可以囊括就业质量或居住质量的绝大多数信息，则选择这 Xi 个主因子作为研究对象；第三步计算因子得分系数，根据得分系数矩阵，计算得到因子得分表达式 Fi。

2. 模型设定

为考察 2014 年和 2016 年居住质量和与流动人口居留意愿之间的相互关系，我们建立二元 logistic 回归模型，模型如下：

$$stay = \alpha + \beta_1 house + \beta_2 work + \beta_3 age + \beta_4 age^2 + \beta_5 mig + \varepsilon_i \quad (式 9.1)$$

其中，stay 为流动人口居留意愿，分为“0”“1”两类；house 代表居住质量综合评价指数；另外，我们选择其他的控制变量，包括年龄 age，家庭迁移率 mig，其中家庭迁移率是指家庭数据库中，家庭迁移人数占家庭总人口的百分比。为考察年龄和流动人口城市居留意愿的非线性关系，我们加入年龄的平方项 age^2，ε_i 是随机误差项。

三、流动人口居住质量综合评价指数测度与交叉分析

（一）居住质量综合评价指数

对 CLDS2014 以及 CLDS2016 数据库调查数据进行整理，我们选择如表 9－10 所示的 25 个基础变量反映居住质量。指标分为两类，一是社区层面指标，二是家庭层面指标。涉及内容更加全面，从而得到的居住质量综合指数也更加准确。居住质量因子分析的 KMO 检验值为 0.8969 >0.5，说明数据适合进行因子分析。

表 9－10　　居住质量因素描述性分析

	变量名称	变量定义和说明	均值	标准差	最小值	最大值
社区层面指标	school	社区幼儿园、小学、初中总数量（单位：所）	0.96	2.45	0	22
	entertainment	娱乐设施数量、运动场数量、游乐场数量、广场数量，图书室数量、老年活动室数量（单位：所）	8.33	8.03	0	61
	public	小区内便民设施数量、银行数量、医院数量之和（单位：所）	3.49	5.42	0	57
	base－station	基础设施拥有率，集贸市场、卫生站、娱乐场所、环卫设施等拥有比例（单位：%）	7.65	22.02	0	100
	secure	保安门卫、门禁、防盗门拥有比例（单位：%）	51.11	36.86	0	100
	ash bin	0：无垃圾箱　1：有垃圾箱	0.71	0.46	0	1
	fitment	0：无装修　1：有装修	0.40	0.49	0	1
	lift	0：无电梯　1：有电梯	0.12	0.33	0	1
	know	社区成员熟悉度（单位：1—5 数值越大越好）	2.91	1.04	1	5
	trust	社区成员信任度（单位：1—5 数值越大越好）	3.15	0.82	1	5
	help	邻里互助（单位：1—5 数值越大状况越好）	2.65	1.03	1	5
	safety feeling	社区安全感（单位：1—5 数值越大越好）	2.05	0.64	1	4
	community	社区类型（单位：0—10 数值越大状况越好）	3.14	2.59	0	10

续表

	变量名称	变量定义和说明	均值	标准差	最小值	最大值
家庭层面指标	durables	耐用品拥有率，彩电、冰箱、空调等耐用品数量的拥有比例（单位:%）	53.37	25.84	0	100
	vehicle	交通工具数量之和，汽车数量、摩托车数量之和（单位：辆）	0.22	0.74	0	5
	facilities	住房设施拥有比例（单位:%）	55.74	15.82	0	91.67
	economy	经济状况（单位：1—10，数值越大越好）	5.78	1.65	1	10
	hygiene	卫生整洁（单位：1—10，数值越大越好）	6.29	1.79	1	10
	crowd	拥挤程度（单位：1—10，数值越大越好）	6.12	1.82	1	10
	lighting	采光程度（单位：1—10，数值越大越好）	6.22	1.81	1	10
	ventilate	通风状况（单位：1—10，数值越大越好）	6.33	1.75	1	10
	air	空气状况（单位：1—10，数值越大越好）	6.42	1.77	1	10
	noise	噪音情况（单位：1—10，数值越大越好）	6.33	1.82	1	10
	member	成员关系（单位：1—10，数值越大越好）	7.36	1.63	1	10
	room	厨房、客厅、卧室、书房拥有的数量（单位：个）	2.70	0.97	0	4

计算各个因子的特征值，如表 9 - 11 所示，25 个反映居住质量的指标中，有 6 个因子的特征值大于 1，其累积的方差贡献值为 60.21%，说明这 6 个因子可以囊括 25 个反映居住质量指标的绝大多数信息，所以选择这 6 个主因子作为研究对象。

表 9 - 11　　居住质量因子的累积方差贡献率

成分	初始特征值			提取的平方和载入			旋转平方和载入		
	合计	方差贡献	累积	合计	方差贡献	累积	合计	方差贡献	累积
1	6.81	0.2725	0.2725	6.81	0.2725	0.2725	5.54	0.2215	0.2215
2	2.54	0.1016	0.3741	2.54	0.1016	0.3741	2.98	0.1192	0.3407
3	1.97	0.0787	0.4528	1.97	0.0787	0.4528	2.29	0.0915	0.4322
4	1.46	0.0583	0.5111	1.46	0.0583	0.5111	1.61	0.0644	0.4966
5	1.25	0.0499	0.6021	1.25	0.0499	0.6021	1.35	0.0539	0.5505
6	1.03	0.0410	0.6397	1.03	0.0410	0.6397	1.29	0.0516	0.6021

利用 Kaiser 标准化正交旋转法提取的成分矩阵，可以更清晰地显示载荷大小的分化。如表 9 - 12 所示，第 1 个公因子 f1 在经济状况、卫生整洁、拥挤程度、采光程度、通风状况、噪音状况和成员关系上具有较大载荷，将其归为 1 类，命名为居住状况满意度指标。第 2 个公因子 f2 在耐用品拥有率、住房设施拥有率、厨房、客

厅、卧室、书房拥有总数、保安门卫、门禁、防盗门拥有比例、小区是否有垃圾箱和小区是否有装修上具有较大载荷，将其命名为住房设施完善程度指标。第 3 个公因子 f3 在社区成员熟悉度、社区成员信任度、邻里互助和社区安全感上具有较大载荷，将其命名为邻里关系程度指标。第 4 个公因子 f4 在基础设施拥有率和社区类型上具有较大载荷，将其命名为社区指标。第 5 个公因子 f5 在社区幼儿园、小学、初中总数量和小区内便民设施数量上具有较大载荷，将其命名为居住便利程度指标。第 6 个公因子在保安门卫、门禁、防盗门拥有比例上具有较大载荷，将其命名为居住安全度指标。

表 9 - 12　　居住质量旋转因子载荷矩阵

变量	成分					
	f1	f2	f3	f4	f5	f6
school	-0.0073	-0.0063	0.020	0.0164	0.7948	-0.0456
entertainment	-0.0886	-0.1338	-0.0268	-0.3987	0.3909	0.5395
public	0.1122	0.1692	-0.0504	0.1012	0.6241	0.1512
base - station	-0.0603	-0.1127	0.0299	-0.8300	0.0532	0.0641
durables	0.3398	0.7433	0.0953	0.0509	-0.0099	-0.0605
vehicle	0.0388	0.3752	-0.0291	-0.3403	0.1692	-0.4305
facilities	0.2957	0.7587	-0.0195	0.1724	0.0366	0.0390
economy	0.7187	0.2693	0.0850	-0.0182	0.0273	0.0009
hygiene	0.8481	0.1414	0.0738	0.0315	-0.0043	0.0322
crowd	0.8385	0.1765	0.0488	0.0348	0.0222	0.0245
lighting	0.8764	0.1709	0.0264	0.0605	-0.0071	0.0355
ventilate	0.8974	0.1389	0.0159	0.0545	0.0092	0.0191
air	0.8945	0.1625	0.0396	0.0462	-0.0033	0.0077
noise	0.6077	0.0014	0.0414	-0.0880	0.1472	0.0132
member	0.6083	-0.0056	0.0518	-0.0487	-0.0220	0.0294
room	0.3401	0.6995	0.0625	0.0558	0.0790	-0.0799
secure	0.1327	0.5624	-0.1148	0.2588	0.0791	0.4832
ash bin	0.1413	0.3991	-0.0334	0.1376	-0.0207	0.3312
fitment	0.2344	0.5859	0.0675	-0.0338	-0.0647	0.3233
lift	0.1582	0.3448	-0.0399	0.0727	-0.0782	0.5351
know	0.0374	0.0048	0.8388	-0.0549	-0.0184	-0.0460
trust	0.0745	0.0210	0.8243	-0.0163	0.0271	0.0119
help	0.1032	0.0354	0.8295	-0.0139	-0.0209	-0.0062
safety feeling	-0.027	-0.0556	-0.3779	0.0681	-0.2066	0.0267
community	0.0722	0.1469	-0.1085	0.6919	0.2225	0.1801

根据之后的结果计算旋转平方和载入值，再用每个公因子旋转后的相对方差贡献率作为权重，总得分函数如式 9.2 所示：

$$house = (0.2215 \times f1 + 0.1192 \times f2 + 0.0915 \times f3 + 0.0644 \times f4 + 0.0539 \times f5 + 0.0516 \times f6) / 0.6021 \quad \text{（式 9.2）}$$

基于上述函数模型，可以得到个体的居住质量评价值，被调查个体居住质量综合指数的数值越大，表明被调查个体的居住质量越好。同样，我们选用问卷中与就业质量相关的变量，如就业收入、职业类型、就业保障状况等，用相似因子分析的方法得到就业质量综合指数 work。

（二）交叉表分析

1. 分城市样本的流动人口居住质量与就业质量综合指数

表 9－13 是分城市样本的流动人口居住质量与就业质量综合指数的统计，考虑到本文的样本量，城市分类按照国务院印发的《关于调整城市规模划分标准的通知》中五类七档的划分标准，样本流入地分为超大特大城市①、大城市②和中小城市③三类，总样本涉及 99 个城市，其中超大特大城市 7 个，大城市 32 个，中小城市 62 个。从综合指数看，2014 年和 2016 年所有样本的总体居住质量和就业质量综合指数差别不大，居住质量综合指数 2014 年为 49.27，2016 年为 49.13，数据略有下降；就业质量综合指数则稍有上升，由 2014 年的 50.70 变为 2016 年的 50.92。细化的分城市样本统计如下：

第一，超大特大流动人口城市居住质量显著低于大城市和中小城市，而就业质量显著高于大城市和中小城市。这说明了当前经济发达和人口集聚的超大特大城市提供的就业环境仍是吸引流动人口流入的根本，但是流动人口在这些城市的住房获取成本更高，因而整体的居住质量更低。第二，2014 年和 2016 年相比较，不同规模城市的流动人口居住质量均有下降。国家统计局数据显示 2014 年全国商品房价格为 6 324 元/平方米，在去库存背景下 2016 年全国商品房价格上升为 7 476 元/平方米，涨幅达 18.22%。在城市房价快速上涨的背景下，流动人口城市住房获取成本

---

① 超大特大城市包括北京、上海、深圳、重庆、天津、南京、广州。

② 大城市包括太原、沈阳、长春、哈尔滨、杭州、郑州、武汉、长沙、昆明、西安、唐山、保定、鞍山、无锡、徐州、宁波、温州、合肥、淮南、福州、厦门、青岛、潍坊、济宁、珠海、汕头、佛山、惠州、东莞、贵阳、西宁、乌鲁木齐。

③ 中小城市包括邢台、张家口、临汾、锦州、阜新、辽阳、盘锦、扬州、宿迁、台州、蚌埠、泉州、赣州、上饶、泰安、商丘、荆州、湘潭、衡阳、郴州、江门、茂名、肇庆、潮州、揭阳、攀枝花、达州、宝鸡、天水、晋城、运城、乌兰察布、嘉兴、宣城、三明、漳州、许昌、三门峡、荆门、黄冈、咸宁、娄底、梅州、河源、阳江、中山、云浮、钦州、贵港、百色、资阳、六盘水、安顺、玉溪、延安、张掖、平凉、松原、商丘、迪庆藏族自治州、陇南、中卫。

增加，居住质量呈下降趋势。第三，2014 年和 2016 年相比，不同规模城市流动人口就业质量变化趋势存在一定差异。超大特大城市流动人口就业质量综合指数由 2014 年的 51. 14 提高到 2016 年的 53. 78，这说明在经济发展背景下，超大特大城市人口集聚带来的规模效应进一步发挥，使得流动人口整体就业质量不断提升。大城市流动人口的就业质量也从 2014 年的 48. 35 提高到 50. 48，但中小城市流动人口就业质量略有下降，从 2014 年的 49. 26 下降到 49. 0。

表 9 – 13　　分城市样本的流动人口就居住质量与就业质量综合指数均值

变量	2014 年				2016 年			
	总体	超大特大城市	大城市	中小城市	总体	超大特大城市	大城市	中小城市
居住质量	49. 27	49. 34	50. 01	51. 48	49. 13	47. 60	49. 87	49. 21
就业质量	50. 70	51. 14	48. 35	49. 26	50. 92	53. 78	50. 48	49. 00
样本量	1 272	323	660	289	1 012	254	492	266

2. 分城市样本的流动人口居留意愿

进一步考察分城市样本的流动人口居留意愿，如表 9 – 14 所示。整体来看，2016 年流动人口城市定居意愿有所上升，针对不同类型城市的细化考察结果则显示：第一，与 2014 年相比，2016 年超大特大城市和大城市流动人口定居意愿呈上升趋势，而中小城市流动人口定居意愿呈下降趋势；第二，不同类型城市流动人口居留意愿呈现较大差异，中小城市流动人口有定居意愿的人群比例最高，大城市其次，超大特大城市有定居意愿的流动人口占比最低。

表 9 – 14　　分城市样本的流动人口居留意愿

居留意愿	2014 年				2016 年			
	总体	超大特大城市	大城市	中小城市	总体	超大特大城市	大城市	中小城市
愿意（%）	50. 63	39. 32	51. 97	60. 21	51. 28	40. 94	53. 46	57. 14
不愿意（%）	49. 37	60. 68	48. 03	39. 79	48. 72	59. 06	46. 54	42. 86
样本数	1 272	323	660	289	1 012	254	492	266

3. 不同居住质量和就业质量流动人口的居留意愿

根据居住质量和就业质量的均值和中位数对流动人口居留意愿进行分类统计，居住质量综合指数和就业质量综合指数的均值均为 50，居住质量中位数为 49. 98，就业质量的中位数为 49. 22，中位数与平均数差距很小，说明两个指数的分布均接近正态分布。从整体上来看，不同居住质量和就业质量的流动人口，其居留意愿存在明显差异，具体表现为居住质量更高、就业质量更高的流动人口中，有城市居留意愿的人群比例更大。

表 9－15　　不同居住质量和就业质量的流动人口居留意愿

居留意愿	居住质量				就业质量			
	高于均值	低于均值	高于中位数	低于中位数	高于均值	低于均值	高于中位数	低于中位数
愿意（%）	67.98	33.92	67.95	33.89	65.01	38.59	64.10	37.74
不愿意（%）	32.02	66.08	32.05	66.11	34.99	61.41	35.90	62.26
样本量	1 140	1 144	1 142	1 142	1 066	1 218	1 142	1 142

四、结论与建议

将前述选择的变量带入模型进行回归，变量描述性统计如表 9－16 所示。可以看到，全部样本中，约有一半的流动人口愿意在流入地定居；流动人口居住质量综合指数均值为 50，最小值为 20.98，最大值为 76.26，就业质量综合指数均值也为 50，最小值为 23.47，最大值为 81.45，样本群体的就业质量和居住质量分布状况存在一定差距；流动人口的平均年龄在 39 岁左右，主要还是集中在中年群体；家庭迁移状况均值为 0.18。

表 9－16　　变量描述性统计

变量名称	变量定义和说明	均值	标准差	最小值	最大值
stay	居留意愿（0：不愿居留　1：愿意居留）	0.51	0.50	0	1
house	居住质量综合指数	50	9.47	20.98	76.26
work	就业质量综合指数	50	9.29	23.47	81.45
mig	家庭迁移状况（0：家庭化迁移　1：独自迁移）	0.18	0.38	0	1
age	年龄（单位：岁）	39.61	10.70	19	118

（一）全样本回归结果

流动人口城市居留意愿的 logit 模型实证分析结果如表 9－17 所示。模型 1 报告了居住质量对流动人口居留意愿的影响，模型 2 加入了就业质量指标，模型 3 则加入了微观层面的控制变量，包括调查对象的年龄和是否家庭化迁移。逐步回归的计量结果显示，各指标的回归系数和显著性较为一致，这说明模型的选择较合理。

表 9－17　　二元 logistic 逐步回归结果

变量名称	模型 1		模型 2		模型 3	
	系数	P 值	系数	P 值	系数	P 值
house	0.071	0.000 ***	0.073	0.000 ***	0.068	0.000 ***
work			0.037	0.000 ***	0.041	0.000 ***
age					0.054	0.008 ***
age^2					－0.0004	0.059 *
mig					－0.362	0.004 ***

注：***、** 和 * 分别表示在 1%、5% 和 10% 水平上显著。

全样本回归结果显示：第一，居住质量和就业质量高的流动人口更倾向于在流入城市定居，逐步回归结果中，居住质量综合评价指数均在 1% 水平上显著；第二，个体控制变量中，年龄对流动人口居留意愿的影响呈倒 U 形，随着年龄的增加，流动人口居留意愿增强，但当年龄大于临界值后，流动人口居留意愿呈下降趋势；第三，相较于与家庭成员一起迁移的流动人口，独自迁移的群体城市居留意愿更低。

（二）分样本回归结果

1. 分城市二元 logistic 回归

根据前述分类标准对流入地城市按规模进行分类，对超大特大城市、大城市和中小城市三类的分样本回归结果如表 9－18 所示。分析结果发现，居住质量依旧是流动人口居留意愿的显著影响因素。不论是超大特大城市、大城市，还是中小城市，居住质量都对人口的居留意愿有正向影响，居住质量越高，人们也更愿意选择定居。但从影响程度看，居住质量在大城市对流动人口居留意愿的影响程度要大于居住质量在超大特大城市以及小城市的影响。超大特大城市居住质量对流动人口居留意愿的影响小于就业质量对流动人口居留意愿的影响，而大城市和中小城市正好相反。另外，家庭迁移状况在中小城市中显著性较好，但是在超大特大城市和大城市影响并不显著，原因可能在于家庭化迁移的人群，小城市的生活成本更低，能有效分享家庭规模化迁移带来的优势。年龄对不同类型城市流动人口迁移意愿的影响均呈倒 U 形，但在大城市和中小城市影响结果不显著。

表 9－18　　分城市二元 logistic 回归结果

变量名称	超大特大城市		大城市		中小城市	
	系数	P 值	系数	P 值	系数	P 值
house	0.055	0.000 ***	0.078	0.000 ***	0.048	0.000 ***
work	0.059	0.000 ***	0.047	0.000 ***	0.040	0.000 ***

续表

变量名称	超大特大城市		大城市		中小城市	
	系数	P 值	系数	P 值	系数	P 值
age	0.134	0.057 *	0.025	0.301	0.095	0.187
age^2	-0.001	0.022 **	-0.0002	0.419	-0.0008	0.110
mig	-0.364	0.138	-0.100	0.572	-0.779	0.004 ***

注：***、** 和 * 分别表示在 1%、5% 和 10% 水平上显著。

2. 分房价二元 logistic 回归

在分房价二元 logistic 回归中，我们采用 K 均值法，对所有城市 2016 年商品住宅平均销售价格进行动态聚类，将所有城市分为三类：高房价城市①、中等房价城市②和低房价城市③。在本文所选取样本中，高房价城市有 8 个，中等房价城市有 21 个，低房价城市有 70 个。

表 9-19　　分房价二元 logistic 回归结果

变量名称	高房价城市		中等房价城市		低房价城市	
	系数	P 值	系数	P 值	系数	P 值
house	0.070	0.000 ***	0.080	0.000 ***	0.037	0.000 ***
work	0.054	0.000 ***	0.065	0.000 ***	0.036	0.000 ***
age	0.123	0.039 **	0.032	0.627	0.030	0.238
age^2	-0.001	0.075 *	-0.0003	0.742	-0.0003	0.336
mig	-0.071	0.764	-0.323	0.190	-0.469	0.022 **

注：***、** 和 * 分别表示在 1%、5% 和 10% 水平上显著。

从分房价二元 logistic 回归结果来看，居住质量在不同房价水平城市均在 1% 水平上为显著。说明不论是高房价城市、中等房价城市还是低房价城市，居住质量都是影响城市流动人口居留意愿十分重要的因素。具体来看，在居住质量方面，其在高房价城市和中等房价城市的影响力要比低房价城市高。高房价和中等房价的流动

① 高房价城市包括北京、上海、南京、杭州、厦门、广州、深圳、珠海。

② 中等房价城市包括天津、太原、沈阳、无锡、扬州、宁波、温州、嘉兴、台州、合肥、福州、泉州、漳州、青岛、郑州、武汉、佛山、惠州、东莞、中山、贵阳。

③ 低房价城市包括唐山、邢台、保定、张家口、晋城、运城、临汾、乌兰察布、鞍山、锦州、阜新、辽阳、盘锦、长春、松原、哈尔滨、徐州、宿迁、蚌埠、淮南、宣城、三明、赣州、上饶、潍坊、济宁、泰安、许昌、三门峡、商丘、荆门、荆州、黄冈、咸宁、长沙、湘潭、衡阳、郴州、娄底、江门、茂名、肇庆、梅州、河源、阳江、潮州、揭阳、云浮、钦州、贵港、百色、重庆、攀枝花、达州、资阳、六盘水、安顺、昆明、玉溪、迪庆藏族自治州、西安、宝鸡、延安、天水、张掖、平凉、陇南、西宁、中卫、乌鲁木齐。

人口住房成本过重，居住质量对其影响更为深刻，在较高房价的环境下，若是居住质量难以有提高空间，会抑制流动人口的居留意愿。年龄和年龄的平方项仅在高房价城市明显显著，这是因为高房价城市房价水平过高，生活压力大，在此类城市生活，年龄对流动人口居留意愿的影响十分敏感，呈现倒U形结构。当年龄低于临界值时，年龄越大，工作能力越强，收入越多，在城市生活的可能性越大；但是当年龄过大，就业选择性小，收入减少，不足以负担住房压力，从而选择不在此城市定居。

本文利用CLDS2014和CLDS2016数据，在一个框架内讨论了居住质量对流动人口居留意愿的影响，并对不同类型城市流动人口居住质量和居留意愿的差异进行了分析比较。研究发现：第一，居住质量对流动人口居留意愿具有显著影响，居住质量的提升会增强流动人口的城市定居意愿；第二，超大特大城市流动人口居住质量显著低于大城市和中小城市，而就业质量显著高于大城市和中小城市，不同居住质量的流动人口，其居留意愿存在明显差异，具体表现为居住质量更高的流动人口中，有城市居留意愿的人群比例更大。第三，从影响程度看，超大特大城市居住质量对流动人口居留意愿的影响小于就业质量对流动人口居留意愿的影响，而大城市和中小城市正好相反。第四，年龄对流动人口居留意愿的影响呈倒U形，而相较于独自迁移的流动人口，家庭化迁移的人群更倾向于在城市定居。

基于以上结论，我们认为只有真正做到人口在流入地的安居乐业，才是高质量的城镇化。当前我国在城镇化进程中，应注重利用市场化的就业政策和住房政策来促进人口在不同类型城市的均衡分布。一方面住房保障制度的完善应将有稳定职业并在城市居住一定年限的农民工逐步纳入保障体系，通过规划引导、社区服务和房租调控提高流动人口的城市居住质量；另一方面还需要依托政府、学校、社会组织，为流动人口就业提供继续教育支持，促进劳务市场供求结构匹配，提高其城市就业质量。

我国住房租赁主体主要由务工的流动人口和高校毕业生组成，随着城镇化进程的推进，高等教育的普及和国民结婚年龄的推迟，有租赁需求的群体数量不断增加。根据2017年流动人口动态监测调查数据显示，流动群体租赁私人住房占比高达77.39%，1/5的流动人口免费或支付较低费用居住在雇主或单位提供的职工宿舍、借住房或就业居所中，政府提供的公租房在流动人口的覆盖比例仅为1.13%，2017年租赁人口约为2.18亿，仅246万人入住公租房。房租压力在不同收入群体、不同区域和不同城市间分布情况不同，但都表现为低收入群体租房压力较大，租金占月总支出比例高者接近40%，低者在1/4左右，租金收入比整体均值在17%，接近1/5，租房压力较大。据此，我们提出以下建议：

第一，对低收入群体务工人员进行技能培训，保障低收入群体工资正常增长。

增长义务教育年限，把高中阶段纳入义务教育阶段，将义务教育年限由9年变成12年。同时完善对省内流动和省际流动务工人员培训体系，不断提高其工作技能，提升人力资本水平。规范企业用工制度，建立最低工资增长机制，保障低收入群体的工资水平。

第二，推进户籍改革制度，扩大公租房对流动人口的覆盖范围。我国目前流动人口能够申请公租房的人数较少，仅占总人数的1%，35个大中城市超过七成城市公租房对流动人口覆盖率不足0.5%，部分城市严格进行户籍限制，导致公租房一般只提供给本地具有租赁需求的居民户。政府部门可以根据职业、工作年限、缴纳社保和居留意愿等因素适当放宽限制条件，尽可能实现公租房的“应保尽保”。

第三，政府可出资或联合投资商出资建立流动人口出租公寓，流动人口出租公寓租金高于公租房但低于市场价格，满足收入处于“夹心层”的流动群体租住需求。若政府出资建造流动人口出租公寓，可由政府直接管理，或委托居委会、村委会管理，政府监督管理；若政府企业联合投资建造，可由联合投资人管理或委托第三方管理，政府起监督指导作用。

第四，建立住房租赁市场管理制度，规范我国住房租赁市场。目前超过八成的流动人口选择租赁私人住房解决居住问题，集约化程度较低，租客搜寻成本较高，管理不规范，房租与租客之间存在严重的信息不对称。政府可建立租赁平台与商业性租赁平台共同解决租客搜寻房源问题，同时鼓励长租公寓发展，鼓励房地产企业或房屋中介企业整合私人房源，整体或分散式集中管理租赁，降低管理成本。

中国住房租赁市场与住房投资

第一节　住房租赁市场与住房资产市场

住房市场可以分为住房租赁市场和住房资产市场。之所以要划分为两个市场，是由于住房具有双重属性，不同属性在不同的细分市场上体现，而影响这两个市场供求关系的因素也不相同。当然，两个市场之间也存在着紧密的联系。

一、住房的消费属性和投资属性

（一）住房的消费属性

住房的消费属性是指住房能满足居民的居住需求。居住需求是居民的基本需求或刚性需求。

从微观层面看，住房消费对于劳动力再生产具有重要意义。住房是劳动力再生产所必需的消费品，除了工作时间之外，劳动者大部分时间都是在家里，住房是劳动力再生产的重要场所。住房是耐用消费品，如果购买住房，所支付的价格相对较高，需要劳动者多年的积蓄作为首付款，并持续进行贷款的偿还；如果租住住房，支付的租金在工资中占比较高。房价和房租的波动会对劳动者的生活质量直接产生影响。

从宏观层面看，住房消费对整个社会再生产也有重要影响。住房消费是住房生产的最终环节，住房消费直接关系到住房这种商品的价值能否实现。房地产业在国民经济中占据重要地位，其价值实现受阻很可能直接影响整个国民经济的发展。此外，劳动是生产中的重要要素，住房消费直接影响劳动力再生产的数量和质量，最终提供的劳动数量和质量会影响经济生产的产出数量和质量。

（二）住房的投资属性

住房的投资属性是指住房能满足投资者的投资需求。投资者获取住房是为了获得资本回报。

住房属于长期耐用品，可以为投资获得收益提供广阔的时间机会。劳动者支付的租金可以给住房所有者提供持续的现金流，从这个角度来看住房具有资产特性。而且由于住房必须依托土地进行建设，随着人口增加，居民的生活水平不断提高，整个社会对住房的需求长期来看处于上升趋势，对土地的相应需求也越来越大；而由于土地资源的稀缺性、不可再生性，土地的供给相对紧张，导致住房从长期来看具有不断升值的潜力。这些特点使得住房不仅是一种消费品，也是一种重要的资产。

住房一旦成为资产，其价格在供求关系等因素影响下可能剧烈波动。巨大的价格波动空间可能吸引巨额资本投入，进而导致住房投机。

对住房有消费需求的劳动者，主要是为了获得住房的使用价值，其收入来源主要是提供劳动而获得的工资。对住房有投资和投机需求的投资者，主要是为了获得交换价值，其收入来源是工资、投资收益等。从人数来说，住房消费者远多于住房投资、投机者；但住房投资、投机者拥有的货币数量远多于住房消费者。

住房消费者支付的货币是为了获取住房使用权这种消费品，对于他们来说，支付的代价越低越好，他们不希望住房价格上涨。住房投资、投机者支付的货币是为了获得资本的增值，他们的收益来源于住房价格的上涨，因此他们希望住房价格大幅上涨。

住房一旦资本化，其后果必然是住房价格不断被抬高，真正的住房消费者被高房价排挤出住房市场，住房投资、投机者获得高额收益。由投机导致的住房价格上涨，会增加少数进行投资、投机的多套住房所有者的收益，而对只有一套住房或没有住房的劳动者来说，没有什么实际收益，甚至会加重他们的住房负担。

因此，回归住房的消费属性可以改善居民的住房和民生问题，增进社会福利。住房长效调控的目标就是抑制住房的投资属性，实现住房的消费属性。

二、住房租赁市场

住房租赁是指住房所有者或经营者将其所有或经营的住房交给消费者使用，住房消费者通过定期交付一定数额的租金，取得住房的占有和使用权利的行为。

住房租赁是住房使用价值零星出售的一种商品流通方式。住房消费是一种持续的消费行为，定期地持续支付使用代价（租金）和住房消费形式是吻合的。以自住为目的的住房购买可以看作是一次性提前支付多年的租金。住房租赁充分体现了住房的消费属性。

住房租赁市场上的需求是居民的住房使用（消费）需求，供给来源于市场上的存量住房。供求双方相互作用，形成均衡租金和均衡租住量。住房租赁市场上的需求由当地人口、经济发展水平等因素决定。一般来说一个城市人口越多，净流入人口越多，租赁需求量也相应越大；经济发展水平越高，居民对租住住房的面积、质量要求越高。住房租赁市场上的供给等于前一期存量加上当期增量减去当期报废退出市场量。

住房租赁市场的健康发展有利于住房消费属性的回归，从而可以真正发挥长效机制的积极作用。租赁市场的发展可以满足部分中低收入者和流动人口的居住需求。每期支付租金相对于一次性支付购房价款，资金压力大幅度降低，中低收入者的住房问题更容易解决。而租赁住房更便于人口流动，可以更好地促进人力资本在地区间的优化配置，促进国民经济的发展。从世界和中国的经验来看，人口流动性大、迁移程度高的国家、地区、城市，往往充满经济增长活力。稳定的租赁市场是最接近真实住房需求的市场，稳定的租金价格可以保护真实的住房需求，改变市场恐慌性购房的预期，发挥抑制泡沫的作用。

仅仅依靠市场上居民、企业自发的出租、承租行为难以形成真正成熟的住房租赁市场，政府必须通过法规、政策等来规范、鼓励租赁市场的发展。首先，政府作为供给主体为低收入者提供廉租房、公租房等；第二，政府为建设、运营租赁住房的企业提供优惠政策，鼓励机构化、规模化的住房租赁企业发展；第三，政府主导建立住房租赁交易服务平台，建立住房租赁信息发布标准，确保信息真实准确，规范住房租赁交易流程，保障租赁双方特别是承租人的权益，运用信用手段，解决信息不对称问题，降低交易费用，在市场供求双方之间建立信任关系，促进交易。

三、住房资产市场

在住房资产市场上，住房被当作一种资产被个人或企业持有和交易，其目的是获取投资收益。投资收益包括两部分：一是在拥有住房期间持续获得的租金，二是在转售时所实现的增值收益。

为获得住房资产所带来的投资收益，必须拥有住房的所有权，这一点与住房租赁市场上，租户只获得住房的使用权是不同的。

住房资产市场中的需求者即住房投资者，是希望通过拥有住房而获取收益的个人和机构投资者，新增供给的来源则是新建的住房数量。

住房资产市场上的需求主要是投资需求，住房资产市场上的交易充分体现了住房的投资属性。

市场上的需求者即投资者会将住房投资的收益和风险与其他资产进行比较，如果在同等风险程度下住房投资收益高于其他资产，则购进住房。由于住房所依托的土地可以永久存在，不会毁损、消失，而且土地的有限性决定了住房具有保值增值性，一般投资者认为住房投资更安全，在同等收益的情况下更愿意选择住房投资。

投资者的需求取决于其对住房未来租金和住房价格变化的预测，尤其是对住房价格变化趋势的预测。当投资者认为住房价格会大幅上涨时，会增加对住房的需求；如果住房资产市场上的需求超过了现有供给量，导致住房价格上涨，开发商会决定增加住房开发量。由于开发商从作出开发决策到最终在市场上提供住房进行出售或预售，需要一定的开发期，在短期内无法大量增加住房供给，即住房的供给具有一定的刚性，增加的需求在被满足之前会持续推高房价。而房价的进一步上涨会强化投资者的房价上涨预期，会进一步增加需求。因此，住房资产市场的过度发展，容易引起房地产泡沫。

为了住房市场的健康发展，各国政府都对住房资产市场有一定的调控，主要是对投资、投机性购房的限制。例如，我国当前通过限购政策直接取消居民对多套房的购买资格；采用限贷政策，对购买二套房的居民贷款采用更高的首付款比例和更高的贷款利率，直接停止对三套及以上住房的贷款。例外，有很多国家都通过税收制度打击投机需求。例如，英国的土地印花税根据住房价值征收，采取超额累进税率，购买首套住房税率为0—12%，二套及以上各档税率提高3或4个百分点且免税额度更低；对转让投资性住房的收益征收资本利得税。德国也对房地产交易征收差价赢利所得税。

四、住房租赁市场与住房资产市场的联系

住房租赁市场与住房资产市场紧密联系。住房资产市场和租赁市场经济变量之间的联系可以用房地产市场四象限静态模型来分析，如图10－1所示。

（一）影响住房供求的主要因素

根据经典的需求理论可知价格是影响商品需求的主要因素，在住房资产市场中，住房价格影响住房需求。除了价格以外，还有其他因素影响住房需求。在租赁市场上，交易的商品是住房使用权，其价格是租金。租金的水平取决于租赁市场上的供求情况。

住房的新增供给主要来源于新项目的开发建设，并且取决于这些住房的资产价

格与之相关的重置成本或者建造成本。从长远来看，在住房资产市场上，住房的市

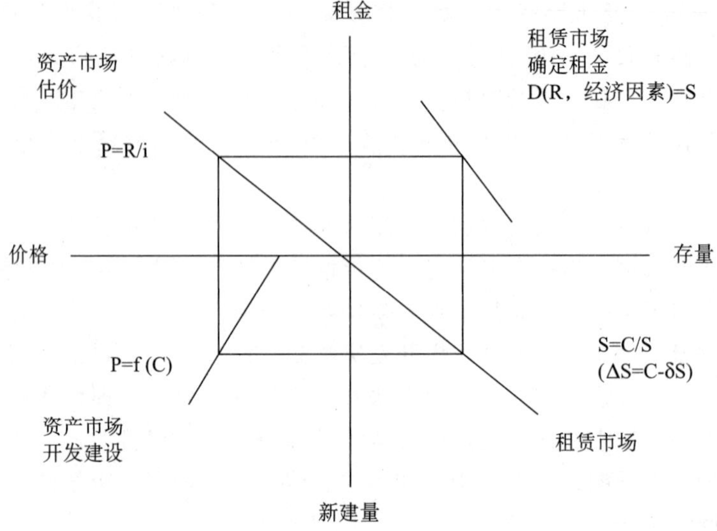

图 10－1　住房资产市场与租赁市场四象限模型

场价格应该等于包括土地成本在内的开发成本；然而就短期来看，由于住房开发过程中存在开发周期较长和滞后现象，影响住房供给的主要是存量房数量。

（二）两个市场实现均衡的四象限模型分析

图 10－1 中右侧的第一和第四象限代表住房租赁市场，左侧的第二象限和第三象限代表住房资产市场。

第一象限分析是四象限分析的起点，研究范围是住房租赁市场，具有租金（纵坐标）和存量（横坐标）两个坐标轴，住房使用权需求线 D(R) 代表租金和租住量的关系。从图中可以看出，D(R) 向右下方倾斜，表示租金和住房租住量呈负相关关系，即在其他条件保持不变的情况下，住房供给量越大，租金水平越低；住房供给量越小，租金水平越高。D(R) 曲线的形状除了向右下方倾斜以外，还可以垂直于水平轴或者平行于水平轴。如果不管租金如何变化，住房租住需求数量不变（非弹性需求），那么 D(R) 则会变成一条几乎完全垂直的线；如果住房租住需求量相对于租金的变动非常敏感，则 D(R) 就会变成一条几乎完全水平的线。其他经济因素，如人均可支配收入水平、经济增长等，会影响曲线上下移动；此外，其他社会因素，例如传统观念、法律环境等也会导致曲线上下移动。例如，当经济增长时，曲线会向上移动，表明在租金不变的情况下，住房租住需求增加；当经济衰退时，曲线会向下移动，表示住房租住需求减少。显然，需求是租金 R 和经济状况的函数。

住房存量是租赁市场上的最大供给量。用 S 表示供给量，供求均衡可以表示为：

$$D（R，经济状况）=S \quad （式 10.1）$$

住房租住需求 D 和住房供给量 S 达到均衡，确定均衡租金水平 R。

第二象限代表资产市场的一部分，其横坐标表示住房价格，纵坐标与第一象限一样表示住房租金水平。一条经过原点的射线表示住房价格与租金水平之间的关系，其斜率表示住房资产的资本化率（i），即租金与价格的比值。一般来说，确定资本化率需要考虑四个因素：经济活动中的长期利率、预期的租金上涨率、与租金收入流量相关的风险和政府对住房的税收政策。当射线顺时针转动时，表示资本化率提高；当射线逆时针转动时，表示资本化率降低。与租金相比，资本化率是衡量购房投资的相对收益水平。它被看成是一种外生变量，根据利率和资本市场上各种资产（股票、债券、存款）的投资回报确定的。因此，第二象限的目的在于根据资本化指标，估算出住房价格 P，即：

$$P=R/i \quad （式 10.2）$$

第三象限是住房资产市场的一部分，纵轴表示新开发建设量，横轴与第二象限一样表示住房价格。在这个象限中，曲线 f(c) 向左下方倾斜，表示新开发建设量与住房价格呈正相关关系，即在其他条件不变的情况下，随着价格的上涨，新开发建设量也会增加。f(c) 曲线的形状除了向左下方倾斜以外，还可以垂直于或者平行于横轴。如果新建设量基本不受住房价格的影响，则曲线 f(c) 会接近于垂直；如果新开发建设量对住房价格非常敏感，则曲线 f(c) 会接近于水平。从第三象限某个住房价格水平 P 向下引出一条垂线，同时，在某个新开发建设量水平向左引出一条水平线，两者的交点便是均衡点，就可确定在这一价格水平下的新开发建设量。则：

$$P=f(c) \quad （式 10.3）$$

第四象限代表住房租赁市场，横坐标与第一象限一样表示住房存量，纵坐标与第四象限一样表示新开发建设量，过原点的射线表示存量与新开发建设量的关系。经过原点的射线表示在其他条件不变的情况下，如果住房增量（新开发建设量减去折旧）为 0，则住房存量保持不变；如果增量大于 0，则存量增加；如果增量小于 0，则存量减少。在其他条件保持不变的情况下，存量的变化又会引起住房租金水平的变化（如第一象限所示）：存量增加，租金水平下降；存量减少，租金水平上升。

从四象限模型可以看到，住房存量的变动导致租金 R 的变动，然后通过 R/i 引起住房价格的变动，在住房价格变动的基础上，新开发建设量变化，从而引起存量的变化。住房租赁市场和住房资产市场通过不同变量之间的动态调整，使得市场内部达到静态均衡。

第二节　住房租金与住房价格

住房租金是住房租赁市场上的重要信号，反映住房租赁市场的供求关系；住房价格是住房资产市场的重要信号，反映住房资产市场的供求关系。住房租赁市场和住房资产市场通过这两个信号的相互作用联系起来。

一、住房租金和住房价格关系的理论分析

（一）住房租金对住房价格的影响

把住房看作投资品，住房价格是住房资产的市场价格，住房租赁价格则是住房资产所产生的红利。当住房所有者出售其住房，就意味着把未来获取收益流的权利让渡给了别人，这种让渡需要得到补偿，这种补偿至少要和未来收益流的现值等价，否则住房所有者宁肯保留住房收益流的权利。

因此，住房价格等于未来所有住房租金的现值之和，两者之间存在合理的折现率。

$$P=\frac{A_1}{1+Y_1}+\frac{A_2}{(1+Y_1)(1+Y_2)}\cdots+\frac{A_n}{(1+Y_1)(1+Y)\cdots(1+Y_n)}$$

（式 10.4）

假设每年住房出租租金收益相等，每年的折现率相等，由于我国住房用地到期后可以自动续期，可以假设住房收益年限为无限年，简化得到：

$$P=\frac{A}{Y}$$ （式 10.5）

从式 10.5 可以看到，当折现率 Y 一定时，租金与房价正相关。当房租上涨时，房价也上涨；当房租下降时，房价也下降。需要注意的是，住房价格不仅仅取决于租金。当市场上住房投资的安全性和投资收益率超过其他投资产品时，投资者愿意接受较低的住房投资收益率，即更低的 Y，即使租金价格不变，住房价格也会被推高。反之，当投资者要求更高的投资收益率时，租金价格不变，住房价格下降。

另外，住房投资的收益不仅来源于租金，还来源于住房转售收入。假定持有住房 t 年后，在第 t 年年底可以按 P_t 的价格出售住房，则当前住房价格可以表示为：

$$P=\frac{A}{Y}\left[1-\frac{1}{(1+Y)^t}\right]+\frac{P_t}{(1+Y)^t}$$ （式 10.6）

所以，除了房租、折现率之外，投资者对住房未来价格的预期，也会导致住房价格的变化。当住房价格较长时间以来一直处于上涨趋势，投资者会对未来住房价格产生进一步上涨的预期，即使当前的租金水平、投资收益率不变，投资者也愿意支付更高的价格来购买住房。

（二）住房价格对住房租金的影响

根据（式 10.5）可以得到：

$$A = YP \quad \text{（式 10.7）}$$

从式 10.7 可以看到，住房租金和住房价格正相关，当房价上涨时，房租也上涨；当房价下降时，房租也下降。住房价格的变化会影响住房租赁投资的成本，这一成本需要通过未来的投资收益即租金来回收，可能导致住房租金的变化。需要注意的是，租金不仅仅取决于住房价格。当市场上住房投资的安全性和投资收益率超过其他投资产品时，投资者愿意接受较低的住房投资收益率，即更低的 Y，即使住房价格上升，租金也可能不发生变化，甚至可能下降。反之，如果投资者要求的投资收益率上升，住房价格的上涨肯定会推高租金水平。

同样，住房投资的收益不仅来源于房租，还来源于住房转售收入。假定持有住房 t 年后，在第 t 年年底可以按 P_t 的价格出售住房，则租金可以表示为：

$$A = [P(1+Y)^t - P_t]\frac{Y}{(1+Y)^t - 1} \quad \text{（式 10.8）}$$

所以，除了住房当前的价格、折现率之外，住房价格的变化趋势使投资者形成价格预期 P_t，也会导致投资者对租金接受程度的变化。如果投资者判断未来住房价格会持续上涨，可以从住房转售获取更大的现金收入，当前则会愿意接受较低的租金。

二、住房租金与住房价格关系的现实表现

（一）住房租金与住房价格现状

利用 32 个大中城市 2015 年 1 月至 2019 年 5 月租金和房价的月度数据，我们描绘出这 32 个城市的住房出售和租赁的月度价格（如图 10－2 所示）。高房价对应较高的住房租赁月度价格，低房价对应相对较低的住房租赁月度价格。整体来看租金和房价长期的变化趋势大致相同，但租金和价格的变化趋势并非完全相同。一方面，房价和租金的变化幅度并非完全相同；另一方面，房价、房租长期同向的变化趋势存在时间上的差异。从图 10－2 可知，在房价平稳上升时，房租整体也呈上升姿态，但在上升途中租金或存在上下震荡、横盘甚至短期回落的情形。在房价下降时也与

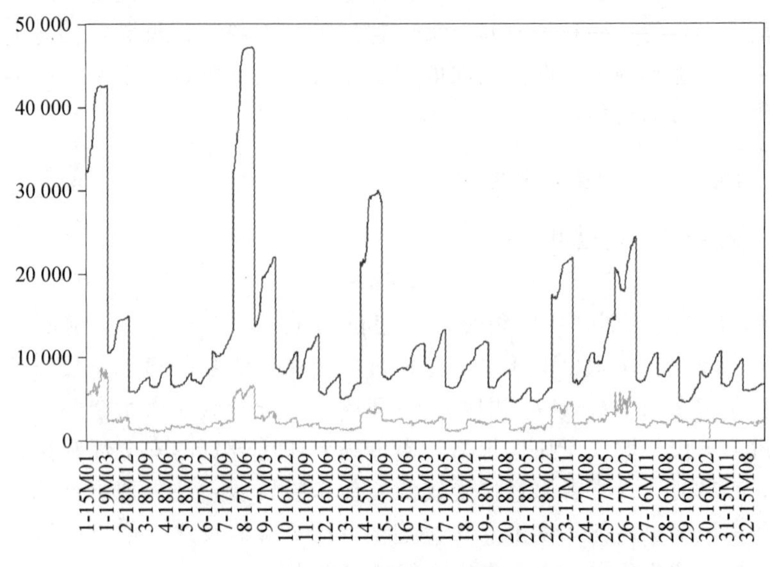

图 10－2　房价与租金的月度数据比较

此类似。

（二）PVAR 模型检验

1. 变量选择、样本选取与数据来源

根据前文的理论分析，本文选择了住房租金、住房价格变量，另外选择了上一期住房价格增长率代表人们对住房价格的适应性预期。

本文以 70 个大中城市中 32 个城市 2015 年 1 月至 2019 年 5 月的房价、住房租金、前一期房价增长率 3 个指标的月度数据作为面板数据，分析住房租金与住房价格的相互关系。

本文选取的这 32 个大中城市包括北京、天津、唐山、秦皇岛、呼和浩特、沈阳、大连、上海、南京、金华、合肥、蚌埠、安庆、厦门、泉州、济南、青岛、济宁、郑州、长沙、岳阳、常德、广州、湛江、海口、三亚、重庆、成都、贵阳、昆明、西安、西宁。其中，租金数据源自中国房地产业协会主办的禧泰房地产大数据，房价数据源自 Wind 数据库里的百城样品住宅均价。

各变量描述性统计如表 10－1 所示，不同城市的平均房价和平均租金差异较大，房价增长率均值为 0.6%。

表 10－1　　变量描述性统计

变量	房价 price/元/平方米	租金 rent/元/平方米/月	房价增长率 growthrate
均值	11 915.87	2 435.391	0.0061023
最大值	4.72E+04	8.82E+03	0.9917
最小值	4 472	206.74	－0.0364
方差	8 532	2 108.98	0.00425
样本量	1 696	1 696	1 696
截面变量	32	32	32

2. 模型设计与变量定义

本文拟构建 PVAR 模型探讨住房租金和住房价格的相互关系。PVAR 模型将传统的 VAR 模型和面板数据结合，既允许所有变量都内生，又允许不同样本间个体异质性的存在，可有效说明变量之间的关系。

$$y_{it} = \sum_{j=1}^{m} \beta_{ij} y_{it-j} + e_{it}，其中 i = 1，2，\cdots，32 \qquad （式 10.9）$$

Y_{it} = [price rent growthrate]，包含 3 个元素的列向量，i、t 分别表示地区和时间。price 为住房价格，rent 为住房租金，growthrate 是上一期住房价格增长率；$\sum_{j=1}^{m} \beta_{ij} y_{it-j}$为各期 y_{it}滞后项的加总；m 为滞后阶数；β_{ij}为各滞后项的系数，表示对 y_{it}的解释程度；e_{it}为随机干扰项。

3. 实证分析过程

（1）变量的平稳性检验。为避免伪回归，在回归前需对模型中的变量进行单位根检验。面板单位根检验包括同质面板单位根检验和异质面板单位根检验，本文通过 LLC 检验进行同质面板的单位根检验，通过 IPS 检验进行异质面板的单位根检验。对于 price 序列、rent 序列和 growthrate 序列，LLC 检验、IPS 检验显示存在单位根的概率均小于 10%（如表 10－2 所示）。因此，可以认为在 10% 显著性水平条件下，price、rent、growthrate 不存在单位根。

表 10－2　　单位根检验结果

变量	Levin－Lin－Chu	Im－Pesaran－Shin
price	－5.8848*** (0.0000)	－1.3988* (0.0809)
rent	－6.3201*** (0.0000)	－6.3220*** (0.0000)

续表

变量	Levin - Lin - Chu	Im - Pesaran - Shin
growthrate	-1.4e+02*** (0.0000)	-50.2557*** (0.0000)

注：括号内为统计量对应的 P 值。*、**、*** 分别表示统计量在 10%、5% 和 1% 水平上显著，下同。

（2）最优滞后阶数选取。根据 BIC、AIC、QIC 准则对这一模型的最优滞后阶数进行选择。根据检验结果，BIC 在滞后 1 阶时最小，AIC、QIC 在滞后 3 阶时最小（如表 10-3 所示），故这一模型最优滞后阶数为 3 阶。

表 10-3　　PVAR 模型滞后阶数选择

lag	AIC	BIC	QIC
1	-18.86716	-440.343	-176.7449
2	-39.10249	-413.7477	-179.4382
3	-68.0438	-395.8583	-190.8376

（3）PVAR 的 GMM 估计。根据最优滞后阶数对 3 个面板进行 PVAR 的 GMM 估计，结果如表 10-5 所示。在 10% 显著性水平上，房价受租金和房价自身的影响，租金受自身的影响，预期受租金和房价的影响（如表 10-4 所示）。

表 10-4　　GMM 估计结果

		h_price	h_rent	h_growthtate
L3. h_price	b_GMM	-0.19089157	0.07945791	-1.352e-08
	se_GMM	0.11109292**	0.11669894	4.184e-06
	t_GMM	-1.7183055	0.68087946	-0.00323129
L3. h_rent	b_GMM	-0.04231069	0.09273064	-2.499e-06
	se_GMM	0.03021139*	0.04520413***	1.606e-06*
	t_GMM	-1.4004878	2.0513754	-1.555492
L3. growthtate	b_GMM	23.525626	33.53194	-0.01018559
	se_GMM	140.09942	69.233913	0.01278929
	t_GMM	0.16792093	0.48432826	-0.7964153

（4）PVAR 模型稳定性检验。在确定最优滞后阶数后，我们重新对面板进行 PVAR 回归并检验其模型稳定性。对面板进行最优滞后阶数的 PVAR 回归后，在其稳定性检验中特征值的模型均小于 1（如表 10-5 所示），这表示最优滞后阶数 PVAR 回归模型是稳定的。

表 10-5　　PVAR 模型稳定性检验

特征值		模
实特征值	虚特征值	
0.9321785	0.0362621	0.9328835
0.9321785	-0.0362621	0.9328835
0.44903	0.4681984	0.6487201
0.44903	-0.4681984	0.6487201
-0.2273051	0.5575413	0.6020962
-0.2273051	-0.5575413	0.6020962
-0.3490065	0.4333258	0.5563963
-0.3490065	-0.4333258	0.5563963
-0.5317543	0	0.5317543

（5）格兰杰因果检验。根据所用数据，格兰杰检验显示，在10%显著性水平上，房价和租金在统计上互为因果关系，租金和房价分别是房价预期的格兰杰原因。与此相反，房价预期在所用数据的统计上不拒绝不是租金和房价的格兰杰原因。这表明根据格兰杰因果检验，预期对房价和租金的影响尚不能确定（如表 10-6 所示）。

表 10-6　　Granger 因果关系检验结果

原假设	P 值	结论
price 不是 rent 的格兰杰原因	0.000	拒绝
price 不是 growthrate 的格兰杰原因	0.000	拒绝
rent 不是 price 的格兰杰原因	0.000	拒绝
rent 不是 growthrate 的格兰杰原因	0.000	拒绝
growthrate 不是 rent 的格兰杰原因	0.127	不拒绝
growthrat 不是 price 的格兰杰原因	0.845	不拒绝

（6）脉冲响应分析。脉冲响应函数描述的是在随机误差项上施加 1 个单位的冲击后对内生变量当期和未来值的影响。本文对 PVAR 模型进行了脉冲响应分析，观察给随机误差项 1 个标准差的冲击各变量的当期值及未来各期值的变动情况。

首先，给予租金 1 个标准差的正向冲击，会导致房价、房价预期下降和租金本身的上升，可知租金对房价和预期有一定影响。其次，给予房价 1 个标准差的正向冲击，房价预期、租金和房价自身都随之上升，表明房价对房租、预期有正向影响。最后，从脉冲响应中可知，当给予房价预期 1 个标准差的正向冲击，房价预期对租金、房价有负向影响（如图 10-3 所示）。

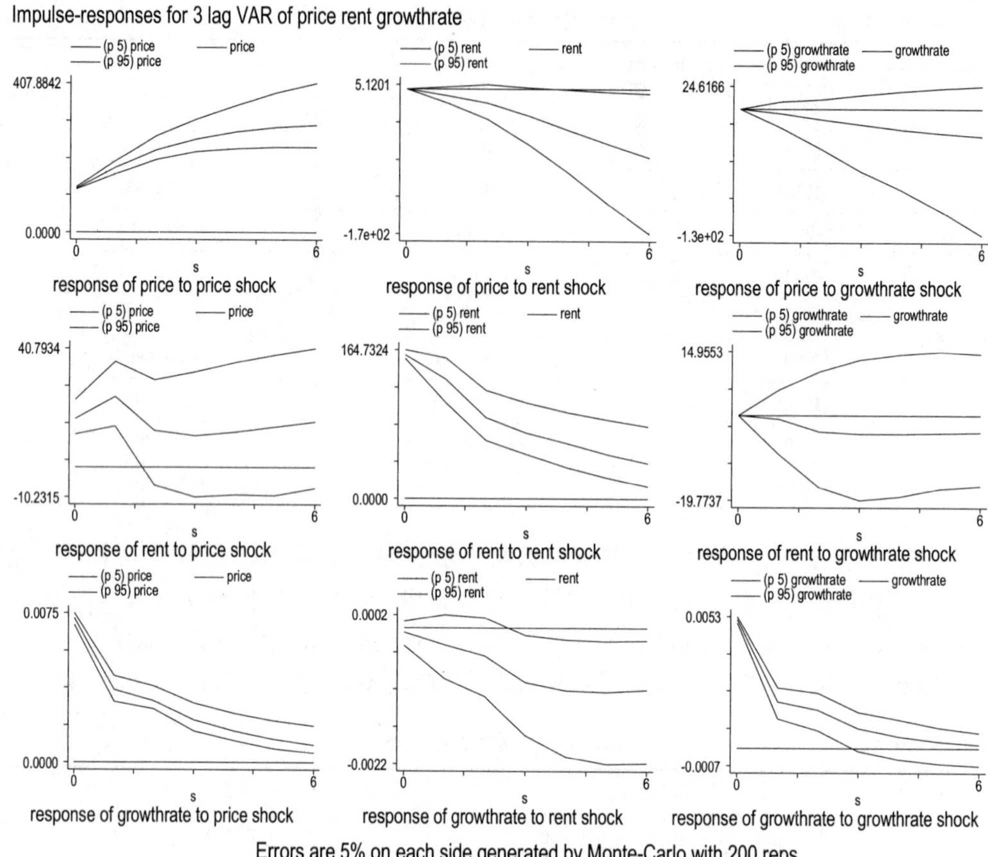

图 10－3　脉冲响应图形

此外，由于在面板中房价预期指标存在负值，模型的矩阵非正定，在对 PVAR 模型的分析中无法进行方差分解，故在此省略。

（三）实证检验结论

本文通过租金、房价和房价预期指标，采用面板 VAR 模型研究住房租金与住房价格的动态关系，得到以下结论：

租金和房价相互影响，互为因果关系。给予租金 1 个标准差的正向冲击，会导致房价、房价预期下降和租金本身的上升；给予房价 1 个标准差的正向冲击，房价预期、租金都随之上升。

房价预期对房价和租金成负向影响。根据脉冲响应分析，给予房价预期 1 个标准差的正向冲击，会对租金、房价造成下降趋势的负向影响。这或与国家的宏观调控有关。

第三节　住房租赁市场与住房开发投资

住房投资是一定经济主体为获取预期不确定效益而将现期的一定资金转化为住房资产的行为和过程。按投资形式的差异，可以将住房投资分为住房开发投资和住房购置投资。

一、住房开发投资分类

住房开发投资是指投资者从购买土地使用权开始，经过项目策划、规划设计和施工建设等过程，建成住宅，然后通过销售或出租，从而收回投资、获取收益的投资活动。住房开发投资形成了住宅市场的增量供给。

根据住房开发投资回收资本、获取收益的不同形式，住房开发投资可分为以销售为目的的住房开发投资和以出租为目的的住房开发投资。

（一）以销售为目的的住房开发投资

以销售为目的的住房开发投资是指投资者购买住宅用地使用权，经过开发、建成住宅后，通过售卖回收住宅开发的投资资金并获取开发利润。

相比于以租赁为目的的住房开发投资，以销售住宅为目的的住宅开发投资回收资金的速度快，开发商的资金压力相对较小。

开发商在投资时主要关注未来住房销售价格和开发成本。

（二）以出租为目的的住房开发投资

以出租为目的的住房开发投资是指投资人购进土地使用权，建成公寓或住房后通过租赁获取收入，回收开发投资资金并获取收益。在我国，房地产商主要购进商业用地、工业用地、自持性土地或者普通住宅用地来建造公寓进行出租。

以出租为目的的住房开发投资一般从长期投资的角度出发，可获得租金收益、资产增值等方面的利益。

相比于以销售为目的的住房开发投资，以出租为目的的住房开发投资回收投资资金的速度慢，房地产商资金压力大，出现资金链断裂的可能性较大。

房地产商主要关注住房未来的租金收益和住房开发成本，也会考虑资产的增值性。

二、住房租赁市场对住房开发投资的影响机理和现实表现

（一）住房租赁市场形成对住房开发投资的需求

住房开发投资为住宅市场提供增量供给。当住房租赁市场上现有房源无法满足现有租赁需求时，会对住房开发投资形成新的需求，开发投资直接或间接地为租赁市场提供新房源。

住房租赁市场是解决城市中低收入群体和流动人口住房问题的有效途径。各国的住房市场中都有相当比例的租赁部分。住房租赁市场的新增需求量和需求结构会影响住房开发投资量和结构。

当一个城市的流动人口增加时，租赁需求随之增加，这会促进住房开发投资的增加。如果一个城市中租赁市场房源数量、质量、类型等不能满足租赁需求，开发投资会增加以提供满足租户需要的房源。如果一个城市中租赁市场以居民个人提供的零散房源为主，供给量和管理等不能满足日益发展的租赁需求，以出租为目的的开发投资会增加，以增加集中式租赁房源，并提供更规范化的、多元化的管理和服务。

（二）住房租赁市场对住房开发投资的影响

住房租赁市场的变动使得以销售为目的的住房开发投资的收益受到影响，进而对这一类住房开发投资产生影响。

如果租赁市场需求增加导致房租上涨，根据前文分析，房租上涨可能引起住房价格上涨，以销售为目的的住房开发投资会增加。开发投资的增加会增加对土地、建筑材料、人工等的需求。由于土地具有有限性，难以大幅度增加供给，土地价格会明显上升，最终导致住房开发成本增加。如果房价上涨的部分被开发成本上升抵消，开发投资会趋于稳定；如果开发商预期房价上涨的幅度高于开发成本上升的程度，则开发投资仍然会不断增加。

以出租为目的的住房开发投资是住房租赁市场供给渠道之一。住房租赁市场对以出租为目的的住房开发投资的影响机理可以被看作住房租赁市场对市场部分供给的影响。

以出租为目的的住房开发投资的收益主要是未来的租金，投资成本是住房开发成本。租金、租金预期变化、住房开发成本会影响以出租为目的的住房开发投资。

租金和租金增长预期对投资者意味着更高的利润和更充裕的现金流，此时以出租为目的的住房开发投资会增加。如果房租上涨引起住房价格上涨，以销售为目的

的住房开发投资也会增加。同样，开发投资的增加会增加对土地、建筑材料、人工等的需求，最终导致住房开发成本增加。如果租金上涨带来的收益增加被开发成本上升抵消，开发投资会趋于稳定；如果开发商预期房租上涨带来的收益增长幅度高于开发成本上升的程度，则开发投资仍然会不断增加。

相反，租金和租金预期的下降对投资者意味着更少的利润和更少的现金流，此时以出租为目的的住房开发投资会减少，资金将投入收益率更高的产品。如果房租下降引起住房价格下降，以销售为目的的住房开发投资会减少。开发投资的减少，会导致对土地、建筑材料、人工等需求的减少，住房开发成本可能下降。当开发成本的下降程度超过租金下降带来的收益减少幅度，会使以出租为目的的住房开发投资增加；如果开发成本的下降程度超过房价下降带来的收益减少幅度，以出售为目的的住房开发投资也会增加（如图 10－4 所示）。

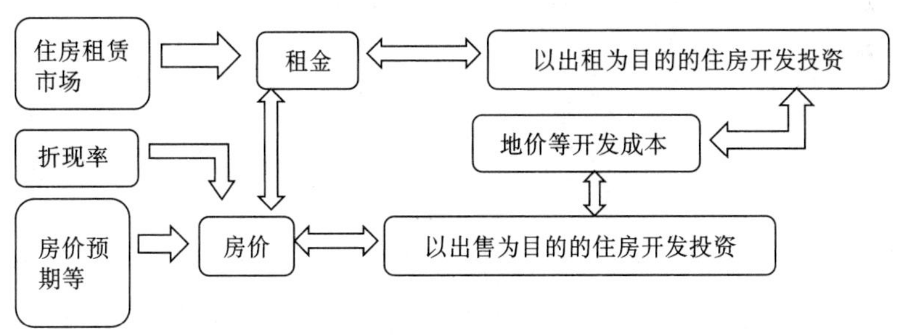

图 10－4　住房租赁市场影响住房开发投资的机制

（三）现实表现

由于我国多年来对住房市场“重售轻租”，住房租赁市场规模小，缺乏统一管理，住房购买需求旺盛，住房租赁市场和住房资产市场关系失衡。2015 年住建部出台《关于加快培育和发展住房租赁市场的指导意见》。2016 年国务院 39 号文提出鼓励房地产开发企业开展住房租赁业务，明确提出“租售并举”，通过多项政策鼓励住房租赁市场的发展。这些政策会影响以出租为目的的住房开发投资。

2016 年开始我国加大自持土地供给，北京、上海、杭州、广州、南京等各地都相继试行，土地成交也从价高者得，变成竞自持面积、自持年限、自持比例，鼓励开发商建设长租公寓。这是从土地出让环节来促进以出租为目的的住房开发投资。自 2016 年 11 月首宗自持地块成交至 2019 年 7 月底，全国共计成交自持地块 447 宗，可供给租赁住房 1 591 万平方米。[①]

① 中指研究院，2019 年 7 月长租公寓市场月报。

此外，由于目前我国住房购买需求旺盛导致住房价格快速大幅上涨，也推高了城市地价，提高了住房开发投资开发成本，导致以出租为目的的开发投资收益低，开发投资积极性不高。据推算，开发商购进住宅用地开发商品房用于出租，大部分年收益只有1%~2%。2017年8月，国土资源部、住房和城乡建设部联合印发《利用集体建设用地建设租赁住房试点方案》，根据地方自愿原则，确定了北京、上海等第1批13个试点城市。由于集体建设用地土地价格相对较低，利用集体建设用地建设租赁房降低了开发成本，提高了以出租为目的的住房开发投资收益，年投资回报率可以达到5%以上，从而可以促进以出租为目的的住房开发投资。

三、住房开发投资对住房租赁市场的影响机理和现实表现

（一）住房开发投资为住房租赁市场提供新增房源

以出租为目的的住房开发投资为住房租赁市场直接提供房源。通过这种方式提供的是集中式长租公寓。这种公寓方便集中管理，很多都设置有公共空间和公用设施。

目前我国自建长租公寓的主要是有国有背景或者是开发商和酒店系的企业。国有性质公司主要提供保障性或政策性租赁住房，住房主要提供给本区的引进人才、外来务工人员等，实行过程中多数会向高学历的引进人才倾斜。开发商主要是在商业用地、工业用地、自持用地、住宅用地、试点城市的集体建设用地上建设租赁住房。开发商提供的长租公寓有不同的定位，针对青年创业者、女性、蓝领、高级白领等不同的客户群。

以出售为目的的住房开发投资间接地为住房租赁市场提供了部分房源。除了以自住为目的的购房之外，部分居民和企业通过购置住房进行出租来获取投资收益，主要提供分散式的租赁房源，也提供少数集中式的房源。

（二）住房开发投资对住房租赁市场的影响

以出租为目的的住房开发投资增加时，一方面，住房租赁市场的住房供给会增加，在租住需求不变时，住房租赁市场会有一个更低的均衡租金价格和更高的均衡交易量；另一方面，当以出租为目的的住房开发投资增加时，对土地、建筑材料等住房开发的资源需求也会增加，住房开发成本会上升，开发成本的上升可能导致投资者要求更高的租金来维持一定的收益率。

以出售为目的的住房开发投资增加时，一方面，住房买卖市场的住房供给增加，在需求不变时住房买卖市场会有一个更低的均衡价格和更高的均衡交易量，住房租

赁市场的房源可能相应增加，导致租金下降，而住房购置价格的下降也可能导致租金下降；另一方面，当以出售为目的的住房开发投资增加时，对土地、建筑材料等住房开发的资源需求也会增加，住房开发成本会随之上涨，从而推动住房价格上涨，最终可能导致租金的上升（如图 10－5 所示）。

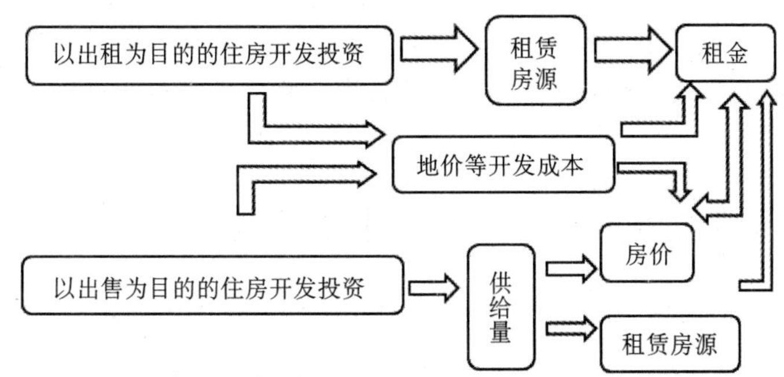

图 10－5　住房开发投资影响住房租赁市场的机制

（三）现实表现

2018 年下半年，在国家政策鼓励下，长租公寓呈现爆发式增长态势。由于土地获取价格高，房价高企，集中式长租公寓提供了标准化和多方位的服务，拉动了一、二线城市房租飞涨。深圳地区最高涨幅达到了 30%，其他城市涨幅也达到 20% 之多。不过，2019 年房租出现了明显下跌。从深圳多个长租公寓项目来看，租赁市场较为冷清，各个项目基本上都有满减活动，如租 10 个月送两个月，或者是租 1 年免 1 年管理费等。目前国内重点城市共拥有长租公寓品牌超过 2 000 家，公寓间数超过 16 万间，房地产开发商如万科、龙湖，房地产服务商如链家、我爱我家等纷纷进入长租公寓市场，通过自建、购买、转租等方式提供长租公寓。住房租赁市场的供给量增加最终导致了租金下降。

四、住房开发投资与住房租赁市场关系的实证检验

（一）研究样本与研究设计

1. 样本选取与数据来源

住房租赁市场自 2015 年起开始加速发展。鉴于当前国内各地市统计局关于房地产开发投资相关数据的公开程度有所差别，本文以全国 70 个大中城市为基准，查询各地市统计局及所属省统计局数据，找出 32 个城市自 2015 年 1 月至 2019 年 5 月的

完整房地产投资月度数据，以此来实证检验住房租赁市场与住房开发投资的相互关系。

本文选取的这32个大中城市包括北京、天津、唐山、秦皇岛、呼和浩特、沈阳、大连、上海、南京、金华、合肥、蚌埠、安庆、厦门、泉州、济南、青岛、济宁、郑州、长沙、岳阳、常德、广州、湛江、海口、三亚、重庆、成都、贵阳、昆明、西安、西宁。选取的数据指标包括房地产开发投资额和租金。其中，房地产开发投资额数据源自32个城市的统计局数据报告，租金数据源自中国房地产业协会主办的禧泰房地产大数据。

2. 模型设计与变量定义

本文构建PVAR模型探讨住房租赁市场和住房开发投资的相互关系。

$$y_{it} = \sum_{j=1}^{m} \beta_{ij} y_{it-j} + e_{it}，其中 i=1，2，\cdots，32 \qquad （式10.10）$$

Y_{it} = [rent　invest]，包含两个元素的列向量，i，t 分别表示地区和时间。rent为住房租金，invest是住房开发投资；$\sum_{j=1}^{m} \beta_{ij} y_{it-j}$为各期 y_{it}滞后项的加总；m 为滞后阶数；β_{ij}为各滞后项的系数，表示对 y_{it}的解释程度；e_{it}为随机干扰项（如表10－7所示）。

表10－7　　变量描述性统计

变量	房地产开发投资额 Invest/万元	租金 rent/元/平方米/月
均值	1 083 586	2 435.391
最大值	1.37E+07	8.82E+03
最小值	500	206.74
方差	1 218 490	1 272.453
样本量	1 696	1 696
截面变量	32	32

（二）实证检验过程

1. 变量的平稳性检验

本文通过LLC检验进行同质面板的单位根检验，通过IPS检验进行异质面板的单位根检验。对lni序列和lnr序列而言，LLC检验、IPS检验显示存在单位根的概率均小于10%（如表10－8所示）。因此，可以认为在10%显著性水平条件下，lni、lnr不存在单位根。

表 10－8　　**单位根检验结果**

变量	Levin－Lin－Chu	Im－Pesaran－Shin
lni	－18.946*** (0.0000)	－19.3082*** (0.0000)
lnr	－8.4706*** (0.0000)	－8.9096*** (0.0000)

2. 最优滞后阶数选取

根据 AIC、BIC、QIC 准则对这一模型的滞后阶数进行选择。根据检验结果，最优滞后阶数为 2（如表 10－9 所示）。

表 10－9　　**PVAR 模型滞后阶数选择**

lag	AIC	BIC	QIC
1	37.75539	－47.08456	6.132457
2	19.59985	－44.0901	－4.177338
3	19.43698	－22.98299	3.625518

3. PVAR 模型的 GMM 估计

根据最优滞后阶数对面板进行 PVAR 的 GMM 估计。在 10% 显著性水平条件下，住房开发投资受租金和自身影响；租金受自身影响，不受住房开发投资影响（如表 10－10所示）。

表 10－10　　**GMM 估计结果**

		h_lni	h_lnr
L2. h_lni	b_GMM	－0.10753372	0.00540292
	se_GMM	0.05039515**	0.00612998
	t_GMM	－2.1338108	0.88139313
L2. h_lnr	b_GMM	0.26891867	0.33265027
	se_GMM	0.16136163*	0.23743635*
	t_GMM	1.666559	1.4010082

4. PVAR 模型稳定性检验

在确定最优滞后阶数后，我们重新对面板进行 PVAR 回归并检验其模型稳定性。稳定性检验中特征值的模均小于 1，这表示面板的最优滞后阶数 PVAR 回归均稳定（如表 10－11 所示）。

表 10－11　　PVAR 模型稳定性检验

特征值		模
实特征值	虚特征值	
0.9742034	0	0.9742034
－0.3358548	0	0.3358548
0.2269199	0.2449078	0.3338749
0.2269199	－0.2449078	0.3338749

5. Granger 因果检验

格兰杰检验显示，在 10% 显著性水平条件下，住房开发投资是租金的格兰杰原因，租金不拒绝不是住房开发投资的格兰杰原因的原假设，租金对住房开发投资的影响尚不能确定（见表 10－12）。

表 10－12　　Granger 因果关系检验结果

原假设	P 值	结论
lni 不是 lnr 的格兰杰原因	0.079	拒绝
lnr 不是 lni 的格兰杰原因	0.806	不拒绝

6. 脉冲响应分析

经过 200 次 Monte－Carlo 模拟，给予租金 1 个标准差的正向冲击，会导致租金自身和住房开发投资的上升；给予住房开发投资 1 个标准差的正向冲击，会导致租金自身和住房开发投资的上升。这表明住房租赁市场和住房开发投资相互影响。(如图 10－6 所示)。

7. 方差分解

从方差分解的结果可以看出，租金变动对住房开发投资的影响较小，住房开发投资对租金的影响相对较大。租金对住房开发投资的影响随滞后期的增长逐步增强，但在第 30 期租金对住房开发投资的贡献也仅为 0.78%。住房开发投资对租金的影响也随滞后期增长逐步增强，在第 30 期住房开发投资对租金的贡献已达到 10.62%(如表 10－13 所示)。

（三）实证检验结论

通过实证检验，本文得到以下结论。

整体上，住房租赁市场和住房开发投资相互影响。给予租金 1 个标准差的正向冲击，会导致租金自身和住房开发投资的上升；给予住房开发投资 1 个标准差的正向冲击，会导致租金自身和住房开发投资的上升。

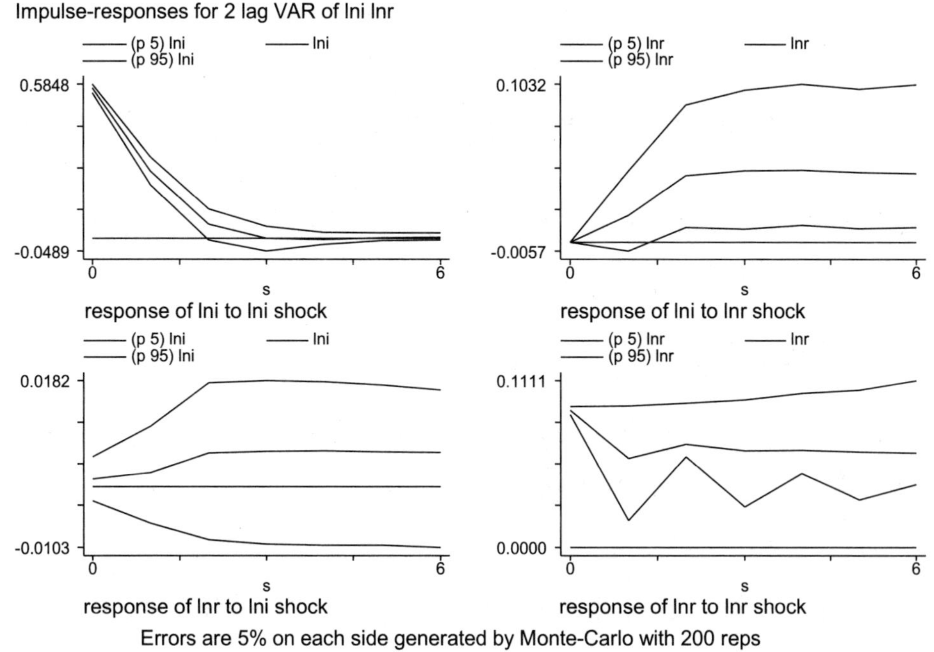

图 10－6　脉冲响应图

表 10－13　　方差分解

	s	lni	lnr
lni	10	0.95951458	0.04048542
lnr	10	0.00651843	0.99348157
lni	20	0.92180318	0.07819682
lnr	20	0.00748574	0.99251426
lni	30	0.89380009	0.10619991
lnr	30	0.00781612	0.99218388

此外，当前租金变动对住房开发投资的影响较小，住房开发投资对租金的影响相对较大。租金对住房开放投资的影响暂时较小，可能是因为我国长租公寓的发展还处于摸索阶段，房地产企业多以布局市场为目的参与住房租赁市场，短期内并不着重考虑住房租赁市场的盈利性，这使得现阶段租金变化对住房开发投资的影响并不密切。

第四节　住房租赁市场与住房置业投资

住房资产市场上，住房购置需求可以分为自住需求、置业投资需求两类。本节主要分析住房置业投资。

一、住房置业投资分类

住房置业投资是指直接购买存量住房（包括新建住房和二手房），并将其转售或出租以收回投资和获得收益的行为。

（一）按投资主体分类

住房购置性投资按投资主体可分为两类：个人住房购置性投资和企业住房购置性投资。

（二）按运营方式分类

1. 住房买卖投资

住房买卖投资是指企业或者个人投资主体根据市场变化，在房地产价格较低时投入资金购置住房，在住房价格上涨时高价出售。住房买卖投资是住房资产市场中购房需求的一部分。

这类投资需要投入资金购置住房，投资额较大。持有住房的时间不会太长，出售时即可收回投资，并获得一定的增值收益或蒙受损失，资金回收快。

住房买卖投资的收益来源于住房价格的上涨，投资成本包括购置住房的支出、为转售住房发生的税费、中介费，以及在转售前对住房进行的维护费、管理费等。投资者进行这类投资时注重对住房价格变化趋势的预测。

2. 住房租赁投资

住房租赁投资是指企业或个人购置住房进行出租，以获取租金收入。这类住房投资需求也是住房买卖市场中购房需求的一部分。

这类投资是住房租赁市场上重要的房源供给渠道，和企业自建住房进行出租、企业租赁住房进行转租一起，形成了整个住房租赁市场的供给。

个人购置住房用于出租，房源比较分散。企业购置用于出租，一般房源比较集中，常常是购置整栋物业，通过精细化的设计、改造与装修，并采用标准化的品牌与服务，最后对外整体出租。

这类投资需要投入资金购买住房，投资额较大，尤其是企业购置性投资，往往批量性购置住房，投入的资金规模很大，但可以享受未来住房资产本身的增值。住房租赁投资一般持有住房的时间长，通过出租住房获得持续的租金收益，资金回收慢。

这类投资的收益来源于未来的租金，投资成本包括购房支出和未来租赁住房的管理、维修等支出。住房租赁投资收益的高低不仅取决于未来租金水平和购房成本，还受住房租赁经营管理能力的影响。

3. 住房租赁与买卖混合投资

住房租赁与买卖混合投资，即前两种方式的混合，投资者购置住房，先通过出租获取租金收益，当房地产价格上涨到预期的收益水平时再进行出售。

现实生活中，居民个人进行这种类型投资的比较多，即未来的投资收益既来源于租金收益，又来源于持有一定期限后的转售增值收益。这类投资更注重转售收益，即更关注住房价格变化趋势。

二、住房租赁市场调节住房置业投资的作用机制及现实表现

（一）租赁市场对住房租赁投资的调节作用

在住房租赁市场中，租金价格的高低建立在市场供求基础上。由于租金水平很难被炒作，真实地反映了租赁市场的供求关系。

根据第二节的分析，可以得到：

$$Y = \frac{A}{P} \qquad \text{（式 10.11）}$$

即用住房的年净收益除以住房购置价格可以得到住房租赁投资的内部收益率，这一指标可以动态地衡量投资的实际收益水平。根据收益最大化原则，如果收益率高于同等风险程度的其他投资方式的收益率，则选择住房租赁投资。

显然，租赁市场上的均衡租金价格水平与住房购置价格的对比关系可以调节住房租赁投资。

在实际生活中，投资者习惯用租售比来判断住房投资价值。

租售比的计算式为：

$$租售比 = \frac{每平方米住宅月租金}{每平方米住宅价格} \qquad \text{（式 10.12）}$$

租售比类似于月住房租赁投资收益率，所以其本质上也反映了住房租金水平和住房购置价格的对比关系。

目前，市场上有一些经验数据来帮助投资者进行住房租赁投资决策。普遍认为一个城市或区域合理的住房租售比范围为1∶300—1∶200。如果租售比低于1∶300，比如说1∶500，按照租售比为每个月的月租与房屋总价的比值理解，购置住房出租需要500个月才能收回购房成本，这意味着房产投资价值相对较小，房价可能出现了泡沫，理性的投资者就会放弃租赁投资，减少住房的购置量。住房购置量减少，可能导致住房价格下降，而租赁投资的减少也会导致住房租赁市场房源供给量下降，引起租金价格上涨，最终使得租售比趋近于合理范围；而如果租售比高于1∶200，比如说1∶100，表明这一区域房产投资潜力相对较大，租金回报率较高，投资者会增加租赁投资。住房购置量的增加，可能导致住房价格上升，而租赁投资的增加也导致住房租赁市场房源供给量增多，引起租金价格下降，最终使得租售比趋近于合理范围。

住房租赁是居民切切实实的住房消费需求，基本上没有投资和投机性需求，因此租赁市场上形成的租金价格代表了住房消费价格，最接近于真实的住房收益状况，运用合理的投资收益率指标，可以计算出住房的合理价值。住房租赁市场的健康发展，有利于形成合理的租金水平，合理的投资收益率水平有利于形成住房的合理价格，可以引导居民对住房的购租选择合理化，也可以引导住房租赁投资的合理化。

（二）租赁市场对住房买卖投资的调节作用

根据第二节的分析，在住房租赁投资收益率一定的情况下，住房价格和租金水平正相关，租金水平会影响住房价格，租金水平的变化会导致住房价格的变化，而住房价格的变化预期会影响住房买卖投资的变化。

在投资收益率不变的前提下，当租金上涨时，住房买卖投资者预期未来住房价格也会上涨，会增加住房购买投资。当租金下降时，住房买卖投资者预期未来住房价格下跌，会减少住房买卖投资。

但投资者对住房价格变化的预期不仅仅取决于租金的变化，更多地取决于住房价格本身的变化趋势。租赁收益是住房效用的货币化表现，根据经济学的效用价值论，由住房租赁收益决定的住房价格能合理地体现住房价值。但在实际生活中，租金价格在住房租赁市场上形成，住房购置价格在住房资产市场上形成，租金价格和买卖价格之间由于种种原因不一定形成合理的联动关系，两者不一定存在同一的变化规律。由于住房买卖投资主要在资产市场上进行，因此，住房买卖投资决策更多地关注住房购置价格本身的变化规律。比如说，当住房价格长期处于上涨通道时，前期住房价格的上涨会使投资者形成住房价格进一步上涨的预期，即使当前的租金价格并没有表现出同步上涨的趋势，投资者仍然会进一步加大住房买卖投资（如图10-7所示）。

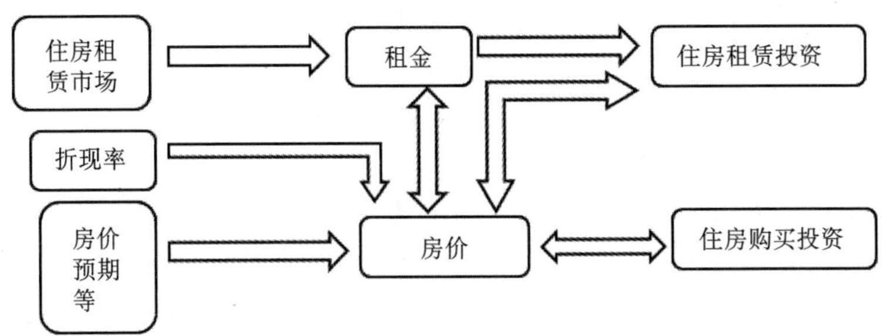

图 10－7　住房租赁市场影响住房置业投资的机制

（三）现实表现

从理论上分析，住房租赁市场的健康发展，有利于形成合理的租金价格，有利于形成住房的合理价格，可以引导居民对住房的购租选择合理化。

为了充分发挥健康的租赁市场对住房资产市场的调节作用，近年来，国家频频出台多项政策以推进住房租赁市场的发展。2017 年 10 月，党的十九大报告提出“房住不炒，租售并举”的政策导向，将有效发展住房租赁市场作为经济发展的一项重要任务。

但是，在住房租赁市场上形成的租金价格和在住房资产市场上形成的住房价格，两者不一定存在同一的变化规律，投资者的住房价格变化预期对住房购置行为的影响更为突出。2019 年 5 月，中国一线城市平均租售比为 1∶659；其中，北京租售比垫底，突破 1∶700。上海租售比最高，但仍低于 1∶600①。可以说一线城市的租售比远低于合理范围。但在这种情况下，居民的购房热情仍然不减。2019 年上半年，一线城市商品住宅月均成交 57 万平方米左右，同比增长 38.5%②。

三、住房置业投资影响住房租赁市场的机制及现实表现

（一）住房置业投资为住房租赁市场提供房源

住房置业投资直接影响住房租赁市场的供给水平。以租赁投资为目的所购买的住房，直接为租赁市场提供房源。出于住房买卖目的所购买的住房，也会有部分作

① 一线城市平均租售比达 55 年，http://www.ccn.com.cn/html/loushijiaji/redian/2019/0527/456500.html

② 如何看待 2019 年房地产市场发展，https://mp.weixin.qq.com/s?__biz=MzIxNTI1NzkyMQ==&mid=2651875211&idx=1&sn=0dc988ec485347a932fba3b013eecfe0&chksm=8c7fc1a5bb0848b3651582e2d4620a3a77346af7bd05f42d653fc8d764ec71f0b78018b3b4ed&mpshare=1&scene=23&srcid=#rd

为租赁房源。总体来说，住房置业投资增加使住房租赁市场上用于出租的房屋增加，扩大了租赁住房供给，提供了多样化的房源。

由于投资主体不同，市场上提供的房源存在不同的特点。

1. 个人住房租赁投资提供房源的特点

进行住房租赁投资的居民个人提供的房源一般很分散，只能满足承租人的居住需要，管理和服务相对较差，难以满足长期租赁需求。

个人房源地理位置分散，住房产品层次相对丰富，可以满足不同租户群体对房屋的格局、地理位置、家装等方面的需求。由于提供的专业化管理和服务较少，租金相对较低，有价格优势。

2. 企业住房租赁投资提供房源的特点

企业租赁投资提供的房源根据其分布情况可以分为分散式和集中式。

分散式是指企业通过购置获得的住房在空间分布上较为分散。分散式公寓的优势在于房源获取比较容易，单套房源获取成本较低；项目拓展速度高于集中式公寓；房源地理位置分散和住房的多样化可以满足租户多样化的需要。分散式公寓的不足在于：单个项目房间以外的面积受限，客观上不利于提升居住以外的功能需要；为了统一品牌形象，企业前期需进行标准化的装修改造，装修的边际成本较高；房源分散导致管理半径大，企业在管理方面将花费更多的边际支出。

通过购置持有分散式房源的企业很少，大多通过从个人房东手里租赁的方式持有房源。

集中式是指企业通过购置获得的住房在空间分布上是集中的，即购置整栋或整栋住宅楼中的几层，进行统一装修改造后出租。集中式的优势在于：由专业企业统一提供标准化的住房、管理和服务，能满足长期租赁的需要；整栋或整层进行管理，可以利用公共空间提供公共服务，包括茶吧、放映厅、台球室、健身房及举办社区活动等。集中式的不足在于：房源成本相对更高，前期投入大；由于市中心、黄金位置的房屋紧张，空置房屋少，并且价格贵，在市中心很难获得整栋或者大数量的住房，所以集中式公寓通常分布在郊区，交通不够便利。

根据链家研究院公布的 2017 年全国租赁热点 10 城的住房租赁供给结构数据，我国居民个人出租房屋在住房租赁市场上占比达 64.5%，是市场房屋供给的最大来源。企业住房租赁投资提供的房源占比仅为 9%，其中集中式占比 1%，分散式占比 8%（见图 10－8）。

（二）住房置业投资对租金的影响

住房置业投资的变化会影响租金，主要通过 3 个渠道来发挥作用：第一，住房

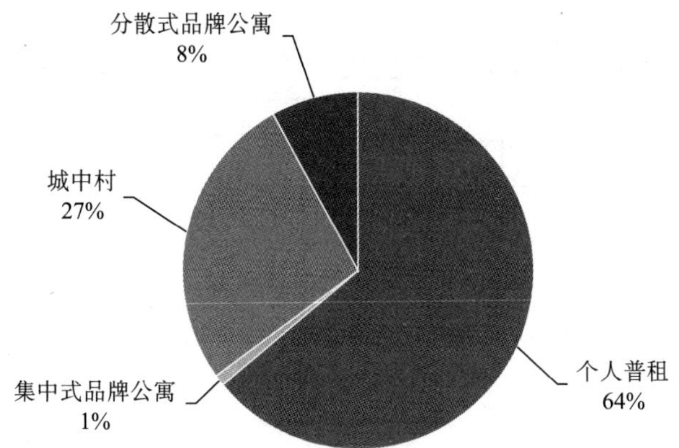

图 10-8　全国重点 10 城各类租赁住宅供给占比（总体情况）

置业投资的变化会影响住房租赁市场的房源数量；第二，住房置业投资的变化会影响住房资产市场的买卖价格，从而影响租赁市场的需求；第三，住房置业投资的变化会影响住房资产市场的买卖价格，从而影响住房投资的成本。最终，租赁市场上的供给、需求、投资成本共同影响租金。

当住房置业投资增加时，住房租赁市场的房源数量会相应增加，在需求不变的情况下，租赁价格可能有所下降。住房置业投资增加对住房租赁市场需求的影响较为复杂。住房资产市场与住房租赁市场处于同一个住房消费系统中，即购房与租房均能满足住房需求，而两个市场价格的相对变化，会对两个市场的需求产生影响，造成一定程度上的此消彼长，即租售可在一定程度上相互替代。住房置业投资增加，使得住房资产市场的价格上升。一方面，房价的上升可能导致租户形成房价上涨预期，从租赁转向购房，从而减少租赁市场的需求；另一方面，也可能由于房价上涨，有购房意愿的部分居民因为购房支付能力不足而选择继续租房，从而导致住房租赁市场的需求增加。

另外，住房资产市场的购置价格上升增加了住房投资的成本，而成本需要通过未来的投资收益即租金来回收，从而可能导致住房租金上涨。

如果住房置业投资减少，住房租赁市场上的供给会有所下降，在需求不变的情况下，租赁价格有所上升；置业投资减少使得住房资产市场的价格下降，房价的下降可能增强居民的购房支付能力，居民从租房转向购房，从而减少对租赁市场的需求。另一方面，也可能由于房价下跌，有购房意愿的部分居民形成房价下跌预期，对购房保持观望，从而使住房租赁市场的需求相对增加。住房资产市场的购置价格下降减少了住房投资的成本，可能导致住房租金的下降（如图 10-9 所示）。

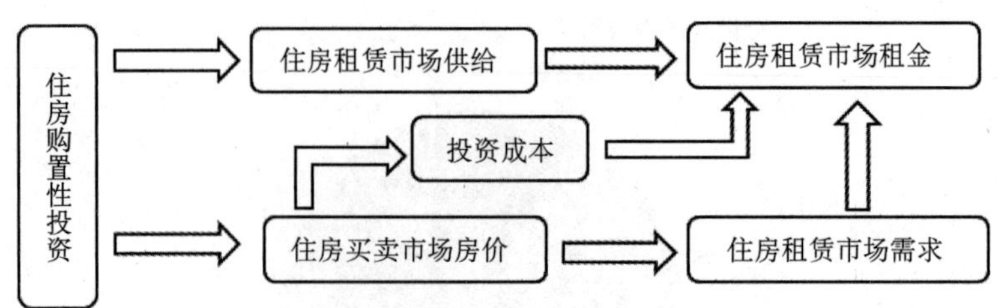

图 10－9　住房置业投资影响住房租赁市场的机制

（三）现实表现

2019 年第二季度，50 个典型城市住房销售价格环比上涨 1%，同比上涨 7%，而租金环比下跌 2%，同比下降 1%。2019 年租金连续两个季度下跌，其中三线城市的下跌最明显。对比房价的持续上涨，房租的下跌从需求上看，可能意味着租户的真实需求或者真实消费能力由于实体经济的下滑以及房价快速上涨导致的租金过快上涨而下降①。

四、中国住房租赁市场与住房购置性投资关系的实证检验

（一）中国住房购置现状

2000—2018 年，我国商品房销售面积呈上升趋势，2018 年全国商品房销售面积达到 171 654.36 万平方米。2005 年和 2009 年的商品房销售面积增长率超过 40%（如图 10－10 所示）。

从 2015—2018 年每年 3—12 月的全国商品房销售面积的数据来看，每年的 12 月份是商品房销售的火爆期，7、8 月是全年销售面积的低谷（如图 10－11 所示）。

从 2015—2018 年月销售数据来看，一、二线城市的商品房销售面积波动幅度较大，三线城市的销售较平稳并且低于一、二线城市。2015—2016 年，一线城市的商品房销售面积略高于二线城市；从 2017 年开始，二线城市的商品房销售面积超过

① 易居研究院．高房价挤压租房消费，https：//mp. weixin. qq. com/s? __biz = Mzg3NzEyOTUzNQ = = &mid = 2247489337&idx = 1&sn = 0fd280b20048eff4b32d9cf783378ad7&chksm = cf26ed69f851647f7a8a1448a6a62cdf54ae266bd45265b391c97099fd559dd7ad69e559ebda&mpshare = 1&scene = 23&srcid = #rd

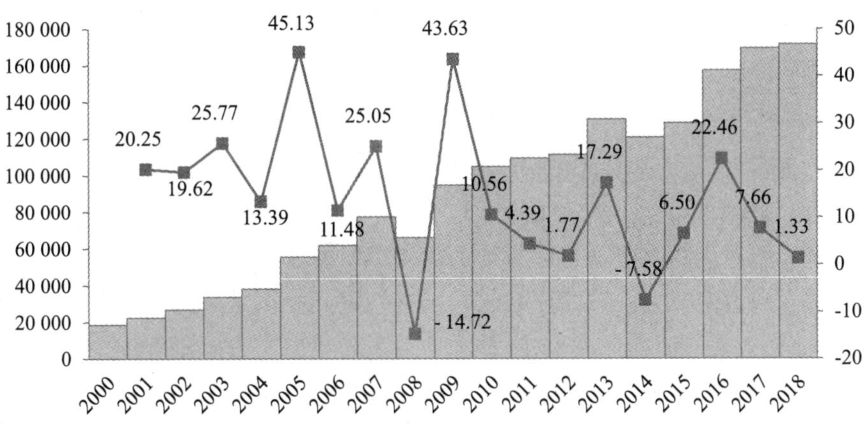

图 10－10　2000—2018 年全国商品房销售面积

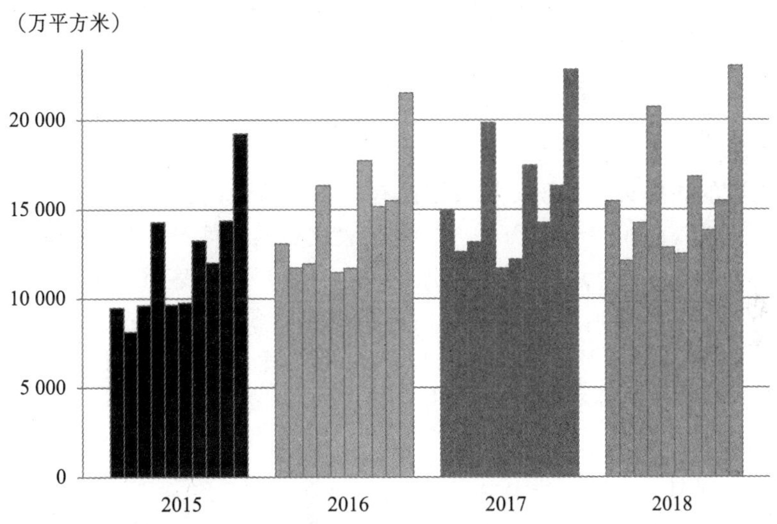

图 10－11　2015—2018 年 3—12 月每月全国商品房销售面积

了一线城市（如图 10－12 所示）[①]。

---

① 统计数据中的一线城市有北京、上海、广州、深圳、天津；二线城市有成都、杭州、重庆、武汉、西安、南京、郑州、长沙、沈阳、青岛、宁波、无锡、昆明、大连、厦门、合肥、福州、哈尔滨、济南、温州、长春、太原、石家庄、南宁、南昌；三线城市有贵阳、乌鲁木齐、兰州、海口、呼和浩特、银川、西宁。

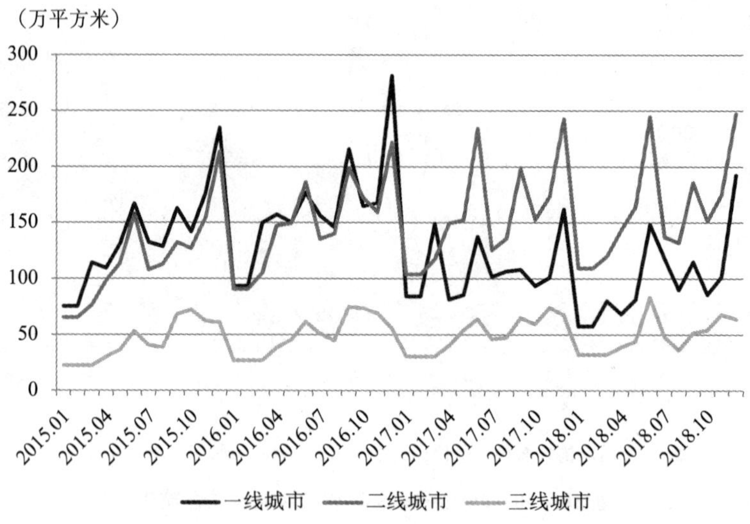

图 10－12　一线、二线、三线城市商品房销售面积

（二）指标选取、描述性统计与计量模型选择

1. 指标选取

由于现有的住房买卖市场交易数据没有区分消费性购房和投资性购房，所以本文选取商品房销售面积 HSA（万平方米）代表住房购置性投资，数据来源于国泰安数据库；选取租金 RP（元/平方米/月）和租售比 PTR 代表住房租赁市场的变化，租金数据来源于中国房地产行情网的住房租赁供给价格；租售比 PTR 是由上文的（式 10.12）计算得出，房价数据来源于 Wind 数据库的百城样品住宅均价。考虑数据的可获得性，以上样本数据选取了我国 39 个大中城市[①] 2015 年 1 月至 2018 年 12 月的月度数据。

2. 描述性统计

租金 RP（元/平方米/月）、商品房的销售面积 HSA（万平方米）、租售比 PTR 变量的描述性统计结果如表 10－14 所示。

与租售比相比，商品房销售面积数值较大，所以本文对其取自然对数 LnHSA，同时也可以消除数据的异方差问题。

3. 计量模型选择

本文基于收集的 39 个大中城市的面板数据，采用面板向量自回归（PVAR）模

① 39 个大中城市为北京、上海、广州、深圳、天津、成都、杭州、重庆、武汉、西安、南京、郑州、长沙、沈阳、青岛、宁波、无锡、昆明、大连、厦门、合肥、福州、哈尔滨、济南、温州、长春、太原、石家庄、南宁、南昌、贵阳、乌鲁木齐、兰州、海口、呼和浩特、银川、西宁、三亚、北海。

表 10－14　　变量描述性统计

变量	租金 RP/元/平方米/月	商品房销售面积 HSA/万平方米	租售比 PTR
均值	29. 58861	119. 8409	0. 0026894
最大值	81. 52	835. 73	0. 0053951
最小值	2. 39	5. 89	0. 0002996
标准差	11. 4946	109. 0485	0. 0007422
样本量	1 872	1 872	1 872
截面变量	39	39	39

型来估计中国住房租赁市场与住房购置性投资的关系。

$$y_{it} = \alpha_i + \beta_0 + \sum_{j=1}^{p} \beta_j y_{i,t-j} + \gamma_{it} + \mu_{it} \qquad （式 10.13）$$

其中，y_{it}是一个包含 RP、HAS、PTR 3 个变量的向量，α_{it}表示个体异性效应，γ_{it}表示个体时点效应，μ_{it}表示服从正态分布的随机干扰项。在面板 VAR 模型的估计过程中，假设每个截面具有相同的基本结构。

（三）实证检验过程

1. 面板单位根检验

从 LLC 和 IPS 单位根检验与 P 值结果来看，dRP、LnHSA、dPTR 通过了两种方法的单位根检验，说明了住房租赁价格的一阶差分序列、商品房销售面积的自然对数序列、商品房平均价格自然对数的一阶差分序列平稳，不会出现传统 t 检验时效与伪回归的问题（如表 10－15 所示）。dRP、dPTR 两个序列有同阶单整的性质，可以进一步面板数据的协整关系。

表 10－15　　单位根检验结果

变量	Levin－Lin－Chu	Im－Pesaran－Shin
RP	5. 33913 （0. 5014）	3. 10319 （0. 9990）
dRP	－39. 9483 *** （0. 0000）	－37. 9127 *** （0. 0000）
LnHSA	－6. 43866 *** （0. 0000）	－19. 7514 *** （0. 0000）
PTR	1. 89607 （0. 9710）	2. 47297 （0. 9933）
dPTR	－35. 6374 *** （0. 0000）	－35. 7219 *** （0. 0000）

注：dRP、dPTR 为 RP 和 PTR 的一阶差分序列。

2. 协整检验

本文使用的KAO检验方法对原序列数据进行协整检验，检验结果表明变量间存在协整关系（如表10－16所示）。

表10－16 KAO检验结果

原假设	ADF t－Statistic	P值	结论
不存在协整关系	－2.875515	0.0020	拒绝

3. 最优滞后阶数选取

根据AIC、BIC、QIC准则对PVAR模型的最优滞后阶数进行选择。根据检验结果，AIC、BIC、QIC滞后6阶时最小（如表10－17所示），所以模型最优滞后阶数为6阶。

表10－17 PVAR模型滞后阶数选择

lag	AIC	BIC	QIC
1	－11.4384	－11.0455	－11.2932
2	－11.8388	－11.4100	－11.6801
3	－11.9140	－11.448	－11.7414
4	－11.8745	－11.3697	－11.6873
5	－11.9464	－11.4014	－11.7440
6	－12.0639	－11.4769	－11.8457
7	－12.0423	－11.4115	－11.8075

4. PVAR的GMM估计

确定最优滞后阶数为6阶后，采用GMM方法估计变量间的影响系数（如表10－18所示）。

表10－18 GMM估计结果

		h_LnHSA	h_dRP	h_dPTR
L6. h_LnHSA	b_GMM	0 .25248887	0. 4989128	0.00004484
	se_GMM	0.03550552 ***	0.09358508 ***	8.098e－06 ***
	t_GMM	7.111256	5.3311146	5.5366301
L6. h_dRP	b_GMM	0. 00168796	－0.27167053	－0.00002066
	se_GMM	0. 01406945	0.10122122 ***	6.975e－06 ***
	t_GMM	0.1199731	－2.6839287	－2.9621742

续表

		h_LnHSA	h_dRP	h_dPTR
L6. h_dPTR	b_GMM	27.045696	1967.8421	0.16642049
	se_GMM	187.43634	826.31413 ***	0.0707988 **
	t_GMM	0.14429271	2.3814697	2.3506109

在 GMM 估计结果中，LnHSA 的 6 阶滞后项都在 1% 的显著性水平上对 dRP、dPTR 产生影响，系数分别为 0.4989128、0.00004484，说明商品房销售面积的增加可以显著促进租金和租售比的上升，即住房购置性投资对住房租赁市场价格的上升有显著促进作用；而 dRP 和 dPTR 的 6 阶滞后项对 LnHSA 无显著影响，说明租金和租售比对商品房销售面积的作用不显著，即住房租赁市场对住房购置性投资的作用不显著。

5. PVAR 模型稳定性检验

在确定最优滞后阶数后，我们重新对面板数据进行 PVAR 回归并检验其模型稳定性。在对面板数据进行最优滞后阶数的 PVAR 回归后，在其稳定性检验中特征值的模均小于 1，这表示这 3 个面板的最优滞后阶数 PVAR 回归均稳定（如表 10－19 所示）。

表 10－19　　PVAR 模型稳定性检验

特征值		模
实特征值	虚特征值	
0.954748	0	0.954748
－0.3931886	－0.6967122	0.8000032
0.4705967	0.6306475	0.7868783
0.6179313	－0.4765932	0.7803718
－0.1091753	－0.7394681	0.747484
－0.6217927	0.3156064	0.6973046
－0.6522569	0	0.6522569
－0.2803032	0.162016	0.3237578
0.035083	－0.310391	0.3123674
0.2438761	0.1039643	0.2651116

6. Granger 因果关系检验

根据确定的最优滞后阶数 6 阶，本文使用 Eviews8.0 对 LnHSA、dRP 和 dPTR 进行格兰杰因果关系检验。由检验结果可知，商品房销售面积和住房租赁价格互为格兰杰原因，商品房销售面积和租售比互为格兰杰原因（如表 10－20 所示），说明住房租赁市场与住房购置性投资互为格兰杰原因。

表 10 - 20　　Granger 因果关系检验结果

原假设	P 值	结论
LnHSA 不是 dRP 的格兰杰原因	0.0283	拒绝
dRP 不是 LnHSA 的格兰杰原因	7.E - 08	拒绝
LnHSA 不是 dPTR 的格兰杰原因	0.0279	拒绝
dPTR 不是 LnHSA 的格兰杰原因	1.E - 10	拒绝

7. 脉冲响应分析

本文对模型进行了脉冲响应分析。经过 200 次 Monte - Carlo 模拟，给予商品房销售面积 1 个标准差的正向冲击，会导致商品房销售面积自身的下降，但租金和租售比有一定的正向影响，由此可知我国的住房购置性投资会对住房租赁市场产生一定的影响；给予租金或者租售比 1 个标准差的正向冲击，对商品房销售面积的影响比较波动，这表示我国住房租赁市场对住房购置性投资的影响目前不确定（如图 10 - 13 所示）。

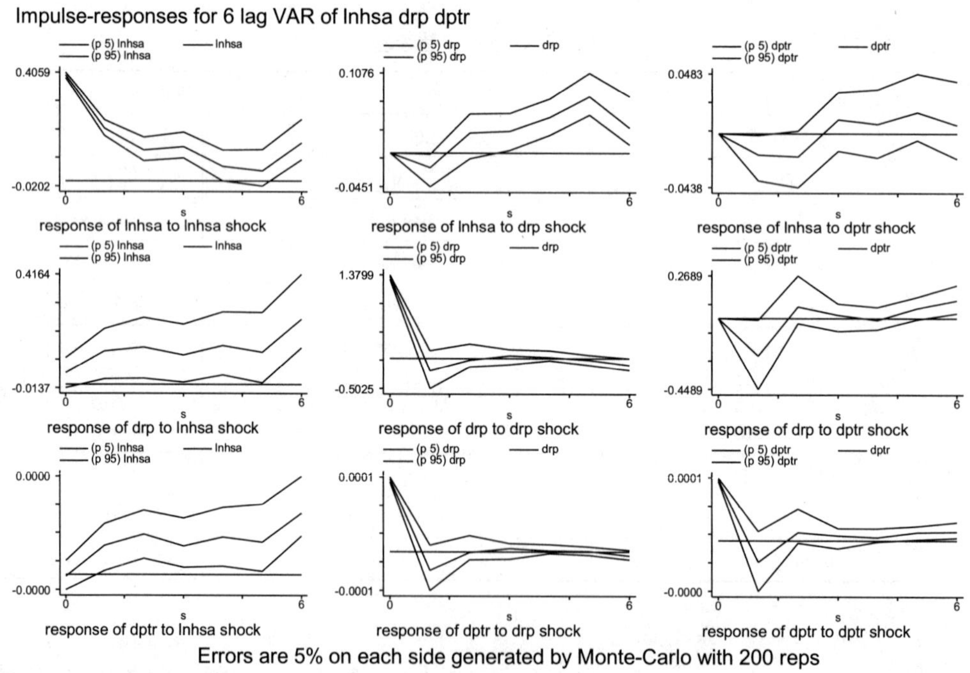

图 10 - 13　脉冲响应分析图

8. 方差分解

本文采用方差分解方法进一步比较不同变量之间的贡献程度。根据10、20、30个预测期的方差分析结果可知，选取第20、30个预测期的方差分析，结果基本一致，说明在第20个预测期后系统已经基本稳定。商品房销售面积即住房购置性投资主要受自身和租金的影响，其中住房租赁价格的方差贡献为5.02%；租金主要受自身和商品房销售面积即住房购置性投资的影响，其中商品房销售面积的方差贡献为18.95%；租售比主要受租金和商品房销售面积即住房购置性投资的影响，其中商品房销售面积的方差贡献为19.34%（如表10－21所示）。

表10－21　　方差分解结果

	s	LnHSA	dRP	dPTR
LnHSA	10	0.95557527	0.04016221	0.00426251
dRP	10	0.09205675	0.87114874	0.0367945
dPTR	10	0.08730749	0.72594878	0.18674374
LnHSA	20	0.94652848	0.04720653	0.00626499
dRP	20	0.14841709	0.81659689	0.03498602
dPTR	20	0.1493189	0.67723526	0.17344585
LnHSA	30	0.94281017	0.05024027	0.00694956
dRP	30	0.18959128	0.77674962	0.0336591
dPTR	30	0.19344045	0.64241334	0.16414621

（四）实证检验结论

本文通过实证检验得到以下结论：住房租赁市场和住房购置性投资之间相互影响，且住房购置性投资对住房租赁市场价格的上升有显著促进作用。

第十一章 中国住房租赁市场与金融支持

第一节 中国租赁性住房运营与金融支持

一、中国租赁性住房供给分类

就租赁性住房供给者而言，可以划分为个人和机构。

目前个人出租房源在租赁市场占据主导地位，其房源类型多样，有商品房、保障房、老式公房、农村自建房、回迁房、小产权房等，而商品房占比仅为40%。

就目前机构运营方式而言，又可以分为重资产运营和轻资产管理两类。

重资产运营的机构主要通过自建或购买租赁性住房，然后自持物业开展租赁业务。依据运营主体性质，可以划分为政府主导、国企和私企三类。政府主导的重资产运营一般指地方政府融资、社会资本独资或者与政府共同成立项目公司购买存量商品房或自建住宅作为房源。其目的是为中低收入、“夹心层”人群打造公租房或是廉租房，以及为吸引外来人才而建造人才房。国企的重资产运营是指国有房地产开发企业、国有购租并举投融资企业通过自建、购买、资产划拨等方式获得房源进行出租。此类型的代表企业有首开股份、深圳安居集团等。目前，广州、武汉等多地均明确表示，要组建或者改建国有住房租赁平台公司，支持国有企业转型或带头发展住房租赁市场。私企的重资产运营是指非国有房地产企业自持商品住宅进行出租，代表性企业有万科、龙湖和招商蛇口等。另外，房地产企业竞拍所得的商品用房、办公用房或者工业用房，可将其改造作为租赁住房，既充分利用了闲置资源又满足了人群居住需求，市场空间巨大。

轻资产管理的机构主要通过承租物业开展租赁业务，目前主要以私企为主。商业模式可划分为集中式长租公寓和零散式长租公寓两类。此类型的长租公寓品牌有魔方公寓、寓见、自如、红璞、蛋壳等。轻资产运营分为改造式长租公寓和零散式长租公寓，两者共同的运营主体是公寓管理公司。其中，改造式长租公寓是将独栋楼房整体包租后进行改造和长租，它的租期长，通常在10年以上。近年来，政府鼓励非住宅房屋改造为集中租赁住房，大大增加了整栋房源的供给。零散式长租公寓是指住房租赁企业从个人等分散的房东手中获取房源后通过标准化的简单改造，提供租赁服务。这类租赁运营的特点有租赁期限不确定、业主的流动性大等。

二、租赁性住房运营的资金需求特点

不同的运营模式下，供给者的资金需求特点有较大的差异。

(一) 个人出租住房运营的资金需求特点

个人出租住房是个人或者几个合伙人共同将自有或者从其他居民手中租用的房源用于出租，其房源类型多样。代表性运营方式有房东直租和二房东转租。

个人提供的租赁性住房规模相对较小，其资金需求量也相对较小。个人租赁经营意味着一次性投入资金，长期、逐步回收投资。因此这一经营方式必须要有长期的资金与之匹配。

相对于机构投资者，个人房东的优势在于其进入市场和退出市场灵活，也就是说个人房东可以比较容易地把住房变现，获取资本利得。因而，个人租赁的房东要求的租金收益较低，且住房维修、养护、租户转换的成本也较低，更容易经营，融资需求相对较小，面临的风险也比较低。

(二) 重资产运营的资金需求特点

重资产运营的房源获取主要有两个途径：自建商品房和收购存量商品房。

显然，无论是自建还是购进房源，运营商都要投入大量的资金，资金需求量大。而且在住房运营期间，运营商还要继续投入资金用于设施设备更新、房屋维修等。由于租赁收益是逐期的，所以资金的回收期长，运营商的资金压力很大。

目前部分重资产运营企业因其资金需求特点面临着融资困境。

(三) 轻资产租赁运营的资金需求特点

轻资产管理型运营企业通过长期租赁或受托管理等方式获取房源，通过转租获取租金差。轻资产租赁运营的资金需求主要来源于房屋改造、装修和出租管理。轻资产运营资金占用较少，资金需求较小，风险小，专业化程度高，杠杆率高。

改造式长租公寓的资金用途主要是对整栋建筑的改造和装修，前期改造资金需求大，多为一次性投入，后期管理成本小。

零散式长租公寓前期房屋改造投入较少，但单个项目的现金流难以预测，市场监管难度较大，较为适合综合融资。

三、租赁性住房运营金融支持方式

目前租赁性住房运营的金融支持方式主要分为四大类：银行信贷、公司信用信贷、资产证券化和股权融资。

（一）银行贷款融资

银行参与住房租赁最直接的方法是为运营者提供贷款服务。借款人以大型房地产企业旗下的租赁品牌为主。银行信贷模式主要为租赁住房开发建设贷款、租赁住房运营贷款等租赁住房专项贷款。

租赁住房开发建设贷款是指住房租赁运营企业在住房开发建设过程中，因为资金不足而向银行申请的贷款。租赁住房开发贷款又可以分为租赁住房企业流动性资金贷款和租赁住房开发项目贷款等。

租赁住房运营贷款，是指银行等机构向住房租赁运营企业因运营过程中的资金不足而发放的贷款。这类贷款主要分为流动资金贷款、大修理资金贷款以及专项贷款等。

住房租赁运营企业资金需求量巨大，银行信贷作为最重要同时也是最传统的融资模式给予住房租赁运营企业金融支持，为其提供信贷产品。由于租赁住房资金回收期限长，租赁住房开发建设贷款对于运营企业来说还款压力很大。

德国和日本住房租赁市场上的银行贷款融资最具有代表性。德国住房储蓄银行以及日本瑞穗实业银行为鼓励本国住房租赁市场的发展，出台多种优惠措施给予住房租赁运营企业和租户资金支持，极大地促进了德国和日本住房租赁市场的成熟化进程。

（二）公司信用类债券

住房租赁运营企业信用类债券，是指住房租赁运营企业仅以自己的信用发行债券，而不以其任何资产作为抵押或者是担保的一种融资方式。按照发行主体划分，公司信用类信贷主要分为三种，分别是企业债、公司债和非金融企业债务融资工具。

企业债是指由中央政府部门所属机构、国有独资企业或国有控股企业发行的债券，它对发债主体的限制比较少。企业债券具有期限长和利率低两个重要优势，是住房租赁运营企业较好的融资工具。

公司债是指上市的股份有限公司发行的债券，这里指的是上市住房租赁股份公司进行的相关融资。

非金融企业债务融资工具，是指具有法人资格的非金融企业作为主体发行的一种在银行间债券市场流通的有价债券，并且约定在一定期限内还本付息。其主要包括三种，分别是短期融资券、中期票据和中小非金融企业集合票据。

在国际上，美国的住房租赁债券市场规模目前位居世界第一。美国住房租赁企业利用其发达的二级市场发行企业债券和房地产信托投资资金（REITs）得到了长足发展，成为世界范围内住房租赁市场的典范。

（三）资产证券化

资产证券化源于美国，主要是指将缺乏流动性但预期收入相对稳定的资产通过某种结构安排，对其风险与收益进行重组，进而转换为在金融市场上可以出售和流通的证券，据以融资（变现）的过程。具体到住房租赁领域，主要是指金融租赁的主体集合一系列用途、性能、租期相同或相近，并可以产生大规模稳定现金流的租赁资产（租赁债权），通过结构性重组，将其转换成可以在金融市场上出售和流通的证券的过程。资产证券化产品主要分为两大类：一类是以资产抵押债券（ABS）、商业房地产抵押贷款支持债券（CMBS）为代表的债券型产品；另一类是房地产投资信托基金（REITs）模式的权益型产品。

1. ABS 和 CMBS

（1）资产抵押债券（Asset Backed Securities，缩写为 ABS），是指把项目的所属资产作为支撑的证券化融资方式，即把项目所拥有的资产作为基础，以项目资产带来的收益现金流作为还款保证，通过在证券市场上发行债券来募集资金的一种项目融资方式。

延伸到住房租赁市场上，住房租赁 ABS 就是指住房租赁企业以项目资产或权益为基础，通过发行债券进行融资，以房租收益作为还款来源。住房租赁 ABS 主要分为两大类别：一是信托受益权类 ABS，这一类产品采用“专项计划 + 信托受益权”的双 SPV 架构设计，基础资产为信托受益权，底层资产为公寓的租金收入；二是住房租金分期类 ABS，以租金分期应收款为基础资产。

（2）商业房地产抵押贷款支持证券（Commercial Mortgage Backed Securities，缩写为 CMBS），是以办公楼盘、购物中心、酒店和出租住宅等商业地产作为抵押标的的贷款支持证券，以抵押标的物未来产生的现金流作为偿还负债的来源，以标准化债券的形式向投资者发行。

CMBS 本质上是一种债权转让行为。CMBS 的交易复杂，具有动态性和多方参与性。和传统的银行贷款相比较，借款人和资金的最初提供者之间没有直接的关系。CMBS 的发行成本低，流动性强，债权人多元化，对于母公司没有追索权，可以释放地产的价值，可以进行表外融资。CMBS 操作流程简单，不需要进行大规模的资产重组。CMBS 是住房租赁市场上一种创新性的金融工具，其在美国的发展最为成熟和完善。

2. REITs 模式

房地产信托投资基金（Real Estate Investment Trusts，缩写为 REITs）作为一种资本市场与房地产市场有效结合的产品，以不动产产生的租金收入和不动产增值作为最终支付投资者收益的来源。本质上是信托基金的一种。受各个国家和地区资本市场和法律制度的影响，对于 REITs 的定义不完全相同。总的来说，REITs 是指一种以发行收益凭证的方式汇集投资者的资金，由专门的投资机构进行房地产投资经营管理，并将投资综合收益按比例分配给投资者的一种信托基金。

以住房租赁为主的 REITs 以房地产企业自持租赁住房作为基础资产，把投资规模大、流动性较低、投资回收期长的租赁住房转换为证券资产，提高了不动产资产的变现能力和流动性。并且基金管理人可通过并购、融资等多种资本运作方式实现规模扩张，使不动产投资化整为零，便于社会资本广泛参与。国外的标准 REITs 主要通过股权进行投资，可以减缓房地产企业负债比例居高不下的问题。REITs 可通过股、债等多种方式进行多种物业和资产的投资，公司型 REITs 还可以通过多元化的渠道进一步融资，包括定向增发、发行可转债、公司债、中期票据等。REITs 具有外包业务、获取增值运营收益的经营模式，属于典型的轻资产运营。

目前，REITs 已成为全球范围内倍受欢迎的房地产投资工具，在住房租赁市场上得到了广泛的运用。美国作为 REITs 的发源地，其发行的 REITs 产品种类、数量和资产规模在全球市场中居于主导地位，其 REITs 市场规模位居世界第一。除美国外，世界上较大的 REITs 市场还有澳大利亚、英国和日本等。

（四）股权融资

上市企业股权融资方式主要有增发和配股两种。增发即增发企业股票，其优点在于融资规模大，并且受到的限制较少。配股指上市企业通过向原有股东按照一定的比例出售新股，增加投资以扩大股权。配股的优势在于操作简便，但是所受限制较多。

非上市企业股权融资的主要方式为私募股权融资，即私募股权投资基金介入，向非上市企业提供资金支持。

住房租赁企业的股权融资，可以通过三个渠道获得融资：一是通过股份形式向外部出售企业的所有权来进行融资，二是企业可以从风投公司获得融资，三是企业可以将自己的留存收益转增资本金。股权融资一般采用基金的方式进行运作，包括私募股权融资和公募股权融资。其中，私募股权融资可以分为风险投资、夹层融资、收购等。目前，住房租赁股权融资方式采用的是私募股权（PE）/风险投资（VC）模式，包括天使轮、A/B/C 轮等孵化期、成长期融资等。股权融资在住房租赁市场上十分活跃。目前，发达国家的股权融资已经拓展到了国际住房租赁领域。如美国的摩根士丹利积极开拓国际房地产市场，向住房租赁企业提供资金支持。

除上诉四种金融支持方式外，租赁性住房运营方还可以通过保理、并购基金、众筹、P2P 理财等融资渠道获得金融支持。

四、中国当前租赁性住房运营融资发展状况

近年来，在国家政策引导下，我国金融部门不断加大创新力度，住房租赁市场的融资模式不断丰富，促进了住房租赁市场的发展。

（一）银行信贷

中国住房租赁市场上，银行信贷这一渠道起步不久。截至 2018 年 12 月，我国银行为住房租赁领域提供的融资额超过了 3.5 万亿元。未来 5 年，银行与房地产租赁运营商签订的各项协议也会有序地逐步落实，在已经签订的授信协议下，预计每年会有 6 500 亿银行信贷资金流入我国的住房租赁市场。

从住房租赁的银行信贷融资渠道来看，国有五大行发挥了带头性作用，成功地引导了住房市场走向。截至 2018 年，以建设银行为代表的国家商业银行和以中信银行为代表的股份制商业银行等 17 家银行纷纷选择和各地政府以及各大房地产企业合作，推出了一系列和住房租赁相关的创新性金融产品，以支持住房租赁市场的发展。目前，就各家银行对房地产企业的授信额度看，金额基本都在万亿级以上。此外，多家银行也针对符合条件的住房租赁运营企业贷款制定了一系列的优惠政策，为其提供长期贷款。其中，建设银行作为住房租赁金融支持领域的佼佼者，已经率先独立开展了 48 宗项目，合作了 5 宗项目，在住房租赁领域取得了巨大的成功。其他国有四大行也给予了住房租赁运营方一定的金融支持（如图 11－1、表 11－1 所示）。

但是，虽然各大银行和住房租赁运营商签订了一系列协议，但是实质上，租赁市场所获得的融资规模是有限的，签订的金额和目前实际落地金额存在较大差异。

（二）公司信用类债券

我国目前公司信用类债券被广泛运用于住房租赁项目的建设阶段。拥有绿色通道的住房租赁公司信用类债券一直以来受到监管层的支持，这也为住房租赁专项公

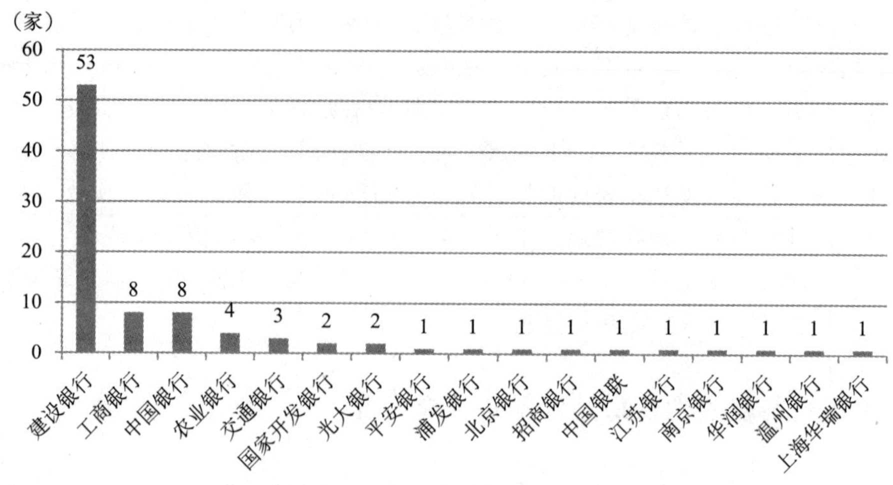

图 11－1　各大银行和在住房租赁领域开展项目数

资料来源：CRIC 研究院，Wind 数据库。

表 11－1　　　　银行信贷融资状况（不完全统计）

银行	时间	合作机构	合作内容	授信规模
中信银行	2017.10	碧桂园	未来 3 年为碧桂园提供 300 亿元在住房租赁领域的保障性基金和综合型业务	300 亿元
建设银行	2017.11	万科、华润、碧桂园等 11 家房地产企业	建行深圳分行和 11 家房地产企业签订发展深圳市住房租赁市场协议	—
	2017.11	保利、碧桂园、恒大、万科、富力等 33 家房地产企业	建行广东省分行未来向广东住房租赁市场参与主体提供 2 000 亿元的住房租赁经营发展资金和个人租房贷款	2 000 亿元
	2017.11	佛山万科	“CCB 建融家园”长租社区项目，建行广东省分行以贷款的形式一次性购买房子居住权以支持住房租赁企业	—
	2017.10	广东省住房和城乡建设委员会	建行广东省分行未来 5 年和工行广东分行为广东省住房租赁市场提供不少于万亿的融资	5 000 亿元
	2018.04	魔飞公寓	建行河南省分行为其提供 4 000 万元资金贷款	4 000 万元

续表

银行	时间	合作机构	合作内容	授信规模
工商银行	2017.11	广东省住房和城乡建设委员会	工行广东省分行为广东省住房租赁市场的参与主体提供5 000亿元的资金	5 000亿元
	2017.12	北京城建集团、首开集团、亦庄控股、中粮地产、北京市保障性住房建设投资中心	工行北京分行在未来5年，为北京市住房租赁市场的参与主体提供总额不少于6 000亿元的资金	6 000亿元
交行广东省分行	2017.12	万科、保利等房地产企业和佛山市建鑫住房租赁有限公司	向万科、保利、建鑫等房地产企业以及住房租赁平台提供超过1 500亿元资金	1 500亿元
农行北京分行	2018.01	北京市保障性住房建设投资中心、首创置业、北京城建、首开股份、中铁置业、北京建工集团	为支持北京市住房租赁市场发展，为其提供2 000亿元贷款	2 000亿元
中国银行	2018.02	万科、中海、华润、招商、保利、碧桂园、龙湖、绿城等8家房地产企业	为其在住房租赁领域提供超过2 000亿元融资	2 000亿元
国开行河南省分行、中行河南省分行、建行、光大银行郑州分行	2018.02	住房租赁企业	向住房租赁企业提供863亿元资金	863亿元

资料来源：各银行官网，Wind数据库。

司债券的快速发展提供了条件。

2017年12月28日，上交所批准了龙湖发行50亿元的公募住房租赁专项公司债券，这标志着一大突破——中国首单住房租赁专项债券产生。自此，我国住房租赁专项债券开始进入快速发展时期。截至2018年12月30日，我国一共有7家房地产企业发行了7单住房租赁专项公司债券，总体发行规模达到135.28亿元；此外，还有10家房地产企业有发行住房租赁专项公司债券的意向，并且这些企业已经获得了上交所或是深交所的批准（如表11－2所示）。

表 11－2　　中国部分住房租赁专项公司债券发行情况

发行方	获批时间	获批额度/亿元	发行时间	拟发行规模/亿元	发行期限	票面利率
龙湖	2017.12.28	50	2018.03.19	30.00	5	5.60
			2018.08.15	20.00	5	4.98
海伦堡	2017.12.28	10	2018.06.22	10.00	4	7.90
绿城	2018.03.12	40	—	—	—	—
首创置业	2018.05.24	50	—	—	—	—
万科	2018.06.11	80	2018.08.07	15.00	5	4.05
			2018.10.25	20.00	5	4.18
保利置业	2018.06.29	20	2018.08.08	7.00	3	5.28
保利发展	2018.07.25	31.4	—	—	—	—
宋都基业	2018.08.28	10	—	—	—	—
中骏	2018.08.30	20	—	—	—	—
龙光	2018.09.07	35	2018.12.05	10.00	4	7.00
融信	2018.09.13	50	2018.11.27	20.00	3.00	7.28
葛洲坝	2018.10.25	28	—	—	—	—
正荣	2018.12.03	40	—	—	—	—
广州城建	2018.12.07	20	—	—	—	—
泰禾集团	2018.12.20	30	—	—	—	—
碧桂园	2018 年下半年	25	2018.11.25	3.28	3.00	6.60
合计	—	539.4	—	135.28	—	—

注：保利发展于 2018 年 7 月 25 日获批 150 亿元公司债，其中 31.4 亿元投放到住房租赁市场。

资料来源：上交所、深交所、CRIC 整理。

但是到 2018 年 6 月以后，住房租赁专项公司债券的发展进入了瓶颈期。因部分房地产企业假借发行住房租赁专项公司债券进行融资，然后挪用此类资金，这引起了监管机构的极大重视，部分住房租赁专项公司债券发行被监管层中止或者终止（如表 11－3 所示）。住房租赁专项公司债券的发行监管变得越发严格，这也将促进住房租赁专项债券融资更为健康有序的发展。

表 11－3　　部分房地产企业发债受阻情况

发行方	更新时间	类别	拟发行规模/亿元	状态
新欧鹏	2018.12.06	住房租赁专项债券	20	终止
中城联盟	2018.12.06	住房租赁专项债券	18	中止

续表

发行方	更新时间	类别	拟发行规模/亿元	状态
花样年	2018.11.30	住房租赁专项债券	50	中止
合力创展	2018.10.07	住房租赁专项债券	100	终止
北京鸿坤	2018.10.07	住房租赁专项债券	20	终止
富力地产	2018.08.29	住房租赁专项债券	60	终止
碧桂园	2018.05.28	公司债（150 亿元投放住房租赁市场）	200	中止

资料来源：上交所、深交所、CRIC 整理。

（三）资产证券化发展状况

2017 年初以来，政府出台多项政策支持住房租赁市场开展资产证券化，我国资产证券化在住房租赁市场取得了可喜的成绩。截至 2018 年 12 月 30 日，我国一共成功审批了 18 支资产证券化产品，其中有 7 支 ABS、2 支 CMBS、1 支 ABN 和 8 支类 REITs。目前，国内累计储架总金额已经达到了 1 018 亿元，已发行总金额也达到了近 200 亿元。

1. ABS、ABN 和 CMBS

2018 年，我国住房租赁领域的资产证券化产品中仍然以租金收益 ABS 为主流。中信证券自如 2 号 ABS 是我国发行的首单“消费金融 + 长租公寓” ABS（如表 11 -4 所示）。

表 11 -4　　租赁性住房运营方发行 ABS 情况统计

<table>
<tr><th>发行主体</th><th>发行时间</th><th>当前规模/亿元</th><th>发行规模/亿元</th><th>发行利率</th><th>评级</th><th>产品期限/年</th><th>底层资产</th><th>交易场所</th></tr>
<tr><td>魔方公寓</td><td>2017.01</td><td>3.5</td><td>3.5</td><td>4.8%</td><td>AAA</td><td>1—3</td><td>4 014 间公寓未来 3 年租金收入</td><td>上交所</td></tr>
<tr><td>链家自如</td><td>2017.08</td><td>5</td><td>5</td><td>5.39%</td><td>AAA</td><td>2</td><td>房租分期信托贷款</td><td>上交所</td></tr>
<tr><td rowspan="3">链家自如 2 号</td><td>2018.03</td><td>2.6</td><td rowspan="3">20</td><td>6.475% ~ 7.60%</td><td>AAA/AA + /BBB -</td><td rowspan="3">2</td><td rowspan="3">房租分期</td><td rowspan="3">上交所</td></tr>
<tr><td>2018.05</td><td>3.0</td><td>6.29% ~ 7.60%</td><td>AAA/AA + /BBB</td></tr>
<tr><td>2018.07</td><td>3.0</td><td>5.81%</td><td>AAA/AA + /BBB</td></tr>
<tr><td rowspan="2">世贸</td><td>2018.07</td><td>4.5</td><td rowspan="2">10</td><td>5.60%</td><td>AAA</td><td rowspan="2">20</td><td rowspan="2">租赁住宅物业</td><td rowspan="2">上交所</td></tr>
<tr><td>2018.12</td><td>5.0</td><td>6.99%</td><td>AAA</td></tr>
</table>

续表

发行主体	发行时间	当前规模/亿元	发行规模/亿元	发行利率	评级	产品期限/年	底层资产	交易场所
泰禾集团	2018.09	8.1	50	6.50%	AAA	2	泰禾北京租赁物业	深交所
恒大	—	—	100	尚未正式发行				
远洋地产	—	—	50	尚未正式发行				
万科万村	—	—	50	尚未正式发行				

资料来源：上交所、深交所、CRIC 整理。

ABN 方面，招商蛇口发行了国内首单银行间 ABN 产品。

2018 年，我国住房租赁领域发行 CMBS 储架金额达到了 67.2 亿元人民币。其中，招商蛇口 CMBS 是我国首单储架式长租公寓 CMBS（如表 11－5 所示）。

表 11－5　　租赁性运营方发行 CMBS 和 ABN 情况统计

发行主体	发行时间	模式	当前规模/亿元	发行规模/亿元	发行利率	评级	产品期限/年	底层资产	交易场所
招商蛇口	2018.02	CMBS	20	60 亿储架式	5.70%	AAA	18	抵押旗下公寓物业	深交所
景瑞地产	2018.07	CMBS	7.2	7.2	6.60%	AAA	11	商业地产抵押贷款	深交所
招商蛇口	2017.12	ABN	40	200 亿储架式	5%	1	15	泰格公寓、美伦公寓收益权	银行

资料来源：上交所、深交所、CRIC 整理。

2. 类 REITs

由于我国现在的住房租赁市场不具备发行 REITs 的条件，目前所发行的多属于类 REITs。

我国长租公寓 REITs 为“私募基金＋专项计划”，一般是通过持有项目公司的全部股权，进而间接持有目标物业的全部权益，形成“物业—项目公司—私募基金—发行载体”的结构。在这种结构中，第一层资产是通过设立项目公司持有目标物业；第二层是发起人认购基金管理人设立的契约型私募基金，通过基金收购项目公司股权，并向其发放委托贷款或信托贷款（股＋债模式）；第三层是发起人将持有的私募基金份额转让给资产支持专项计划，投资者通过专项计划收购发起人持有的私募基金，主动管理目标物业。在这种结构下基础资产较为清晰。通过引入私募基金，在私募基金层面操作形成项目公司股、债权投资，进而形成基础资产并向发行载体进行转让，有利于产品存续期间的管理、回购和处置，也有利于产品未来在公募市场退出。

截至2018年底我国长租公寓类REITs发行总额已经超过了133亿元人民币。其中，保利地产发行的类REITs成为国内首单储架发行住房租赁类REITs，碧桂园也发行了目前在住房租赁领域规模最大的类REITs产品（如表11－6所示）。

表11－6　　租赁性运营方发行类REITs情况统计

发行主体	发行时间	当前规模/亿元	发行规模/亿元	发行利率	评级	产品期限/年	底层资产	交易场所
新派公寓	2017.11	2.7	2.7	5.30%	AAA	5	新派公寓北京CBD店	深交所
保利地产	2018.03	17	50	5.50%	AAA	19	保利10处自持租赁住房	上交所
碧桂园	2018.04	15.45	100	5.75%	AAA	18	碧桂园自持一、二线城市自持住房	深交所
		1.72		—	—			
旭辉领寓	2018.06	2.5	30	5.90%	AAA	3	领寓10—15个入池项目	上交所
越秀地产	2018.08	5	50	5.00%	—	18	越秀自持租赁物业	深交所
阳光城	2018.09	12.1	30	6.30%	—	—	包租馨乐庭物业	深交所
深圳人才安居	2018.11	31	200	4.38%	—	19	自持物业	深交所

资料来源：上交所、深交所、CRIC整理。

（四）股权融资发展状况

我国住房租赁进行股权融资起步比较早，但是相对于其他几种融资方式，融资规模不大。股权融资一直以来是作为轻资产运营的长租公寓的主要融资渠道。目前，我国租赁性运营方多采用私募股权、风险投资、创业投资等股权融资方式。

2018年，我国住房租赁市场迎来了股权融资的大爆发。截至2018年12月30日，住房租赁市场全年股权融资总额达到了117.49亿元人民币，增速达到了300%。

2018 年，我国住房租赁市场一共有 19 起融资事件。相较于 2017 年的 13 起，涨幅达到了近 31%。2018 年平均融资金额为 6.18 亿元，2017 年为 1.69 亿元，涨幅近 266%（如图 11 -2 所示）。

此外，住房租赁股权融资的单笔融资额度越来越大（如图 11 -3 所示）。

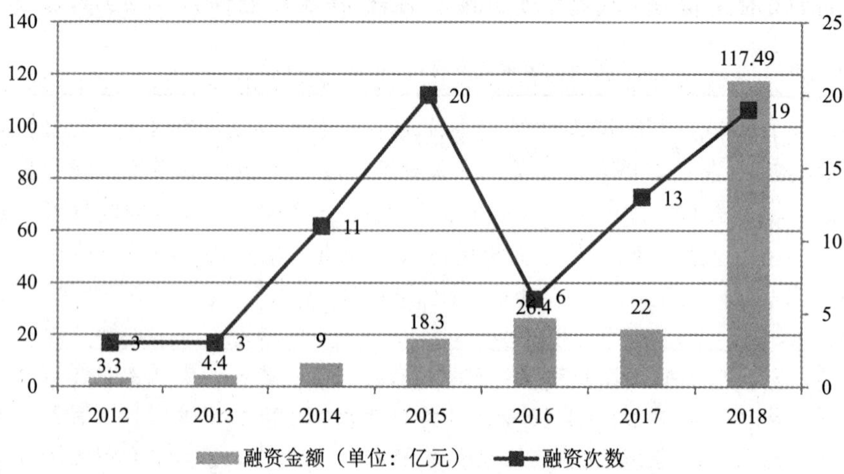

图 11 -2 租赁性运营方股权融资情况统计（年度）

资料来源：恒大研究院、CRIC、IT 桔子整理。

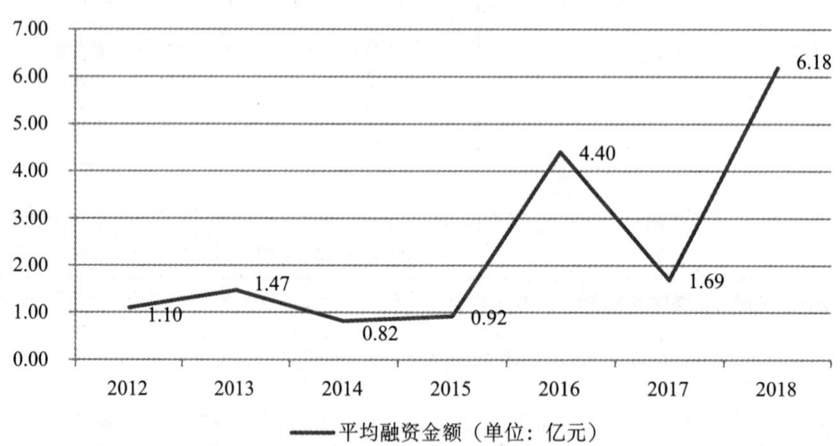

图 11 -3 2012—2018 年住房租赁运营方股权融资平均融资金额

资料来源：恒大研究院、CRIC、IT 桔子整理、国泰安数据库。

对比我国 2017 年住房租赁市场企业股权融资前五的项目来看，2018 年住房租赁企业股权融资前五项目的融资总额已经远远超过了 2017 年。2018 年，自如首次 A 轮融资的融资额达到了 40 亿元人民币，创下了中国住房租赁市场上的单笔融资金额最高、参与融资机构最多的历史记录（如表 11 -7、表 11 -8 所示）。

表 11 -7　　2017 年住房租赁市场企业股权融资代表性项目 TOP5

企业	时间	融资轮次	融资额	投资方
湾流国际	2017. 09. 16	A	40 000 万元人民币	基汇资本、挚信资本
城家公寓	2017. 06. 07	Pre - A	5 000 万人民币	华住酒店集团、IDG 资本
蛋壳公寓	2017. 06. 28	A +	数亿人民币	愉悦资本、优客工场、开物华登
安心公寓	2017. 04. 06	B	数亿人民币	启明创投、嘉御基金、涌铧投资
	2017. 05. 06	B +	数亿人民币	东方富海、PCP 投资

资料来源：恒大研究院，Wind。

表 11 -8　　2018 年住房租赁市场企业股权融资代表性项目 TOP5

企业	时间	融资轮次	融资额	投资方
自如	2018. 01. 16	A	40 亿人民币	华平投资、红杉资本中国基金、腾讯
V 领地	2018. 04. 27	A	2 亿人民币	华平投资
蛋壳公寓	2018. 02. 26	B	1 亿美元	华人文化产业、高榕资本、酉金资本、愉悦资本、贝塔斯曼亚洲元璟资本
	2018. 06. 06	B +	7 000 万美元	
优客逸家	2018. 05. 10	C	10 亿人民币	深投创、绿城服务、星河地产、君联资本、经纬中国、海纳亚洲

资料来源：搜狐新闻。

（五）保险资金参与长租公寓的状况

保险资金具有投资资金规模大、回报要求低、周期长的特点，这恰好匹配了长期租赁住房回报周期较长、回报率低的资金特点。

2018 年 6 月 10 日，银保监会下发《关于保险资金参与长租市场有关事项的通知》，首次允许保险公司通过直接投资，保险资产管理机构通过发起设立债权投资计划、股权投资计划、资产支持计划、保险私募资金参与大中城市的长租公寓市场。银监会对投资住房租赁项目的保险资产管理产品开辟了绿色通道。

保险资金由于对安全性的要求高，对交易对手以及投资项目有着严格的要求。考虑到长租市场的风险性，银保监会对于保险资金进入长租市场的管制十分严格。银保监会规定保险机构在租赁市场上要投资长期租赁住房，并且要求其所投资的租赁住房现金流具有稳定性和明确性；保险机构投资长期租赁住房项目，应当要求融资主体与项目主体加强项目建设阶段管理，按照工程进度划拨资金，并与融资主体、项目主体、托管银行签订多方账户监管合同或协议，明确各方实行资金专户管理，督促开户银行和托管银行实行资金进出的全程监控，严格审查资金支付及对价取得等事项，确保资金封闭运行，专项用于所投资的租赁住房项目建设或改造升级，不得挪作他用。保险机构应当建立相应的专属岗位，负责投资期内各个长租住房项目的投后管理，并建立全程管理制度，在负债控制、款项支付、工程进展、租金回款、资产抵押等方面采取有效的风控措施，控制投资风险①。

目前，保险资金对于长租住房领域还涉足不深。

（六）当前租赁性住房运营融资发展的困境

1. 住房租赁收益率低

我国住房租赁市场的租金收益比较低，大多数城市的租金收入无法弥补融资成本。城市房产网发布了2019年第二季度城市租金收益率数据：50个典型城市租金收益率为2.3%，4个一线城市的平均租金收益率为1.7%，31个二线城市平均租金收益率为2.4%，15个三线城市平均租金收益率为2.5%。住房租赁项目的回收期较长，一般都在几十年左右，且其租金收益的稳定性和连续性却并不明确，债务偿还保障性差，难以吸引到大量的投资。

2. 债务融资居多

目前，我国住房租赁市场上的融资渠道以债务融资为主。债务融资有偿还期限，而租赁住房的收益是逐期的，并且收益现金流相对较小，这就使得住房租赁市场上融资的偿还方式和收益模式不太匹配。

发达国家的投资者普遍倾向于中长期投资，但是中国投资者偏好中短期投资。而从住房租赁的特点来看，其回报期长，需要长期投资。

被寄予厚望的REITs，在国外以股权投资为主，无存续期限制，属于长期投资产品，在我国则被改造成中短期带有债权特点的产品。我国类REITs一般采用“股+债”模式，有明确的到期日。债权部分的设计可以保证投资者享有一部分固定收益，并且债务成本可以列入支出，起到避税的作用；明确的到期日可以满足中国投资者中短期投资偏好。

但是大量的债务融资导致了住房租赁企业的杠杆率较高，加大了住房租赁企业的风险系数。

3. 中小房地产企业融资难

金融机构对租赁住房贷款的准入门槛设置较高，这使得商业银行在住房租赁市场的融资主体主要是国企和大型房地产企业，中小型房地产企业参与较少，运营商融资困局仍然十分明显，这也大大制约了运营商进驻住房租赁市场的积极性。

---

① 中国银行保险监督管理委员会．关于保险资金参与长租市场有关事项的通知．2018-5-1

第二节　中国住房租赁消费与金融支持

一、租赁消费资金需求特点

近年来，我国政府不断出台政策支持住房租赁市场的发展，鼓励居民的租房消费，引导市场走出“重买轻租”的误区，发展“租售并举”。流动人口规模的不断扩大和房价的不断攀升促使住房租赁消费不断提升，消费者对资金的需求也不断加大。

住房租赁消费资金需求有以下明显的特点。

（一）个体需求资金额较少

消费者支付住房租金是按季度或按月支付，相对于购买住房支出的金额来说，其资金需求较小。购买住房支出需要消费者一次性支出几十万到百万不等，但是租房只需要一次性缴纳几百到几千元的租金。这就说明租赁住房市场上消费者个体对于租房的资金需求较小。

（二）呈现较为明显的地域性

由于我国各城市的经济水平具有明显的地域差异，这也导致了各城市之间房地产市场价格的地域性差异。一般来说，经济水平高的城市，房价水平较高，其租金价格水平也较高。我国一、二线城市的租金水平普遍较高，三、四线及其以下城市的租金水平相对较低。并且一、二线城市作为流动人口的聚集地，住房租赁的资金需求规模相对于三、四线及其以下城市更大。

另外，即使在同一城市，在城市的不同区域，租金和房价一样也会存在明显的差异。

（三）具有连续性、稳定性和广泛性

由于住房对于居民来说是必需品，且需要持续消费，所以住房租赁消费资金需求具有连续性、稳定性和广泛性。

目前我国的租赁市场主要需求主体为流动人口和高校毕业生，租赁人口约为1.68亿，住房租赁消费群体数额庞大。这说明了我国住房租赁消费资金需求具有广

泛性。

由于住房租赁主体一般面临着资金短缺或者是户籍等问题，较长一段时间内在其所居住的城市无法购买住房，只能租房居住。此外，我国的租房合同规定租住期限普遍为 3 个月及以上，若违约将承担一定的违约金，所以违约率低。这也决定了住房租赁消费方对资金的需求具有连续性、稳定性。

二、租赁住房消费的金融支持方式

租赁消费的金融支持方式目前主要分成三大类：个人储蓄、私人借贷和个人租房贷款。

（一）个人储蓄

个人储蓄分为自愿储蓄和强制储蓄两部分。

自愿储蓄，是指居民自愿把其可支配收入存进银行等金融机构，并且在租房过程中用于支付房租。

强制储蓄，是指国家通过强制储蓄的方式来帮助居民进行资金积累，解决居民个人住房问题。住房公积金就是强制储蓄的一种。

（二）私人借贷

私人借贷，是指作为住房租赁市场的消费方通过向家人、朋友等借钱进行融资，用于住房租赁。

（三）个人租房贷款

个人住房租赁贷款，是指银行以信用贷款的方式，向符合条件的个人发放贷款，用于房屋租金等相关用途的贷款。个人住房租赁贷款的本质其实是一种消费贷款。个人住房租赁贷款规定申请者要有一定长租需求，并且满足一定的条件，如年龄、社保缴存期限、个人征信记录等。个人住房租赁贷款也是一种指定用途的贷款，即申请人得到贷款审批后只能用于支付房租，不能用于其他途径。

个人住房租赁贷款的推出不仅从需求端支持了居民的住房困难问题，而且可以通过租金分期、租金保理、信用免押和诚信积分等方式改变住房租赁行业“付三押一”的惯例，为租户提供更加便捷的服务，节省租户的租房成本，对进一步推动住房租赁市场的发展，引导传统的住房消费观念具有重要的意义。

除了上诉住房租赁消费的融资途径外，有些国家和地区政府还为低收入人群发放住房券以为居民租赁住房提供资金支持。

三、中国住房租赁消费金融支持发展现状

（一）住房公积金支持现状

2015 年 1 月 14 日，住建部发布《关于加快培育和发展住房租赁市场的指导意见》，提出用 3 年时间基本建成制度健全的住房租赁市场。2015 年 1 月 28 日，住建部、财政部、中国人民银行联合发文规定，连续足额缴存住房公积金 3 个月，并且在本地没有自住住房的可以提取住房公积金用于支付房租，额度根据当地实际确定，并且简化了公积金租房的提取要件。随后，北京、上海、深圳、厦门、合肥等多地积极响应中央的政策，出台了租房提取住房公积金的政策。

从表 11－9 和图 11－4 可以看出，从全国层面上看，近年来，我国住房公积金的缴存率和使用率都在逐年上升，住房消费类提取额占住房公积金提取额的比重越来越大，其中住房租赁提取额的比重上升尤为明显。2015 年公积金可用于租房政策下达后，住房租赁提取额迎来了历史性的飞跃，2015 年住房租赁提取额同比增长率高达 446.03%。此后 3 年，住房租赁提取额同比增长逐年上升，且上升幅度不断增加。但是，整体来看，我国住房公积金提取额占公积金缴存余额的比重仍然不高。所以，放宽租房提取住房公积金的政策，有利于进一步盘活沉淀资金，缓解租房压力。

表 11－9　　2014—2018 年全国住房公积金基本情况

年份	住房公积金缴存额/亿元	住房公积金缴存余额/亿元	住房公积金提取额/亿元	住房消费类提取额/亿元	住房租赁提取额/亿元
2014	12 956.87	37 046.83	7 581.96	5 714.52	61.15
2015	14 549.46	51 620.74	10 987.47	9 122.90	333.90
2016	16 562.88	45 627.85	11 626.8	11 626.88	363.92
2017	18 726.74	51 620.74	12 729.80	10 118.95	444.76
2018	21 054.65	57 934.88	14 740.51	11 718.33	730.4

资料来源：中国住建部官网。

如图 11－5、图 11－6 所示，从城市层面来看（在一、二线城市各选取 4 个代表性城市），一线城市租赁提取额远高于二线城市，其中，深圳市的住房公积金租赁提取额一直遥遥领先。各城市公积金租赁消费占公积金提取消费的比重也大体处于逐年递增状态，2018 年广州、深圳和杭州涨幅较大。这说明：第一，住房公积金用于租赁消费的城市差距仍然较为明显；第二，各城市的动态发展水平（增长率）也存在较大差异。

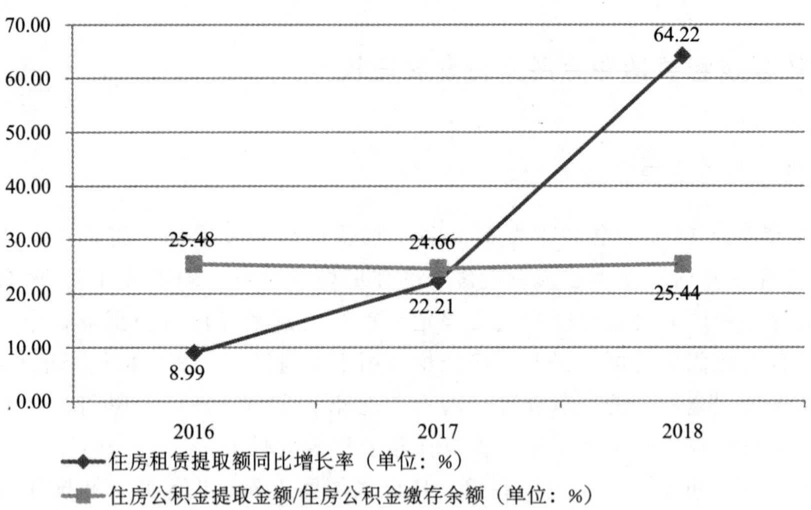

图 11－4　2016—2018 年公积金提取金额/公积金缴存余额和住房租赁提取额增长率

资料来源：住建部官网。

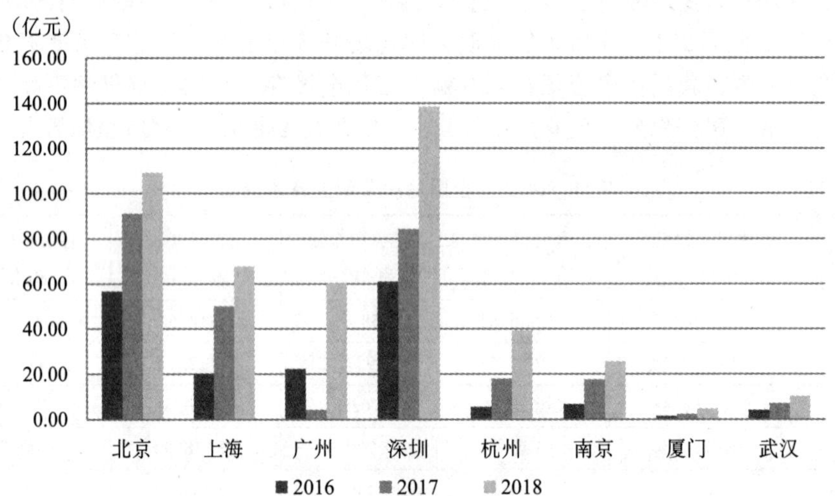

图 11－5　部分城市 2016—2018 年公积金租赁消费金额

资料来源：各城市公积金管理中心。

虽然各地都出台了提取公积金用于租房的政策，但是在职工提取公积金方面仍然存在许多限制，如多地提取公积金需要进行租房合同的备案，手续繁琐；提取金额上限较低；上海的提取上限为 2 000 元，北京的提取上限为 1 500 元，厦门的提取上限为 800 元。基于此，上海市住房公积金管理中心开辟新路，不断完善提取住房公积金用于租赁住房的体系建设。2017 年 11 月 15 日，上海市住房公积金管理中心与上海市房地产经纪行业协会合作，和上海市首批 14 家规模较大的住房租赁企业共

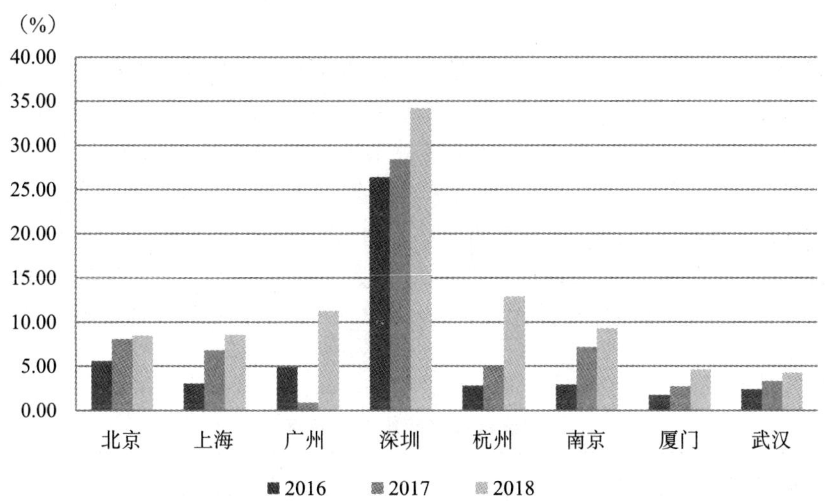

图 11－6　部分城市 2016—2018 年公积金租赁消费/提取消费

资料来源：各城市公积金管理中心。

同签署本市住房公积金租赁提取集中办理业务合作协议。这是上海市继 2015 年出台无住房职工可提取公积金用于租房租赁政策后的又一大举措。这次合作有两大亮点：第一，租客在门店就可以完成租赁提取，公积金管理中心一站式受理，优化了租赁提取流程；第二，更大程度确保了公积金提取的安全性，推动了租赁企业的发展，对于完善公积金诚信体系具有重大意义。由此可以预见，未来各试点城市将会积极推进提取住房公积金用于租房的政策，积极发展租房租赁市场，保障租房需求端的权益。

随着城市流动人口的增加，城镇化进程的不断加深，发挥公积金在住房租赁领域的作用日益凸显其重要性。住房公积金具有成本低、风险低、稳定性好等特点，和回报期长、回报率低的住房租赁市场具有最佳的匹配度。公积金支持住房租赁能够更加有效地解决城市中无力购买住房的流动人口和常住人口的居住问题，发挥其保障性的功能。放宽住房公积金提取的条件，将其用于租房，对于我国住房租赁市场具有重要意义。

（二）个人住房租赁贷款发展现状

目前我国的个人住房租赁贷款仍然处于刚刚起步阶段，提供个人住房租赁贷款主要是五大行中的中国建设银行、中国银行和中国工商银行；其中，建行参与程度最深。

2017 年 11 月 3 日，建设银行首次推出了针对个人住房租赁的信用贷款——按居贷，这是我国住房租赁市场的一次重要创新。按居贷是建行从租房供给侧改革着手，在提出“长租房”概念后，为了找到合适的配套金融手段而推出的个人住房租赁贷款。

建设银行深圳分行与万科、招商蛇口、恒大地产等 11 家房地产企业进行合作，以及与比亚迪、方大集团、研祥智能、兆驰等 11 家企事业单位举行住房租赁战略合作签约仪式，推出 5 481 套包括“CCB 建融家园”在内的长租房源，并发布首款个人住房租赁贷款产品——按居贷，标志着建设银行正式进军深圳住房租赁市场。

“按居贷”是指建设银行把全部租金一次性支付给租户，帮助租户与住房租赁商锁定租赁关系，同时租金也可以一次性进入开发商账户，租户只需要分期向银行偿还贷款即可。和传统住房抵押贷款相比，“按居贷”具有很大的优势（如表 11 – 10 所示）。

表 11 – 10　　　　建设银行“按居贷”特点

特点	明细
可获得性更优	贷款手续更加便捷简单。线上签署租约和贷款支付无缝对接，全流程线上操作，只需要 3 分钟就可以完成。当日受理，1—2 天就可以发放贷款。
期限长额度高	贷款额度最长可以达 10 年，最高额度为 100 万元。
利率低	采取比“按揭贷”更低的利率，只收 4.35% 的基准利率。1 年期月利率为 0.363%，1—3 年期月利率为 0.396%。
还款自由	“按居贷”生效后，提前还款无须缴纳违约金，可以随时还款。
贷款方式为信用贷款	采取信用贷款方式，能够从银行信贷的总额度中优先切割份额并实现放款、无须抵押。

资料来源：建设银行官网。

截至 2018 年 6 月末，建设银行已经和全国 320 个地级市以上的行政区进行了合作签约，其中已经有 243 个城市平台上线。在平台上，建设银行与近 1 500 家企业达成了合作，其中租房租赁企业近 1 000 家，累计上线房源 77 万多套，已经出租了超过 15 万套。

2018 年 1 月，建设银行又在广东地区试点，首创推出了“家庭不动产财富管理”业务，俗称“存居贷”业务。随后，建设银行在 2018 年又推出了“租客贷”和“业主贷”。

2017 年，厦门中国银行推出住房租赁消费贷款——“中银智贷—租房贷”。这款产品根据租户所需租金和贷款期限以及个人的贷款资格对租户进行综合审查，在发行第 1 个星期就成功签约两笔业务。建设银行“按居贷”和中国银行“中银智贷—租房贷”的相同点如表 11 – 11 所示。

2017 年 11 月 16 日，中国工商银行广东省分行营业部和广东省住建委员会签订《战略合作协议》，工行将为广东住房租赁市场参与者提供 5 000 亿元的授信资金支

表 11-11　“按居贷”和“中银智贷—租房贷”的相同点

贷款利率	采用4.35%的基准利率，低于同期房贷利率。一次性缴满3年租金有92折优惠。
租金更优惠	每月所支付的租金折后低于不使用贷款的数额。
风险防范	均采用和开发商签订合约的方式，由开发商提供抵押，不直接提供贷款给租户。
还款方式	租金均为一次性到账，进入开发商账户，租户分期向银行归还贷款。

资料来源：建设银行、中国银行官网，恒大研究院。

持，共同打造广州现代化住房租赁产业，并且推出“租e贷”产品，用于租户支付房屋租金。工行也宣布未来将会在北京、上海、广州、深圳、杭州5个城市提供个人住房租赁贷款。工行将最高额度设定为50万元，最长期限设定为5年，这也意味着中国工商银行正式进军住房租赁贷款市场。随后北京工行和北京保障房中心等签订协议，为其提供6 000亿元授信支持，并且向北京市民提供最高贷款额度为100万元、最长期限为10年的个人住房租赁贷款。

目前，商业银行的个人住房租赁贷款在南方地区开展较多，在北方地区发展较为缓慢，广州、深圳、上海、武汉、重庆、北京等地均有所涉及。

（三）互联网金融的发展

随着我国互联网金融的发展，支付宝、微信等互联网支付方式逐渐走进了千家万户。近年来，互联网金融更是直接参与我国住房租赁市场，为租赁消费者提供金融支持，对我国住房租赁市场的发展产生了一定的影响。

2017年10月10日，蚂蚁金服宣布正式进军住房租赁市场，给承租人提供一定的金融支持。支付宝发言人在“中国放心公寓联盟”发布会表示，未来将会管理超过100万间的公寓，还表示会在北京、上海、广州等8个一线城市进行试点，以征信方式减免租房押金，并且实行按月交租。

此前，我国住房市场上普遍存在着“押一付三”“一年一签”的规则，而蚂蚁金服改变了传统的规则，提出“付一押零”的新方式。蚂蚁金服网上银行将会为租赁消费者提供住房租赁信用贷款，并且提供租金分期偿还的业务。

互联网金融进驻住房租赁市场的举措，给予住房租赁市场更加宽广的融资渠道，让更多消费者能够更加便利地进行租房融资。

第十二章 中国住房租赁市场与政府监管

在住房租赁市场发展的过程中，政府起着主导性的作用，它掌控着租赁市场的前进方向。本章共分为四个部分，首先是对计划经济时期以来政府的监管进行回顾，从政府颁布的各项政策法规中总结政府监管的作用，并分析其中存在的问题，最后针对性地提出改进建议。

第一节 中国住房租赁市场政府监管回顾

按照政府在住房租赁市场发展轨迹中发挥的作用，可将中国住房租赁市场政府监管历程划分为如下几个阶段。

一、稳定秩序、公有制改造到租赁市场完全取消阶段（新中国成立后至1977 年）

新中国成立初期，战乱后的中国千疮百孔，房屋毁损严重，各种制度尚不健全，很多人都居住在棚屋之中。特殊时期之下，政府的首要任务是稳定房地产市场秩序，全面负责住房建设和分配，保证居民的基本住房需求。新中国成立初期，城市住房是国家生活物资再分配体系中最具代表性的福利品，这一时期城市住房主要由国家通过单位分配给居民，居民只需要支付很低的租金。但这种模式无法维持房屋的修缮和再生产。社会主义改造时期，国家对房地产进行公有制改造，将私人出租房屋收归国有，采取“国家经租”的方式，国家给房主按期支付一定的租息。但福利分配制度下单一供给主体的弊端逐渐显现，住房投资建设完全依靠国家，渠道单一，数量有限，导致需求与供给严重失衡。

新中国成立之后，政府要将城市居民组织起来恢复生活与生产就必须尽快解决住房需求与供给严重不匹配的问题。于是在社会主义计划经济体制下，政府一方面对原有各类住房进行接管使其变成全民所有制房产，另一方面采取了福利化的公共住房统一供应模式作为城市居民的住房。

在稳定城市房地产市场秩序的进程中，国家暂时沿袭新中国成立前的土地和房屋制度，接收旧政府的房地产档案并确认产权归属、代管无主房屋、打击各类房地产投机和各种非法活动；同时，在各地设立了房地产管理机构，制定有关政策，开展房地产清产登记，很快建立了新的房地产管理秩序，并负责改造棚户区和贫民窟，建造新住宅，解决城市人口急速增加下的居住生活问题。

资料显示，早在 1948 年 12 月 20 日中央就明确指出将“以租养房”的住房供应方式作为解决城市居民住房问题的主要手段①。1952 年 5 月，中央政府再次强调“以租养房”的政策思路，规定租住者必须缴纳租金，但租金标准不能成为劳动者的经济负担②。随着时间的推移演化，这种以租养房的思想并没有促进住房的良性循环，在 1955 年国家机关干部供给制改为薪金制之后，国家机关首先为其工作人员进一步降低住房租金标准，规定国家机关工作人员居住费用平均每平方米月租金为 0. 12 元③，这一举措使得“低租金加补贴”取代了“以租养房”成为通行的住房原则。到 1957 年，这种“高福利、低工资、低租金”的住房实物福利分配体制已基本形成。由于房屋建设只有投入没有产出，国家的投资越多，所承担的补贴数额就越大，并由此带来沉重的住房建设与保养负担，房屋的再生产步履维艰，城市职工的住房供应也日趋紧张。

住房的公有制改造是随着资本主义工商业的社会主义改造同时完成的。各城镇以国家经租和公私合营的形式对出租私有房屋进行了社会主义改造。私有企业占有的土地，也以赎买的方式收归国有。城市服务和土地的所有制开始发生根本性变化，公有制得以在中国城市房地产中确立其主体地位。

改革开放前城市住房的来源除了新建住房以外，还有很重要的一部分是由 1956 年后开始的没收官僚资本房地产和对资本主义工商业改造的过程中转化而来。考虑到私有出租房屋的资本主义属性，加上很多房主只收租、不修房，使房屋得不到正常的保养，倒塌破损日趋严重，租赁关系混乱；还有部分房主故意抬高房租且索取额外费用，加重了职工的负担，很多房主宁愿将房屋闲置也不愿出租，使得房屋的利用极其不合理。很多城市居民怨声载道，各地才开始对城市的私有房产进行社会主义改造。对私有房产的社会主义改造一般采取的是“国家经租”的形式，房主把出租的房屋交给国家统一管理、修缮和出租，国家给房主按期支付一定的租息。这

---

① 参照 1948 年 12 月中共中央发布的《关于城市公共房产问题的决定》。

② 参照 1952 年 5 月中央政府发布的《关于加强城市公有房产管理的意见》。

③ 参照 1955 年发布的《中央国家机关工作人员住用公家宿舍收租暂行办法》。

一举措在很大程度上规范了我国初期的租赁市场，保障了人民群众的利益。

二、恢复住房租赁经营、民间租赁市场自发发展阶段（1978—2009 年）

1978 年之后，国家放开了出租房屋的管理权，重新下放给私人房主，租赁市场恢复。国家有关部门形成了“提租补贴”的改革思路，逐步提高租金向市场水平靠拢，通过提租达到租售结合和以租促售的目的，这也是我国住房商品化的第一步。1998 年房地产改革之后，我国正式步入住房商品化时代，国家开始大力发展房地产销售市场，鼓励居民购买住宅。国内许多城市房价升高且不断上涨，而租赁市场尚未成熟，仍然以私人供给为主，处于自由发展时期。

我国经济自 1978 年开始进入赶超式增长阶段，国际环境总体上有利于我国的经济发展，但仍发生两次较大金融危机，国内经济发展也出现一些波折。彼时房地产业主要矛盾是解决短缺（而非公平）和随着收入增长而不断产生的需求，各个领域的资源不断涌入房地产业，促使住房开发建设能力快速提升，房价不断上涨。

住房租赁市场的复兴开始于党的十一届三中全会之后。房地产市场在经历了几十载的沉寂之后逐渐复苏，为使房地产业在生产、流通和消费等各个环节有法可依，解决历史遗留的挤占、没收私人房屋的问题，国家开始加快完善房地产领域的立法。恢复租赁市场之后，国家开始采用“提租补贴”的方式解决低房租问题，以公房改革促进包括租赁市场在内的房地产市场的恢复和市场规则的建立。

改革开放之后，为了加强对城市私有房屋的管理，保护房屋所有者和使用者的合法权益，国务院于 1983 年 12 月发布《城市私有房屋管理条例》，标志着我国城市住房租赁登记备案制度的萌芽。1984 年年初，建设部提出中国住房制度改革的关键是解决低房租问题，于是国家有关部门提出探索住房制度改革新方式，形成“提租补贴”的改革思路和措施。

（一）针对存量公房提租但未达到预期租金水平

由于全价与补贴售房在住房改革实践中受挫，有关各方遂转向研究改革公房租金的可能性。为此，这一阶段住房保障制度改革的主要内容是以提高房租为切入口，同时出售公有住房，实行优惠价售房。传统住房保障制度下，职工工资中没有包含或只有很少的住房因素，“提租补贴”的思路认为，调整公房租金的同时应该给予职工足够的住房消费补贴。1988 年政府提出从改革公房低租金制度着手，将实物分配逐步改变为货币分配，并通过提租达到租售结合和以租促售的目的，这标志着住房保障制度改革的全面推开。提租改革迈出了我国住房商品化的第一步，这是我国出台的第一个房改总体方案，一般称之为提租补贴方案[①]。

此后，全国一些大中城市开始开展房改中期试点工作，在试点基础上，国务院于1988年8月召开了第一次全国住房制度改革工作会议。会议提出全国房改分两步实施：第一步的目标是抑制不合理的住房要求，促进个人购房，初步实现住房商品化；第二步的目标是逐步把住房消费纳入工资，计入企业成本；在逐步增加工资和住房由成本租金提高到商品租金的基础上，进一步实现住房商品化。根据这一方案，到1990年全国共有12个城市、23个县镇出台了以提租补贴为主要内容的住房制度改革方案[②]，公房租金水平从每平方米使用面积0.08—0.13元提高到1. 2元左右，不仅保证了现有房屋的维修养护和折旧费用，而且较为有效地抑制了不合理的住房需求，形成了最早的住房消费资金来源。在实施提租增资以后的两年中（1989年和1990年），城镇住宅建设投资开始出现回落，住宅基建投资占基建投资总额的比重也有下降。1991年，提租补贴以抑制住房不合理要求为主的思路，转变为增加住房供给为主、抑制住房不合理需求为辅的思路[③]。北京、上海等地在实施住房制度改革方案的过程中，采取小步提租不补贴的办法，同时通过优惠出售旧公房以及建立住房公积金制度，以扩大住房建设资金的来源，从而增加住房供给。

从上述分析中可以看到，这一阶段的住房保障制度改革是以公有住房“提租补贴”为主要内容的，着重点是抑制住房的不合理需求，而不是以增加住房供给、加快住宅建设为立足点，反映了指导思想上对原有城镇住房保障制度弊端的实质性认识不足，改革的方向和目标仍不清晰。

（二）住房商品化后开始“重”销售“轻”租赁

1992年之后，国家明确了社会主义市场经济理论是城镇住房保障制度改革的根本指导思想，按住房商品化、市场化、社会化的思路，全面设计房改的目标、原则和主要内容，从而把城镇住房保障制度改革推向了全新的发展阶段。

1994年7月18日，国务院发出《关于深化城镇住房制度改革的决定》，标志着房改进入了一个新的阶段。《决定》提出“房改”的根本目标是从全面推行住房公积金制度、积极推进租金改革、稳步出售公有住房等方面着手，初步建立起新的城镇住房制度。这一文件将改革的重点从现有存量住房转移到存量和增量住房并举上，极大地完善和规范了房改政策。到1997年，住房公积金制度已在全国大中城市普遍建立，租金改革和公有住房出售加快，住房自有率迅速提高，大大加快了住宅建设特别是经济适用房建设，初步形成了住房供应体系和住房金融体系。这一阶段的城

① 参照1988年2月国务院发布的《关于在全国城镇分期分批推行住房制度改革的实施方案》。

② 参照《我国城镇住房制度改革问题研究》。

③ 参照1991年国务院发布的《关于全面推进城镇住房制度改革的意见》。

镇住房保障制度改革，既是全面改革的继续，又是住房商品化进程的进一步深化。

1998年在中国城镇住房保障制度改革的历程中具有里程碑式的重要意义。在此后的5年间，由于住房消费的启动，大大改善了城镇居民的住房条件。政府将鼓励房地产发展定性为扩大内需，拉动投资增长，保持经济持续增长的重要渠道。在政策支持的大背景下，大量资源涌入房地产领域，国内部分城市房价持续上涨。这一阶段政府的工作重心主要是发展房地产销售市场，对于住房租赁市场的关注度较低。

20世纪90年代中期（1995—1997年），出现了职工住房水平低和商品房滞销、大量空置的矛盾现象。同时，国内的市场供求关系发生了明显变化，拓展住房消费成为扩大内需的重要方面，发展住宅市场以拉动国民经济增长，成了宏观经济发展的迫切需要。为适应这些要求，1998年发布的《房改通知》将住房分配货币化确立为首要目标，作为房改的中心环节来抓，并构建了房改的目标体系。

根据《房改通知》精神，各地纷纷出台了以住房分配货币化为中心内容的深化住房制度改革方案，并逐步实施。停止实物分房以后，职工购买商品房的积极性大大提高。同时住房货币化补贴和个人购房抵押贷款的支持，又提高了居民买房的能力，扩大了住房市场需求，由此带动了住宅建设发展和空置房的消化，推动了全国房地产市场新的繁荣期的到来。这个事实说明，住房分配货币化是住房制度改革的中心环节，抓住这个环节可以释放巨大的能量，促使新的城镇住房制度和住房保障制度迅速建立和完善。直到现在，住房分配货币化仍在向纵深方向发展。

为了配合国家住房制度改革，支持住房租赁市场的健康发展，2001年1月，财政部、国家税务总局联合宣布对房屋出租的税费进行减免；对政府定价出租的住房，暂免征收房产税、营业税，对个人按市场价格出租的居民住房，减征营业税、房产税、个人所得税，使个人出租房屋总体税收负担大大减少①。

（三）重点稳定房价，民间租赁市场自由发展

2003年是房改进行的第5年，城镇住房制度改革深入推进，居民住房条件有了较大改善。但同时我国房地产市场发展还不平衡，一些地区住房供求的结构性矛盾较为突出，这导致少数城市房价上涨过快，房地产市场秩序比较混乱。

为解决当前房地产市场存在的问题，九部委联合发布《关于调整住房供应结构稳定住房价格的意见》，提出要积极发展住房二级市场和房屋租赁市场。住建部也提出要加快保障房建设，其中，公共租赁住房建设是下一阶段工作的重点，政府希望以此来遏制部分城市房价的过快上涨。

国税局于2008年减轻了个人出租住房的整体税收负担②。此举表明，国家试图

① 参照2001年财政部、国家税务总局发布的《关于调整住房租赁市场税收政策的通知》。

② 参照2008年财政部、国家税务总局发布的《关于廉租经济适用房和住房租赁有关税收政策的通知》。

通过减税让利政策来调节租赁市场的利润水平，希望借此来刺激租赁市场的进一步发展，调节现有的住房结构。这一举动对于控制房价也有一定的积极作用，但个人出租住房业主的税收负担减轻之后是否会主动降低租金仍未可知。

三、回归政府主体责任、大力培育和发展租赁市场阶段（2010 年至今）

这一阶段我国的房地产市场已经较为成熟，但租赁市场仍处于起步时期。此前房地产市场的发展一直以销售市场为主，政府疏于对租赁市场的管理。自 2010 年起，政府开始回归主体责任，出台了一系列政策以推动租赁市场的发展。为扩大租赁住房来源，中央政府和各地政府开始大力发展公租房，以保障中低收入人群的租赁需求。2016 年之后，政府从增加租赁需求、提供金融支持、规范整顿中介、提倡租购并举等方面同时发力，培育和推动租赁市场的发展。

2010 年至今，政府重视科学发展观，将民生问题提到了一定高度。在经济新常态形势下，经济发展动力由投资驱动转为创新驱动。房地产业主要矛盾也发生了变化，存在生产能力和总量过剩的结构性问题。房地产市场经过前期的蓬勃发展，房价一直处于高位，引发各类租赁需求激增，因此，针对房地产行业的供给侧结构改革十分必要。

经过民间租赁市场自由发展时期之后，2010 年政府开始在租赁市场发力，回归政府主体责任。为遏制 2006 年以来房价过快上涨的问题，各地开始探索扩大租赁住房来源的渠道，作出各种尝试。政府提出公租房的概念并围绕公租房出台了一系列支持性、配套性政策。

（一）大力发展公共租赁住房

2009—2010 年年初，全国房地产市场整体上出现了一些积极变化，但部分城市房价、地价又出现过快上涨势头，投机性购房再度活跃，引起了政府的高度重视。为切实解决城镇居民住房问题，2010 年 4 月 17 日，政府要求加快发展公共租赁住房，地方各级政府要加大投入，中央以适当方式给予资金支持[①]。

这一文件出台之后，各地政府纷纷开始推进公共租赁住房的发展。2010 年 5 月，北京率先采取行动，北京市户籍人士可以通过单位申请由单位所在地区建设的公租房。一些在高科技园区工作的人群可以申请园区自有用地建设的公租房[②]。同年 6 月，上海开始推行公共租赁住房政策，要求申请者必须有上海城镇常住户口或

---

① 参照 2010 年国务院办公厅发布的《国务院关于坚决遏制部分城市房价过快上涨的通知》。

② 参照 2010 年北京市发布的《北京市公共租赁住房建设技术导则（征求意见稿）》。

上海市居住证，连续缴纳社会保险金达到规定年限①。同月，重庆市对申请公共租赁住房的身份和收入等方面进行严格界定：申请者须年满 18 岁，具有稳定工作和收入来源，具有租金支付能力②。广州将公租房租金计划分为 3 个档次，分别为同地段市场价的 60%、48% 和 30%，将按住户收入水平高低分类收取。新建的公共租赁房面积都控制在 60 平方米以内③。南京市规定公共租赁房和中低价商品房的保障对象将包括中等偏下收入者和新就业人员④。从各地发布的政策来看，公共租赁房覆盖面较广，不仅包括本地中低收入家庭，还惠及新就业人员和外来务工人员，未来还有可能进一步扩大。这些群体原本不在保障范围之内，只能到市场上租房或买房。大规模地增加公共租赁房，可以分流相当一部分购房需求，减轻商品房供求压力，从而稳定房价。截至 2018 年 6 月底，北京市已启动公租房分配 1.26 万套（户），其中实物房源约 1 万套，新增市场租房补贴发放 2 600 户，完成全年政府实事任务分配公租房 1.5 万套（户）的 84%⑤。2018 年 11 月 29 日，广州市住房保障办完成 799 套配租⑥。

公共租赁住房的想法一经提出，全国各地的政府都积极参与到政策的落实当中，发布申请条件、确定租金档次，从政策推行的结果来看，公共租赁住房在全国范围内已经达到了较高的覆盖率，为城市低收入群体切实提供了住房保障。

（二）规范房地产市场管理

2010 年前后，房地产市场发展进入到一个新的阶段，由于租赁市场已逐步发展壮大，房地产中介的力量开始显现，各地频频发生中介赚取差价、协助签订“阴阳合同”、为不符合交易条件和禁止交易的房屋提供经纪服务等一系列维权事件。2010 年 1 月，国家发布《房地产经纪管理办法》，这是我国在当前房地产市场调控形势下出台的第一个专门规范房地产经纪行为的部门规章，也是我国首部全国性的房地产经纪法规。这对于整顿房地产市场秩序，规范房地产经纪行为，保护当事人合法权益，促进房地产经纪行业健康发展，起到了积极作用。

2010 年 12 月 1 日国家出台的《商品房屋租赁管理办法》，旨在加强房屋租赁管理，规范房屋租赁行为，维护房屋租赁双方当事人的合法权益。这一文件在一定程度上保护了合理的出租行为，明确了房东和租户的权责分配以及管理部门的职责。

从法律法规发布的时间点可以看出，2010 年是我国租赁市场开始大规模发展的

① 参照 2010 年上海市发布的《上海市发展公共租赁住房实施意见（征求意见稿）》。
② 参照 2010 年重庆市发布的《重庆市公共租赁住房管理暂行办法》。
③ 参照 2010 年广州市发布的《广州市公共租赁住房制度实施办法（试行）》。
④ 参照 2010 年南京市发布的《公共租赁房管理办法》（草案）。
⑤ 数据来源于北京市住建委。
⑥ 数据来源于广州市住房保障办。

起步时刻，租赁市场的部分问题开始暴露，也就凸显了法律的缺位，这两部基础法律的发布对于规范后续的租赁市场发展具有十分重要的意义。

（三）培育和推动租赁市场的发展

20 世纪 90 年代以来，随着住房制度改革的深入和城镇化进程的加快，人们的住房消费能力得到逐步释放，房地产市场迅速发展。但相比房地产交易市场，作为房地产市场重要组成部分的住房租赁市场发展速度较为缓慢，租赁市场供应总量不平衡、供应结构不合理、制度措施不完善，特别是供应主体单一等问题尤为突出，租赁市场难以满足人们尤其是流动人口的居住需求。在此背景下，2015 年以来国家陆续出台多项政策促进租赁市场发展、构建购租并举的住房制度，通过部分城市的试点形成一批可复制、可推广的试点成果进行推广，进而推动房地产市场平稳健康发展。

2015 年 1 月，住建部提出政府要建立好租赁信息服务平台、培育住房租赁经营机构、鼓励开发商将其持有房源向社会出租，积极鼓励和引导国内外资金进入住房租赁市场，主要目的在于鼓励、支持大力发展住房租赁市场①。同时，住建部、财政部开始放宽公民提取住房公积金支付房租的政策②。此政策发出之后，西安市采取相应措施，将住房租赁市场接入公积金，创新住房租赁金融产品和服务，简化租房人员公积金提取的材料和流程，多渠道支持住房租赁消费。2015 年 10 月，税务总局指出按政府规定价格出租共有住房和廉租住房免征营业税、个人出租房屋减征个人所得税、个人出租住房减征房产税③。同年 11 月，政府提出要积极发展客栈民宿、短租公寓、长租公寓等细分业态，并将其定性为生活性服务业，按照生活性服务业的政策给予支持④。以上这些公积金、税收政策的开放都是在为租赁市场提供金融支持，公积金支持扩大租户的租房资金来源、政府减税增加房东的获利空间或降低市场租金水平，以此来活跃租赁市场的交易。而发展客栈民宿以及专业租赁企业则是从供给层面刺激租赁市场的发展。由于租赁市场上的供给主体主要以私人为主，房源供给量小，是明显的卖方市场，扩大供给来源一方面有利于保护租户利益，另一方面也可以稳定市场租金水平，规范租赁市场的发展。

2016 年 5 月 4 日召开的国务院常务会议提出了四方面措施以支持住房租赁市场

---

① 参照 2015 年 1 月住建部发布的《住房城乡建设部关于加快培育和发展住房租赁市场的指导意见》。

② 参照 2015 年 1 月住建部、财政部发布的《住房城乡建设部、财政部、中国人民银行关于放宽提取住房公积金支付房租条件的通知》。

③ 参照 2015 年 10 月税务总局发布的《国家税务总局公告 2015 年第 73 号关于发布〈减免税政策代码目录〉的公告》。

④ 参照 2015 年 11 月国务院办公厅发布的《国务院办公厅关于加快发展生活性服务业促进消费结构升级的指导意见》。

发展：第一，支持利用已建成住房或新建住房开展租赁业务；第二，推进公租房货币化；第三，完善税收优惠政策；第四，推行统一的租房合同示范文本等。鼓励个人出租自住房，实际上是鼓励住房投资行为，这对于后续房地产市场的投资行为有积极引导作用。同时，允许商业用房改变为租赁用房，这是目前去库存导向下的一个重要创新，对于盘活存量资产等有积极意义。

在全面推进新型城镇化和全面深化改革的大背景下，政府的多份文件指出要建立购租并举的住房制度。中央经济工作会议将租赁市场发展提到了前所未有的高度，对于长期租赁更是鲜见地予以强调。为响应中央经济工作会议加快租赁市场立法的提议，作为住房市场租赁的主管部门，住建部组织了专班负责条例的起草，对租金支付方式、合同、租房人权益以及租赁市场进行了规范。

针对中央政府的指导思想，各地政府开始因地制宜地将各项政策意见落到实处。2017 年 2 月，云南省为鼓励住房租赁消费，出台了一系列优惠政策，其中包括鼓励个人依法出租自有住房，允许将商业用房等按照规定改建为租赁住房，土地用途调整为居住用地，支持房地产开发企业利用已建成住房或新建住房开展租赁业务等①。同年 6 月，武汉计划建设人才公寓，5 年内满足以毕业 3 年内普通高校大学生为主的 20 万人的租住需求；同时建立“人才住房券”制度，用于企业人才和大学生购、租住房②。同年 7 月，成都启动人才优先发展战略计划，要求保障人才住房，急需的紧缺人才不仅可以租赁人才公寓，租住满 5 年还可按贡献以不高于入住时的市场价格购买其所租住的公寓③。同时广州也启动了加快发展住房租赁市场的工作方案，允许符合条件的承租人子女就近入学，保障租购同权；未来还将通过立法将租购同权从概念阶段逐步过渡到实质执行阶段④。同年 10 月，北京市提出未来 5 年新供各类住房中租赁将占 30%，建立购租并举的住房体系，引导居民采取先租后买的梯次消费模式⑤。同年 11 月，江西省住房城乡建设厅与省建设银行签署住房租赁金融战略合作协议，积极推进住房租赁市场发展。江西省建行综合运用“互联网 + 房管 + 金融”的现代服务理念，授信 300 亿元支持发展江西住房租赁市场，为构建租购并举的住房体系提供全方位的金融支持⑥。同年 12 月，西安市对符合不同标准的 5 类人才提供不同的人才公寓、购房补贴、租赁补贴、人才公租房⑦。

从以上一系列地方政策来看，全国各地都加快了发展住房租赁市场的脚步，尤

① 参照 2017 年 2 月云南省发布的《关于加快培育和发展住房租赁市场的实施意见》。
② 参照 2017 年 6 月武汉市发布的《关于支持百万大学生留汉创业就业的若干政策措施》。
③ 参照 2017 年 7 月成都市发布的《成都实施人才优先发展战略行动计划》。
④ 参照 2017 年 7 月广州市发布的《广州市加快发展住房租赁市场工作方案》。
⑤ 参照 2017 年 10 月北京市发布的《北京城市总体规划（2016 年—2035 年）》。
⑥ 资料来源于江西省住房与城乡建设厅。
⑦ 参照 2017 年 12 月西安市发布的《西安市人才安居办法》。

其是一些一、二线城市将目光投向了青年型人才和刚毕业的大学生，考虑到这部分人群的住房需求，针对性地提供优惠补贴政策。一方面租赁市场的主力军主要是这些青年人才，保证其租赁需求就解决了租赁市场的大部分问题，另一方面也有利于城市留住人才，尤其是一些处于高速发展进程中的城市，新鲜血液对其发展至关重要。

（四）开展住房租赁试点

考虑到当前人口净流入的大中城市住房租赁市场需求旺盛、发展潜力大，但租赁房源总量不足、市场秩序不规范、政策支持体系不完善等问题，政府开始支持相关国有企业转型，并在全国选取部分城市进行租赁市场发展试点。2017 年 7 月 20 日，住建部选取了广州、深圳、南京、杭州、厦门、武汉、成都、沈阳、合肥、郑州、佛山、肇庆 12 个城市，作为首批开展住房租赁试点城市。此次政府明确通知各地要搭建住房租赁交易平台，旨在增加租房供应，让租房也能实现群众住有所居。这有利于提高租户地位，稳定租赁关系，增加租赁房源。租赁新政策可以在一定程度上保护部分无力购房的租户，从长远看，也有利于市场平稳发展。

2018 年 3 月，国务院在全国两会政府工作报告中表示，坚持“房子是用来住的不是用来炒的”定位，也为接下来中央政府及地方政府的政策手段拟定了风向标。同年 9 月，首批开展住房租赁试点的城市开始发力。

合肥市率先推进住房租赁试点，不断完善配套政策、积极培育多元化市场主体、精心打造一站式租赁平台、大力增加租赁住房供应，明确列出 8 类违法违规租赁行为并开展多部门联合打击。此外，还推动住房租赁试点和利用集体土地建设租赁住房试点，加快租赁住房建设，盘活存量房源，增加租赁房源有效供应①。厦门市对符合条件的住房租赁企业减征税收，极大地降低了企业运营成本②。武汉市的新（配）建租赁住房全部用于租赁，不“以租代售”。自住房城乡建设部把武汉正式列为国家首批住房租赁试点城市后，武汉通过新建、配建、改建、包租等多种方式，积极拓宽筹集房源渠道，并提出 2018 年筹集租赁住房 3 万套，约 100 万平方米③。杭州市启动人才专项租赁住房试点分配，基本形成了“租补并举、以租为主”的人才住房保障体系。截至目前，杭州市区已累计为两万余名人才在创新创业中提供了住房保障④。广州随后提出对新增租赁住房的经营实行市场化机制，不限定承租主体。房地产开发企业、村集体可自主出租经营，也可与住房租赁企业等合作出租经

---

① 资料来源于中华人民共和国住房和城乡建设部。

② 参考 2018 年厦门市发布的《厦门市促进住房租赁企业发展财政扶持资金管理办法》。

③ 参考 2018 年武汉市发布的《2018 年建立租购并举住房制度实施方案》。

④ 资料来源于中华人民共和国住房和城乡建设部。

营新增租赁住房[①]。2018 年 12 月，南京市住房租赁监测分析系统正式启用，其具备市场供需监测、市场主体监测、市场趋势分析等功能，可以实现对住房租赁全主体和全过程的监测督导[②]。

深圳市提出，将通过多渠道增加租赁住房供应，力争到 2022 年新增建设筹集各类租赁住房不少于 30 万套，还将加强对城中村规模化改造的指导，合理设置租赁企业准入门槛，以供应适宜的租赁住房。为进一步规范深圳市租赁住房市场，深圳市首次实现了住房租赁在线登记备案，明确建立了住房租赁信息核验制度，实现对全市住房租赁市场的有效监管[③]。

为打击中介随意加价、二房东层层转租等租房市场的这些痛点，上海浦东新区住房租赁公共服务平台正式上线。这一平台在上海首创线上网签等便民服务，让租客通过手机就能租房[④]。

首批开展住房租赁试点的城市自 2017 年以来都在积极建设住房租赁交易平台，增加租赁住房的供应，提高对租赁市场的金融支持力度，严厉打击违法违规的租赁行为。交易平台的建立早在 2015 年就已提出，经过两年多的努力终于落地实施。线上交易平台为人们提供了一个信息共享平台，让租户在手机上就能查看房源、在线租房，极大地方便了承租人。合肥、深圳多渠道扩大供应主体，厦门通过减税为租赁企业提供金融支持，武汉市对连续足额缴存公积金满 3 个月的无房新市民，支持其提取公积金用于支付房租，缓解其经济压力。我国的住房租赁市场与发达国家相比虽仍存在一定差距，但一系列的改革措施已经逐步将租赁市场完善，对于承租人的保护也逐步增强，这对于人们对租赁市场的态度改观以及鼓励更多的人进入租赁市场都有着积极的影响。

第二节　中国住房租赁市场政府监管的作用

无论是在计划经济体制建立和运行时期，还是在改革开放后经济转型期，政府都深度介入并影响住房租赁市场的废存、运行模式和运行规模。不同于成熟市场经济中的政府职能，我国政府不仅负责制定公共政策，调控市场，更重要的是通过明晰房地产权利、培育市场主体、维护市场秩序等工作，培育住房租赁市场，大力推

① 参照 2018 年广州市发布的《关于对新增租赁住房有关管理工作的通知（征求意见稿）》。

② 资料来源于中华人民共和国住房和城乡建设部。

③ 参照 2019 年 1 月深圳市发布的《深圳市住房租赁监管服务平台管理办法（暂行）》。

④ 资料来源于新华社。

动住房租赁市场的发展。

一、建立健全房地产管理体制

(一) 住房管理机构的演变

1949年10月新中国成立，城市规划和城市建设进入了一个崭新的历史时期，政府开始探索如何建设城市和管理城市。1952年9月，中央召开了新中国第一次城市建设座谈会，会议决定从中央到地方建立和健全城市建设管理机构，统一管理城市建设工作。自此，城市建设从无计划、分散建设进入一个有计划、有步骤建设的新时期。1953年3月，在建筑工程部内设城市建设局，主管全国的城市建设工作；1956年城市建设总局被撤销，成立城市建设部，内设城市规划局等城市建设方面的职能局，分别负责城建方面的政策研究及城市规划设计等业务工作的领导；1956年底成立城市服务部，下设房地产管理局，主管城市房产住宅工作；1958年撤销国家建委，城市建设部、建筑工程部和建筑材料工业部合并为新的建筑工程部；1962年设国家房产管理局，领导房产住宅管理工作；1965年成立国家基本建设委员会，保证国家基本建设计划的实施；1979年成立国家城市建设总局，直属国务院，由国家基本建设委员会代管；1982年城市建设总局、建筑工程总局、测绘总局、基本建设委员会的部分机构和国务院环境保护领导小组办公室合并，成立城乡建设环境保护部；1988年撤销城乡建设环境保护部，成立建设部（筹建房地产业司），并把国家计委主管的基本建设方面的工作及机构划归建设部。2008年大部制改革，将建设部改为住房和城乡建设部。

(二) 与住房租赁市场有关内设机构的设立

党的十七大报告中提出了大部制改革的思路，其核心是转变政府职能。根据不完全统计，2008年以前我国存在的66个部门中，职责达80余项，仅建设部门就与发改委、交通部门、水利部门、铁道部门等24个部门存在职责交叉。

在此次改革中，住房和城乡建设部的机构设置也有了很大变动，新设立了住房公积金监管司、房地产监管司、住房保障司等，全面负责房地产销售市场和租赁市场的管理、城镇住房制度改革和公积金监管工作。

(三) 租赁市场多元管理体系的形成

政府对租赁市场的多元管理包含了房管、工商、租金、公安等多个方面，形成一个全方位的管理体系，共同促进租赁市场的发展。

房管方面，从1983年住房租赁登记备案制度的萌芽到1995年正式实行，对房地产市场具有审查、管理及维护秩序等多个方面的作用。首先，登记备案时可以审查合同的主体是否合格；其次，明确租户和房东双方的法律责任以便更好地对其实施监督，还能为调解可能产生的纠纷提供法律依据。更重要的是，登记备案有利于规范租赁市场的运行，起到维护社会稳定的作用。

工商方面，政府支持相关国有企业转型为住房租赁企业，规定住房租赁企业申请工商登记经营范围统一规范为住房租赁经营。广州市自2018年起对新增租赁住房的经营不限定承租主体，房地产开发企业、村集体可自主出租经营，也可与住房租赁企业等合作出租经营新增租赁住房。目前，我国对新增租赁住房实行市场化机制且形式更加多样，这不仅扩大了市场上租赁住房的来源渠道，也为企业扩张了业务范围，活跃了房地产交易市场。

租金方面，在计划经济时期，国家就推行“以租养房”的政策，规定居民必须缴纳低租金维持房屋的后期修缮。由于这一模式无法可持续发展，政府开始探索“提租补贴”的新模式，在职工家庭合理住房支出范围内加大租金改革力度，逐步将租金提升至市场水平。目前市场上的租金主要是依据供求关系来制定，不同的地区会存在较大的差异。租金从一开始的象征性收取发展到如今，与住房市场货币化是分不开的。一个地区的租金水平不仅能衡量这一地区的经济发展状况，而且还会与房价产生相互的影响，市场化水平的租金联系了住房租赁市场和交易市场，也是房地产市场发展的风向标。

公安方面，有关部门将住房租赁企业登记租住人员信息接入暂住人口管理信息系统，随时监测安全状况。合肥、北京等地的公安部门与工商部门、房管部门联合，多部门联手打击违法违规租赁行为，开展违法群租房屋治理工作。针对房屋租赁的“黑中介”问题，各地公安部门在政府的大力支持下，处置了多起房产纠纷及诈骗案件，加大了对租赁双方的安全服务，保障了租赁市场的健康发展。

二、选择并确立适合国情的住房租赁市场运行模式

在不同经济社会发展时期，政府都在不断探索和尝试，选择与当前的经济社会发展现状相适应的住房租赁市场模式。

在新中国成立后一段不短的时期内，政府基本沿袭之前的土地制度和房地产制度，保留并维持当时的私人住房租赁经营。直至社会主义改造时期，大部分私房交由城市政府负责出租，所收取的租金转交给原房主。这一模式持续一段时间后，房屋开始收归公有，与原有公房一起，实行很低租金的实物分配制度，租赁市场几乎名存实亡。

改革开放后，在明确土地和房屋商品属性的基础上，国家开始恢复发展房地产业。在具体发展上采取了阶段性的策略。表现在住房租赁市场上，在允许私房出租经营的同时，着重进行公房制度改革，对新建房实行商品化，对存量公房则分阶段提高其租金标准，“以租促售”。1998 年住房货币化分配改革，政府虽也强调发展住房租赁市场，但住宅产业已被赋予促进经济增长的支柱产业的目标定位，政府更偏重于住房开发销售市场的发展。直到 2008 年，期间虽也出台过住房出租经营的税收优惠措施，但住房租赁市场基本处于自由发展的状态。2009 年后，我国在经济发展中重视民生和分配公平，政府开始承担起住房保障中的主体责任，尤其是 2010 年推出公租房，并围绕公租房采取了一系列促进住房租赁发展的政策（与经济适用房和廉租房的归并，对公租房房源各种方式的保证，税费优惠，金融支持）；与此同时，城镇化过程中租赁需求的大幅增加，包括房地产企业、中介在内的不少机构金融纷纷介入公寓市场；提出在热点城市大力培育和发展租赁市场，建立租购并举的长效机制；集体建设用地入市试点；鼓励“商改住”，以及鼓励更多机构进入租赁市场，形成政府与社会、市场与保障混杂的运行模式。截至目前，租赁市场规模仍然较小，散户出租为主，市场与保障之间的界限不够分明，这也对政府的后续工作提出了要求。

三、不断完善中国住房租赁市场相关规则

政府通过制定相关市场规则为住房租赁市场的发展提供行为准则，指导其健康发展。

（一）法律法规的完善

与租赁市场相关的成文法律最早诞生于 1983 年，《城市私有房屋管理条例》的发布标志着我国城市住房租赁登记备案制度的萌芽。1995 年《城市房屋租赁管理办法》面世之后，住房租赁登记备案制度正式实施。针对租赁市场的管理条例出台较晚，直至 2010 年发布的《商品房屋租赁管理办法》才对租赁合同的内容、登记备案的手续以及不得出租的房屋给出了相应的说明。这 3 部文件对租赁市场的一些基础性问题进行了规范，使得租户和房东在进行交易时有法可依，保证了程序的合法和完备，维护了租赁市场的秩序。

（二）规范程序的完善

2017 年 5 月，住建部进一步对租金支付方式、合同、租房人权益以及租赁市场进行规范，对政府管理部门处理租赁市场纠纷进行规范；鼓励发展规模化、专业化

的住房租赁企业；规范了房地产中介行业的服务行为。此次调整涉及的方面众多，但都是针对租赁市场内存在的一些违纪乱象或是矛盾问题作出的对策，规范租户、房东、政府、中介的行为有利于权责划分，产生纠纷时也能更加合理地调节。租赁企业的壮大对于解决供需矛盾则是至关重要的。

四、采取各种手段，恢复、培育并大力促进住房租赁市场供需增长

政府在租赁市场的恢复和大力培育阶段，从行政、财政、金融、法律、土地等多个方面采取了一系列手段来推动其发展，不仅扩大了租赁市场的房源供给，解决了供需问题，也为租户提供了一个公平的交易环境，为租赁市场的蓬勃发展提供了基础。

（一）保障租赁住房的来源渠道

政府为切实保障租赁住房的来源渠道，通过城市棚户区改造、新建房屋、改建房屋、鼓励开发商将存量房转型等多种方式增加了租赁市场的房源数量。

住建部也鼓励开发商将其持有房源向社会出租。云南省人民政府鼓励个人依法出租自有住房，允许将商业用房等按照规定改建为租赁住房。大连市于2013年提出了租赁住房建设理念，通过在新建商品房项目中建设租赁住房，增加市场租赁住房供给，调整住房供应结构，引导不同层次人群通过市场租赁方式解决居住问题。

中央政府和各地方政府在供给侧方面共同发力，切实扩大了租赁市场上的房源供给。通过鼓励开发商发展租赁业务，能够解决住房销售市场上存量房的问题，缓解库存压力；“商改住”政策能让空置房屋得到合理利用，优化资源配置；在推出新楼盘时增设租赁住房更是将销售市场与租赁市场完美结合，为房地产开发商扩张了业务范围，也为市场上的租户提供了更优的选择。

（二）支持租赁住房的供给主体

供给主体单一是阻碍我国租赁市场发展的一个大问题，政府除了保障市场基本房源，还采取了税收优惠、金融支持及用地出让等各方面的措施为供给主体提供支持，吸引更多的社会资源参与到住房租赁市场中来。

1. 税收优惠方面

国家自2001年开始对房屋出租的税费进行减免，营改增后，国家降低了个人出租住房税负和租赁企业房产税税率。2015年为大力培育住房租赁市场，进一步降低了税负标准。整体税收负担的减轻缓解了居民的经济压力，活跃了租赁市场的交易。

2. 金融支持方面

2017年江西省住房城乡建设厅与省建设银行签署住房租赁金融战略合作协议，

综合运用“互联网 + 房管 + 金融”的现代服务理念，授信 300 亿元支持发展江西住房租赁市场，为构建租购并举的住房体系提供全方位的金融支持。强大的资金支持为租赁市场的发展带来了便利。

3. 用地出让方面

2019 年，为进一步满足农业转移人口适龄化的住房消费需求，加快发展住房租赁市场，支持部分城市多渠道筹集公租房和市场租赁的住房房源，政府将集体土地出让用以建设租赁住房作为重点工作，在广州市、合肥市等地区开展了一系列试点工作，以增加房源有效供应。

以上多方面的政策虽然是对供给主体的支持，放开了很多的限制和约束，但最后还是惠及了租赁市场的交易者，不仅通过税收降低减轻了经济压力，也通过租赁市场供给条件的优化而给了市场交易者更多的选择，这对于吸引更多人进入住房租赁市场是大有裨益的。

（三）多方支持保障租户权益

政府通过税收（租金可抵扣所得税）、金融（公积金支付租金）支持、租购同权等方式保护租户权益，稳定租户预期，保证租赁市场需求稳中有升。

2015 年，国家放宽了公民提取住房公积金支付房租的政策，明确了提取条件、提取额度，此举扩大了租户的资金来源，使其更倾向于选择租赁市场。2019 年，国税总局出台了新的个人所得税附加扣除操作办法，租户可以用租金抵扣个人所得税，从侧面为租户提供了资金支持。此外，温州、武汉、成都、西安等地对高技术、高学历人才租房发放人才租赁住房补贴，支持这部分人群的住房租赁消费。租购并举的住房制度提出之后，广州、北京等地都积极开展了试点工作，租购同权从概念阶段逐步过渡到实质执行阶段。

从当前的形势来看，租户本就是租赁市场上的弱者，法律法规对于租户的保护并不完善，这也是阻碍我国租赁市场发展的一大重要原因。国家通过对租户提供各方面的支持，缓解其压力，保障其权益，一方面可以打消租户对租赁市场的负面印象，感受到政府调控市场的决心，使更多人进入到租赁市场的交易中来；另一方面也解决了很多大中城市高学历人才的住房问题，为城市发展留住了人才，促进我国的经济发展，也为租赁市场的前进给予了新的动力。

五、管理和规范住房租赁市场秩序

（一）对可出租房屋条件的明确规定

政府对于房屋出租条件的规定最早出现在 1995 年修订的《城市房屋租赁管理办

法》，其规定在没有房屋所有权的、被查封或者以其他形式限制房地产权利的一些情况下，房屋不得出租。2010 年发布的《商品房屋租赁管理办法》中增设一条，违反规定改变房屋使用性质的房屋不满足出租条件。2017 年 5 月，正是国家大力发展租赁市场的阶段，群租现象已较为普遍，住建部指出厨房、卫生间、阳台和地下储藏室等非居住空间，不得出租用于居住。2018 年 10 月，合肥市明确列出八类违法违规租赁行为，为租赁市场提供安全准则，以保障租户的人身安全。

在租赁市场的发展处于起步阶段时，政府对可出租房屋条件只有比较笼统的规定。随着市场发展壮大，滋生出一些违法出租的乱象之后，国家才有了更加明确的规定，这些安全准则的提出能够更好地维护房地产秩序，有效避免安全事故的发生，规范租赁市场的合理运行。

（二）对房地产中介的规范和管理

2010 年左右，租赁市场已逐步发展壮大，房地产中介的力量开始显现，各地频频发生中介赚取差价、协助签订“阴阳合同”、为不符合交易条件和禁止交易的房屋提供经纪服务等一系列维权事件。针对这些现象，国家发布《房地产经纪管理办法》，这是我国第一个专门规范房地产经纪行为的部门规章，为房地产经纪行业从业人员提供了行为准则，有效整顿了房地产秩序。

2018 年 6 月，住建部、公安部等七部门联合对北京、上海、广州、深圳等 30 个城市的房地产市场乱象进行整治，打击暴力驱逐租户、捆绑收费、强制提供代办服务、侵占客户资金、参与投机炒房的房地产“黑中介”。政府也要求打击黑中介始终不能松懈，要打治并举，切实取得成效。无论是从立法还是从公安层面对房地产中介的打击，都在一定程度上保护了租户的利益，整顿了整个租赁市场的交易环境。

六、中央指导下各地区完善住房租赁市场中的政府服务

互联网时代，政府除了常规的权属管理服务外，在建立电子信息平台方面也加快了步伐，政府服务的完善也大大便利了房东和租户的生活。

2018 年底，南京市住房租赁监测分析系统正式启用，这一系统具备市场供需监测、市场主体监测、市场趋势分析等功能，实现了对住房租赁全主体和全过程的监测督导。

作为住房租赁试点城市之一的合肥市，其精心打造的住房租赁交易服务监管平台集交易、服务和监管于一体，实现其房源全覆盖、信息全真实、流程全监管和数据联通。

2019 年上海市浦东新区也开始建设住房租赁公共服务平台。这一平台运用大数据技术，对所有房源实行动态化数字化管理，定期对房源的总量变化、出租情况、租金等各类指标进行统计分析，确保房源信息真实、透明、安全。

深圳市为住房租赁监管服务平台发布了专门的管理办法，在平台上建立了住房租赁信息核验制度，首次实现了住房租赁在线登记备案，从而对全市住房租赁市场进行有效监管。租户在平台上不仅看到的都是真房源、真委托，通过住房租赁平台交易还不需要缴纳手续费。

申请程序的便捷以及政府服务质量的提升，让租赁市场在租户的生活中变得触手可及；信息公开透明、房源真实可靠，从经济学的意义上来说，减少了居民选择租房的鞋底成本，大大缩短了租房需要花费的时间和精力，能够让租房真正成为大多数人的选择。

七、鼓励地方政府先试先行，积极发展住房租赁市场

2010 年住建部出台《关于加快发展公共租赁住房的指导意见》，指出大力发展公共租赁住房是完善住房供应体系，培育住房租赁市场，满足城市中等偏下收入家庭基本住房需求的重要举措。此后，全国各地积极响应并开展行动。

2017 年 7 月，九部委联合出台《关于人口净流入的大中城市加快住房租赁市场的通知》，这一文件从土地政策、金融政策、运营政策三个方面着手，增加租赁住房有效供给等方面的引领和带动作用，并选取了广州、深圳、南京、杭州、厦门、武汉、成都、沈阳、合肥、郑州、佛山、肇庆 12 个城市，作为首批开展住房租赁试点的单位。

因为房地产市场具有较强的区域性，中央政府很难下达一个统一的标准来约束各地方政府，在大力发展租赁市场期间，都是鼓励各地方政府因地制宜、因城施策，这样的方式给了地方政府很大的发挥空间，可以更好地结合当地市场的情况以及对未来的预期作出合理的调整，当全国各地的租赁市场发展都收到一定成效之后，表现突出的城市自然可以作为借鉴参考的标准，将经过检验的举措进行完善，推行到全国范围内，促进整个租赁市场的长效健康发展。

第三节　中国住房租赁市场政府监管存在的问题

中国住房租赁市场尚处于初步发展阶段，直到近两三年，政府才真正开始重视

住房租赁市场，并大力采取各种政策措施推动住房租赁市场快速发展。政府对住房租赁市场的认识和实践需要一个过程，在目前的探索和尝试中，不可避免地会存在一些问题。

一、缺乏专门的住房管理机构

目前我国住宅租赁市场中看似有多个机构参与管理，但实际成效较低。针对租赁市场的管理不是单一的，涉及工商、公安、房管局等多个机构和职能部门，若这些部门不能联合起来而是各自进行管理，会导致信息分隔且联动性差。监管手段及监管工具的缺乏，对于一些不合规的租赁行为及“黑中介”的整顿也耗时耗力，会导致扰乱租赁市场秩序的事故频发。

此外，虽然租赁登记备案制度存在，但很多不合规的租赁机构在进行出租活动时并没有进行登记备案，相对规范的机构市场份额占比不到10%。大量房源仍然掌握在非正规中介手中，非正规租赁活动一般不进行登记备案。此类出租房屋不仅可能存在安全方面的隐患，而且在发生违约和纠纷时，租户无处申诉，即使通过法律途径维权，也可能面临高昂的打官司费用。

针对我国目前的房地产市场发展现状，亟须成立一个专门的住房管理机构，负责解决与城市住宅相关的问题。中国房地产管理体制应以住宅管理为中心，提高管理效率，规范市场运行。

二、政府仍处在中国特色住房租赁市场运行模式的摸索之中

自新中国成立之后，房地产市场逐渐复苏，政府为选择与我国国情相适应的住房租赁市场运行模式，一直在不断地探索和尝试。但到目前为止，我国的租赁市场仍然规模较小，且以散户出租为主。由于我国住房租赁市场发展时间较短且经验不多，国家对于中国特色住房租赁市场的建设仍需要很大的努力。

宏观层面来说，政府与市场之间的界限不够分明。政府介入过深，既会导致出租房源可能过剩、财政负担加重，也会扭曲租赁市场与购买市场之间的协调关系；但若政府监管力度不够，完全由市场力量主导，则可能导致市场秩序混乱，租户与房东的权益无法得到保障。

微观层面来看，政府重点培育的租赁经营机构仍处于起步阶段，盈利较为困难。人们在租房时，仍然倾向于选择散户房东，租赁机构在社会上没有足够的关注度。在租赁市场引入REITs是融资手段之一，它可以充分激发社会大众参与住房租赁市场建设的积极性，激活市场上的非有效房源，通过金融创新为住房改革助力，但在

我国却因为盈利低而前景难测。政府一直在推进的租购并举制度，目前只在部分城市开展了试点工作，到实质性地落实还有很长的路要走。

三、住房租赁市场规则亟待建立和完善

近几年住房租赁市场发展迅速，相关立法跟不上，而且已有或已进行中的立法层次过低，权威性大打折扣。很多新出现的问题，如出租房源的安全问题、群租与租金上涨过快问题、租金贷等，需要监管部门迅速作出反应，否则会打断住房租赁市场现有的良好发展势头。

在现有的法律体系中，国家层面的《合同法》中有涉及房屋租赁的条文，此外就是政府 2010 年发布的《房地产经纪管理办法》和 2011 年发布的《商品房屋租赁管理办法》。然而，这些法律对于承租人和出租人的权责划分并不够明确，事实上，租赁双方所涉及的权利与义务是错综复杂的，包括出租房的使用问题、安全问题以及转租存在的责权利问题，都需要有清晰的规定，但现行法规对此界定模糊，导致维权事故比比皆是。而且这些法律中虽然有要求租赁双方遵循诚实交易原则的相关条款，但对于违约行为并没有提及具体的处罚措施，导致目前的租赁市场秩序混乱，随意违约现象频发。有数据显示，我国目前的租房人口比例仅有 11%，与发达国家的数据相比存在很大差距，其中很主要的原因就是法律监管不到位，承租人的利益受损之后无法通过法律途径得到有效申诉，而且律师费用高昂，申诉周期长，租赁方面的纠纷很难得到妥善处理。

四、对住房租赁市场中介的管理力度不够

政府对于中介机构的监管仍然停留在表面，没有进行实质性的整顿。政府近些年才开始在房地产秩序整顿中重视租赁市场上出现的问题，以前的政策大多都偏向于销售市场。

有数据显示，房地产中介中有三分之二的公司涉及纠纷，租户对这一群体的整体满意度仅到五成。在全国范围内“黑中介”“黑二房东”仍然屡禁不止，其通过发布虚假房源信息、肆意抬高租金、对出租房屋私自隔断、偷税漏税非法经营等手段扰乱租赁市场秩序。究其原因，一是房地产中介准入门槛低，从业人员普遍文化程度不高，且持证上岗率不高，人员的流动性导致其追逐利益而不顾客户的服务感受；二是这一行业缺乏明确的服务标准，对于交易双方的合法权益的保护并没有相应的细则与条款，导致对其评价和监管都很困难；三是“黑中介”确实满足了一部分出租人和承租人的需求，私自隔断房间可以满足承租人更低的租金需求，而出租

人也可以免掉正规中介的大笔服务费，这就为“黑中介”的发展提供了土壤。中介服务的不规范导致交易成本高，严重扰乱了市场秩序，损害了租户的利益。

五、政府对租赁市场的支持服务相对较少

首先是政府对于个人租赁和企业租赁的税收减免相对较少。对于个人出租住房，部分城市已将综合税率优惠至5%，但与发达国家相比仍存在很大差距。在金融支持政策方面，缺乏对租赁企业的低息或无息贷款支持。其次是缺乏信息公开和更新的平台。目前已有部分城市开始建立住房租赁交易平台，但覆盖面仍然不够广，不能为租房群体提供及时有效的房源信息和租金信息，针对不同区域的租金标准，政府也没有给予适当的参考。虽然租金数额的确定主要是以租赁合同双方自愿协商为基础的，但最主要的还是依靠租赁市场本身的资源配置来确定价格。在现实生活中，供求失衡、缺乏竞争的情况使得租金上涨明显，单靠市场调节难以发挥作用，需要政府出面对持续走高、任意波动的租金加以规制，制定一个合理的租金参考标准，这样才能充分保障住房租赁市场规则明确、竞争有序，让收入较低的群体有所依靠，使其充分体会到有房安家的安全感。

第四节　中国住房租赁市场政府监管的改进建议

住房租赁市场发展到当前这个阶段，政府监管在很多方面都起到了一定的作用，但仍然存在一些需要改进的问题。这些改变不会是一蹴而就的，对于住房租赁市场未来的发展应该分为短期和长期两个时间段进行考量，因此本节对两年之内和两年以上的时期分别提出了相应的改进措施。

一、近期的改进措施

（一）加强对住房租赁市场的监管

首先是加强对中介机构的监管。我国中介机构是租赁市场上一个庞大的群体，但是中介行业的准入门槛低，从业人员素质得不到保证，政府虽出台了专门整顿中介的法律法规，但落实效果并不理想。要加强对中介机构的监管，首先要制定详细明确的管理规定，提高从业人员素质，要求持证上岗。对中介公司实行按季度、年

度的考核，包括经营状况、客户满意度、信誉程度等几个维度，对考核分数高的中介给予奖励，对于经营不合规和信誉度较差的中介予以打击并进行曝光，提醒出租人和承租人谨慎选择，这有助于形成诚信经营的氛围。对于业内品牌形象良好并有一定规模的中介机构适当给予帮助和扶持，树立标杆企业，有利于逐渐扭转人们对中介的认知，确定更有保障的选择。

其次是各相关部门应加强沟通协调，保证监管的高效性。对租赁市场的管理涉及部门众多，包括公安、房管、税务等，各部门除了加强自身管理能力外，还应互相沟通协调，提高效率。在维护租赁市场的治安方面，公安部门应承担起主要的责任。在给外来流动人口办理暂住证时，公安部门应与房管部门配合协作，弥补其在房屋登记备案上的权限不足。同时对于租房时可能发生的违法犯罪现象要有预警和监控。税务部门应对登记备案的出租人严格执行税收政策，防止偷税漏税事故频发造成财政收入流失。各相关部门可以共同建立一套管理制度和信息交流制度，实现监管过程中的信息共享和资源共享。只有各部门相互配合、齐心协力，建立联合管理的长效机制，才能提高监管的效率和作用。

（二）全国层面制定统一规则

首先是对租金水平的管控。我国不存在对租金涨幅的硬性规定，很多城市也并未出台租金指导价，这导致国内租房市场存在乱涨价和租金上涨过快的情况。由于租金无法协商达成一致造成承租人资金压力过大而频繁搬家的现象时有发生，因此对市场租金进行适当的干预是很有必要的。各地政府可以设置专门的租金管理中心，将不同房屋的基本情况划分为几个档次，并对不同档次的租金水平及调整幅度进行规定，出租人收取租金时不可违反相关规定。若房东对房屋进行了装修整改或由于其他原因想要提高房租，需要提交书面申请并经由相关专家审议之后方可调整租金。

其次应对房屋租赁备案制度进行改革，简化其过程以提高备案率。目前我国租赁市场秩序混乱且很多纠纷产生的原因之一就是登记备案率低，这也与制度不完善及可操作性不高有很大关系。房屋租赁登记备案制度的实施应根据租期长短及租金高低而制定不同的程序。对于低租金、短周期的，尽量简化其登记程序，只需到物业管理处登记备案即可；而对于高租金、长周期的租户，应进行详细的备案，并让登记备案的程序与承租人和出租人的利益挂钩，提高其登记的积极性。中介达成交易后也要及时申报交易信息，并提醒房东进行备案，如若发现中介未如实申报可取消其营业资格。同时，网上的租赁信息备案平台建设也要及时跟进，当手续越来越方便后，人们也更愿意主动进行登记。

（三）扩大租赁住房的供给来源

长期以来，中国租赁住房的房源供应渠道一直较为狭窄，以政府提供的公租房、廉租房和普通居民家庭的二套闲置住房为主。供应主体单一、供应渠道狭窄是阻碍中国住房租赁市场繁荣稳定的客观因素。2016 年 6 月 3 日，国务院办公厅印发《关于加快培育和发展住房租赁市场的若干意见》进一步指出，要扩大租赁住房的房源供应，扩大租赁住房的市场参与主体，丰富租赁住房的来源渠道。繁荣中国的住房租赁市场，应当着力扩宽租赁住房房源供应渠道，灵活住房租赁的供应方式，丰富租赁住房的供应主体。

要建立并健全租售并举的住房体制，应该引导房地产企业积极参与。当前，应当在土地供应、银行信贷等方面给予敢于大胆尝试的房地产企业以更多的优惠性政策，并对其租赁项目的经营定位给予相应的指引，鼓励其转变经营方式，利用库存住房为市场提供更多优质、稳定、舒适的租赁住房。要推动住房体制的“二次改革”，建立租购并举的住房体制，必须重视城镇居民家庭的力量，鼓励家庭将其所有的闲置住房投入住房租赁市场，提高这一类住房的使用效率。要提高私有住房（特别是大中户型）的使用效率，充分发挥住房的资源效用。

“商改住”政策的推行，对中国目前的房地产市场存在两方面的正面意义。一方面是去库存。目前中国商用地产库存量比住宅地产更为严重，推行“商改住”试点工作，允许开发商更换形式经营库存物业，可以为中国市场上的余量商用地产提供一个有效的消化渠道。另一反面是扩房源。推行商业地产“商改住”，可以进一步扩大租赁住房的供应来源，为租购并举的住房体制改革提供动力。

（四）界定租赁保障与市场租赁之间的界限

在市场经济条件下应该明确政府和市场的界限，更好地发挥市场在资源配置中的决定性作用，而政府只是对低收入人群提供基本的住房保障，即政府与市场两个主体在各自的轨道上并行不悖。在租赁市场上，市场化也应该是占据主导地位的，多主体供应、多渠道保障，满足居民多层次的住房需求，而政府和一些社会力量主要给低收入人群提供租赁保障，这里的低收入人群没有户籍与非户籍的限制，强调的是收入水平而不是住房困难。

2010 年上海市在发布的文件中规定，申请者只需有上海城镇常住户口或上海市居住证，两者满足其一即可。这项政策解除了对供应对象的户籍限制，有居住证且缴纳社保的外来人员同样可以申请公租房。同时，上海市还开展了以单位为主体的公租房试点工作，取得了良好成效。当前改革重视外来务工人口对于城市发展的贡献，进一步扩大了住房保障的范围，将保障型市场的参与人群扩大至非户籍人口。除此之外，对保障人群家庭条件的限制也应全面放开，家庭或个人均可申请。这些地区的试点工作，充分考虑了外来务工人群的实际生活情况，为全国的保障房市场改革工作起到了良好的示范效果。

对租赁保障主体的限定虽然有所放开，但主要针对的仍然是城市低收入群体，这部分群体买不起房，只能通过政府资源提供保障，而城市中的中高端收入群体则可以通过市场化机制进入购买市场或租赁市场，这样整个市场就会形成一个高端开放购买、中端引导租赁以及低端实施保障的住房供应体系。

（五）尽快全面完善服务体系

我国的出租房房源中有近八成是私人房主，租赁企业和租赁机构的缺乏导致租赁市场是一个明显的卖方市场，租客找不到合适的房源只能被迫接受高租金或者“群租”，而开发商不愿意提供出租房源的一个很重要原因就在于缺乏相应的金融支持。为了吸引开发商参与到租赁市场中，政府应对其提供适当的金融和税收支持。例如，政府可以给予商业银行一定的利率差额补贴，鼓励金融机构向开展租赁业务的企业提供低于市场利率的贷款；或者政府直接给开发商提供利息补贴，减轻其资金负担，必要时政府可以作为租赁企业的贷款担保人，以此来提供资金上的支持。对于提供租赁服务的企业和开发商，政府应对其给予更多的税收优惠，适当减免营业税，这也有利于其资金融通。

除此之外，政府可以开设一个专门的租赁市场服务基金，鼓励开发商或者私人业主将空置的房产整改装修之后用于出租。这项基金可以为开发商或私人业主提供一定的补贴，金融机构也可为其提供低息或无息贷款，这样一方面消化了空置房产，增大了住房利用率，一方面也扩大了租赁市场上的房源供给。

金融支持除了利息补贴外，还可以扩大开发商的融资渠道。政府可出台政策允许房地产开发商或上市企业发行债券募集社会资金用于住房租赁的开发，还可适当引导金融机构开发投资住房租赁的理财产品，这样开发商可以通过多种途径筹集资金，提高其开发租赁住房的积极性。

对于还未建立房屋租赁信息平台的地区，应督促其尽快开展相应工作。已建立的平台要求能对所有房源实行动态化数字化管理，定期对房源的总量变化、出租情况、租金等各类指标进行统计分析，确保房源信息真实、透明、安全。承租人可通过网页、手机在线查看房源信息，并签订租房合同，真正实现“让数据多跑路，让百姓少跑腿”。

二、远期的改进措施

（一）完善住房租赁法律制度

一直以来，我国居民都存在“重买轻租”的观念，除了受传统文化的影响以外，更重要的是我国住房租赁市场运行不规范，缺乏保护承租人利益的相关法律法规，出租房的安全标准、房屋的居住舒适度都得不到相应保障，发生纠纷时也没有明确的法律可依，这都是导致居民不愿意选择租房的原因。政府部门应该通过完善住房租赁相关的法律法规来规范市场的运行，切实保护承租人的利益。

首先，应制定全国性的法律法规约束租赁市场内的不合规现象，提高此类住房法律的效力级别，增强其权威性和严肃性。中央政府和地方政府应将所有条文落到实处，不能让法律形同虚设，起到负激励的效果，使得不遵守法律的人反而能获得最大的收益。其次，法律应对出租人和承租人的权责利划分清晰，适当保护承租人的利益，因为在租房市场上承租人属于弱势群体。对于出租房屋的居住环境、安全设施、空间大小等都应作出详细的规定，房东对于房屋的修缮义务也应有所要求，而且这些规定都不允许在签订合同时排除其适用性。对于房东不履行义务的应制定相应的惩罚措施，将违规建筑用于出租的房东要承担刑事责任。承租人属于租赁住房的消费者，消费者保护法应对其有明确的保护措施，产生纠纷时，承租人能够通过法律手段及时高效地维护自己的利益，这样才能让更多人愿意选择租赁市场，而不是将租房作为不得已的选择。

（二）建立合理的房屋租售比价关系

房屋租售比价是指同一时间、同一地点的同类房屋租金与售价的比例。这一比值最重要的意义在于指导消费者的租买选择，当消费者感觉租房比买房支付的费用更少、经济负担更轻的时候，一般会选择租房。由此可见，房屋租售比存在着一个合理的区间范围，一旦偏离了这个范围，就会引导消费者作出租房或是购房的选择。

在当前政府参与房地产市场调控、引导市场发展方向时，租售比价关系的合理性就在于其能否很好地配合政府政策的实施，当租售比所引导的居民租买行为与政府的调控目标相背离时，这种比价关系就是不合理的。目前，我国大部分城市都面临房价上涨过快的问题，房价高企也带来了租金价格的上涨。在现行的市场条件下，买房比租房承担更多经济压力，因此政府一方面想要稳定房价，一方面也希望引导部分居民转向租赁市场消费，这足以说明我国的租买比价关系是非常不合理的。但我国的租赁市场发展尚不成熟，即使在这种不合理的租赁比价关系之下，人们仍然更倾向于选择买房。因此，在未来的很长一段时间内，我国的租赁市场发展是亟待完善的，包括制度、服务等多方面都应该向住房销售市场看齐，分流一部分购买需求到租赁市场上，这样一来不仅稳定了房价，也推动了租赁市场的发展。因此，建立起合理的租售比价关系，可以让其更好地为政府政策服务。

（三）住房租赁管理机构专门化

租赁市场当前正处于高速发展时期，为保障各项政策的顺利落地和快速实施，建立一个专门的住房租赁管理机构是十分有必要的。当前对于租赁市场的管理，看似有很多部门共同参与，但实际成效极低，各部门之间的沟通成本太大，导致租赁市场的很多矛盾得不到有效解决。

政府的监管是为了保障租赁市场规范运行，规范市场的交易秩序。我国现行的法律法规对发展租赁市场提出了总体性的要求，但具体的实施环节还要依赖各级政府机关和部门积极开展维护市场稳定的工作，否则国家的法律就变成了一纸空文，也会导致我国租赁市场的秩序混乱。

由专门的住房租赁管理机构来处理与租赁市场相关的事务，不仅能保证实施环节的连贯性和高效性，也能减轻其他部门的负担。这一机构作为租赁市场的最高权力机构，其对市场进行的调控和管理更能被民众所接受，可以在租赁市场中建立强有力的规则，对租赁市场主体实行全方位的监管，为政策的推行与秩序的规范奠定良好的市场基础。

参考文献

[1] 张斌．住房租赁市场供求失衡难题待解——如何看待“房租个税扣除”引发的争论［J］．人民论坛，2019（10）：73～74

[2] 郭宇峰．租房市场发展面临的主要问题及对策分析［J］．长江论坛，2018（3）：42～45

[3] 周大昭．从“深圳智慧租房”看腾讯助力产业互联网发展［N］．中国建设报，2019－03－29（008）

[4] 杨现领．供求动态中寻求房屋租赁平衡［J］．城市开发，2018（18）：43～45

[5] 方正证券．住房租赁市场：政策与未来［DB］．Wind，2017

[6] 范云翠，李园园．住房租赁市场发展制约因素及对策研究［J］．中国住宅设施，2018（07）：9～11

[7] 黄燕芬，王淳熙，张超，陈翔云．建立我国住房租赁市场发展的长效机制——以“租购同权”促“租售并举”［J］．价格理论与实践，2017（10）：17～21

[8] 孔德营．国内住房租赁市场发展实践与建议［J］．福建金融，2018（07）：28～33

[9] 李宇嘉．住房租赁市场发展中的“痛点”和破解路径［J］．住宅与房地产，2016（17）：37～40

[10] 刘璐，饶海琴．房地产去库存时代下住房租赁市场分析及政策建议［J］．发展研究，2016（07）：69～72

[11] 刘中显，荣晨．房地产市场调控长效机制的建立与完善［J］．宏观经济研究，2017（12）：92～105＋128

[12] 李宇嘉．住房租赁市场发展中的“痛点”和破解路径［J］．住宅与房地产，2016（17）：37～40

[13] 王建红．长租公寓行业发展现状、问题及对策研究［J］．住宅与房地产，2016（33）：237＋240

[14] 王帆，余德泉．北京市公共租赁住房准入与退出机制研究 [J]．中国物价，2017 (02)：55～57

[15] 谢海生．我国住房租赁市场的主要问题及原因分析 [J]．中国房地产，2018 (07)：10～14

[16] 叶剑平，李嘉．完善租赁市场：住房市场结构优化的必然选择 [J]．贵州社会科学，2015 (03)：116～122

[17] 袁韶华，汪应宏，左晓宝，翟鸣元．房屋租赁市场瓶颈及供给侧改革的探讨 [J]．住宅科技，2018 (11)：122～127

[18] 易宪容，郑丽雅．中国住房租赁市场持续发展的重大理论问题 [J]．探索与争鸣，2019 (02)：117～130+144

[19] 曾伟钰．关于房产税与租赁住房推行 [J]．中国国际财经（中英文），2018 (09)：202～203

[20] Gbadegesin, J. T., et al. Investigating defiant attitudes in keeping lease agreement obligations in private rental housing market in Nigeria, *Porperty Management*, 2016, Volume: 34, Issue: 3

[21] Sock - Yong Phang. Affordable homeownership policy: Implications for housing markets, *International Journal of Housing Markets and Analysis*, Volume: 3, Issue: 1, 2010

[22] Tandel, Vaidehi, Patel, Shirish, Gandhi, Sahil. Decline fo rental housing in India: the case of Mumbai, *Environment and Urbanization*, Volume: 28, Issue: 4, 2016

[23] Cadstedt, Jenny. Private rental housing in Tanzania——a private matter?, *Habitat International*, Volume: 34, Issue: 1, 2010

[24] 叶剑平，李嘉．供给侧改革背景下集体土地租赁的制度困境、经济动因与破解 [J]．贵州社会科学，2017 (06)：128～135

[25] 周志良．售租比与上海市土地供给侧结构性改革 [J]．价值工程，2018，37 (36)：9～14

[26] 周琮，张世龙．用于租赁房建设的农村集体土地来源及供给动态 [J]．农村经济与科技，2019，30 (03)：21～22

[27] 崔娜娜，古恒宇，沈体雁．北京市住房价格和租金的空间分异与相互关系 [J]．地理研究，2019，38 (06)：1420～1434

[28] 方毅，赵石磊．房屋销售价格和租赁价格的关系研究 [J]．数理统计与管理，2007 (06)：951～957

[29] 余华义，陈东．我国地价、房价和房租关系的重新考察：理论假设与实

证检验 [J]. 上海经济研究，2009 (04)：11 ~ 21

[30] 赵美平，刘永红. 基于 VAR 模型的中国房价收入比、房价租金比与房价关系的研究 [J]. 科技视界，2014 (23)：270 + 341

[31] 周永宏. 当前我国房价与租金关系的经济学分析——一个市场区隔理论的解释 [J]. 当代财经，2005 (10)：13 ~ 16

[32] 董倩，王千红. 基于房租资本化模型的我国房地产泡沫实证分析 [J]. 经济师，2010 (02)：189 ~ 190

[33] 施建刚，王盼盼. 住宅价格和租金关系实证研究 [J]. 上海房地，2010 (08)：16 ~ 17

[34] 李宁. 基于房地产市场内生属性的房价与租金关系实证分析 [J]. 当代经济管理，2014，36 (03)：31 ~ 37

[35] 胡婉旸，郑思齐，王锐. 学区房的溢价究竟有多大：利用"租买不同权"和配对回归的实证估计 [J]. 经济学（季刊），2014，13 (03)：1195 ~ 1214

[36] 陈卓，陈杰. 住房市场结构对房价的影响研究——基于租赁市场比例的视角 [J]. 华东师范大学学报（哲学社会科学版），2018，50 (01)：136 ~ 148 + 180

[37] 倪鹏飞. 打破住房供给垄断 多渠道实现住房保障 [J]. 住宅产业，2017 (11)：36

[38] 王仁芳，蒋黎晅. 90 后住房租买选择意向及影响因素研究 [J]. 价值工程，2016，35 (06)：197 ~ 199

[39] 况伟大，李涛. 土地出让方式、地价与房价 [J]. 金融研究，2012 (08)：56 ~ 69

[40] 陈卓，陈杰. 住房市场结构对房价的影响研究 [J]. 华东师范大学学报（哲学社会科学版），2018，50 (01)：136 ~ 148 + 180

[41] 王振坡，郗曼，王丽艳. 住房消费需求、投资需求与租买选择差异研究——基于天津市的实证分析 [J]. 城市发展研究，2018，25 (05)：44 ~ 51

[42] 高广春. 住房租赁资产证券化或缓释集中风险 [N]. 中国城乡金融报，2018 - 05 - 14 (A02)

[43] 苏虹，陈勇. REITs 对培育租赁市场的意义及发展路径探讨 [J]. 城市发展研究，2016，23 (04)：118 ~ 124

[44] 何芳. 何谓真正的房地产发展长效机制——从租售新政谈开去 [J]. 探索与争鸣，2017 (11)：102 ~ 109

[45] 盘和林. 租购同权或推高学位房租售价格 [J]. 金融经济，2017 (17)：51

[46] 张红伟，王湛. 房地产市场供给侧结构性调控——从产权到租赁 [J]. 西南民族大学学报（人文社科版），2016，37（11）：130～134

[47] 何芳. 何谓真正的房地产发展长效机制——从租售新政谈开去 [J]. 探索与争鸣，2017（11）：102～109

[48] 贾帅帅，徐滇庆. 多维视角下的公共租赁住房建设与保障 [J]. 财政研究，2017（03）：87～96

[49] 陈昭翔，陈立文. 公租房融资租赁创新模式可行性研究 [J]. 河北经贸大学学报，2018，39（01）：61～65

[50] 崔光灿，廖雪婷. 产权支持与租赁补贴：两种住房保障政策的效果检验 [J]. 公共行政评论，2018，11（02）：20～35＋189～190

[51] 顾建发. 房地产发展长效机制的重要性 [J]. 上海房地，2013（06）：14～15

[52] 胡金星，汪建强. 社会资本参与公共租赁住房建设、运营与管理：荷兰模式与启示 [J]. 城市发展研究，2013，20（04）：60～65＋70

[53] 王春敏. 住房保障的形式选择：租赁型抑或产权型 [J]. 中国房地产，2012（03）：9

[54] 陈西婵. 房产税对房地产市场供需的影响——基于试点城市的分析 [J]. 企业经济，2014（05）：172～175

[55] 畅军锋. 房产税试点以来对房价影响之实证分析与探讨 [J]. 经济体制改革，2013（05）：153～157

[56] 王家庭，曹清峰. 房产税能够降低房价吗——基于 DID 方法对我国房产税试点的评估 [J]. 当代财经，2014（05）：34～44

[57] 彭萍. 关于促进北京市住房租赁市场健康发展的对策分析 [A]. 中国房地产估价与经纪 [C]. 中国房地产估价师与房地产经纪人学会，2013：4

[58] 贾帅帅，徐滇庆. 多维视角下的公共租赁住房建设与保障 [J]. 财政研究，2017（03）：87～96

[59] 刘宝香，吕萍. 转型时期我国城市住房问题思考——基于发展住房租赁市场的视角 [J]. 现代管理科学，2015（05）：93～96

[60] 毛小平，陆佳婕. 并轨后公共租赁住房退出管理困境与对策探讨 [J]. 湖南科技大学学报（社会科学版），2017，20（01）：99～106

[61] 邓红平，罗俊. 不完全信息下公共租赁住房匹配机制——基于偏好表达策略的实验研究 [J]. 经济研究，2016，51（10）：168～182

[62] 段亚男. 公共租赁住房管理的国际实践及启示 [J]. 探索，2017（05）：151～156

[63] 高靖. 互联网赋能传统房屋租赁带来的颠覆性转变 [J]. 清华金融评论, 2018 (06): 53

[64] 陈立中, 秦连燕, 陈新政. 住房租赁市场双积分管理创新模式与方法 [J]. 当代经济, 2018 (18): 107~109

[65] 邓红平, 卢丽. 公共租赁住房再分配机制的优化——基于公平与效率的视角 [J]. 华中师范大学学报 (人文社会科学版), 2017, 56 (03): 42~54

[66] 沈心语. 基于区块链技术的租赁体系研究 [J]. 现代商业, 2017 (30): 43~44

[67] 王振坡, 郗曼, 王丽艳. 住房消费需求、投资需求与租买选择差异研究——基于天津市的实证分析 [J]. 城市发展研究, 2018, 25 (05): 44~51

[68] 张所地, 赵华平, 李斌. 房地产宏观调控影响下的房价与租金关系研究——基于中国35个大中城市面板数据的实证分析 [J]. 数理统计与管理, 2014, 33 (02): 305~316

[69] 何芳. 何谓真正的房地产发展长效机制——从租售新政谈开去 [J]. 探索与争鸣, 2017 (11): 102~109

[70] 陈妍. 发展住房租赁市场调整住房供应结构 [J]. 中国经贸导刊, 2013 (13): 53~55

[71] 文林峰. 住房保障政策的演进轨迹 [J]. 改革, 2010 (03): 121~124

[72] 王振坡, 郗曼, 王丽艳. 住房消费需求、投资需求与租买选择差异研究——基于天津市的实证分析 [J]. 城市发展研究, 2018, 25 (05): 44~51

[73] 张屹山, 赵杨. 中国房屋销售价格、土地价格和租赁价格的关系研究 [J]. 吉林大学社会科学学报, 2010, 50 (01): 74~83+159

[74] 张双双. 东、中、西部房屋销售价格与房屋租赁、土地价格的关系分析——基于35个大中城市的面板数据 [J]. 中国商界 (下半月), 2008 (08): 115

[75] 何爱华, 徐龙双. 住房租赁市场发展的制约因素、国际经验与改进方向 [J]. 西南金融, 2018 (08): 37~42

[76] 文林峰. 发展公共租赁住房的现实意义和前景分析 [J]. 城乡建设, 2009 (10): 59~62+5

[77] 张晓琳. 个人住房房产税对房价影响的实证研究——来自上海试点的经验证据 [J]. 中国乡镇企业会计, 2017 (02): 10~11

[78] 王家庭, 曹清峰. 房产税能够降低房价吗——基于DID方法对我国房产税试点的评估 [J]. 当代财经, 2014 (05): 34~44

[79] 姚韵萍. 房地产价格指数编制——以上海房地产价格指数编制为例 [J]. 上海房地, 2009 (06): 36~38

[80] 张安静．基于特征价格模型的上海住房租赁价格指数构建与应用研究[D]．上海师范大学，2019

[81] 胡彬．评析转轨经济国家的十年住房制度改革[J]．世界经济，2001，卷缺失（1）：68~74

[82] 吴强．住房制度的国际比较与我国房改的借鉴[J]．经济与管理研究，1999，卷缺失（4）：24~28

[83] 包宗华．西方国家的住宅制度[M]．北京：中国建筑工业出版社，2005：138

[84] 何芳，滕秀秀．德国住宅租赁管制与租金体系编制的借鉴与启示[J]．价格理论与实践，2017，（3）：93~96

[85] 张延群．德国公租房政策对我国的启示[J]．中国经贸导刊，2011，卷缺失（14）：32~33

[86] 杨瑛．借鉴德国经验加快建设以公租房为主的住房保障体系[J]．城市发展研究，2014，21（2）：77~82

[87] [德] 比约恩·埃格纳．德国住房政策：延续与转变．德国研究[J]．左婷，译．2011（3）：14~23

[88] 黄燕芬，唐将伟．福利体制理论视阈下德国住房保障政策研究[J]．价格理论与实践，2018，卷缺失（3）：16~21

[89] 余南平．欧洲社会模式——以欧洲住房市场和住房政策为视角[M]．上海：华东师范大学出版社，2008

[90] 吕程．美国“市场优先”的住房租赁政策实践与启示[J]．经济问题，2019，卷缺失（2）：19~26

[91] Joshua D. A.，et al. Forty years of rent control：reexamining New Jersey's moderate local policies after the Great Recession. *Citites*，2015（8）：121~133

[92] McClure K.．The future of housing policy：fungibility of rental housing programs to better fit with market need [J]．*Housing Policy Debate*，2017（3）：486~489

[93] 杨现领，陆卓玉，粟祥丹．让房屋再生——来自日本的经验[M]．厦门：厦门大学出版社．2018

[94] 胡彬．评析转轨经济国家的十年住房制度改革[J]．世界经济，2001，卷缺失（1）：68~74

[95] 娄文龙，周海欣．俄罗斯住房租赁市场改革及其借鉴[J]．价格理论与实践，2018，（10）：58~61

[96] 王松涛，任荣荣，龙奋杰．住房市场的政府干预：来自新加坡的启示[J]．城市发展研究，2008（3）：121~127

[97] Kemeny J.. From public housing to the social market: rental policy strategy in comparative perspective [M]. London: Routledge, 1995: 28

[98] 高伟东. 匈牙利：财税金融政策并用倡导科学住房理念 [J]. 现代企业, 2011 (02): 71~72

[99] McClure K.. The future of housing policy: fungibility of rental housing programs to better fit with market need [J]. *Housing Policy Debate*, 2017 (3): 486~489

[100] Malpezzi, S.. Private rental housing markets in the United States [J]. *Journal of Housing and the Built Environment*, 1998. 13 (3): 353~386

[101] 吉姆·凯梅尼. 从公共住房到社会市场 [M]. 王韬, 译. 北京：中国建筑工业出版社, 2010

[102] 几言. 德国住房租赁市场的发展及其经验 [J]. 上海房地, 2019, (01): 50~57

[103] 王阳. 德国住房租赁制度及其对我国住房租赁市场培育的启示 [J/OL]. 国际城市规划: 1~15 [2019-04-27]

[104] 袁晓丽. 香港与内地公共租赁住房供给制度的比较研究 [D]. 南昌大学, 2017

[105] 黄燕芬, 王淳熙, 张超, 陈翔云. 建立我国住房租赁市场发展的长效机制——以"租购同权"促"租售并举" [J]. 价格理论与实践, 2017 (10)

[106] 李嘉宇. 培育住房租赁市场的"痛点"和破解路径 [J]. 中国房地产, 2016 (16)

[107] 刘宝香. 我国城市住房租赁制度包容性完善研究 [J]. 现代科学管理, 2016 (8)

[108] 林积昌, 陆云, 邵国华, 倪宏星. 对保障性住房价格机制及其监管的思考 [J]. 价格理论与实践, 2010 (9)

[109] 陈志勇, 陈莉莉, "土地财政": 缘由与出路 [J]. 财政研究, 2010 (1)

[110] 陈杰, 吴义东. 租购同权过程中住房权与公共服务获取权的可能冲突——为"住"租房还是为"权"租房 [J]. 学术月刊, 2019 (51)

[111] 曾国安, 从昊, 雷泽珩, 王盈. 促进中国住房租赁市场发展的政策建议 [J]. 中国房地产, 2017 (15)

[112] 陈伯庚. 大力发展住房租赁市场的几点思考 [J]. 中国房地产, 2009 (11)

[113] 金朗, 赵子健. 我国住房租赁市场的问题与发展对策 [J]. 宏观经济管理, 2018 (3)

[114] 刘宝香. 发展住房租赁市场　完善住房保障制度 [J]. 中国市场, 2010

(3～4)

[115] 杨现领．住房租赁市场的问题与应对 [J]．中国金融，2018 (16)

[116] 龙志和，莫凡．农村集体建设用地进入租赁住房市场的挑战与应对 [J]．改革，2019 (3)

[117] 陈友华，施旖旎．租购同权：何以可能？[J]．吉林大学社会科学学报，2018 (2)

[118] 陈妍．发展住房租赁市场调整住房供应结构 [J]．中国经贸导论，2013 (13)

[119] 上海房地产课题组．鼓励住房租赁市场出租人发展的政策研究 [J]．上海房产，2018 (11)

[120] 国务院办公厅关于加快培育和发展住房租赁市场的若干意见．中国政府网 http://www.gov.cn/zhengce/content/2016－06/03/content_5079330.htm

[121] 陈伯庚．大力发展住房租赁市场的几点思考 [J]．中国房地产，2009 (11)

[122] 王仁芳．城市居民住房租买选择的影响因素研究 [D]．南京工业大学，2016

[123] 陈卓，陈杰．住房市场结构对房价的影响研究——基于租赁市场比例的视角 [J]．华东师范大学学报 (哲学社会科学版)，2018，50 (01)：136～148＋180

[124] 邓宇，揭筱纹．中国房价、地价与租赁价格的关系 [J]．统计与决策，2007 (22)：85～87

[125] 方毅，赵石磊．房屋销售价格和租赁价格的关系研究 [J]．数理统计与管理，2007 (06)：951～957

[126] 周永宏．当前我国房价与租金关系的经济学分析——一个市场区隔理论的解释 [J]．当代财经，2005 (10)：13～16

[127] 张屹山，赵杨．中国房屋销售价格、土地价格和租赁价格的关系研究 [J]．吉林大学社会科学学报，2010，50 (01)：74～83＋159

[128] 王文莉，武优勐．基于房价发现过程的房价租金关系研究综述 [J]．经济问题探索，2015 (01)：173～178

[129] 董藩，刘建霞．我国住房价格与租金背离的行为解释 [J]．改革，2010 (02)：23～28

[130] 陈强．高级计量经济学及 stata 应用 [A]．北京：高级教育出版社，2017：192～208

[131] 刘祖云，毛小平．中国城市住房分层：基于2010年广州市千户问卷调查 [J]．中国社会科学，2012 (02)：94～109＋206～207

[132] 李斌．城市住房价值结构化：人口迁移的一种筛选机制［J］．中国人口科学．2008（04）：53～60+96

[133] 高波，陈健，邹琳华．区域房价差异、劳动力流动与产业升级［J］．经济研究，2012（01）：66～79

[134] 李超，张超．高房价收入比形成原因及对中国城市人口集聚的影响：理论与实证［J］．华南师范大学学报（社会科学版），2015（01）：116～123+191

[135] 张莉，何晶，马润泓．房价如何影响劳动力流动？［J］．经济研究，2017（08）：155～170

[136] 杨巧，陈诚．房价会影响人口迁移吗？［J］．经济与管理，2018（05）：38～44

[137] 韩俊强．农民工住房与城市融合——来自武汉市的调查［J］．中国人口科学，2013，（2）：118～125+128

[138] 赵晔琴，梁翠玲．融入与区隔：农民工的住房消费与阶层认同——基于CGSS2010的数据分析［J］．人口与发展，2014，20（2）：23～32

[139] 冯长春，李天娇，曹广忠，等．家庭式迁移的流动人口住房状况［J］．地理研究，2017（4）：633～646

[140] 赵卫华．居住压力与居留意愿——基于北京外地户籍大学毕业生的调研分析［J］．江苏社会科学，2018（2）：31～40

[141] 张新，周绍杰，姚金伟．居留决策、落户意愿与社会融合度——基于城乡流动人口的实证研究［J］．人文杂志，2018（4）：39～48

[142] 熊景维，季俊含．农民工城市住房的流动性约束及其理性选择——来自武汉市628个家庭户样本的证据［J］．经济体制改革，2018（01）．73～80

[143] 赖德胜，苏丽锋，孟大虎，李长安．中国各地区就业质量测算与评价［J］．经济理论与经济管理，2011（11）：88～99

[144] 李海波，尹华北．住房消费对农民工城市融入的影响及其差异研究——基于CGSS2013数据分析［J］．消费经济，2018，34（3）：49～53+87

[145] 周建华，周倩．高房价背景下农民工留城定居意愿及其政策含义［J］．经济体制改革，2014（01）：77～81

[146] 明娟，曾湘泉．工作转换与受雇农民工就业质量：影响效应及传导机制［J］．经济学动态，2015（12）：22～33

[147] 曹科岩．新生代农民工就业质量分析及对策［J］．当代青年研究，2017（03）：50～64

[148] 聂伟，风笑天．就业质量、社会交往与农民工入户意愿——基于珠三角和长三角的农民工调查［J］．农业经济问题，2016（06）：34～42+111

[149] 韦小丽，朱宇．流动人口居留意愿与就业特征 [J]．南京人口管理干部学院学报，2008 (24)：20～25

[150] 罗恩立．就业能力对于新生代农民工城市融入的影响分析——以上海市为例 [J]．现代经济探究，2012 (12)：70～74

[151] 李树茁，王维博，悦中山．自雇与受雇农民工城市居留意愿差异研究 [J]．人口与经济，2014 (2)：12～21

[152] 郭元凯，胡晓江．农民工的就业结构对城市定居意愿的影响研究——基于10城市问卷调查的实证分析 [J]．城市观察，2015 (01)：166～175

[153] 杨凡，林鹏东．流动人口非正规就业对其居留意愿的影响 [J]．人口学刊，2018 (40)：40～51

[154] 冯虹，艾小青，陈连磊．北京流动人口调控政策的效果分析—基于个体居留意愿的视角 [J]．人口与发展，2019 (1)：36～46+23

[155] 李辉，段程允，白宇舒．我国流动人口留城意愿及影响因素研究 [J]．人口学刊，2019 (01)：80～88

[156] Murphy A.，Muellbauer J.，Cameron G.．Housing Market Dynamics and Regional Migration in Britain. Royal Economic Society Annual Conference，2006

[157] Arnott，R.，Economic theory and housing，Handbook of Regional Urban Economics，1987，959～988

[158] Cameron G.，Muellbauer J.．The Housing Market and Regional Commuting and Migration choice. *Scottish Journal of Political Economy*，1998，(vol 4)：420～426

[159] Zabel J. E.．Migration housing market and labor market responses to employment shocks [J]．*Journal of Urban Economics*，2012，vol 72 (23)：267～284

[160] 张华强，王江波，石海峰．我国金融支持住房租赁市场现状及国际经验借鉴 [J]．区域金融研究，2018 (10)：54～58

[161] 王溪岚．金融支持住房租赁的制约 [J]．中国金融，2018 (19)：71～72

[162] 石海峰，郭雁．我国金融支持住房租赁市场现状及国际经验 [J]．债券，2018 (08)：79～85

[163] 何爱华，徐龙双．住房租赁市场发展的制约因素、国际经验与改进方向 [J]．西南金融，2018 (08)：37～42

[164] 樊怿霖，邹凯．住房租赁金融的他山之石 [J]．金融博览（财富），2018 (06)：50～53

[165] 王静文．住房租赁市场发展与金融支持 [J]．中国金融，2018 (10)：33～34

[166] 邵林．我国住房租赁市场金融支持问题解决及国际借鉴 [J]．理论探讨，

2018（03）：115～119

［167］袁新．浅谈住房租赁中的金融支持［J］．时代金融，2018（12）：188＋194

［168］夏磊．住房租赁融资：渠道与风险［J］．发展研究，2018（04）：40～57

［169］王茜萌．我国住房租赁 REITs 市场发展探析［J］．新金融，2018（03）：28～32

［170］王海纳．市场化住房租赁机构融资模式研究［J］．金融纵横，2018（01）：89～94

［171］郭炎兴．金融支持住房租赁的“五个答案”——建行试水住房租赁市场［J］．中国金融家，2017（12）：26～29

［172］隋钰冰．美日金融支持住房租赁市场启示［J］．中国金融，2017（19）：87～88

［173］王红，丁媛，汪洋．中美利差、汇率预期对资产价格的时变影响研究［J］．武汉金融，2017（09）：9～16＋22

［174］苏虹，陈勇．REITs 对培育租赁市场的意义及发展路径探讨［J］．城市发展研究，2016，23（04）：118～124

［175］贝壳研究院，21 世纪产业研究院．2018 年中国住房租赁白皮书

［176］链家研究院．集中式长租公寓白皮书（2017—2018）

［177］李春华，王业强．房地产蓝皮书．中国房地产发展报告 No. 13（2016）［M］．经济研究，2016，51（06）：193

［178］刘锋．发展住房租赁市场的政策建议［J］．经济研究导刊，2016（10）：138～139

［179］王振坡，王营营，薛珂．我国房地产市场发展现状及发展趋势探讨［J］．工程经济，2017，27（10）：60～64.

［180］孔德营．国内住房租赁市场发展实践与建议［J］．福建金融，2018（07）：28～33

［181］李迎．住房租赁市场发展研究综述［J］．山西农经，2018（11）：114～115

［182］曾国安，从昊，雷泽珩，王盈．促进中国住房租赁市场发展的政策建议［J］．中国房地产，2017（15）：3～14

［183］柯善北．租售并举：开启住房租赁市场新阶段［J］．中华建设，2016（08）：22～25

［184］苏艳．住房租赁市场发展的路还有多远［J］．住宅与房地产，2016（20）：19～22

［185］王艳飞．国内住房租赁研究进展及展望［J］．中国房地产，2017（36）：36～40

［186］金朗，赵子健．我国住房租赁市场的问题与发展对策［J］．宏观经济管理，2018（03）：80～85

［187］周小寒．住房租赁新政下住房租赁市场的机遇和挑战研究［J］．建筑经济，2017，38（03）：23～26

［188］夏磊．住房租赁市场：政策与未来［J］．发展研究，2017（10）：30～46

［189］李东，崔光灿．政府管制与市场机制并行，确保城市住房租赁市场健康发展［J］．上海房地，2017（12）：21～22